Controles estratégicos y operacionales de la TI

Controles estratégicos y operacionales de la TI

JOHN KYRIAZOGLOU

IT Governance Publishing

IT Governance Publishing
IT Governance Limited
Unit 3, Clive Court
Bartholomew's Walk
Cambridgeshire Business Park
Ely
Cambridgeshire
CB7 4EA
United Kingdom

www.itgovernance.co.uk

Primera edición publicada en el Reino Unido en 2013
por IT Governance Publishing.

978-1-84928-489-9

PRÓLOGO

Durante los últimos 40 años o más, el uso de la tecnología de la información dentro de la organización y entre varias organizaciones ha sido cada vez más omnipresente en el mundo desarrollado o en vías de desarrollo. Sin embargo, ¿cuántas iniciativas a gran escala de tecnología de la información pueden decir que han obtenido resultados plenamente satisfactorios? Aunque las cifras varían, la mayoría de los analistas están de acuerdo en que la mayoría de los proyectos no consiguen satisfacer las expectativas de sus usuarios finales; en muchos casos, los proyectos pueden haberse concluido, pero con plazos y presupuestos excedidos, y con menos (o peores) funciones que las prometidas, mientras que entre el 20 y el 30% han tenido tantos problemas que han debido cancelarse. Entre los casos ampliamente divulgados que acuden a la mente, podemos incluir proyectos del sector público, como los de la Agencia Británica de Pasaportes (*UK Passport Office*), la Agencia para la Ayuda a la Infancia (*Child Support Agency*) o el Programa Nacional de TI de la Sanidad Nacional del Reino Unido (*NHS*); o del sector privado, como el proyecto de la Terminal 5 del Aeropuerto de Heathrow o la pérdida de millones de dólares invertidos por J. Sainsbury en un sistema automatizado de gestión de la cadena de abastecimiento, son ejemplos claros en los que contribuyentes y accionistas han salido perdiendo.

La alta dirección, de modo un tanto sorprendente, al tiempo que trata de materializar los importantes beneficios de la tecnología de la información, también trata de comprender y controlar los riesgos derivados de la dependencia, a menudo crítica, de la organización, respecto a sus sistemas. Últimamente, la atención de la alta dirección ha aumentado debido al dictamen del gobernanza corporativo por el que los consejos de administración deben encargarse de garantizar la solidez, fiabilidad y efectividad de todos los sistemas de control.

Este libro, tratando de abordar los problemas derivados del uso extendido de la tecnología de la información en las organizaciones, contiene consejos prácticos y muestra soluciones a los problemas, tremendamente complicados, del diseño, implantación y auditoría de sistemas nuevos o ya existentes, centrándose principalmente en los controles estratégicos y operacionales.

John Kyriazoglou ofrece una amplia explicación que muestra cómo los controles de la tecnología de la información posibilitan y facilitan la gestión, en todos sus niveles, para lograr las metas estratégicas y operacionales de la organización, por medio de sus sistemas tecnológicos. Además, para cada faceta del control tratada en los capítulos, proporciona listas de comprobación y programas de auditoría, con el fin de ayudar a los gestores y a los auditores internos y externos a realizar sus revisiones y auditorías. Como ayuda adicional, incluye un apéndice que contiene directrices[1] por medio de ejemplos de «cómo mejorar» la seguridad de TI, las políticas, los códigos de conducta, etc.

---

[1] NT: Guideline se traduce en todo el libro por "directriz", aunque en la jerga informática a veces se denominan "líneas de guía" o "guías".

Prólogo

Recomiendo, sin reserva alguna, este libro a los directivos y a los gestores de operaciones, que son los usuarios finales de TI y que precisan garantizar que la información que reciben es relevante, exacta, oportuna y, sobre todo, es el resultado de sistemas bien controlados. Los auditores (internos o externos) encontrarán referencias a una gran cantidad de herramientas muy útiles para su uso en la auditoría y revisión de las operaciones de TI. También lo recomiendo encarecidamente a estudiantes de cualquier licenciatura o carrera que incluya, como parte de su programa, un módulo de auditoría y TI.

Professor Georges M Selim
Emeritus Professor y Former Head of the Faculty of Management
Cass Business School
London, United Kingdom

PREFACIO

Se puede fracasar de muchas maneras, pero sólo de una se puede tener éxito.

Aristóteles (384–322 a. C.)

Los activos más críticos, en el siglo XXI, para las empresas públicas o privadas, para las organizaciones, la sociedad global y la economía (local, nacional, internacional) no son activos materiales (equipos, maquinaria, instalaciones, fábricas), o de carácter financiero (dinero, crédito u otros instrumentos financieros), ni tampoco son programas informáticos o *software*.

Los activos más críticos son el conocimiento (hechos, experiencia, datos sin elaborar, etc.) y las ideas (conceptos) que están almacenados en sistemas informatizados (personales y corporativos), en el contexto empresarial actual.

La tecnología de la información y las infraestructuras correspondientes, los sistemas de información, la red troncal de comunicaciones (intranet, extranet, metropolitana, Internet, etc.) y las tecnologías de medios (*media*), dan a todos los que están en un contexto social, y a los gestores de un entorno organizativo concreto, acceso directo a lo que está ocurriendo: en una organización concreta, en el sector de la industria al que pertenece y en la economía general y en el mercado donde la organización opera.

Todos estos componentes tecnológicos, denominados de modo amplio Tecnología de la Información (TI) y los Sistemas de Información (SI) que operan dentro de la TI, posibilitan que la empresa privada o la corporación u organización pública actual consiga los siguientes beneficios (orientativos): información más rápida y más efectiva para la toma de decisiones en todos los niveles; mayor calidad de los productos y servicios ofrecidos por los sistemas de información a los clientes (y ciudadanos) y a la sociedad en general.

Dada la velocidad de desarrollo del tratamiento de datos y de los procesos y tecnologías de fabricación de ordenadores, una velocidad sin precedentes en la historia de la humanidad, ahora las organizaciones pueden hacer que casi todas las operaciones de la actividad diaria se puedan llevar a cabo en sistemas integrados de información.

Estos sistemas son como los medicamentos, que o bien refuerzan la organización o le permiten curar o resolver un problema concreto o un mal funcionamiento..

Sin embargo, siguiendo con la analogía del medicamento, si estos sistemas no se usan de modo riguroso, pueden causar daños y, a menudo, ocasionar resultados inesperados e incluso catastróficos.

Estos sistemas integrados de información deben, pues, aplicarse dentro de un medio empresarial regulado por normas, políticas, leyes e instrucciones de un marco de referencia de gobernanzacorporativo y gestión del riesgo, y el correspondiente marco de gobernanza de la tecnología de la información.

Como dijo Negroponte: «La próxima década verá casos de abuso sobre la propiedad intelectual y de invasión de nuestra privacidad. Sufriremos vandalismo digital, piratería de programas informáticos y robo de datos».[1]

Esta predicción se ha cumplido. Los incidentes de seguridad y otros actos de delitos electrónicos o por medio de ordenadores, están creciendo (como muestra www.cert.org y otros recursos relacionados con la seguridad).

Kevin David Mitnick, consultor de seguridad informática y condenado por varios delitos informáticos en Estados Unidos a finales de los años 90, dijo: «La información valiosa debe protegerse independientemente de su formato o de dónde esté ubicada. La lista de clientes tiene el mismo valor si está en papel o en un archivo electrónico, en su oficina o en una caja. Los ingenieros sociales siempre prefieren lo más fácil de evitar, el punto de ataque menos defendido. Se piensa que un centro de almacenamiento, fuera de los centros informáticos, tiene menos riesgo de ser detectado o atacado. Todas las organizaciones que almacenan datos valiosos, sensibles[2] o críticos con terceros, deberían cifrar sus datos para proteger su confidencialidad».[3]

La auditoría de TI mejorará las cualidades de la información (efectividad, eficacia, confidencialidad, integridad, disponibilidad, cumplimiento, fiabilidad), según ISACA (www.isaca.org).

---

[1] Ver *Being Digital*, Negroponte, N, Alfred A. Knopf, New York, USA (1995).
[2] NT: Información que, si se lee o divulga indebidamente, se modifica o se pierde, puede causar graves perjuicios a la organización propietaria.
[3] Ver *The Art of Deception*, Mitnick KD y Simor WL, Wiley (2002).

La respuesta para los gestores y líderes de las organizaciones está en planificar este nuevo entorno con las herramientas, metodologías y recursos apropiados.

Esta es, pues, la razón de escribir este libro: ofrecer un libro exhaustivo, práctico y conveniente (en estilo y contenido) y al mismo tiempo claro en los conceptos, sobre los Controles de TI, su diseño, implantación, monitorización[4], revisión y asuntos de auditoría.

En casi todos los tipos de organizaciones, públicas o privadas, los controles corporativos muestran el conjunto de políticas, procedimientos, técnicas, métodos y prácticas para gestionar y controlar sus operaciones comerciales.

Dentro de este marco de control corporativo, los controles de Tecnología de la Información (o controles de TI) son acciones específicas —habitualmente especificadas por medio de políticas, procedimientos, prácticas, etc.— realizadas por personas, máquinas o *software*, con el objetivo principal de asegurar que se satisfacen unos objetivos comerciales concretos.

El objetivo principal de los controles de TI se refiere al procesamiento seguro, a la confidencialidad, a la integridad y a la disponibilidad de los datos y a la gestión general de la función de la TI en las organizaciones.

Su objetivo es posibilitar, facilitar y dar soporte al marco de gestión de conocimientos de las organizaciones, ya que los sistemas de TI y los elementos relacionados: organizativos, administrativos y de infraestructura (bases de datos, almacenes de datos, comunicaciones, herramientas de

---

[4] Se traduce por monitorización (vigilancia continua), para distinguir de la supervisión (discontinua, periódica a veces con plazos largos entre una supervisión y la siguiente.

adquisición de conocimiento y de análisis de datos, etc.) son factores importantes de este marco de referencia.

Los controles de TI se suelen clasificar, según varias fuentes[5], en dos categorías: controles generales de TI y controles de aplicaciones informáticas.

Los controles generales de TI son aplicables a todas las actividades de TI (sistemas, servicios, problemas, procesos, operaciones, etc.) y a todos los datos de una organización concreta o de un entorno de sistemas de TI. Incluyen controles sobre áreas como estrategia de TI, desarrollo de sistemas, operaciones de centros de datos, infraestructura de bases de datos y comunicaciones de datos, soporte y mantenimiento del *software* de sistemas, seguridad de TI, adquisición de aplicaciones llave en mano, desarrollo y mantenimiento.

Los controles de aplicaciones informáticas son los apropiados para el procesamiento de transacciones en subsistemas individuales informatizados, como contabilidad financiera, administración de personal, ventas a clientes, control del inventario, nóminas, cuentas a pagar, etc.

Se refieren al procesamiento y almacenamiento de datos en archivos informatizados por medio de aplicaciones individuales y de programas, y ayudan a asegurar que las transacciones de negocio están autorizadas y son registradas, almacenadas, procesadas y reportadas de modo íntegro (completo) y exacto.

Los controles generales de TI se tratan en los capítulos 1 a 8. Los controles de aplicación de TI se tratan en el capítulo 9. Se incluyen varios casos de estudio en el capítulo 10.

---

[5] www.isaca.org, www.theiia.org, www.itpi.org.

El método seguido en este libro es el de llevar a la práctica y regular el funcionamiento de cualquier función o entidad empresarial, como ventas, producción, TI, etc. y los controles precisos (planes, políticas, procedimientos, prácticas, etc.) para una mejor gestión y administración. Es un libro práctico, basado sobre todo en la experiencia práctica del autor, complementada, en algunos casos con investigación.

Inicialmente, se establece la entidad o función de TI y sus controles (*Capítulo 1: Controles de la organización de TI*).

Como segunda acción, se diseñan e implantan las políticas y procedimientos básicos de TI para obtener los recursos necesarios (*Capítulo 2: Controles de administración de TI).*

La tercera actividad es diseñar (o mejorar la ya existente) una arquitectura empresarial para posibilitar el proceso estratégico de TI (*Capítulo 3: Controles de arquitectura empresarial).*

Después de establecer la estructura, personal, administración y arquitectura empresarial de una función de TI, se construye una estrategia de TI y se adapta a las funciones de negocio de la organización (*Capítulo 4: Controles estratégicos de TI*).

Ahora, una vez puesta en marcha la estrategia de TI, es posible crear productos y servicios seguros y con calidad. Para ello, se desarrollan y diseñan sistemas de aplicaciones. (*Capítulo 5: Controles del desarrollo de sistemas)* y se crean e implantan controles de seguridad (*Capítulo 6: Controles de seguridad de TI*).

Para ejecutar estos sistemas de aplicaciones y proporcionar servicio a todos los niveles y ubicaciones de la organización y la comunidad en general, incluyendo otras partes interconectadas, es necesario crear y gestionar una infraestructura física y conseguir servicios de proveedores externos especializados (*Capítulo 7: Controles de operaciones y soporte del Centro de Procesamiento de Datos)*.

Ya que estos sistemas de aplicación informática están constituidos con *software* de aplicación, que no puede funcionar por sí mismo, sino que debe tener *software* de sistemas, con el que realizar sus tareas, es necesario instalar y configurar *software* específico de sistemas y plataformas tecnológicas, como sistemas de gestión de bases de datos, comunicaciones de datos y *software* de redes, etc. (*Capítulo 8: Controles de software de sistemas*).

Por último, pero no menos importante, todos los sistemas de aplicaciones informáticas están compuestos de programas individuales, que reciben datos de las operaciones comerciales, comprueban que no tengan errores, las procesan y almacenan en archivos informatizados y proporcionan informes y resultados a todos los usuarios autorizados de esos sistemas. Como estos programas necesitan cumplir sus tareas con el mayor nivel posible de exactitud, calidad y seguridad, deben aplicarse controles específicos en los programas individuales o subsistemas (*Capítulo 9: Controles en aplicaciones informáticas*).

Además, en el Capítulo 10, se perfilan varios casos de estudio sobre el uso de controles de TI presentados en todos estos capítulos (*Uso de controles de TI en misiones de auditoría y consultoría*).

Todos los capítulos contienen ejemplos de varios planes, políticas, procedimientos, metodologías, formularios, medidas de desempeño[6] o rendimiento y otros controles (p.e. programas y listas de comprobación de auditoría), y se complementan y reciben apoyo de un apéndice, que contiene varias herramientas (políticas, formularios, metodología de auditoría, etc.).

Cada capítulo tiene un alcance, la descripción de los principales tipos de control de un determinado ámbito (p.ej. organización de TI, administración de TI, etc.), un ejemplo de las medidas de desempeño o rendimiento (estratégico y operacional), varios programas y listas de comprobación de auditoría y un conjunto de preguntas de revisión.

Las medidas de desempeño estratégico y operacional supervisan la implantación y efectividad de las estrategias de TI de una organización, determinan la diferencia entre el desempeño real y el objetivo y determinan la efectividad de la organización, la calidad de los productos y los servicios, y la eficacia operacional.

La medición del desempeño puede definirse como: (a) el cálculo de lo conseguido, para medir y gestionar la calidad de un proyecto, (b) el grado de logro de un objetivo, comparándolo con un esfuerzo dado, o (c) el acto de medir o el proceso de ser medido.

---

[6] NT: Desempeño es una de las traducciones del término "Performance", muchas veces traducido como "rendimiento" en libros técnicos. El término "rendimiento" suele asociarse a una ratio o a una métrica, cuando el significado de "performance" es mucho más amplio, por poderse aplicar a organizaciones sociales (como un departamento de TI) y por la gran variedad de significados del término inglés.

Un indicador o medida esencial del desempeño es una descripción de qué se mide, para determinar hasta qué punto se han conseguido los objetivos y resultados.

Un indicador o medida de cumplimiento muestra: (a) si los planes, políticas, procedimientos, etc. existen o no, (b) si los elementos anteriores se siguen o no, y (c) si la organización cumple o no con las leyes específicas, las normas de la industria, los códigos éticos, como el Acta SOX, las leyes de privacidad de datos, las regulaciones bancarias, las normas ISO, etc.

En los capítulos 1 a 9 se incluyen ejemplos de medidas de desempeño y de cumplimiento.

Se añaden programas y listas de comprobación de auditoría de TI en un volumen separado, *Apéndice a los Controles Estratégicos y Operaciones de TI*, en formato pdf.

Este libro se dirige potencialmente a gestores de TI, auditores de TI, gestores de proyectos de TI, auditores de SI, personal de desarrollo de sistemas o de mantenimiento y soporte de *software*, expertos en ciberdelincuencia, inspectores de fraude, profesionales de la seguridad y del riesgo, consultores de TI, estudiantes de contabilidad, finanzas, auditoría interna y administración de empresas, todos los niveles de gestores de organizaciones públicas y privadas, auditores externos, expertos en desempeño (rendimiento) corporativo, miembros del Consejo de Administración, asesores de Recursos Humanos y cualquiera interesado en cómo pueden gestionarse y controlarse mejor las operaciones, actividades e inversiones de las organizaciones.

Los materiales, conceptos, ideas, planes, políticas, procedimientos, formularios métodos, herramientas, etc., que se presentan, describen y analizan en los capítulos y apéndices se incluyen únicamente con fines educativos y formativos. Están basados en la experiencia del autor y en los recursos identificados en la bibliografía.

Tal vez pueden usarse sólo como una muestra inicial y personalizarse en cada organización, tras valorar con detenimiento las necesidades y requisitos de cada organización, las expectativas y las implicaciones y aspectos de los entornos legal, nacional, religioso, filosófico, cultural y social, en el que toda organización existe y opera.

Confío en que este libro pueda ayudar a ejecutar actividades de gestión de un modo más eficaz y a comprender y controlar mejor las organizaciones.

John Kyriazoglou, CICA, MS, BA (Hons)

jkyriazoglou@hotmail.com

SOBRE EL AUTOR

John Kyriazoglou se tituló en programación y procesamiento de datos en una escuela técnica en Hamilton, Canadá, cuenta con un BA (cum laude) en Informática y ha realizado cursos de especialización en Economía en la Universidad de Toronto, Canadá. Ganó el Premio Escolástico a la Excelencia Académica en Informática y posee un Máster en Informática de la Universidad del Pacífico (EE. UU.). Ha trabajado en Canadá, Europa (Reino Unido, Suiza, Luxemburgo, Grecia, etc.) durante más de 35 años como Director de TI, Auditor de TI, Director del Grupo de Auditoría de TI Interna y consultor de gestión para gran variedad de clientes y proyectos, en sectores públicos y privados. John ha publicado más de 20 artículos en publicaciones profesionales, ha trabajado en numerosos comités científicos, es miembro de ISACA (Instituto para el Control Interno) y otras asociaciones profesionales y culturales, e imparte cursos sobre Auditoría de TI, Seguridad y Prevención de la Ciberdelincuencia.

John ha escrito cinco libros: (a) *EDP/IT Auditing*, publicado en 2001 por Anubis Publications, y mencionado en el sitio web de ISACA www.isaca.org/bookstore, (b) *Performance Measurement for Private and Public Organisations*, conjuntamente con Despina Politou, y publicado en 2005 por ION publishers, (c) *Thoughts on Love and Friendship*, publicado en 2009 por YADES Publishers, (d) *Ancient Greek Maxims*, publicado en 2010, y disponible gratuitamente en: www.free-ebooks.gr, y (e) *Corporate Strategic and Operational Controls (Controles Corporativos Estratégicos y Operacionales)*, publicado por el Institute for Internal Controls en 2010, en cooperación con el Dr. F. Nasuti y el Dr C. Kyriazoglou.

Los artículos de John, publicados en los últimos 10 años, sobre controles incluyen: (1) 'IT security', *TechBusiness*, Grecia, 11/2000, (2) 'IT strategy ', *TechBusiness*, Grecia, 12/2000, (3) 'Contingency Planning & Business Continuity', *TechBusiness*, Grecia, 2/2001, (4) 'Database systems implementation' en *TechBusiness*, Grecia, 4/2001, (5) 'Ethical and Professional Code', pp. 67–74, *Hellenic Bank Association Magazine*, Atenas, Grecia, Nº. 40, Jan/March 2005, *www.hba.gr*, (6) 'Strategic Controls and the Balanced Scorecard Framework', *Archives in Economic History*, Vol. XVII, Nº.1, 1-6-/2006, Grecia, (coautores: Prof. Curtis y D. Politou), (7) Traducción al griego de la Norma Inglesa sobre Gestión del Riesgo, *www.theirm.org*, England, 6/2007, (coautores: Dr C. Kyriazoglou, y Dr R. Sygkouna), (8) 'Performance Measurement Audit programme and Checklists', *www.auditnet.org*, 12/2008, (co-author D. Politou), (9) Traducción al griego del Código de Ética de The Computer Ethics Institute, 2010, *www.computerethicsinstitute.com/listoflanguages.html*, y (10) Traducción al griego del Código de Ética de ISACA, 2010.

Ha contribuido voluntariamente al asesoramiento, formación, fundación y soporte de sociedades culturales.

Para ponerse en contacto con John, puede escribir a: jkyriazoglou@hotmail.com.

AGRADECIMIENTOS

Me gustaría dar las gracias a los siguientes expertos y profesionales, que han tenido la disposición y aguante de leer mi primer borrador y aportar útiles observaciones y mejoras. Mi máximo agradecimiento al Prof. Georgiadis (Universidad Nacional de Atenas, Dpto. de Informática y Telecomunicaciones, Grecia), Y. Charalambous (ex-Vice Pres. del Comité de Supervisión de la Bolsa de Atenas, y ex Socio Superior Adj. de KPMG Atenas, Grecia), Ms. A. Triantafylli, Doctora (Prof. de Contabilidad de Gestión en la Manchester Business School, Universidad de Manchester, Inglaterra), y Dan Swanson (Responsable de Seguridad de Información de Salud, Manitoba eHealth, Canadá y antes Dir. de Prácticas Profesionales en la IIA), por los excelentes comentarios de su revisión. También agradezco a otros académicos y profesionales, con los cuales he mantenido debates y comunicaciones sobre la aplicación de los controles, y que me han inspirado: Prof. G. Selim (CASS Business School, Londres, Inglaterra), Dr. Marylin M. Helms, Presidente sesquicentenario y Prof. de Gestión (Dalton State College, EE. UU.), Dr. Frank Nasuti, PhD, CPA, CICA, CFE (Presidente – Inst. for Internal Controls, Miembro del Comité y Presidente de tesis doctorales – Nova Southeastern University, EE. UU.), Prof. A. Ballas y Prof. D. Hevas (Univ. de Negocios y Economía de Atenas, Grecia), G. Raounas (Socio, KPMG Consulting, Grecia, K. Georgiou (antes Dir. de varias compañías privadas), y Prof. B. Filios (Univ. de Ioanina, Grecia), y S. Missirlis (Presidente, POSTIT, Inc., Canadá). Mis sinceros agradecimientos también para varios de mis socios profesionales: Ms. D. Politou (Consultora en Gestión de TI), Michael Hadjiefthymiou, CISA, CISM (Auditor de TI en un gran Banco), C. Faltsetas (Dir. Gral. en funciones de KPMG Consulting), A. Thomopoulos (Socio, DIADIKASIA SA), John Anagnostou (Socio Gestor, CLARUS Advisory SA), Dr. G. Boukis (Dir. de Proyectos Internacionales de TI), todos mis anteriores empleados y socios, y a una gran parte del personal de TI y directivos de mis clientes por su ayuda y por permitirme darles soporte en los diversos proyectos de TI y asuntos de auditoría interna y ciberdelincuencia. Doy mi sincero agradecimiento a: Alan Calder, Angela Wilde y Vicki Utting, por su constante atención y apoyo.

Estamos muy agradecidos a las siguientes personas por el tiempo que generosamente han dedicado a revisar el original de este libro y por sus atinados comentarios: Yiangos Charalambous FCCA, Dir. Asoc. de European Profiles SA Consulting Company y Asesor Técnico de UHYAxon Auditores Certificados, Grecia; Prof. Panagiotis Geordiadis, PhD, Univ. Nacional y Kapodistrian de Atenas, Dpto. de Informática y Telecomunicaciones y Androniki Triantafylli, Prof. de Contabilidad de Gestión, Universidad de Manchester, Manchester Business School, Accounting and Finance Group.

Mi máximo agradecimiento a mi Alma Mater canadiense, el Woodsworth College de la Universidad de Toronto, Canadá, guía de mi inspiración, fuente y madre de mi conocimiento y base intelectual.

Quiero agradecer la traducción al español de este libro a Juan Pardo Martínez, consultor y profesor de Gobernanza y Gestión de la TI.

Querría agradecer a mi familia el apoyo que me han ofrecido durante esta tarea, maravillosa, pero larga y penosa. A mi esposa Sandy, por su completa comprensión, apoyo, paciencia, amor, motivación y amistad. A mi maravillosa Chris, por su espíritu curioso, amor y ayuda. A mi encantadora princesa Miranda y a Dimitri, por su total apoyo y amor, espíritu divertido y perseverancia en este viaje que es la vida.

Y para concluir, al séptimo regalo concedido por el Todopoderoso, mi siempre exquisita y Reina suprema, de ojos azules de mi vida, mi nieta, la adorable y admirable Melina.

John Kyriazoglou

CONTENIDO

CAPÍTULO 1: CONTROLES DE LA ORGANIZACIÓN DE TI

El buen gobernante debería obedecer la ley.

Arquitas (428–347 a. C.), antiguo filósofo, matemático, astrónomo y líder militar griego

1.1 Alcance

Las organizaciones invierten dinero y esfuerzo, contratan y usan personas y asignan otros recursos críticos para el desarrollo de los sistemas de información que necesitan. Precisan una organización de TI (unidad o función) y una serie de controles requeridos para este propósito.

Los controles de la organización de TI definen un buen entorno operativo para la TI (infraestructura y sistemas) y aseguran la ejecución correcta de las actividades diarias y las transacciones operacionales de los sistemas informáticos de la organización.

Se proporciona una serie de controles organizativos de TI, con ejemplos: controles de las descripciones funcionales del departamento de TI, controles organizativos de la TI, visión de la TI, definiciones de la misión y los valores, marcos de referencia del control de TI, controles de monitorización y revisión y medidas del desempeño (rendimiento) de la organización de TI. Además, se presenta una serie de programas y listas de comprobación de auditoría para ayudar al gestor de TI, al profesional de TI, al personal de desarrollo y soporte de sistemas y a otros profesionales (auditores de TI, auditores internos, consultores en TI, auditores externos, responsables de cumplimiento, etc.) en la ejecución y mejora de sus tareas y responsabilidades hasta el nivel más completo posible.

1.2 Propósito y principales tipos de controles organizativos

La dirección de los controles generales organizativos procede de las metas estratégicas y de los planes estratégicos de la organización. Los planes estratégicos generales se traducen en medidas específicas de desempeño, como cuota de mercado, ingresos, presupuestos, satisfacción de los clientes o de los ciudadanos, beneficios a la sociedad, etc.

Estos planes estratégicos corporativos (ya sean formales o informales) definen y establecen el marco de referencia en el que se organizan y aplican otras funciones operacionales de la empresa, como TI, producción, finanzas, ventas, marketing, etc.

Por lo que respecta a la organización de las actividades de TI, el propósito de los controles organizativos es asegurar, posibilitar y facilitar (a) el establecimiento del marco integral de control de TI, (b) el soporte continuo de la TI de un modo formal por los gestores (del nivel superior, intermedio o bajo), y su aplicación por medio de las políticas, normas, procedimientos, registros, marcado y bloqueo adecuados, incluyendo auditorías internas y externas, (c) la gestión de las funciones de entrada, procesamiento y salida de los sistemas de aplicaciones informáticas en el registro, mantenimiento y procesamiento de las transacciones informatizadas de la organización, (d) el desarrollo, gestión y mantenimiento de la infraestructura de TI y de los sistemas de aplicaciones, y (e) la protección y salvaguarda de la infraestructura, de TI, equipos, instalaciones y datos de la organización. Estos controles pueden solaparse con los controles habituales de administración corporativa, recursos humanos, financieros, de producción y otros similares.

Los principales tipos de controles de la organización de TI son:

- Controles de descripción funcional de la organización de TI
- Controles de organización de la TI
- Definiciones de la misión, visión y valores de la TI
- Marcos de referencia de control y gobernanza de la TI
- Controles de supervisión y revisión
- Medidas del desempeño de la organización de TI.

El establecimiento de cada uno de esos controles, para servir a las necesidades de una organización concreta puede llevarse a cabo por el comité de TI oficial, o por los gestores de TI y sus directivos, o por algún equipo o grupo de trabajo, o por una combinación de los anteriores. Podría ser útil, como ha quedado demostrado en la práctica, que el Consejo o el comité ejecutivo de mayor nivel de la organización ratificaran dichos controles.

Además, los programas y listas de comprobación de auditoría descritas en el punto 1.9 podrían usarse para dar soporte al diseño, implantación y revisión post implantación de los controles de la organización de TI.

1.3 Controles de la descripción funcional de la organización de TI

La tarea principal de estos controles es la definición de qué hace la función de TI, ya sea escrita formalmente o de modo informal, según la cultura y el estilo de gestión de la organización.
Los controles principales de esta área son:

- Los objetivos generales del departamento de TI
- Los límites específicos generales de responsabilidad del departamento de TI
- Los límites específicos detallados de responsabilidad del departamento de TI
- Los controles sobre la descripción de los puestos de trabajo del departamento de TI
- Otros roles de TI en el nivel superior de gestores.

1.3.1 Objetivos generales del departamento de TI

Los objetivos generales de la función de TI, para cualquier organización, pueden clasificarse en tres tipos:

- Operacionales: El funcionamiento eficaz, económico y efectivo de las de los sistemas de TI y de sus componentes de infraestructura correspondientes (sistemas de comunicaciones, sistemas de oficina, equipos de redes, etc.) para posibilitar y efectuar el procesamiento preciso y oportuno (cuando se requiera) de los datos de todos los niveles de la organización
- Tácticos: La asignación eficaz, económica y efectiva de los recursos para obtener y adquirir sistemas de TI y servicios listos para funcionar, y su supervisión

- Estratégicos: el despliegue efectivo de los sistemas de TI por toda la organización, y el aprovisionamiento de la información y los servicios correspondientes (p.ej. gestión de contenidos) a todos los usuarios internos y externos de la TI.

La función de TI, en condiciones normales de funcionamiento, es responsable de:

- El procesamiento y reporte precisos de la información contenida en estos sistemas
- Asegurar que el *software* sino presenta errores y funciona de acuerdo con los requisitos de la empresa y las necesidades especificadas y acordadas por los usuarios de estos sistemas de TI y los gestores de la organización.

La función de TI no suele ser responsable, al menos en los entornos actuales de procesamiento online, de la entrada correcta de datos y de toda la información necesaria para cada sistema de TI.

1.3.2 Límites generales de responsabilidad del departamento de TI

El departamento de TI está diseñado para ser responsable de la prestación de los servicios de TI, y de la gestión de la información y los contenidos sobre conocimiento de la entidad corporativa a la cual pertenece.

Estos servicios se extienden a:

- Todos los empleados de la organización
- Todos los niveles de gestión

- El Consejo o Comité ejecutivo (Directorio) de la organización, todos los interesados[8] y otros usuarios, como: empleados sindicados, accionistas, organismos públicos regulatorios de la entidad particular, proveedores, clientes, etc. de los sistemas de TI
- Todas las organizaciones externas, si la corporación concreta está conectada a otras corporaciones por medio de sistemas, como redes B2B, etc.

Un ejemplo típico de los términos de referencia de una función de TI puede ser:

Límites generales de responsabilidad del departamento de TI

El departamento de TI proporciona la tecnología y los servicios que satisfagan (con un sentido amplio) las necesidades operacionales y estratégicas de TI. El departamento tiene la responsabilidad de planificar la asignación de recursos y proporcionar una dirección estable para el futuro. Sus obligaciones incluyen la responsabilidad y autoridad para revisiones, controles y mejoras en áreas como los sistemas de aplicaciones informáticas, los sistemas de gestión de bases de datos, ofimática, ordenadores personales, redes, servidores de aplicaciones y comunicaciones de datos. Otras responsabilidades incluyen:

Desarrollar y aplicar los sistemas informatizados para satisfacer las necesidades de la organización.

Desarrollar y aplicar los sistemas de automatización de oficinas.

---

[8] Stakeholders. RAE. Interesado: Dicho de una persona: Que ostenta un interés legítimo en un procedimiento administrativo y, por ello, está legitimada para intervenir en él.

Garantizar la seguridad de todos los datos.
Realizar las operaciones del centro de procesamiento de datos
Diseñar y gestionar las redes de comunicaciones y telecomunicaciones de datos.
Desarrollar y controlar todos los formularios electrónicos.
Desarrollar las políticas y procedimientos de procesamiento de información.
Realizar estudios de la factibilidad de nuevos sistemas automatizados.
Investigar sobre posibles sistemas, métodos o equipos que podrían mejorar la rentabilidad o la productividad.
Suministrar una función de capacitación en TI, para toda la organización, que incluya clases formativas, respuesta a las peticiones de ayuda a *help desks*, asistencia, documentación y gestión de un servicio de formación.
Diseñar, desarrollar y aplicar sistemas de comunicaciones y componentes de infraestructura correspondientes.
Gestionar, dar soporte y mantenimiento (preventivo, correctivo, etc.) a los sistemas de TI que funcionan en una determinada organización y dar apoyo continuo a los usuarios que interactúan con estos sistemas y dependen de ellos.
Gestionar la operación y el contenido de conocimiento de la organización que esté basado en (a) los sistemas de TI de la organización, (b) datos e información proporcionada por fuentes externas. Esa información y contenido de conocimiento puede estar en los sistemas de TI de la organización, como ordenadores centrales, sistemas profesionales de miniordenadores, ordenadores personales, sistemas CAD, dispositivos personales, servidores de aplicaciones o bases de datos, etc.
Dar soporte a los equipos de TI de la organización (ordenadores, servidores, cableado, salas de ordenadores, equipos periféricos,

de redes, equipos en los lugares de trabajo de los usuarios, etc.) para asegurar que están siempre en un buen estado operativo y su funcionamiento es seguro para todos sus usuarios. Esto puede incluir el soporte para el mantenimiento externalizado de la función de mantenimiento de los equipos de TI de la organización, lo que significa que la unidad de TI supervisa la entidad externa, para asegurar que proporciona la función concreta de soporte a la organización.

Desarrollar, aplicar, gestionar, dar soporte y mantenimiento y mejorar el sistema de información de gestión (MIS) de la organización. Este MIS puede estar basado en sistemas corporativos con tecnologías clásicas o en sistemas de planificación de los recursos institucionales (ERP) basados en el conocimiento, de apoyo a las decisiones y de almacenamiento de datos (DWH), con el fin de suministrar a todos los niveles de gestión la información precisa para gestionar una determinada corporación de modo eficiente y eficaz.

Diseñar, desarrollar, aplicar, gestionar, dar soporte y mantenimiento y mejorar el un marco de gobernanza de la TI. Este marco consiste en la gestión continua de: el alineamiento de la estrategia de TI con la estrategia corporativa, dentro del marco de la arquitectura empresarial de la organización, la gestión de recursos y personas, la gestión de la calidad, la gestión del desempeño, las normas, políticas, procedimientos, prácticas y métodos de TI para el funcionamiento seguro, eficiente, efectivo y rentable de todos los sistemas de TIC y componentes de infraestructura para el bien de una determinada organización y de la Sociedad.

1.3.3 Límites detallados de responsabilidad del departamento de TI

Además de los límites específicos, en algunas organizaciones puede ser precisa la descripción de los límites detallados.

Una función típica de TI puede constar de:

- Gestión de la TI
- Desarrollo de sistemas de información
- Operaciones informáticas
- Soporte técnico
- Normas de garantía de la calidad de TI.

Gestión de la TI

El director típico de TI de una corporación, nombrado para dirigir, organizar y gestionar la función de TI, tiene las siguientes tareas y responsabilidades:

Estrategia de gobernanza de la TI: Asegurar que la gobernanza y las necesidades y requisitos estratégicos y tácticos de la organización están cubiertos completamente en el marco de la arquitectura empresarial.

Soporte a usuarios: Asegurar que se proporciona un soporte adecuado, efectivo y eficaz a los usuarios de los Sistemas de Información (SI) de la organización.

Formación: Asegurar que los empleados y los usuarios de los SI están capacitados para usar y gestionar, en el nivel óptimo, el equipo y los recursos relacionados con la TI (Sistemas de Información Corporativos, bases de datos externas, sistemas de intercomunicación (redes), salas de ordenadores y de equipos de redes, etc.).

Calidad: Asegurar que se mantiene la calidad, integridad, validez y exactitud de los datos sin elaborar, información procesada, equipo de TI y *software*, de acuerdo con los criterios profesionales más idóneos y con las necesidades de la organización, las normas de funcionamiento y los requisitos de la empresa.

Gestión: Gestionar y controlar todos los aspectos de la organización de TI, sus unidades y sus recursos (humanos, financieros, *software*, instalaciones, etc.) según las normas y directrices corporativas, profesionales y de la industria.

Mantenimiento: Gestionar todas las actividades (incluidos proveedores externos) para asegurar que todo el equipo de TI y *software* (sistema operativo, base de datos, aplicación, etc.) reciben un mantenimiento, soporte y gestión adecuados, dentro de los plazos previstos e intervalos de acordados.

Gestión de proyectos de TI: Gestionar todos los aspectos y garantizar que todos los proyectos de TI emprendidos, internos o externos a la organización, se terminan respetando los presupuestos, plazos, calidad y otras condiciones, restricciones y requisitos fijados con la alta dirección, interesados, usuarios, empleados de TI, proveedores externos y el Consejo ejecutivo de la organización.

Gestión del riesgo de TI: Gestionar todas las fases del riesgo relacionadas con proyectos de TI, con el fin de garantizar la gestión y reducción de todos los riesgos para retrasar (en caso de no poder evitar) que sucedan dichos riesgos. Con ello se beneficia la organización y los usuarios de los proyectos de TI implantados.

Gestión de la base de datos: Gestionar, organizar y garantizar un funcionamiento adecuado y eficaz de las bases de datos corporativas (incluidos los almacenes de datos, *datamarts*, bases de conocimiento, sistemas de soporte a la toma de decisiones, etc.) y la infraestructura técnica relacionada (diccionario de datos, recursos para consulta, programas y herramientas de utilidad especializados en gestión de datos, etc.).

Seguridad de TI: Gestionar, organizar, y garantizar la aplicación y supervisión de los controles sobre la seguridad adecuados frente a sucesos no intencionados (*safety*) e intencionados (*security*) para todos los SI gestionados por la función de TI, todos los equipos y *software* gestionados por entidades externas y todos los datos de usuarios ubicados en sistemas informatizados dentro de la organización.

Gestión de problemas: Asegurar que todos los problemas de los usuarios, (ya sean problemas técnicos, requisitos para sistemas futuros, elaboración de informes, etc.) reciben una asistencia adecuada, se mejoran, resuelven, etc. y se remiten al Consejo ejecutivo (en caso de precisar más recursos para conseguir una solución concreta y satisfactoria).

Recuperación de sistemas TI: Asegurar que todos los sistemas TI y los componentes de infraestructura correspondientes se han diseñado, planificado y probado ininterrumpidamente de modo que, en caso de cualquier fallo, es posible recuperar los sistemas más importantes y reanudar las operaciones empresariales normales, evitando así cualquier interrupción del funcionamiento normal de la empresa y cualquier posible pérdida de ingresos, daños, abuso, servicio inadecuado o fraude.

Normas de TI: Asegurar que las normas, políticas y procedimientos de TI se planifican, aplican, supervisan y mejoran ininterrumpidamente, para todos los sistemas de TI, formación de usuarios, equipos, infraestructura, etc.

Informes sobre TI: Gestionar y garantizar que todos los problemas de los usuarios, errores de aplicación, de datos, fallos de los equipos, incidentes de seguridad (reales, tentativos o probables), problemas de recursos humanos, de proveedores, de gobernanza (p.ej. ética, control de fraudes, etc.) se remiten a los niveles más altos de la organización (incluido el Consejo) para su revisión, resolución e implantación efectiva de los problemas citados.

Adquisición de TI: Asegurar la participación efectiva, según exijan las normas, directrices y normativas empresariales, en el proceso de adquisición (compra o desarrollo) de soluciones de TI, proyectos y otras tareas y actividades relacionadas con la TI (por ejemplo, la construcción de una sala de ordenadores por proveedores externos).

Auditoría de la TI: Asegurar la participación adecuada y el suministro de información sobre controles, proceso de desarrollo, incidentes de seguridad, problemas de producción, etc. a todas las actividades de auditoría relacionados con los sistemas y el entorno de TI de la organización.

Desarrollo de Sistemas de Información (DSI)

La unidad de DSI tiene la principal responsabilidad de desarrollar los mejores sistemas de información (SI) para la entidad corporativa concreta a la que sirve, para sus usuarios, sus gestores, sus interesados y socios externos y, en el caso del sector público, para la Sociedad (Ciudadanía).

Dentro de este marco de referencia, la DSI tiene las siguientes tareas y responsabilidades:

Gestión de proyectos de TI: Análisis de los objetivos, requisitos y necesidades del proyecto, asignación de los recursos necesarios para el proyecto concreto, valoración y asignación de prioridades de los componentes de la cartera de proyectos, evaluación y resolución del riesgo, y gestión de los proyectos concretos de TI.

Análisis de SI: Análisis de los requisitos y necesidades de los usuarios para la recogida de información, seguridad, integridad y privacidad, mantenimiento, informes y conectividad, para el SI concreto que se esté tratando.

Diseño general del sistema: Preparación y realización de las especificaciones generales del SI, mostrando los aspectos técnicos necesarios sobre la arquitectura del sistema, sus mecanismos de archivo y seguridad, sus bases de datos, sus programas informatizados y sus controles, etc.

Diseño detallado del sistema: Producción de la documentación de las especificaciones de la lógica que se necesita, las estructuras de los archivos y bases de datos del sistema, los aspectos de seguridad, integridad y privacidad de datos, los controles generales y específicos, etc.

Desarrollo del *software*: Escribir, codificar y probar los programas de aplicaciones informáticas del sistema, del modo especificado en las etapas previas de análisis y diseño.

Pruebas integradas: Probar, con la total participación de los usuarios del SI desarrollado, en primer lugar los subsistemas y, a continuación, el sistema completo, usando datos y condiciones reales de las operaciones comerciales.

Instalación del SI: Pasar el SI al entorno de producción, permitiendo el acceso a los usuarios de sus servicios, de acuerdo con la seguridad corporativa y otras directrices de gobernanza, y volcar el sistema al entorno de Operaciones, para que lo ejecute de modo habitual.

Control de calidad del SI: Revisar todos los productos finales e intermedios del SI que van a producción y recomendar y garantizar que el SI tiene la máxima calidad.

Mantenimiento del sistema de aplicación: Ofrecer asistencia en la ejecución del SI, sobre todo cuando aparecen errores, que deben repararse, en el *software* de aplicación, problemas especiales en los datos y archivos que deben corregirse, nuevos requisitos de las funciones de usuario o del entorno externo (regulatorio), que deben realizarse, etc.

Documentación del sistema: Preparación, realización, publicación y mantenimiento de toda la documentación requerida para el sistema concreto de aplicación mantenido por la función de TI según las políticas y normas corporativas y de TI.

Formación de los usuarios: Preparar toda la documentación, instrucciones técnicas, entorno, etc. y crear el proceso de formación para todas las funciones que se implantarán en el SI. Realizar la formación (si se hace internamente) y actuar en calidad de orientador si se dispone de formación remota en línea (Internet).

Operaciones informáticas (OI)

La unidad de OI tiene la responsabilidad de hacer funcionar los sistemas de información de la organización, en nombre de los usuarios de estos sistemas, de la gestión de la corporación y, en el caso de organizaciones públicas, de la Ciudadanía.

La unidad de OI, en este marco de referencia, tiene las siguientes tareas y responsabilidades:

Coordinación y control de la Operación: Coordinación y control de todas las áreas, actividades, recursos y medios precisos para hacer funcionar todos los sistemas informatizados en el centro de procesamiento de datos de la organización. Esta tarea es crítica para sistemas por lotes *(batch)*. La gestión de sistemas en línea puede suponer la definición de prioridades para los intervalos de tiempo de respuesta, el control de la operación de cualquiera de los sistemas afectados (real o potencialmente) por la ciberdelincuencia, la planificación de la ejecución de mecanismos de generación masiva de informes y los sistemas de recogida de datos para alimentar los depósitos de datos (*data warehouses*) corporativos de la organización, etc.

Operación de los sistemas: Ejecución de sistemas informatizados, por lotes, en línea u otros modos (por ejemplo, sistemas dedicados a transferencias de datos, funcionamiento *offline*, operaciones autónomas cuando el centro de procesamiento de datos está en proceso de recuperación, etc.). Ejecución de mecanismos de generación masiva de informes, distribución (si es preciso) de esos informes, ejecución de los sistemas de recogida de datos para alimentar los depósitos de datos corporativos, ejecución de procesos de copias de seguridad, recuperación y procedimientos de archivo, etc. En procesos por lotes *(batch)* se incluye la entrada de datos y las fases de control de los datos antes de la actualización y del reporte.

Operación de los equipos (físicos): Gestión de ordenadores, redes y equipos correspondientes en la sala de ordenadores (o de redes) en el centro de procesamiento de datos de la organización. Los equipos ubicados en las áreas de usuario son, normalmente, operados por los propios usuarios, aunque reciben asistencia técnica de la unidad de TI.

Seguridad y protección: Administración de las políticas, procedimientos y controles sobre la protección y el acceso físico a los centros de procesamiento de datos, como las salas de ordenadores o de redes, instalaciones de cableado, áreas de almacenamiento de stock, salas donde se guardan formularios especiales (por ejemplo, cheques), zonas de almacenamiento *in situ* (por ejemplo, archivos de medios con copias de seguridad), etc.

Control de inventario: Gestión y control de los consumibles, papel, soportes magnéticos, etc., necesarios para el buen funcionamiento de los sistemas informatizados del centro de procesamiento de datos, etc.

Gestión del mantenimiento de los equipos físicos: Administración, control, supervisión y seguimiento de todo lo relativo al mantenimiento, normalmente realizado por contratistas externos, de los equipos físicos de ordenadores y redes de la organización, sin tener en cuenta dónde esté ubicado el equipo (sala de ordenadores, áreas de usuario, etc.).

Soporte técnico (ST)

La unidad de ST tiene la responsabilidad de dar soporte a todos los demás departamentos de TI en sus tareas y responsabilidades habituales, los sistemas de información instalados y en funcionamiento en los centros de procesamiento de datos de la organización y en las áreas de usuarios, y garantizar el óptimo funcionamiento de todos los sistemas operativos, redes y software de gestión de bases de datos.

En este marco de referencia, la unidad ST tiene las siguientes tareas y responsabilidades:

Soporte a la instalación: Soporte técnico a toda la infraestructura técnica, física e infraestructura de instalación (salas de ordenadores, salas de redes, instalaciones de cableado, etc.) de las áreas bajo la gestión y el control de la función de TI.

Soporte a equipos de usuarios: Soporte técnico e interconexión con los contratistas de mantenimiento externo de todo el material de TI y equipo correspondiente (p.ej. *módems, routers*, etc.) ubicado en las áreas de usuario y en oficinas y utilizado para acceder a los sistemas (corporativos u otros). Incluye también los sistemas de ofimática instalados en ordenadores personales, impresoras y dispositivos especiales conectados a ordenadores o dispositivos personales, dispositivos móviles, etc.

Programación de sistemas: Generación, instalación, prueba y paso al proceso de producción del *software* del sistema operativo, *software* de sistemas de gestión de bases de datos, redes de comunicaciones, compiladores y lenguajes informáticos, paquetes de sistemas como ERP u otras clases y, en general, todo el *software* instalado en el centro de datos principal de la organización. Mantenimiento y soporte técnico del entorno y control de las relaciones con cualquier proveedor externo en asuntos de mantenimiento, cambios, mejoras, nuevas versiones y revisiones, y resolución de errores.

Soporte a sistemas de información: Soporte técnico a los sistemas de información instalados con fines de producción en el centro de datos principal y a los sistemas en desarrollo.

Desarrollo de procedimientos operativos: Diseño, desarrollo y prueba de todos los procedimientos operativos necesarios para mantener el centro de datos principal y el entorno técnico en el que funcionan los sistemas de información y las redes de comunicaciones.

Gestión de bases de datos: Diseño, desarrollo y preparación de todos los aspectos técnicos, archivos, procedimientos, diccionario de datos, etc. necesarios para gestionar los sistemas de información basados en sistemas estándar de gestión de bases de datos (proporcionados por un proveedor externo). Monitorización y revisión de las cuestiones de rendimiento e integridad de las bases de datos y recomendación de cambios y mejoras en el diseño lógico del sistema específico de bases de datos.

Formación: Emprender acciones formativas para todo el personal de TI sobre temas relativos al sistema operativo, gestión de bases de datos y cualquier otro *software* instalado en el centro de datos principal.

Administración de seguridad: Administración, control, supervisión y seguimiento de todos los asuntos de seguridad (acceso de usuarios principales, administradores, usuarios externos, empresas externas de mantenimiento, etc.) de los sistemas informáticos centrales , sistemas de redes de comunicación, etc.) Incluye la supervisión y la comunicación de los incidentes de seguridad de TI (reales y potenciales).

Normas de garantía de calidad en TI

La unidad de normas de garantía de calidad en TI tiene las siguientes tareas y responsabilidades:

Desarrollo de normas: Investigación, diseño, prueba y desarrollo de normas (calidad, diseño, funcionamiento, seguridad, privacidad, etc.) de los sistemas de TI y aspectos relacionados (Gobernanza de la TI), y adaptación al entorno corporativo concreto en el que se aplica la función de TI, que ofrece soporte a todos los requisitos y necesidades de información de la organización.

Garantía de la calidad: Revisión de los procedimientos de prueba de sistemas, productos, servicios y el resultado de las pruebas de los sistemas de información, y de los cambios, mejoras y nuevas técnicas recomendadas a los miembros de todas las unidades de TI.

Cumplimiento (conformidad) de las normas: Auditoría y revisión del cumplimiento de las normas de TI aprobadas en la organización de TI para todos los empleados, sistemas de información, productos y servicios proporcionados por la función de TI a la organización .

Mantenimiento de las normas: Mantenimiento y revisión de las bibliotecas de normas y emisión de normas, políticas y directrices para todas las unidades de la función de TI.

1.3.4 Control de la descripción de los puestos del departamento de TI

Las unidades de TI de la función de TI necesitan personal para realizar las tareas descritas previamente. Este personal debe ser contratado y organizado. La organización de recursos humanos realiza una gran parte de la administración de personal de una organización típica. La descripción de puestos de trabajo, ya sea por escrito (preferiblemente) o de un modo informal, es el instrumento utilizado para asignar tareas y responsabilidades al personal de TI. Para la gestión y el soporte del desarrollo, seguridad y operaciones de TI de la organización, suelen crearse y asignarse los siguientes roles, tareas y responsabilidades: Director de TI (CIO), analista de sistemas de negocio, analista de sistemas de aplicación, programador, operador, programador de sistemas, desarrollador de aplicaciones web, analista de soporte a redes, gestor de proyecto de seguridad de TI, diseñador de pruebas de seguridad, controlador de seguridad, administrador de pruebas de seguridad y administrador de cuentas (de uso y acceso) del sistema de seguridad (*ver Capítulo* 2).

1.3.5 Otros puestos de TI de nivel directivo superior

Para proteger los activos corporativos de daños potenciales y abusos de cualquier clase, y para gestionar los riesgos y oportunidades resultantes de las iniciativas, operaciones y actividades de TI, los directivos de las organizaciones necesitan desempeñar un papel fundamental en la fijación de objetivos, revisión del desempeño, monitorización de los riesgos, resolución de problemas, actividades de supervisión y aprobación de las cuestiones críticas relacionadas con la TI.

Los roles, tareas y responsabilidades específicas pueden ser asignadas por los siguientes: Consejo de administración, comité de auditoría, comité de retribuciones (RR.HH.), comité de continuidad de negocio, comité financiero y director de cumplimiento corporativo. En algunas grandes organizaciones (p.ej., bancos) el Director de Riesgos (CRO) también contribuye en los controles de TI.

Consejo de administración

Las responsabilidades generales del Consejo con respecto a la TI, pueden ser:

- Asegurar que hay un Consejo de administración eficaz y que ese Consejo, por medio de sus miembros, tiene las habilidades, conocimientos y destrezas apropiadas (gobernanza, control interno, riesgo, TI, etc.) para realizar sus tareas y asumir sus responsabilidades.
- Asegurar que, como parte de un sistema eficaz de control, se establecen, revisan y mejoran los controles de TI .
- Nombrar al Director de TI (CIO) por recomendación del CEO (Consejero Delegado o Director General)
- Revisar los informes de auditoría cuando se solicite, supervisar y evaluar mensualmente el plan estratégico de TI, el capital de TI, y los presupuestos operativos.
- Aprobar las decisiones críticas no delegadas a los gestores, como las grandes adquisiciones de TI, las inversiones en capital de TI, los sistemas de TI, etc.
- Supervisar y evaluar, mensual, trimestral y anualmente, las actividades de TI, para determinar si la TI funciona de forma eficaz y según los planes y los objetivos.

Comité de auditoría

El propósito primordial del comité de auditoría es asistir y apoyar al Consejo de administración en el cumplimiento de sus tareas y responsabilidades de supervisión de la gestión de la dirección del desempeño corporativo, la gestión financiera y el proceso de presentación de informes de la empresa.

Esto incluye la monitorización, supervisión y revisión de:

- Los informes financieros, entre ellos los informes financieros suministrados por la empresa a cualquier organismo gubernamental o regulatorio, al público o a otras personas o interesados, que pueden usar esa información.
- Los sistemas de control interno corporativo, de activos, de tecnología de la información, de seguridad, administrativo, contable y financiero.
- Las auditorías independientes (generalmente externas) de los estados financieros de la compañía.

Con referencia a la TI:

- Confirmar el alcance de las auditorías de TI que deben realizar los auditores independientes de TI, monitorizar su progreso y revisar los resultados, los honorarios y los gastos.
- Revisar los resultados significativos o los informes negativos de los auditores internos de TI. Auditar los problemas o las dificultades encontradas por los auditores independientes.
- Monitorizar la reacción de los gestores a los resultados citados anteriormente.

Comité de personal y retribuciones

El propósito primordial de este comité es revisar, informar y aprobar las retribuciones y otros beneficios de los empleados de la organización, incluidos los de TI.

Con referencia a la TI, las responsabilidades principales de este comité son:

- Aprobar y supervisar la administración del programa de retribución al CIO y a los demás directivos y gestores de TI de la organización.
- Revisar adecuadamente cualquier cambio de las cuestiones relativas a la retribución para los responsables citados anteriormente.
- Supervisar el establecimiento y administración del programa de políticas de beneficios y despidos de la empresa, incluida la revisión y aprobación de planes de beneficios relativos a TI, acuerdos de empleo, etc.

Comité de continuidad de negocio

El propósito primordial del comité de continuidad de negocio es proporcionar directrices, revisar y aprobar los asuntos críticos relacionados con la continuidad de negocio, las aplicaciones de TI críticas y sus presupuestos, planes, etc.

Con respecto a la TI, las principales responsabilidades de este comité son:

- Revisar todas las funciones críticas del negocio, identificar las más importantes y presentar sus recomendaciones al Consejo, de modo que se puedan incluir en el proceso de planificación de continuidad del negocio y en el plan de contingencias de TI de la organización.

Comité financiero

El propósito primordial del comité financiero es proveer directrices, revisar y aprobar las cuestiones financieras estratégicas decisivas (sistemas de TI, planes, presupuestos, etc.) de la empresa. Las tareas y áreas de responsabilidad del comité financiero, en asuntos de TI, son:

- Supervisar el presupuesto de TI y las directrices contables para mantener las normas de los estados de cuentas e informes auditados.
- Proporcionar experiencia financiera a todos los niveles de directivos y gestores de TI en la organización.
- Asegurar la mejora de la contabilidad financiera de la gestión de TI de la organización.

Responsable del cumplimiento corporativo

El responsable del cumplimiento corporativo se hace cargo normalmente de los problemas de cumplimiento diarios que surgen en las transacciones financieras, en el comercio o en el manejo de las cuentas de clientes.

Con respecto a la TI, las principales responsabilidades de este puesto son:

- Desarrollar, iniciar, mantener y revisar las políticas y procedimientos para el funcionamiento general del programa de cumplimiento y sus actividades relacionadas, para prevenir conductas ilegales, no éticas o inapropiadas.

- Gestionar el funcionamiento rutinario del programa.
- Desarrollar, revisar y actualizar periódicamente las normas de conducta con el fin de asegurar su continua actualidad y relevancia y orientar a los gestores y empleados.
- Colaborar con otros departamentos (p.ej. gestión de riesgos, auditoría interna, servicios a empleados, etc.) para dirigir los problemas de cumplimiento hacia los cauces apropiados para su investigación y resolución.
- Monitorizar y, si es preciso, coordinar las actividades de cumplimiento del departamento de TI, para mantener al día el estado de todas las actividades de cumplimiento e identificar las tendencias interesantes.
- Identificar áreas potenciales de vulnerabilidad y riesgo de cumplimiento, desarrollar y aplicar planes de medidas correctivas para la resolución de asuntos problemáticos, y proporcionar directrices generales para prevenir o tratar situaciones similares en el futuro.

1.4 Controles de la organización de TI

Además de las responsabilidades generales y detalladas indicadas para los departamentos de TI y los puestos del nivel directivo, se precisa una estructura organizativa para que la función de TI pueda funcionar de manera eficaz.

Hay muchas organizaciones en el contexto socioeconómico actual. Existen grupos de personas, como emprendedores, inversores, investigadores y otros interesados, personas en general, etc. Que están constantemente uniendo sus fuerzas para lograr metas y objetivos concretos con un plazo determinado. A veces, las metas y objetivos de estas corporaciones son el lucro. Otras veces, las metas son más altruistas y humanas, como las iglesias sin ánimo de lucro, las asociaciones profesionales, las cámaras de comercio, asociaciones industriales, universidades u hospitales públicos o escuelas.

Pero, independientemente de los objetivos generales y específicos, todas estas organizaciones comparten cuatro cosas: personas, estructuras, políticas y procedimientos. Estos elementos pueden considerarse como los cuatro pilares fundamentales en los que se basa una organización: las personas (comités, empleados, etc.) realizan el trabajo, otros están encargadas de estas personas (los gestores) y otros (Consejo, gestores, etc.) establecen estructuras organizativas, instauran políticas y ejecutan procedimientos para llevar a cabo sus planes y alcanzar sus objetivos. Este suele ser el caso en organizaciones enteras y en los departamentos que se encuentran dentro del marco de una organización.

Ejemplos típicos de los controles de estas organizaciones de TI son:

- Comité de TI
- Estructura organizativa del departamento de TI
- Política empresarial de la TI

1.4.1 Comité de TI

En la función de TI, la expresión fundamental del primer elemento del pilar de una organización (las personas) es el Comité de TI. Su propósito primordial es proporcionar directrices, revisar y aprobar los asuntos estratégicos de TI (sistemas, planes, etc.) de la compañía.

Constitución del Comité de TI (ejemplo)

Principales responsabilidades

Supervisar la arquitectura empresarial, la planificación estratégica de TI y el proceso de ejecución.

Aprobar y supervisar la disposición del presupuesto de TI.

Aprobar los estudios de factibilidad de nuevas inversiones en TI.

Aprobar los planes de contratación, formación y entrenamiento del personal de TI.

Determinar y fijar prioridades en el funcionamiento y el desarrollo de los proyectos de TI actuales y futuros.

Supervisar el progreso de los proyectos de TI y adoptar las medidas adecuadas.

Monitorizar la seguridad de TI y la correcta resolución de los incidentes relacionados con ella.

Supervisar el mantenimiento y el futuro desarrollo de todos los sistemas de TI de la organización.

Planificar el desarrollo de los conocimientos y habilidades de sus miembros.

Ofrecer concimientos especializados y competentes a todos los niveles de dirección y gestión de la organización en las áreas de tecnología de la información.

Ofrecer a sus miembros información oportuna sobre la tecnología de información.

Pertenencia y Organización

Según el tamaño, estructura y cultura de la organización, el Comité de TI podría estar compuesto por: el director de TI (CIO) y un miembro de cada departamento principal de la organización, sin importar si se gestionan, desarrollan o despliegan sistemas de aplicaciones u ordenadores personales.

1.4.2 Estructura organizativa del departamento de TI

La estructura organizativa es el segundo pilar de una organización. Su propósito primordial es facilitar la asignación de responsabilidades a las personas que trabajan en las diversas unidades que componen la función de TI (desarrollo de sistemas, operaciones informáticas, soporte técnico, etc.), independientemente de la clase de estructura (jerárquica, red, etc.) de la TI.

La estructura organizativa del departamento de TI y su posición en la jerarquía dentro de la empresa, varía según las condiciones y otros factores, como:

- El tipo de modelo operativo del procesamiento de datos (lotes —*batch*— en línea, mixto, etc.)
- El tipo de estructura organizativa necesaria (centralizada, descentralizada, etc.)
- El tipo y cantidad de sistemas de información críticos y normales, desarrollados y gestionados en el centro de datos corporativo
- El volumen de datos procesados
- Los requisitos de usuario sobre tiempos, integridad, seguridad, etc. de la información, pedidos por el departamento de TI
- El modelo operativo de la organización (centro de coste, centro de beneficio, etc.) que emplea el departamento de TI.

Teniendo en cuenta lo mencionado anteriormente, los tipos más habituales de estructuras organizativas para el departamento de TI (aparte de la externalización de los servicios de TI y la gestión de las instalaciones) son:

Tipo 1: Organización de TI centralizada y procesamiento por lotes

En este tipo de organización y modo de procesamiento, los usuarios finales recogen todos los datos empresariales registrados en formularios diseñados específicamente, siguiendo procedimientos empresariales muy estrictos y rigurosos. Luego se envían esos datos, en lotes, al departamento centralizado de TI.

El departamento de TI introduce, verifica, corrige y procesa estos datos usando sistemas y equipos ubicados en sus centros, ejecutando los sistemas de información correspondientes a la función de negocio a la que se da servicio y actualizando los archivos informatizados mantenidos por esos sistemas de información.

La TI devuelve a los usuarios finales todos los resultados de los datos introducidos y procesados, archivos actualizados, informes, etc. habitualmente al siguiente día laborable.

Tipo 2: Organización de TI centralizada y procesamiento en línea

En este tipo de organización y modo de procesamiento, los usuarios finales recogen todos los datos empresariales registrados en formularios diseñados específicamente, siguiendo procedimientos empresariales muy estrictos y rigurosos y luego introducen estos datos inmediatamente (modo en línea) utilizando los equipos (pantallas y otros) ubicados en sus centros de trabajo, que están conectados a los sistemas de información y servicios del departamento centralizado de TI.

Los usuarios finales tienen la responsabilidad total de introducir, verificar y corregir estos datos, usando los equipos y sistemas situados en sus centros de trabajo, ejecutando los sistemas de información correspondientes con la función de negocio a la que se da servicio y actualizando de modo inmediato los archivos informatizados mantenidos por esos sistemas de información.

El departamento de TI tiene la total responsabilidad de asegurar que el procesamiento de estos datos y la actualización de los archivos se realiza con la mayor calidad e integridad.

Todos los resultados de los datos introducidos y procesados, archivos actualizados, informes, etc. están disponibles inmediatamente para los usuarios finales que los originaron y para todos los interesados válidos y aprobados.

Tipo 3: Organización de TI descentralizada y procesamiento en línea

En este tipo de organización y modo de procesamiento, los usuarios interaccionan del modo descrito en el modelo de Tipo 2. La única diferencia es que el personal de TI está dividido en unidades menores que se ubican en los centros de trabajo de los usuarios finales, para ofrecer un mejor servicio.

Tipo 4: Organización de TI mixta y procesamiento en línea

En este tipo de organización y modo de procesamiento, los usuarios finales interactúan del modo descrito en el modelo de Tipo 2, con la diferencia de que el personal de TI está ubicado en parte en un lugar central y en parte en los departamentos de los usuarios finales.

Conclusión

Cada organización fijará su propia estructura organizativa teniendo en cuenta uno o más de los elementos anteriores, personalizando y estableciendo una estructura de TI que sirva para sus propósitos concretos.

1.4.3 Política empresarial de TI

Las políticas y procedimientos empresariales constituyen el tercer y cuarto pilar de una organización. Con respecto a la función de TI, la expresión primordial de este elemento organizativo es la política empresarial de TI.

Política empresarial de TI (ejemplo)

"La Empresa" se compromete a salvaguardar sus activos de TI y su uso operacional y estratégico. La estrategia de TI de la Empresa proporcionará las directrices para el futuro de las actividades de TI. Las operaciones de TI harán referencia a la producción de sistemas y servicios de TI para dar valor a la organización, por medio de sus operaciones de procesamiento. Para ello, busca asegurar la integridad de los datos corporativos y de los sistemas de información, la disponibilidad del servicio y la confidencialidad de la información y de los datos informatizados.

Al introducir nuevos sistemas corporativos informatizados o grandes cambios en los sistemas corporativos informáticos ya existentes, "la Empresa" puede garantizar el desarrollo y la aplicación controlada de los nuevos elementos en los marcos de referencia de la arquitectura empresarial. También es posible garantizar que el *software* de aplicación contiene los controles apropiados.

Aunque "la Empresa" utiliza Internet y el correo electrónico para dirigir su negocio, prohíbe su uso inapropiado para descargas o transmisión de datos (sin la autorización correspondiente) de, por ejemplo, material ofensivo o información confidencial. Para reforzar esta política, se ha establecido y comunicado una serie más completa de políticas y procedimientos de TI, para que se conozcan y estén definidas las órdenes en todo el entorno corporativo de "la Empresa".

Su propósito primordial es definir el compromiso de la organización con una gestión más efectiva de los activos y actividades de TI y proporcionar con ello el mejor servicio y calidad en la información procesada para directivos e interesados de todos los niveles

1.5 Exposición de valores, visión y misión de la TI

Las organizaciones, sus unidades funcionales o departamentos, y sus personas, no existen en la nada. Suelen trabajar dentro de un marco específico de referencia (uso óptimo de varios recursos para fines generales y específicos, creación de valor, beneficios, etc.) y en un contexto socioeconómico. Con este propósito, pueden precisar varias directrices y planes de trabajo que les motiven a adoptar mejores medidas.

Puede lograrse con un proceso de visualización, que suele garantizar que los resultados alcanzados se corresponden con los esperados. En un entorno corporativo, la expresión principal del proceso de visualización es la exposición de valores, visión y misión de la TI.

Más concretamente, el propósito de la exposición de valores, visión y misión de la TI, en un marco general corporativo, es el de servir de guía a la organización para el futuro (hacia dónde quiere ir) con el fin de determinar formas más específicas de cumplir dicha exposición y fijar las normas éticas para todos los participantes (Consejo, directivos, gestores, empleados, etc.) con el fin de llevar a cabo sus actividades e interacciones habituales. La definición de la visión, la misión y los valores corporativos suele realizarse una vez, pero pueden actualizarse, según las circunstancias y condiciones, durante el proceso de planificación estratégica de la organización.

Algunos de los beneficios que puede producir la definición de la visión, misión y valores corporativos son: una mejora importante de la imagen corporativa y de la atención sobre lo que es crítico e importante; mejora de la percepción profesional de la organización; promoción de una cultura ética orientada al equipo; mejora de la comunicación entre todos los interesados.

Los conceptos de visión, misión y valores pueden extenderse, y a veces lo hacen, a todas las funciones críticas de una organización, como TI, ventas, marketing, producción, etc.

Exposición de valores, visión y misión (ejemplo)

La visión del Departamento de Sistemas de Información es proporcionar a los clientes (externos e internos), interesados, directivos y empleados de la organización, la información y recursos que respalden los objetivos estratégicos y operacionales de la organización. La misión del departamento es la gestión de un flujo eficiente de datos e información electrónica a toda la organización, así como a los participantes externos (clientes, bancos, proveedores, proveedores, etc.) y a las autoridades gubernamentales y agencias reguladoras. Esto exige la formación, soporte y mantenimiento de los sistemas existentes, la recuperación en caso de desastre de los sistemas críticos de aplicaciones y la implantación de nuevos sistemas y nueva tecnología de la información. Estos servicios se prestarán con los máximos valores de calidad, seguridad, integridad de los datos y con la aplicación más eficaz y eficiente de los códigos de conducta profesional y ética, normas y regulaciones. Estas normas de conducta pueden estar basadas en el Código Profesional de ACM, el Código de ISACA, el de BSC, el Código del Computer Ethics Institute, etc.

1.6 Marcos de referencia de gobernanza y control de TI

Más allá de los controles citados anteriormente, las organizaciones pueden necesitar, en la práctica real, marcos de gobernanza y control interno, para operar de modo óptimo.

Según COSO (*www.coso.org*), el control interno se define, en general, como un proceso, ejecutado por el Consejo de administración de una empresa, sus directivos y otros empleados, diseñado para proporcionar una garantía razonable sobre el logro de los objetivos de las siguientes categorías: eficacia y eficiencia de las operaciones; fiabilidad de los informes financieros; conformidad con las leyes y regulaciones aplicables.

El entorno de control determina el tono de una organización e influye en la percepción del control de sus personas. Es la base de todos los demás componentes del control interno, a los que proporciona disciplina y estructura. Entre los factores del entorno de control se incluye la integridad, los valores éticos y la competencia de las personas de la entidad; los principios de gestión y el estilo de funcionamiento; cómo los directivos asignan la autoridad y la responsabilidad, organizan y desarrollan sus colaboradores; y la atención y dirección proporcionada por el Consejo de administración.

El control interno, en el ámbito de la TI y dentro del marco de referencia de una organización, se expresa normalmente por medio de un marco de referencia de gobernanza y control.

Por lo que respecta a la función de TI, el trabajo de los directivos de TI es diseñar, desarrollar, aplicar, gestionar y dar soporte a un marco de gobernanza mejorado para sus propios fines. Este marco de referencia puede consistir en la gestión continua de:

- la coordinación de la estrategia de TI con la estrategia corporativa, dentro del marco de la arquitectura empresarial de la organización
- la gestión de las personas y otros recursos
- la gestión de la calidad
- la gestión del desempeño
- normas, políticas, procedimientos, prácticas y métodos para el funcionamiento seguro, eficiente, efectivo y con un coste proporcionado, de todos los componentes de sistemas e infraestructuras de TIC para el bien de la organización concreta y de la sociedad en general.

La gobernanza de la TI y el marco de control pueden publicarse y comunicarse por toda la organización, pueden establecerse también en el marco de la arquitectura empresarial de la organización, y basarse en normas profesionales de gobernanza y control, como COBIT, ITIL, ISO/IEC 38500,[9] el marco de Gobernanza de la TI de Calder-Moir,[10] etc. Puede incluir también el marco de gestión del conocimiento de la organización.

1.6.1 COBIT: Marco de referencia de control

COBIT (Objetivos de Control para la Tecnología de la Información[11]) es un marco de referencia gestionado por ISACA (anteriormente las siglas significaban Asociación de Auditoría y Controles de Sistemas de Información, pero actualmente no es un acrónimo) (ISACA: *www.isaca.org*[12]). Se compone de 34 procesos de alto nivel que cubren 210 objetivos de control, clasificados en cuatro dominios: Planear y Organizar, Adquirir e Implementar, Entregar y Dar Soporte y Monitorear[13] y Evaluar. COBIT proporciona beneficios a los gestores, usuarios de la TI y auditores.

---

[9] www.iso.org, www.38500.org.

[10] www.itgovernance.co.uk/calder_moir.aspx.

[11] NT: En español debe usarse Tecnología en singular. RAE: Tecnología.- Conjunto de teorías y de técnicas que permiten el aprovechamiento práctico del conocimiento científico. Conjunto de los instrumentos y procedimientos industriales de un determinado sector o producto. "la Tecnología de la Información" (ya no hace falta añadir la C de Comunicación, pues está implícita) engloba todas las "technologies" en inglés, relativas a un sector o industria.

[12] publicación incluye referencias a COBIT 4.1 © 1996–2007 ITGI. Todos los derechos reservados.

[13] NT: "Monitorear" no figura en el diccionario de la RAE, por lo que debería sustituirse por "Monitorizar". Para los demás términos y denominaciones, he optado por mantener los de la versión española de la norma publicada por ISACA, incluso las elipsis de artículos.

Dominio 'Planear y Organizar' (Actividades PO)

Las actividades de este dominio son: definir el plan estratégico de TI, definir la arquitectura de la información, determinar la dirección tecnológica, definir procesos, organización y relaciones de TI., administrar la inversión en TI, comunicar las aspiraciones y la dirección de la gerencia, administrar los recursos humanos de TI, administrar la calidad, evaluar y administrar riesgos de TI, y administrar proyectos.

Dominio 'Adquirir e Implementar' (actividades AI)

Las actividades de este dominio son: identificar soluciones automatizadas, adquirir y mantener el *software* de aplicación, adquirir y mantener la infraestructura tecnológica, facilitar funcionamiento y el uso, adquirir recursos de TI, administrar cambios e instalar y acreditar soluciones y cambios.

Dominio 'Entregar y dar Soporte' (Actividades DS)

Las actividades de este dominio son: definir y administrar niveles de servicio, administrar servicios de terceros, administrar el desempeño y la capacidad, garantizar la continuidad del servicio, garantizar la seguridad de los sistemas, identificar y asignar costes, formar a los usuarios, administrar el servicio técnico[14] y los incidentes, administrar la configuración, administrar los problemas, administrar los datos, administrar el entorno físico y administrar las operaciones.

---

[14] NT: Service desk

Dominio 'Monitorizar y Evaluar' (Actividades ME)

Las actividades de este dominio son: monitorizar y evaluar el desempeño de TI, monitorizar y evaluar el control interno, garantizar el cumplimiento normativo y proporcionar la gobernanza de TI.

1.6.2 Marco de referencia ITIL

La Biblioteca de la Infraestructura de la Tecnología de la Información (ITIL)[15] es una serie de conceptos y políticas para la gestión de la infraestructura, el desarrollo y las operaciones de la TI. ITIL (*www.itil-officialsite.com*, *www.ogc.gov.uk*[16]) se publica en una serie de libros, cada uno de los cuales trata sobre un tema de la gestión de la TI.

ITIL ofrece una descripción detallada de importantes prácticas de la TI, con listas de comprobación detalladas, tareas y procedimientos, que pueden adaptarse a cualquier organización de TI.

La versión actual contiene cinco libros esenciales: Estrategia del servicio, Diseño del servicio, Transición del servicio, Funcionamiento del servicio y Mejora continua del servicio.

Estrategia del servicio: Se muestra en el núcleo del ciclo de ITIL v3.1, pero no puede existir aislada de las otras partes de la estructura ITIL. Abarca un marco para crear mejores prácticas para el desarrollo de una estrategia de servicio a largo plazo.

---

[15] Information Technology Infrastructure Library

[16] ITIL® es una Marca Registrada de la Office of Government Commerce, en el Reino Unido y otras naciones. IT Infrastructure Library® es una Marca Registrada de la Office of Government Commerce, en el Reino Unido y otras naciones.

Diseño del servicio: El diseño de servicios de TI de acuerdo con las mejores prácticas, incluyendo el diseño de la arquitectura, los procesos, las políticas, la documentación y teniendo en cuenta los futuros requisitos empresariales.

Transición del servicio: Se refiere a la entrega de los servicios exigidos por la empresa dentro de su uso real/operacional[17] y a menudo abarca la parte del 'proyecto' de la TI en vez del «escenario habitual»[18]. Este ámbito también incluye temas como la gestión de los cambios para el entorno del escenariohabitual.

Funcionamiento del servicio: Las mejores prácticas para lograr la entrega de los niveles de servicio acordados a los usuarios finales y clientes (estos últimos son los individuos que pagan por el servicio y negocian los Acuerdos de Nivel de Servicio[19]). El Funcionamiento del servicio es la parte del ciclo en la que se entregan directamente los servicios y el valor. Se tienen en cuenta la monitorización de los problemas y el equilibrio entre la fiabilidad del servicio y los costes considerados.

Mejora[20] continua del servicio (CSI[21]): Ajuste y reajuste de los servicios de TI según los cambios en las necesidades de la empresa (ya que la paralización provocaría el declive), mediante la identificación y aplicación de mejoras a los servicios de TI que dan soporte a los procesos de negocio. La perspectiva de la CSI sobre la mejora es la perspectiva empresarial sobre la calidad del servicio, aunque las metas

---

[17] NT: live/operational use.
[18] NT: Business as Usual (BAU).
[19] NT: SLA.
[20] NT: Debería decirse "Mejoramiento: Acción y efecto de mejorar (RAE)" pero es habitual usar "Mejora"
[21] NT: Continuous Services Improvement

de la CSI sean mejorar la eficacia, eficiencia y coste de los procesos de la TI a lo largo de todo el ciclo. Para gestionar la mejora, la CSI debe definir claramente qué debería controlarse y medirse.

Debe haber una planificación por anticipado, formación, concienciación, planificación continua, creación de roles, asignación de responsabilidades —entre ellas la del propietario[22] del proceso— e identificación de actividades, para asegurar el éxito. La CSI debe estar planificada y programada como un proceso con actividades definidas, entradas, salidas, roles y mecanismos de información.

1.6.3 ISO/IEC 38500:2008: Gobernanza corporativa de la Tecnología de la Información

ISO/IEC 38500:2008 proporciona principios rectores a los directores[23] de las organizaciones para conseguir un uso eficaz, eficiente, beneficioso y aceptable de la TI en sus organizaciones.

ISO/IEC 38500:2008 se aplica a la gobernanza de los procesos de gestión y decisión relativos a los servicios de información y comunicaciones que utilizan las organizaciones. Es aplicable a organizaciones de cualquier

---

[22] NT: "Owner", en contextos como el de este apartado, suele estar traducido en mucha bibliografía por "propietario" cuando debería usarse "responsable", porque la propiedad de la información, de los procesos, de los sistemas, etc. pertenece a los legítimos dueños de la empresa –por ejemplo, sus accionistas-, no a las personas que suelen tener la responsabilidad por trabajar para la organización con ese fin. Uso el término "propietario" por consistencia con esa bibliografía, pero sería mucho más apropiado usar "responsable"

[23] NT: Directores, dentro de ISO/IEC 38500, significa responsables últimos o máximos de la dirección de la organización: miembros del Consejo de administración u organismos similares. No obstante, los principios indicados son también útiles para los directivos, ejecutivos o gestores de las organizaciones concretas, responsables de cumplir y hacer cumplir las órdenes recibidas de los directores.

tamaño, públicas o privadas, gubernamentales y sin ánimo de lucro.

El marco de referencia contiene definiciones, principios y un modelo. Fija los seis principios para la gobernanza de la TI, que definen la conducta preferida para orientar el proceso de toma de decisiones:

- Garantizar que las responsabilidades sobre la TI están claramente establecidas.
- Deben coordinarse correctamente la estrategia corporativa y la de TI.
- Las adquisiciones e inversiones en TI deben realizarse de un modo apropiado y válido.
- Garantizar que la TI funciona cuando sea necesario.
- Garantizar el cumplimiento de las normas, en todas las actividades relacionadas con la TI.
- Garantizar el respeto y la consideración de los factores humanos en las políticas y prácticas de la TI.

1.6.4 El Marco Calder-Moir[24] para la Gobernanza de la TI

Su propósito es la implantación de la norma ISO/IEC 38500, primera norma internacional que proporciona directrices para la Gobernanza de la TI. El marco de Calder-Moir para la Gobernanza de la TI proporciona una manera de organizar las herramientas y las cuestiones relacionadas con la gobernanza de la TI con el fin de ofrecer asistencia al Consejo de administración, ejecutivos, gestores, interesados y profesionales.

---

[24] Permiso del IT Governance Institute, UK.

El marco de referencia está dividido en seis segmentos:

- Estrategia empresarial (modelo empresarial, entorno empresarial, estrategias empresariales, planes estratégicos, planes empresariales, BSC, etc.)
- Riesgo, conformidad y cumplimiento normativo (gobernanza, conformidad, cumplimiento normativo, gestión del riesgo de la empresa, controles, auditoría, otros marcos de referencia: COSO, COBIT, SOX, ISO38500, BSC, etc.)
- Estrategia de la TI (estrategia de la información, arquitecturas empresariales y de la TI (TOGAF, marco de referencia de Zachman, BSC), principios de la TI, etc.)
- Cambio[25] (capacidad de reacción, proyectos, programas[26], métodos (PRINCE2, PMBOK, MSP, CMMI, etc.), coordinación, beneficios).
- Balance de información y tecnología (capital humano, organizativo y de mercado, organización, información, aplicaciones, negocios y procesos de la TI, tecnología, marco de referencia de Zachman, BSC, ISO38500, etc.)
- Operaciones (empresariales, de la TI, gestión de los activos de la TI, seguridad, COBIT, ITIL, normas de protección de la información, etc.).

Cada segmento se subdivide en tres capas:

- El interno representa al Consejo de administración
- El intermedio representa a los directivos (gestores ejecutivos)

---

[25] NT: Cambio empresarial: nuevos procesos, nuevos productos, nuevos mercados. Normalmente implica actividades de desarrollo, adquisición o mantenimiento de sistemas de información

[26] NT: Conjunto estructurado de proyectos relacionados

- El externo representa a los profesionales de la TI y de la gobernanza de la TI.

Comenzando en la Estrategia empresarial, cada segmento se ejecuta en un orden según las agujas del reloj, en un proceso completo. En los tres primeros segmentos, el Consejo establece las direcciones y estrategias de la empresa. Estas estrategias precisan cumplir los principios de gobernanza corporativa (por ejemplo Basilea II) y evaluar los riesgos. En los tres últimos pasos, se desarrollan arquitecturas y planes para cumplir las estrategias de la empresa por medio de la TI. Tras ser aprobados por el Consejo, se aplicarán mediante diversos proyectos de cambio.

Las tres tareas principales relacionadas con la gobernanza de la TI de los directores (miembros del Consejo), que son según ISO/IEC 38500, evaluar, dirigir y monitorizar, están presentes en Calder-Moir. El Consejo evalúa las condiciones y las estrategias de la empresa, dirige la TI por medio de principios de la TI y monitoriza todos los procesos del marco de referencia. Los directivos o ejecutivos también evalúan, dirigen y monitorizan los procesos realizados por los profesionales.

Además, el Marco de Calder-Moir implanta un ciclo de mejora PDCA (*Plan, Do, Check, Act*) en dos niveles. En el superior, a lo largo de todo el hexágono (ver *Figura 1*), y en un nivel inferior más detallado, en cada uno de los seis segmentos (ver *Figura 2*).

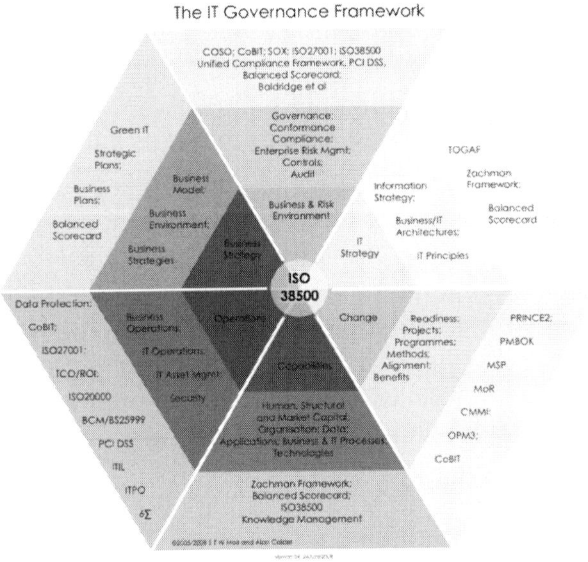

Figura 1: Marco de Calder-Moir (Nivel superior)

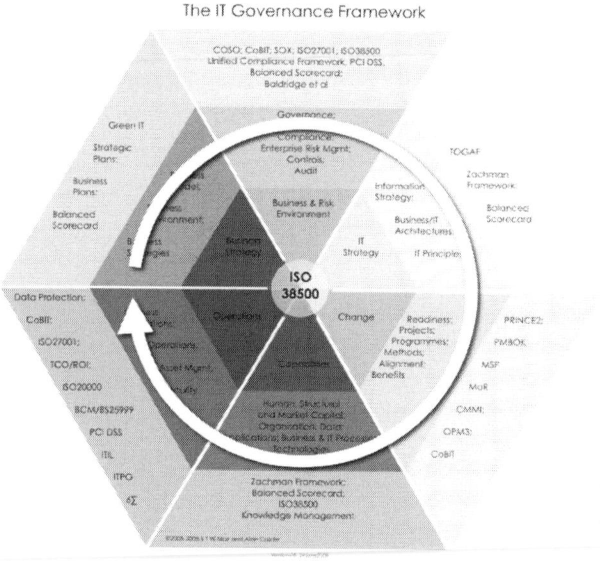

Figura 2: Marco de Calder-Moir (Nivel detallado)

Conclusión

Los marcos generales descritos anteriormente proporcionan directrices generales para que los directivos de TI apliquen su propio marco de gobernanza de la TI.

Suele ser parte del trabajo y la responsabilidad de los directivos de TI diseñar, desarrollar, aplicar, gestionar y mantener un marco de mejorado para la gobernanza de la TI que pueda satisfacer la necesidad de información y los requisitos empresariales de la organización.

1.7 Controles de monitorización y revisión

Los controles mencionados anteriormente deben monitorizarse para garantizar que funcionan del modo previsto y deben revisarse para su mejora.

La monitorización, según COSO (www.coso.org) se aplica a todos los componentes de los controles internos: evaluación del riesgo, entorno de control, actividades de control, información y comunicación. Los controles que no se monitorizan ni revisan, no se mejoran y, por consiguiente, se deterioran con el tiempo. Si la monitorización se ha diseñado y aplicado correctamente, las organizaciones se benefician, ya que es más probable que puedan: identificar y resolver los problemas de control en el momento oportuno; preparar informes precisos y oportunos sobre la gestión del desempeño; recoger, procesar y producir información más precisa y fiable para la toma de decisiones sobre temas estratégicos u operaciones y garantizar a todos los interesados de la organización la eficacia y eficiencia de los controles internos.

El establecimiento de controles de monitorización y revisión de la TI puede conseguirse por medio de un plan de gestión de las actividades de monitorización y revisión.

Plan de gestión de las actividades de monitorización y revisión

La primera medida que debe adoptarse tras definir los elementos organizativos básicos de una función de TI es garantizar la monitorización y revisión rigurosa de todos los controles de la TI:

Paso 1: Formar el equipo para gestionar el desempeño de la TI (equipo, gestor, términos de referencia, presupuesto).

Paso 2: Evaluar las necesidades de gestión de informes sobre el desempeño de la TI y diseñar qué información sobre el desempeño y qué medidas sobre el cumplimiento se deben monitorizar y recoger.

Paso 3: Crear el sistema de gestión de informes sobre el desempeño de la TI. Puede basarse en un sistema mixto con dos componentes: un sistema de medición del BSC de TI: (Balanced Scorecard de Tecnología de la Información) (*descrito en el Capítulo 4*), y un Sistema de Monitorización del Cumplimiento para monitorizar el cumplimiento de políticas, procedimientos y temas relacionados (por ejemplo, asuntos presupuestarios).

Paso 4: Diseñar los informes sobre la gestión de la TI y conseguir la aprobación de los directivos correspondientes.

Paso 5: Formar al equipo en el proceso de gestión de informes del desempeño de la TI.

Paso 6: Recoger la información sobre el desempeño y el cumplimento de la TI.

Paso 7: Revisar la información sobre el desempeño y el cumplimiento de la TI con los directivos pertinentes, según se precisen en el momento concreto del informe(por ejemplo, usuarios críticos, la oficina de cumplimiento normativo, comité de riesgos, auditoría interna, etc.)

Paso 8: Preparar el informe de gestión de la TI (información sobre el desempeño y el cumplimiento, análisis de la información, etc.)

Paso 9: Remitir el informe de gestión de la TI a todos los niveles de gestión y gerencia aprobados.

Paso 10: Monitorizar y mejorar el sistema.

La implantación de este plan exige el funcionamiento de tres elementos: (a) el procedimiento de gestión de informes sobre la gestión de la TI, con el informe correspondiente, (b) las medidas del desempeño en cada área de TI, y (c) las técnicas y herramientas de revisión para la auditoría.

Informe de la gestión de la TI

El desarrollo de un plan estratégico para ejecutar las operaciones de TI forma parte del proceso de planificación estratégica de la TI. La parte más difícil suele ser conseguir la implantación de la estrategia diseñada de TI. Y una parte importante de la implantación de la estrategia de la TI es su revisión y monitorización, y asegurar que produce los resultados deseados para la organización y sus interesados.

La revisión y monitorización de la implantación del plan estratégico y de las operaciones de TI es importante por varios motivos. Primero, porque ayuda a garantizar que todos los esfuerzos se ajustan al plan. Segundo, porque garantiza que los resultados obtenidos se ajustan a los objetivos específicos de la empresa y que se adoptan medidas correctivas en caso de necesidad. Por último, y esto es lo más importante, la monitorización proporciona el enlace preciso entre el plan escrito y las operaciones empresariales cotidianas que la organización lleva a cabo.

Además de los procedimientos corporativos sobre información de la gestión, el departamento de TI puede presentar informes sobre cuestiones de desempeño relacionadas con la TI. Esos informes suelen contener:

- Cambios, problemas, errores, incidentes de seguridad y cartera pendiente de peticiones
- Asuntos relacionados con el servicio técnico
- Asuntos relacionados con el acceso en línea
- Asuntos relacionados con el desempeño y rendimiento técnico
- Asuntos relacionados con copias de seguridad y recuperación
- Transacciones y trabajos procesados
- Asuntos relacionados con el desarrollo de nuevas aplicaciones
- Objetivos de los proyectos de TI
- Costes reales de los proyectos (comparados con los presupuestos)
- Asuntos relacionados con las revisiones tras la implantación
- Medidas críticas de desempeño por cada área de TI
- Asuntos relacionados con el cumplimiento normativo
- Tendencias y novedades en el sector

Es responsabilidad del CIO establecer este mecanismo de gestión de informes y garantizar su correcto funcionamiento.

1.8 Medidas del desempeño de la organización de TI

El objetivo principal de cualquier sistema de medición y gestión de informes del desempeño es proporcionar información sobre los objetivos específicos de una organización. La medición del desempeño adquiere su valor real cuando los directivos la utilizan para adoptar a tiempo las decisiones adecuadas. Con respecto a una función concreta, el propósito de las medidas del desempeño es servir de base para la gestión del desempeño, la revisión y la mejora del área de estudio. El objetivo final de la implantación de un sistema de medición del desempeño es la mejora del desempeño de una organización concreta. Si los directivos pueden conseguir una correcta medición del desempeño de la organización, los datos generados sobre el desempeño dirán a los directivos e interesados dónde está la organización y hacia dónde se dirige.

Estas medidas del desempeño podrían basarse en un sistema mixto con dos componentes: El componente 1 podría ser un sistema de medición del BSC de TI (Balanced Scorecard de la TI) descrito en el Capítulo 4 (controles estratégicos de la TI), y el Componente 2 sería un Sistema de Monitorización del Cumplimiento para la monitorización del cumplimiento de políticas, procedimientos y temas relacionados (para más información sobre cumplimiento, véase: Society of Corporate Compliance and Ethics, EE. UU.: *www.corporatecompliance.org*).

La Tabla 1 muestra las medidas típicas del desempeño en el ámbito de la organización de TI.

Tabla 1: Medidas del desempeño de la organización de TI

Función	Medidas
Finanzas de la TI	Cumplimiento del presupuesto, gastos en mantenimiento frente a gastos en nuevas actividades de desarrollo, gastos en mantenimiento preventivo, rentabilidad de las inversiones en TI, relación entre gastos administrativos (personal) y gastos de

	producción (línea)
Gestión de Recursos Humanos de TI	Índices de volumen de negocio, formación por empleado (importe y horas), permanencia media en la compañía (años)
Desarrollo de sistemas de TI	Funciones desarrolladas y útiles para los usuarios, cantidad de líneas codificadas / probadas/cambiadas, cantidad de aplicaciones que dan soporte a las funciones críticas del negocio, horas empleadas en mantenimiento (por persona, por programa)
Operaciones de TI	Entrega oportuna (a tiempo) de informes a los usuarios, tiempo medio de respuesta, disponibilidad media, volumen de información almacenada, tiempo medio entre fallos (MTBF), cantidad de líneas impresas, volumen de datos que se mantienen, cantidad de aplicaciones compartidas, cantidad de bases de datos compartidas, cantidad de transacciones procesadas en línea
Cumplimiento de TI	Términos de referencia a nivel del departamento de TI no respetados; exposición de valores, visión y misión no elaborada; marco de la gobernanza de la TI no establecido

Los directivos de TI de la empresa pueden analizar toda esta información de monitorización del desempeño y del cumplimiento, para revisar, evaluar y mejorar los elementos organizativos de la función de TI.

1.9 Técnicas y herramientas de revisión y auditoría

Establecer y mejorar los controles de una organización de TI no es una tarea fácil. Requiere capacidades de previsión, conocimiento del negocio y de la TI, recursos corporativos y de TI, una cultura de gestión del cambio y una serie de herramientas de revisión y auditoría. Las herramientas que pueden dar soporte a los directivos de TI y a otros profesionales (auditores y consultores de la TI, auditores internos y externos, gestores del cumplimiento, etc.) para establecer, evaluar y mejorar los controles de la organización de TI descritos en este capítulo, y que se ofrecen para su posible uso, son: listas de comprobación sobre los términos de referencia de TI, programa de auditoría de evaluación organizativa de TI, programa de auditoría de evaluación funcional de TI, lista de comprobación de la visión, la misión y los valores de TI, lista de comprobación de la cobertura de la TI y lista de comprobación de la mejora del negocio.

Estos pueden definir también la calidad y eficacia de los controles de la organización de TI y asegurar que esos controles específicos están establecidos de modo apropiado y eficaz para dar servicio a las necesidades de control de la entidad corporativa concreta de TI.

No se pretende que estos programas y listas de comprobación de auditoría sean una guía completa de auditoría o gestión de la TI. Los directores de TI y otros profesionales pueden optar por utilizar únicamente ciertos componentes, según su tamaño, complejidad, sector de negocio, madurez y expectativas de la TI, clase de negocio de la organización y grados de despliegue y uso de los sistemas de TI.

En los apéndices 3 (lista de comprobación para la monitorización de los controles de TI), 4 (ejemplos de formularios de TI), 5 (metodología de auditoría de la TI), 6 (áreas de auditoría de la TI), y 7 (ejemplo de informe de auditoría interna) pueden encontrarse otras directrices y herramientas de auditoría de utilidad, que dan soporte a la gestión de la TI y a los procesos de auditoría y evaluación.

1.9.1 Lista de comprobación sobre los términos de referencia de la TI

Su objetivo es respaldar el proceso de establecimiento, revisión, evaluación y mejora de los controles mencionados en el Párrafo 1.3 'Controles de la descripción funcional de la organización de TI' y en el Párrafo 1.4.2 'Estructura organizativa del departamento de TI'.

1 ¿Informa el CIO/director de TI al centro organizativo responsable de la unidad de TI?
2 ¿Están las responsabilidades suficientemente detalladas y adaptadas a las actividades específicas de cada función o departamento de TI y a su centro de responsabilidad?
3 ¿Están los miembros del Consejo o los directores ejecutivos familiarizados con esas responsabilidades y han sido ratificadas en el nivel apropiado (Consejo o Dirección ejecutiva)?
4 ¿Están los gestores y directivos del departamento de TI familiarizados con estas responsabilidades?
5 ¿Está el personal del departamento de TI familiarizado con estas responsabilidades?
6 ¿Están los directivos usuarios de TI familiarizados con estas responsabilidades?
7 ¿Están los usuarios de TI familiarizados con estas responsabilidades?

8 ¿Ayudan estas responsabilidades a que el director de TI y su equipo puedan cumplir con sus responsabilidades?
9 ¿Conocen estas responsabilidades los interesados externos al departamento de TI (proveedores de mantenimiento, grupos interesados, grupos de la comunidad, agencias regulatorias, etc.)?
10 ¿Está la función de TI estructurada de manera eficaz para servir a la organización y sus divisiones o funciones?:
   - ¿Cómo una división aparte o formando parte de otra división?
   - ¿Interactuando con una entidad de servicios externalizados?
   - ¿Es un servicio compartido por varios departamentos?
   - ¿Es una combinación de algunos de los puntos anteriores?
   - ¿Es una compañía aparte, con su propio Consejo?
   - ¿Está ubicada en el nivel apropiado de organización y de responsabilidad?

1.9.2 Programa de auditoría de evaluación organizativa de TI

El objetivo de este programa de auditoría es respaldar el proceso de revisión, evaluación y mejora de los controles indicados en los Párrafos 1.3 'Controles de la descripción funcional de la organización de TI' y 1.4 'Controles de la organización de TI'.

1 Evaluar la responsabilidad organizativa de la unidad de TI
2 Conseguir las responsabilidades, la descripción y el organigrama del departamento de TI

3 Evaluar el organigrama y la descripción del departamento de TI con los directivos de TI
4 Revisar cómo está estructurada la unidad de TI para servir a la empresa y a sus divisiones/funciones:
   - Como una división aparte
   - Como parte de una división
   - Interactuando con una entidad de externalización
   - Como un servicio compartido por varios departamentos
   - Como una combinación de las anteriores
5 Obtener el plan de reestructuración del departamento de TI
6 Revisar el plan de reestructuración del departamento de TI con el CIO (*Chief Information Officer*) y otros directivos de TI.

1.9.3 Programa de auditoría de evaluación funcional de TI

El objetivo de este programa de auditoría es respaldar el proceso de revisión, evaluación y mejora del desempeño general de la función de TI y de los controles identificados en los párrafos 1.4 'Controles de la organización de TI', 1.6. 'Marcos de la gobernanza y control de la TI' y 1.7 'Controles de monitorización y revisión'.

1 Definir, revisar y estar de acuerdo con la definición del desempeño de la función de TI, que puede incluir:
   - El personal de TI está capacitado y cuenta con conocimientos actuales
   - Los clientes esperan y requieren de los departamentos niveles de servicio *'dial tone'*
   - La superioridad competitiva debe ser un objetivo

- La calidad y la productividad son objetivos paralelos de la función de TI.

2 Evaluar si se pueden monitorizar varios indicadores esenciales del desempeño, como:
- Actividad de desarrollo
- Desempeño operacional
- Desempeño financiero
- Gestión de Recursos Humanos.

3 Evaluar si se satisfacen las responsabilidades primarias del servicio de TI:
- ¿Se realiza una entrega oportuna de información relevante, precisa y completa (procesamientos en línea o por lotes)?
- ¿Existe una separación de tareas adecuada?
- ¿Se satisfacen adecuadamente las responsabilidades de custodia?
- ¿Hay procedimientos de control de cambios (pruebas, producción)?
- ¿Se cumplen adecuadamente las medidas de seguridad?
- ¿Hay controles apropiados sobre el trabajo realizado?
- ¿Tienen los directivos y gestores información suficiente para gestionar adecuadamente el centro de procesamiento de datos?

4 Evalúe la metodología de desarrollo de sistemas. Tenga en cuenta:
- El desarrollo oportuno de los sistemas informáticos
- ¿Se ha autorizado formalmente la metodología?
- ¿Se cumple en todos los casos?
- ¿Se desarrollan los sistemas a partir de un plan estratégico de TI?

- ¿Es la metodología apropiada para las necesidades de datos y de bases de datos de la empresa?

5 Evalúe la metodología de prueba de sistemas. Analice si contiene especificaciones de funcionamiento y rendimiento, aceptación y pruebas de usuario y cumplimiento de las especificaciones de diseño

6 Evalúe las políticas y procedimientos de mantenimiento de los sistemas existentes. Tenga en cuenta:

- ¿Se hace a tiempo?
- ¿Hay procedimientos de control de cambios?
- ¿Se emplea un proceso de priorización (prueba/producción)?
- ¿Hay procedimientos de conversión?
- ¿Hay procedimientos de mantenimiento y control de fuentes y objetos?
- ¿Se autorizan todos los cambios?
- ¿Se emplean formularios de modificación de programa en todos los cambios?
- ¿Hay procedimientos de control de la calidad?

7 Evaluar la gestión de formularios. Analice si existe una custodia eficaz de todos los formularios que contengan datos (del negocio, de sistemas, administrativos) y si esa custodia se ejecuta siempre.

8 Seguridad física. Tenga en cuenta:

- ¿Hay procedimientos de seguridad lógica y física?
- ¿Hay un procedimiento de planificación de contingencias?
- ¿Hay procedimientos adecuados de respaldo y recuperación?
- ¿Está adecuadamente protegido el software de sistemas?

9 Revise los indicadores esenciales del desempeño de TI

1.9.4 Lista de comprobación de la visión, la misión y los valores de TI

Su objetivo es respaldar el proceso de creación, revisión, evaluación y mejora de los controles mencionados en el Párrafo 1.5 'Exposición de valores, visión y misión de TI'.

.

1. ¿Hay una exposición de los valores, la visión y la misión general corporativa?
2. ¿Se ajusta esta exposición de la visión, misión y valores de TI a las definiciones de la visión, la misión y los valores corporativos?
3. ¿Conocen todos los miembros de TI, cuando ejecutan sus tareas, la visión, la misión y los valores de TI?
4. ¿Conocen todos los miembros de TI la visión, la misión y los valores corporativos cuando ejecutan sus tareas?
5. ¿Conocen todos los interesados y sus equipos la visión, misión y valores corporativos cuando ejecutan sus tareas?
6. ¿Conocen todos los interesados y sus equipos la visión, la misión y los valores de TI cuando ejecutan sus tareas para la función de TI?
7. ¿Se ajusta la función de TI a la exposición de la misión, visión y valores corporativos?
8. ¿Se ajusta la función de TI a la exposición de la misión, visión y valores de TI?
9. ¿Se mantienen actualizadas, y ligadas con la estrategia general, las definiciones de la visión, la misión y los valores corporativos?
10. ¿Se mantiene actualizada y ligada a la estrategia general, la exposición de la visión, la misión y los valores de TI?

1.9.5 Lista de comprobación de la cobertura de TI

Su objetivo es respaldar el proceso de revisión, evaluación y mejora de los controles identificados en el Párrafo 1.3.2 'Límites generales de responsabilidad del departamento de TI', y asegurar que la función de TI está organizada para cubrir y dar soporte a todos los elementos tecnológicos conocidos, en el contexto de una organización concreta.

1 ¿Incluye la cobertura tecnológica elementos y temas como:
   - o ¿Plataformas *mainframe*, mini/microordenadores?
   - o ¿Sistemas operativos y sistemas de gestión de bases de datos?
   - o ¿Sistemas de información?
   - o ¿Centro de procesamiento de datos?
   - o ¿Ordenadores personales y sistemas y aplicaciones ofimáticas?
   - o ¿Correo electrónico y aspectos relacionados?
   - o ¿Intercambio electrónico de datos (EDI) e Internet?
   - o ¿Redes de comunicaciones (cables, *hubs*, WAN, LAN, intranet)?
   - o ¿Transmisión de datos y protocolos con terceros?
   - o ¿Comunicaciones por voz?
   - o ¿Sistemas avanzados, sistemas de gestión del conocimiento, sistemas de apoyo a las decisiones y aplicaciones de la inteligencia competitiva?
   - o ¿Otros sistemas especiales (p.ej. seguridad, gestión de edificios, sistemas empotrados, etc.)?

2 ¿Se tratan adecuadamente los asuntos sobre cobertura tecnológica (p.ej. no hay elementos olvidados)?

3 ¿Está la cobertura tecnológica incluida en la exposición de la visión, la misión y los valores de TI?

4 ¿Tiene el CIO responsabilidad oficial sobre los aspectos tecnológicos?
5 ¿Está el equipo de TI al tanto de los temas tecnológicos, por medio de formación, seminarios, aprendizaje por ordenador, etc.?
6 ¿Se gestionan adecuadamente los temas de cobertura tecnológica en el plan de reestructuración de TI o en otro plan de mejora/reestructuración de los procesos operacionales?
7 ¿Hay planes tecnológicos a corto y a largo plazo?
8 ¿Se revisa anualmente el plan tecnológico, se mejora (según las necesidades de la empresa y los nuevos requisitos y procesos de negocio con la participación y acuerdo de todos los interesados), y se comunica a todos los interesados?
9 ¿Se mantiene una documentación adecuada sobre todos los cambios tecnológicos?

1.9.6 Lista de comprobación sobre la mejora del negocio de TI

Su objetivo es ofrecer asistencia al CIO y al Comité de TI durante el proceso de revisión, evaluación y mejora de la función de TI para su reestructuración, si es precisa, con el objetivo primordial de ofrecer un mejor servicio a la organización y a sus necesidades de información.

1 ¿Hay en marcha un plan de reestructuración o mejora de la TI o algún plan de mejora/reestructuración de los procesos operacionales?
2 ¿Está el proyecto de reestructuración/mejora dirigido, patrocinado y guiado por el CIO y se ajusta al marco de arquitectura empresarial de la organización?

3 ¿Conocen todos los directivos de TI el proceso y el plan de restructuración/mejora?
4 ¿Conoce todo el equipo de TI el proceso y el plan de reestructuración/mejora?
5 ¿Conocen todos los usuarios de TI el proceso y el plan de reestructuración/mejora?
6 ¿Hay un plan de gestión de cambios para el proceso de mejora?
7 ¿Se usa una metodología estándar para la reingeniería o mejora?
8 ¿Está dirigido y patrocinado por el Consejo y guiado por el CIO el proceso/proyecto de reestructuración/mejora?
9 ¿Se mide el proceso/proyecto de reestructuración/ mejora con mecanismos de medida adecuados y un sistema de gestión del desempeño?
10 ¿Se reestructura adecuadamente la función de TI para servir mejor a la empresa y sus divisiones/funciones?

1.10 Conclusión

El conocimiento es un tema crítico en el siglo XXI para la supervivencia de las organizaciones en mercados mundiales. El conocimiento suele incluir la experiencia, hechos, reglas, datos, afirmaciones y conceptos sobre áreas cruciales para la organización, como clientes, mercados, procesos, regulaciones, etc. Al ser crítico el conocimiento, debe gestionarse de modo eficaz y eficiente por medio de un marco de gestión del conocimiento y controles relacionados, con el fin de aportar valor a la organización.

Este marco puede tener, desde un punto de vista conceptual, cuatro pilares:

- Procesos: Estructuras organizativas, métodos, herramientas, técnicas y procedimientos para crear, aplicar, aprovechar, propagar, recoger, analizar, mantener, localizar y permitir el aprendizaje.
- Cultura: Establecer y mantener una cultura de gestión y uso del conocimiento en todos los niveles de la organización y todos los niveles de dirección, que permita a todos los miembros del equipo participar en el proceso de gestión del conocimiento.
- Personas: Las políticas y procedimientos de gestión de personal deberían incluir sistemas de valoración y recompensa que permitan y faciliten la difusión y uso compartido del conocimiento.
- Sistemas: Deben implantarse controles (corporativos y en el ámbito de TI) y desarrollar o adquirir y desplegar sistemas de información y repositorios, por toda la organización, que permitan el fácil y rápido acceso y distribución de conocimiento a todos los niveles autorizados de la organización.

Este marco de referencia debería incluir todos los procesos de la gestión del conocimiento: creación, aplicación en la organización (p.ej. toma de decisiones por los directivos), explotación (p.ej. vendiendo o patentando propiedad intelectual), difusión, captura, registro por medios informáticos, mantenimiento (por medio de sistemas), localización de habilidades del personal, análisis y aprendizaje (aplicación del conocimiento y reflexión sobre cómo se podría mejorar).

Un sistema de gestión del conocimiento cuenta con el apoyo de sistemas de TI y procedimientos organizativos, administrativos e infraestructura (bases de datos, almacenes de información, redes, herramientas de adquisición y análisis del conocimiento, etc.) correspondientes.

Los principales controles de la organización de TI y los programas y listas de comprobación para auditoría y revisión que se han presentado en este capítulo, pueden considerarse la estructura inicial para la creación y despliegue del marco de gestión del conocimiento que permitirá un mejor funcionamiento de las organizaciones.

Los controles de la organización de TI pueden conseguirse, tal vez, de modo más eficaz y eficiente, si se implanta una serie adecuada de controles como los descritos en este capítulo, revisándolos, modificándolos, eliminando los que no resulten apropiados y adaptando otros, para satisfacer las necesidades y modos operativos de una organización concreta. Los controles deben, además, realizarse con constante diligencia. Pueden contener políticas, prácticas, procedimientos, estructuras organizativas y otras herramientas. Necesitan establecerse para garantizar que pueden alcanzarse los objetivos organizativos concretos de una organización.

1.11 Preguntas de repaso

Este grupo de preguntas las pueden emplear aquellos que utilicen los controles mencionados en este libro para evaluar y comprobar su comprensión de los conceptos y del conocimiento práctico de este capítulo.

1. ¿Cuál es el propósito de los controles organizativos de TI?

Referencia: Párrafo 1.2 'Propósito y principales tipos de controles organizativos'.

2. ¿Cuáles son los principales tipos de controles de la organización de TI?

Referencia: Párrafo 1.2 'Propósito y principales tipos de controles organizativos'.

3. ¿Cuáles son los principales controles sobre las descripciones funcionales del departamento de TI?

Referencia: Párrafo 1.3 'Controles de la descripción funcional de la organización de TI'.

4. ¿Cuáles son los cinco departamentos típicos de la función de TI?

Referencia: Párrafo 1.3.3 'Límites detallados de responsabilidad del departamento de TI'.

5. ¿Cuáles son las responsabilidades principales del departamento de normas sobre la garantía de la calidad de una función típica de TI?

Referencia: Párrafo 1.3.3 'Límites detallados de responsabilidad del departamento de TI'.

6. ¿Cuál es el propósito principal del Comité de TI?

Referencia: Párrafo 1.4.1 'Comité de TI'.

7. ¿Quién debería desarrollar y ratificar la política de negocio de TI?

Referencia: Párrafo 1.4.3 'Política de negocio de TI'.

8. ¿Cuál es una exposición típica de los valores de una función de TI?

Referencia: Párrafo 1.5 'Exposición de valores, visión y misión de TI'.

9. ¿Qué roles y responsabilidades deberían asignarse formalmente para la gestión y el soporte de la seguridad de TI?

Referencia: Párrafo 1.3.3. 'Límites detallados de responsabilidad del departamento de TI'.

10. ¿A qué componentes de los controles internos se aplica la monitorización, según COSO?

Referencia: Párrafo 1.7. 'Controles de monitorización y revisión'.

11. ¿Cuáles son los tres elementos que deben funcionar para implantar el plan de actividades de monitorización y revisión?

Referencia: Párrafo 1.7. 'Controles de monitorización y revisión'.

12. ¿Qué tipos de asuntos se incluyen y comunican en el informe de gestión de TI?

Referencia: Párrafo 1.7. 'Controles de monitorización y revisión'.

13. ¿Qué tipo de habilidades, conocimientos, recursos, cultura y métodos se requieren para establecer y mejorar los controles organizativos en TI?

Referencia: Párrafo 1.9. 'Técnicas y herramientas de revisión y auditoría'.

14. ¿Cuáles son los dos marcos de referencia más importantes para el control de la TI?

Referencia: Párrafo 1.6 'Marcos de gobernanza y control de TI'.

15. ¿Cuáles son los cuatro dominios de COBIT?

Referencia: Párrafo 1.6 'Marcos de gobernanza y control de TI'.

16 ¿Cuál es el propósito del marco de referencia de ITIL?

Referencia: Párrafo 1.6 'Marcos de gobernanza y control de TI

17. ¿Qué elementos y asuntos debería cubrir la TI?

Referencia: Párrafo 1.3 'Controles de la descripción funcional de la organización de TI'.

18. ¿Cuáles son algunas de las medidas del desempeño de la organización de TI?

Referencia: Párrafo 1.8 'Medidas del desempeño de la organización de TI'.

19 ¿Cuáles son algunos de los modelos estructurales para la unidad de TI?

Referencia: Párrafo 1.4.2 'Estructura organizativa del departamento de TI'.

20. ¿Qué suele incluir el conocimiento?

Referencia: Párrafo 1.10 'Conclusión'.

CAPÍTULO 2: CONTROLES DE LA ADMINISTRACIÓN DE TI

Las ciudades, sin duda, cuando convocan un concurso público para la construcción de templos o estatuas colosales, escuchan las propuestas de los artistas que contienden por el contrato y aportan cuentas y modelos. Entonces eligen a la persona que realice el mismo trabajo con el menor coste, o mejor, o más rápido que los demás.

*Plutarco (*Plutarco: Moralia*, Helmbold WC, London, William Heinemann Ltd (1970))*

2.1 Alcance

Una vez establecida la organización de TI y sus controles, deben diseñarse e implantarse las políticas y procedimientos administrativos básicos para que la TI funcione y cumpla su misión. Los controles administrativos de TI se diseñan y despliegan con el propósito principal de facilitar y permitir la ejecución apropiada del resto de controles de TI.

Estos controles, con el fin de cubrir las necesidades de la organización, pueden establecerse por medio de un comité formalizado de TI, o por medio de los directivos de TI o su equipo directivo, o por algún otro equipo o grupo corporativo, o por una combinación de los anteriores. No obstante, podría ser útil, como se ha demostrado en la práctica, que el Consejo o el Comité ejecutivo de gestión de la empresa ratificasen estos controles.

Además, este libro muestra una serie de programas de auditoría y listas de comprobación, cuyo propósito es ayudar al director de TI, o de otras disciplinas (equipo de desarrollo y asistencia, auditores informáticos, auditores internos, consultores de TI, auditores externos, responsables del cumplimiento, etc.) a ejecutar y mejorar sus tareas y afrontar sus responsabilidades.

2.2 Propósito y principales tipos de controles administrativos de TI

Los controles administrativos, en el sentido corporativo general, son los controles no financieros ni de producción que habitualmente comprenden las siguientes actividades de la organización: personal, marketing, ventas, asistencia a clientes y gestión de registros y formularios. Suelen estar involucrados en la eficiencia operativa y el cumplimiento de las políticas, normas y directrices.

El propósito de los controles administrativos es posibilitar y facilitar (a) las actividades que gestionan la entrada, procesamiento y salida de sistemas informatizados, para el registro, mantenimiento y procesamiento de las transacciones informatizadas de la empresa, (b) el desarrollo, gestión y mantenimiento de la infraestructura de TI y los sistemas de aplicación, y (c) la protección y salvaguarda de la infraestructura de TI, las instalaciones y equipos y los datos de la empresa. Estos controles pueden coincidir parcialmente con los controles de la administración corporativa, de la gestión de empleados, los controles financieros y de producción, y otros controles de TI.

Los principales tipos de controles administrativos son:

- Normas, políticas y procedimientos de TI
- Presupuesto de TI
- Controles sobre los recursos de TI
- Controles sobre la gestión de personal de TI
- Controles sobre las compras de TI
- Controles sobre la administración de la oficina de TI
- Controles de monitorización y revisión
- Medidas del desempeño de la administración de TI.

2.3 Normas, políticas y procedimientos de TI

Una norma es una forma establecida de conducta, desempeño o comportamiento técnico uniforme. Suele ser un documento que establece criterios, métodos y técnicas, humanos, de ingeniería o técnicos, para el desarrollo de productos y sistemas o para la entrega de servicios.

Las políticas definen qué debería hacerse, normalmente siguiendo una norma. Los procedimientos muestran cómo deben llevarse a cabo las políticas. Más concretamente, los procedimientos administrativos son métodos precisos, predefinidos, paso a paso, para ejecutar tareas rutinarias en una organización, de modo eficiente.

Los procedimientos suelen usarse en el trabajo cotidiano por los equipos operativos y administrativos. Suelen estar documentados en procedimientos detallados. Con respecto a la función de TI, sus normas, políticas y procedimientos deberían estar identificados y establecidos, de modo formal o informal, según la cultura de la organización, su estilo de gestión y la madurez de sus sistemas de TI.

Suelen formar parte del manual de normas, políticas y procedimientos de TI, y contienen todos los aspectos de la

TI (organización, administración, desarrollo de sistemas, gestión de recursos, seguridad, recuperación de contingencias, soporte del *software* de sistemas, etc.). Como ejemplo, se muestra a continuación el posible contenido de un manual:

- ciclo completo de desarrollo (análisis, diseño, desarrollo, implantación y evaluación)
- relación del proceso de sistemas de TI con el marco de arquitectura empresarial de la organización
- el proceso estratégico de TI (*véase también el Capítulo 4*)
- temas relativos al personal de TI, incluyendo el manual de requisitos de condiciones laborales
- desempeño de la TI
- gestión de formularios
- el proceso de seguridad de la TI (*véase también el Capítulo 6*)
- el proceso de respaldo y recuperación (*véase también el Capítulo 7*)
- el proceso de documentación (*véase también el Capítulo 5*)
- los aspectos de la recuperación de las aplicaciones críticas tras contingencias
- gestión de la disponibilidad
- operaciones del centro de procesamiento de datos
- gestión del nivel de servicio
- servicio de asistencia a clientes
- gestión de proveedores y terceros
- seguros
- cuestiones legales (licencias, propiedad del código fuente de las aplicaciones, cumplimiento de la privacidad de la información, sitio web, etc.)

- gestión de la capacidad
- distribución y control del *software*
- gestión de cambios
- asistencia técnica
- soporte de ordenadores personales
- gestión de la configuración
- gestión del presupuesto de TI y gestión de costes.

Todas estas normas, políticas y procedimientos se pueden complementar o implantar a través de formularios de TI (*ver Apéndice 4*)

2.4 Presupuesto de TI

El presupuesto puede considerarse una herramienta para el sistema de control de la gestión estratégica y una parte integral del proceso de gestión del desempeño de la organización. Un presupuesto suele referirse a una lista de todos los ingresos y gastos planeados. En resumen, el propósito del presupuesto es proporcionar una previsión de ingresos y gastos, por ejemplo, construir un modelo de cómo debería comportarse el negocio desde el punto de vista financiero si se siguen ciertas estrategias, si tienen lugar determinados eventos y se cumplen los planes. Con ello se puede medir la operación financiera real del negocio frente a las previsiones (desempeño financiero).

Respecto a la TI, el presupuesto de una organización concreta refleja y contiene todas las decisiones de gestión, actividades, acciones, proyectos de desarrollo de sistemas, mantenimiento de aplicaciones, adquisición y despliegue de soluciones de TI, soporte a equipos físicos, externalización en el propio país o en el extranjero.

Los presupuestos de TI son herramientas de control de los elementos de TI y forman parte del proceso corporativo de elaboración de presupuestos. Si se consideran procedimientos de control de costes, son absolutamente necesarios en caso de que las organizaciones pretendan controlar, gestionar, asignar, evaluar y monitorizar sus recursos y mantener su nivel de rentabilidad y servicio. En organizaciones públicas y sin ánimo de lucro los presupuestos de TI definen el modo óptimo de recursos para proporcionar el mejor servicio al público.

Independientemente del tipo de estructura organizativa (privada, pública, etc.) hay dos tipos principales de elaboración de presupuestos (analítico —o descendente— y sintético —o ascendente—).

Método analítico: El presupuesto de TI se basa en la estrategia organizativa y de TI a largo plazo y en conseguir los objetivos estratégicos corporativos de la empresa. Cuando se conocen esos objetivos estratégicos, se comunican a todos los niveles de gestión y se calcula el presupuesto de TI a partir de ellos.

Método sintético: El presupuesto de TI se calcula a partir de las necesidades y requisitos de cada departamento, función, unidad de negocio, etc., y la suma de todos esos presupuestos parciales forma el presupuesto total de TI.

Tabla 2: Presupuesto de TI (ejemplo)

Nº	**DESCRIPCIÓN (de gastos)**	**Cantidad (Divisa)**
1	*Hardware* (servidores centrales)	xxxx.xxx

2	*Software* del sistema operativo	xxxx.xxx
3	*Software* de los sistemas de bases de datos	xxxx.xxx
4	*Software* de los sistemas de redes	xxxx.xxx
5	*Software* de aplicaciones	xxxx.xxx
6	Nómina	xxxx.xxx
7	Ordenadores personales	xxxx.xxx
8	Equipo de oficina	xxxx.xxx
9	Administración de seguridad	xxxx.xxx
10	Administración del centro de procesamiento de datos	xxxx.xxx
11	Formación	xxxx.xxx
12	Seguros	xxxx.xxx
	Total	xxxx.xxx

El presupuesto típico de TI incluirá las cantidades anuales para *hardware*, *software*, etc. y otros elementos mostrados en la Tabla 2. El CIO es el responsable de elaborar el borrador y se aprueba por medio de los procedimientos corporativos habituales para la gestión de los presupuestos.

Los presupuestos de TI deben monitorizarse y revisarse y su progreso (gastos reales, ingresos potenciales, revisiones, etc.) debe incluirse en el informe de gestión de TI.

2.5 Controles sobre los recursos de TI

Todos los recursos (edificios, terrenos, registros contables y de otras clases, archivos, medios, películas, DVD, equipos físicos, sistemas, datos, manuales, procedimientos, contratos, patentes, trabajo de investigación, etc.) de la organización se protegen por medio de las políticas y procedimientos adecuados. La responsabilidad de la protección de los recursos debería separarse de la función de mantenimiento de los documentos y sistemas de la organización. En caso de tener que destruir un recurso, debe hacerse mediante un proceso autorizado por el comité y comunicarse a los altos niveles de dirección de la organización.

Los controles de los recursos de TI pueden incluir:

- un inventario de *hardware* y de *software* (*véase capítulo 6* y *Apéndice 4*)
- un registro de los recursos de información, que describa los tipos de información existentes que contienen todos los archivos (*véase Apéndice 4* 'Formulario de registro de recursos de información')
- un inventario de consumibles
- registros del mantenimiento de *software* de sistemas y aplicaciones, y del *hardware*
- registro de visitas (*véase también el Capítulo 7 y el Apéndice 4*) a las oficinas y a las salas de ordenadores
- candados para los equipos
- marcado del *hardware* (*véase también el Capítulo 7*) con etiquetas de propiedad, números de serie, etc.

Los gestores de TI deben tener en cuenta las necesidades y requisitos de su organización al decidir sus roles en la protección de los recursos de TI que se les han asignado para su uso productivo y su protección.

2.6 Controles de gestión del personal de TI

El propósito de los controles corporativos de gestión del personal es ayudar y respaldar la gestión del personal en la organización. El desarrollo y la implantación de los sistemas de recursos humanos para respaldar los controles de gestión del personal lo puede realizar el director de gestión de administración de personal o de recursos humanos, con el apoyo del comité de retribución y la ratificación del Consejo. Pueden recibir la asistencia y estar implantados por la función de TI, sobre todo cuando están informatizados.

Además de los controles generales sobre el personal, en el caso del personal de TI existen controles adicionales, que incluyen:

- controles de administración de personal
- descripciones de los puestos de trabajo del personal de TI
- controles de la formación del personal de TI.

2.6.1 Controles de administración del personal

Los controles específicos de administración del personal de TI que pueden ser útiles, según las condiciones de una organización concreta, incluyen:

- **Selección:** La selección del personal de TI durante el proceso de contratación debería ser completa y meticulosa. La selección debería ir seguida de una orientación inicial, la capacitación periódica interna y externa que se precise y la revisión periódica del progreso de las tareas y trabajos realizados.

- **Contratos laborales y descripción del puesto de trabajo:** Todo el personal de TI debería contar con un contrato laboral y una descripción válida del puesto de trabajo, que mostrara las funciones de puesto de trabajo. En el párrafo 2.6.2 se incluyen varias descripciones de puestos de trabajo de TI.
- **Supervisión:** En el caso de TI no sólo contiene la dirección y la revisión del progreso de los puestos de trabajo y tareas asignadas, sino también la monitorización de otros aspectos de su conducta profesional en el entorno de trabajo, con especial atención a las desviaciones del comportamiento previsto y a los resultados de su desempeño.
- **Delimitación de tareas:** La delimitación de tareas como medida de control es muy importante en el área de TI, esencialmente para evitar que la organización sea víctima de cualquier tipo de fraude, crimen o acción irregular sobre los sistemas e infraestructuras de TI. Una misma persona nunca debería asumir la responsabilidad exclusiva de autorizar, ejecutar y registrar transacciones y proteger los recursos resultantes de esas transacciones ejecutadas. Esto significa que las funciones de desarrollo, servicios de soporte técnico y operación de sistemas deberían estar separadas en distintas unidades o personas.
- **Rotación de funciones**: Si se realiza periódicamente, evita el posible cansancio del personal y su vulnerabilidad frente al fraude, abuso y manipulación no autorizada del sistema, como resultado de dicho cansancio.

- **Vacaciones**: El personal de TI, sobre todo si trabaja en sistemas financieros u otros sistemas críticos, debe disfrutar de vacaciones, ya que pueden descubrirse acciones fuera irregulares y posiblemente ilegales.
- **Adopción de un código de conducta profesional**: las normas de ética profesional para el personal de desarrollo de sistemas y otros profesionales de la TI son también una buena medida de control porque infunden una serie de principios y valores que el personal de TI debe cumplir y aplicar en el trabajo cotidiano. Algunas de esas normas son: el Código Profesional de ACM, el Código ISACA, etc. El Código del Instituto de Ética en la Informática figura en el Apéndice 2, como un buen ejemplo para su posible adopción en una organización, tras tener en cuenta sus necesidades y requisitos.

La selección de alguna o varias normas de las indicadas, su adaptación, mejora e implantación en la función de TI es parte del trabajo del director de TI, con la ayuda de la función de recursos humanos de su organización.

2.6.2 Descripción de los puestos de trabajo de TI

La descripción de los puestos de trabajo es útil porque define las tareas, responsabilidades y especificaciones del desempeño de quienes tienen un puesto de trabajo determinado en un entorno corporativo.

Del mismo modo, es posible que se precise la descripción de los puestos de trabajo de TI en el entorno operativo empresarial actual. Estas descripciones deberían identificarse y formalizarse. A continuación, encontrará ejemplos de algunos de los principales puestos de trabajo en TI:

- Director de tecnología de información (CIO), ejemplo completo
- Analista de sistemas de negocio, sólo un resumen
- Analista de sistemas de aplicación, sólo un resumen
- Programador informático, sólo un resumen
- Informático, sólo un resumen
- Programador de sistemas , sólo un resumen
- Desarrollador de aplicaciones web, sólo un resumen
- Analista de soporte de redes, sólo un resumen
- Puestos de seguridad

Los puestos de desarrollo de la arquitectura empresarial se describen en el Capítulo 3.

Director de tecnología de información (CIO): descripción del puesto de trabajo

Resumen de responsabilidades

- Proporcionar la visión y el liderazgo tecnológicos en el desarrollo y la implantación de las inversiones en tecnología de la información (TI) de la organización.

- Dirigir la organización en la elaboración de planes e implantación de los sistemas de información de la empresa, para respaldar las operaciones comerciales y la producción centralizada y distribuida y para lograr un funcionamiento más eficaz y eficiente de las operaciones de la TI en toda la empresa.

Además:

- Proporcionar la planificación estratégica y táctica, el desarrollo, la evaluación y la coordinación de los sistemas de información y tecnología para el negocio, dentro del marco de referencia de la arquitectura empresarial de la organización.

- Supervisar la cartera de recursos de TI y gestionar el proceso completo de dichos recursos, como *software*, *hardware*, *middleware*, proyectos de TI, personal interno, aplicaciones o consultoría externa.
- Diseñar e implantar los controles para la gestión de la función de TI, incluyendo políticas, procedimientos, métodos y prácticas.
- Facilitar la comunicación entre los equipos, los directivos, los proveedores y otros recursos tecnológicos de la organización.
- Supervisar las operaciones de los sistemas administrativos del sistema de información de gestión, incluidas las redes (de área local y amplia).
- Responsabilizarse de la gestión de los múltiples sistemas de información y comunicaciones, incluidas voz, imagen y automatización de oficinas.
- Diseñar, implantar y evaluar los sistemas que dan soporte a los usuarios finales en el uso productivo de *hardware* y *software*.
- Desarrollar e implantar programas de capacitación de usuarios.
- Supervisar y evaluar el sistema de seguridad y los procedimientos de respaldo.
- Supervisar a los administradores de bases de datos y de redes de comunicaciones.

Requisitos

Mínimo de 10 años de experiencia con responsabilidades cada vez mayores sobre la gestión y el soporte a los sistemas y la tecnología de la información en el sector al que pertenece la empresa.

El candidato ideal debería también:

- Estar familiarizado con los equipos informáticos (puestos de trabajo, portátiles y servidores).
- Estar familiarizado con el diseño, implantación y funcionamiento de redes LAN y WAN.
- Estar familiarizado con los sistemas operativos (de ordenadores centrales, miniordenadores, ordenadores personales, etc.).
- Conocer los diversos programas de productividad de oficina, como procesadores de textos, bases de datos, hojas de cálculo y comunicaciones.
- Estar familiarizado con diversos equipos periféricos, como impresoras, pantallas o módems.
- Contar con conocimientos generales sobre los procesos de negocio y sus interrelaciones, obtenidos durante 10 años o más de experiencia en el sector.
- Estar capacitado para analizar y resolver problemas complejos, ya sean de lógica o de relaciones interpersonales.
- Contar con habilidades comunicativas orales y escritas, para la coordinación y la educación.
- Estar capacitado para la negociación y la resolución de conflictos.
- Estar capacitado para actuar de modo auto motivador, independiente, cooperativo, flexible y creativo.
- Estar capacitado para conducir y viajar.
- Mostrar una actitud positiva para viajar cuando sea necesario.
- Contar con un título universitario en Informática, en Administración de Empresas, o en otro sector similar, o una experiencia equivalente. Sería muy recomendable

una licenciatura en Administración de Empresas o similar.

Conocimiento exhaustivo de:

- Los principios y técnicas de administración, organización y gestión, así como una profunda comprensión de los principales problemas empresariales de la organización. Algunos de ellos son: conocimiento de la planificación estratégica, táctica y operacional, economía, administración de personal, legislación nacional, estatal y local, marketing, análisis financiero y de costes y tendencias del sector
- Métodos y procedimientos de procesamiento de información y sistemas informáticos.
- Operaciones de negocio pertenecientes a actividades de facturación y devolución en un entorno gestionado.
- Proceso de diseño y desarrollo de sistemas, incluido el análisis de requisitos, estudios de factibilidad, diseño de *software*, programación, pruebas piloto, instalación, evaluación y gestión operacional.
- Análisis y rediseño de procesos de negocio.
- Diseño, gestión y funcionamiento de sistemas informáticos gestionados.

Competencias y habilidades

Habilidades demostradas en:

- Negociación con proveedores, contratistas y otros
- Preparación y monitorización de presupuestos
- Planificación y organización
- Gestión y liderazgo
- Comunicación
- Relaciones con todos los niveles de la comunidad de usuarios

- Saber trabajar en equipo, motivar y educar a los demás miembros del equipos
- Planificación, implantación y soporte de sistemas en un entorno complejo
- Definición y gestión de prioridades
- Comprensión de temas técnicos complejos
- Traducción del lenguaje técnico para un público no profesional
- Relación y aplicación de tecnología compleja con las estrategias del negocio.

Condiciones de trabajo

Las habituales en un entorno de oficinas. El trabajo puede exigir trabajos ocasionales durante fines de semana y fuera del horario habitual, y algunos viajes fuera de la ciudad y fuera del país (no más del 20% del horario laboral).

Analista de sistemas de negocio: descripción del puesto de trabajo

Resumen de responsabilidades

- Estudiar las necesidades generales y de información de la organización, para desarrollar soluciones para el negocio y para problemas relacionados con la tecnología de TI.
- Trabajar en estrecha colaboración con los usuarios para identificar las necesidades del negocio y los costes y beneficios de la aplicación de soluciones informatizadas.
- Definir la tecnología de la información (TI) a partir de las necesidades de la organización identificadas.
- Trabajar con otros expertos en TI para tratar las necesidades de *hardware* y *software* de la organización.

Analista de aplicaciones: descripción del puesto de trabajo

Resumen de responsabilidades

- Desarrollar, instalar, mantener y modificar aplicaciones avanzadas de negocio o de ingeniería, sistemas integrados o paquetes.
- Identificar y analizar los requisitos de los usuarios del negocio y recomendar las aplicaciones o modificaciones pertinentes.
- Investigar los problemas y necesidades de los usuarios, identificar sus causas y determinar las posibles soluciones.
- Analizar las propuestas de proyectos de usuarios, con la identificación de ámbitos potencialmente problemáticos y recomendar los enfoques óptimos para el proyecto.
- Participar en el desarrollo, implantación, instalación y prueba del *software* de aplicación.
- Contribuir, por medio de la codificación y otros medios, al desarrollo de herramientas e interfaces entre los programas de aplicación para el desarrollo de programas de depuración de errores.
- Participar en el desarrollo de materiales de formación y ayudar a dirigir talleres y sesiones formativas.
- Documentar los problemas de programación y sus soluciones, para consultarlo posteriormente.
- Ayudar a las personas de otros departamentos en asuntos relativos a ordenadores.

Programador informático: descripción del puesto de trabajo

Resumen de responsabilidades

- Realizar una serie de tareas de programación, que requieren el conocimiento de los requisitos de procesamiento de los datos y de los procedimientos de programación establecidos.
- Codificar, probar, mantener, modificar y eliminar los problemas de los programas, usando el *hardware* apropiado, bases de datos y tecnología de programación.
- Hacer los cambios autorizados, corrigiendo los esquemas gráficos.
- Desarrollar cambios detallados en la programación lógica y de codificación.
- Probar y desarrollar modificaciones de los programas.
- Escribir nuevos programas usando las especificaciones recibidas.
- Analizar el comportamiento de los programas y adoptar las medidas necesarias para corregir las deficiencias, a partir de consultas con los usuarios y la aprobación del gestor.
- Debatir con los usuarios para comprender las necesidades de cambios o modificaciones en los programas existentes.
- Resolver dudas sobre el propósito del programa, entrada de datos, requisitos de las salidas e inclusión de comprobaciones y controles internos.
- Escribir y mantener la documentación de programación.
- Analizar la compatibilidad de las soluciones de *software* basadas en modelos cliente-servidor y microordenadores con los requisitos de la compañía.
- Documentar los problemas de programación y sus soluciones, para consultarlo posteriormente.
- Ayudar a personas de otros departamentos en temas relacionados con los ordenadores.

- Realizar otras tareas pertinentes asignadas por los gestores de TI.

Informático: descripción del puesto de trabajo

Resumen de responsabilidades

- Monitorizar los paneles de control y consolas y ejecutar las correcciones necesarias por medio de operaciones o procedimientos.
- Gestionar y monitorizar ordenadores centrales y de gama media y sus equipos periféricos, como impresoras, cintas y discos.
- Monitorizar el funcionamiento de equipos, paneles de control, indicadores de error, listados de verificación, mensajes de error y resultados erróneos.
- Analizar los mensajes de error y manipular la consola para reorganizar los pasos de los trabajos que se hayan visto interrumpidos.
- Monitorizar el panel de control y la consola en caso de resultados erróneos o parada de máquinas.
- Hacer correcciones operacionales o de procedimiento, cuando sea necesario.
- Contactar con las personas apropiadas para corregir los errores de la consola.
- Determinar el origen de los problemas (*hardware*, *software*, acceso de usuarios, etc.).
- Extraer y distribuir los resultados.
- Dejar el equipo 'ordenado' al final de una ejecución y revisar el plan de tareas para ver cuál es la próxima.
- Documentar los problemas y su resolución para consultarlo posteriormente.

Programador de sistemas: descripción del puesto de trabajo

Resumen de responsabilidades

- Proporcionar soporte a los sistemas existentes, *hardware* y herramientas de *software*, incluidas la instalación, la configuración, el mantenimiento y la gestión de esos sistemas.
- Identificar las alternativas para la optimización de los recursos de ordenadores y redes.
- Investigar, planificar, instalar, configurar, resolver los problemas, mantener y actualizar los sistemas operativos y el *software* de bases de datos y redes.
- Escribir y mantener la documentación del sistema.
- Efectuar estudios técnicos sobre las actualizaciones del sistema, para determinar su factibilidad, coste, tiempo requerido y compatibilidad con el sistema actual.
- Documentar los problemas del sistema y sus soluciones, para consultarlo posteriormente.

Más detalles en el Capítulo 8: Controles del *software* de sistemas.

Desarrollador de aplicaciones web: descripción del puesto de trabajo

Resumen de responsabilidades

- Diseñar, crear, producir y mantener las páginas web usando los pertinentes paquetes de *software*.
- Desarrollar el contenido del sitio web de la organización.
- Gestionar la imagen y los derechos de autor de la organización en Internet.

- Mantener el sitio web una vez que se ha terminado, añadiendo nuevos contenidos, iconos, ilustraciones u otras funciones, y coordinar la actividad de otras personas, como programadores y analistas para facilitar el mantenimiento del sitio web.

Se dan más detalles en el Capítulo 8: Controles del *software* de sistemas.

Analista de soporte de redes: descripción del puesto de trabajo

Resumen de responsabilidades

- Planificar, diseñar, analizar y ofrecer asistencia técnica sobre la red o redes de comunicaciones.
- Investigar y evaluar la tecnología de red y recomendar la compra de equipos de redes.
- Analizar y resolver los problemas técnicos de las redes existentes.
- Planear, probar, recomendar e implantar el *hardware* y el *software* de red, los servidores de archivos, los ordenadores centrales y las estaciones de trabajo.
- Instalar, actualizar y configurar los servicios de impresión en red, estructuras de directorio, acceso de los usuarios, seguridad, *software* y archivos.
- Establecer los perfiles de usuarios, entornos de usuarios, directorios y seguridad para las redes que están instalándose.
- Documentar los problemas de las redes y sus soluciones para consultarlo posteriormente.

Se dan más detalles en el Capítulo 8: Controles de *software* de sistemas.

Roles del personal de seguridad

Los siguientes roles y responsabilidades para la gestión y soporte de las actividades de seguridad de TI de la organización deberían asignarse oficialmente:

Gestor de proyectos de seguridad de TI: Responsabilidad general de la gestión y organización de las pruebas; obtener, coordinar y asignar los recursos requeridos para la seguridad de TI; proporcionar orientación técnica; ejecutar revisiones e inspecciones sobre la calidad; gestionar los riesgos; y mantener la biblioteca de seguridad.

Otras responsabilidades más específicas son:

- Desarrollar y administrar la propiedad de los sistemas y la información, las directrices de clasificación de datos e información, normas y procedimientos.
- Desarrollar, establecer y mantener las normas, procedimientos y directrices para promover la seguridad y el funcionamiento ininterrumpido de los sistemas de aplicaciones informáticas.
- Identificar y tratar la exposición a una destrucción deliberada o accidental, la divulgación indebida, la modificación o la interrupción de la información, que puede causar serias pérdidas financieras o de información a la organización.
- Responsabilizarse de la protección de los recursos de TI e información de la organización que se procesa o almacena en los sistemas informatizados de la organización.

Diseñador de pruebas de seguridad: Produce, clasifica y archiva escenarios de pruebas de seguridad.

Probador de seguridad: Ejecuta los escenarios de pruebas de seguridad, documenta los resultados y cualquier cambio que se necesite.

Administrador del pruebas del sistema de seguridad: Establece y mantiene el entorno técnico necesario para probar la seguridad de las aplicaciones.

Administrador de las cuentas del sistema de seguridad: Establece y mantiene las cuentas de todos los usuarios.

Para concluir, las descripciones de puestos de trabajo de TI pueden resultar útiles porque definen las tareas, responsabilidades y especificaciones del desempeño para todos los que tengan puestos de trabajo de TI en un entorno corporativo.

Elegir una o más de las descripciones de puestos de trabajo anteriores, adaptarlas, mejorarlas e implantarlas en su función de TI es parte del trabajo del CIO, con la ayuda de la función de recursos humanos de la organización.

2.6.3 Controles de la formación y capacitación del personal

La educación, en su sentido más amplio, es cualquier acto o experiencia que tenga un efecto crucial sobre el carácter, la mente y la habilidad física o técnica de una persona. La capacitación se refiere al aprendizaje o mejora de habilidades y técnicas especiales. En un entorno corporativo, la educación se refiere a la formación universitaria obtenida por el personal, mientras que la capacitación es el proceso por medio del cual la organización proporciona los medios necesarios para que su personal obtenga habilidades especializadas y técnicas para que puedan aplicarlas a las tareas que se le encomienden.

La formación y la capacitación se consideran, en las organizaciones más modernas, inversiones en capital humano. Por ello es fundamental que las organizaciones gestionen y mejoren ese proceso para poder lograr mejores resultados.

Para que los sistemas informáticos, sistemas de comunicaciones, equipos y sistemas profesionales y de automatización de oficinas funcionen correctamente en un determinado entorno corporativo, puede necesitarse personal de TI con capacidades y destrezas especiales, como:

- Conocimiento técnico de la tecnología informática y comunicaciones.
- Conocimiento técnico de los sistemas de gestión de bases de datos y desarrollo de sistemas.
- Conocimiento técnico del desarrollo de aplicaciones clásicas (COBOL, PL/I, etc.) y de los últimos lenguajes (C++, Visual Basic, etc.) para aplicaciones web.
- Experiencia laboral práctica en todo lo anterior.
- Conocimiento adecuado de varias funciones de la empresa para las que hay sistemas de TI.
- Conocimiento adecuado (mejor, experto) de las metodologías de análisis, diseño, pruebas, seguridad, etc. de sistemas.

Ya que el entorno de la TI evoluciona continuamente, con cada vez más tendencias y técnicas investigadas y puestas en práctica, el entorno en el que trabaja el personal de TI puede exigir:

- Actualización continua y aplicación efectiva de todas las nuevas funciones identificadas para la TI, comunicaciones, gestión de bases de datos, diseño de sistemas, etc.

- Soporte continuo y efectivo, técnico, de negocio y psicológico, a todos los usuarios (internos y externos) de los sistemas informáticos que se gestionan o se estén desarrollando en la organización.
- Uso efectivo y eficiente de los recursos corporativos (tiempo, esfuerzo, dinero, equipos, personas) en los proyectos de TI que se estén desarrollando.
- Resolución continua de problemas y cuestiones sobre procedimientos (negocio) y lógica (proceso informatizado) para el desarrollo, mantenimiento, soporte y ejecución de los sistemas informáticos concretos de la organización.

A partir del análisis anterior, deberán establecerse e identificarse oficialmente los controles necesarios sobre la formación y la capacitación del personal. Suele ser tarea del comité de TI y de los directivos de TI. Es necesario garantizar que el presupuesto incluye una lista detallada de las cantidades asignadas a los seminarios, conferencias y cursos especializados sobre TI que estén planificados para cada recurso de TI en el siguiente período presupuestario, normalmente un año, y debe formularse y ejecutarse un programa de trabajo para que se realicen esos planes.

Sería también tarea de los directivos corporativos garantizar el cumplimiento de los planes y hacer las mejoras necesarias si eso no ocurre, porque si no, no se obtendrían los resultados esperados a largo plazo.

2.7 Controles de compra de TI

El proceso de compra es el usado en la corporación para conseguir los recursos primarios y adquirir bienes y servicios con el fin de cumplir las metas generales y los objetivos específicos del negocio en la organización. Aunque hay varios organismos que tratan de fijar normas para el proceso de compra, los procesos pueden variar mucho entre diversas organizaciones.

El propósito de los controles de compra es minimizar o evitar cualquier posible caso de fraude corporativo e incrementar la eficacia, eficiencia, transparencia, responsabilidad final y el mejor uso de los recursos corporativos y sociales. Con respecto a la TI, como puede adquirir bienes y servicios de elevado componente técnico, algunos de ellos más allá de los conocimientos habituales en el departamento corporativo de compras, puede que sean necesarios controles adicionales.

El desarrollo de estos controles para la TI puede realizarlo el comité de TI, conjuntamente con la función corporativa de compras, y suele ser ratificado por el Consejo, como una buena práctica.

Estos controles suelen ser los mismos que se aplican al resto de compras de la organización, pero con una atención especial en la TI. En las grandes organizaciones puede crearse una función específica para las adquisiciones de TI.

Los objetivos estratégicos de la función de adquisición de TI son:

- Tratamiento rápido y efectivo de los servicios de adquisiciones de TI.
- Conseguir la máxima calidad en los productos, soluciones y servicios de TI.

- Conseguir los mejores precios.

El proceso puede estar compuesto de los siguientes pasos:

1. Establecer el proceso completo de adquisición.
2. Establecer un presupuesto para adquisiciones de TI.
3. Ejecutar el procedimiento de adquisición.
4. Considerar los aspectos de la infraestructura.
5. Gestión de los proveedores de TI.
6. Emprender un seguimiento y evaluación efectivos de los proyectos.
7. Mantener el control de la documentación.

Acción 1: Establecer el procedimiento completo de adquisición de TI

Suele ser tarea del Consejo de administración de la empresa u organización. Puede asignarse a un comité de adquisición de TI, al departamento financiero, a un departamento de usuarios o a una combinación de los anteriores, según las necesidades corporativas y los factores geográficos y nacionales de la economía en la que operan la organización y su departamento de TI.

Establecer el proceso de adquisición de TI incluye:

- La descripción de los objetivos estratégicos del proceso de adquisición de TI.
- La planificación, diseño y ratificación del procedimiento de adquisición.
- La implantación de los criterios de evaluación de propuestas, los controles de gestión y los niveles de aprobación de presupuestos para los artículos informáticos, servicios, etc.

- El establecimiento del alcance del proceso de adquisición de TI y qué asuntos trata: compra de sistemas informáticos llave en mano, ordenadores, redes, instalaciones de cableado y otros elementos materiales, contratación de servicios de desarrollo de sistemas, mantenimiento de sistemas y equipos, externalización y realización en otras naciones (offshoring) de operaciones y servicios, desmontaje y retirada de *software* y equipos, etc.

Acción 2: Establecer un presupuesto para adquisiciones de TI.

Puede ser necesario un presupuesto para adquisición de TI, o bien anual o bien para cada proyecto.
Puede dividirse basándose en:

- Fondos para los sistemas informáticos esenciales
- Mantenimiento anual (*hardware, software*)
- Consumibles y pequeños gastos
- Externalización (nacional o en el extranjero) de operaciones y de servicios.

Acción 3: Ejecutar el procedimiento de adquisición de TI

El procedimiento de adquisición de TI, al menos en las grandes multinacionales, puede estar respaldado por un sistema informatizado corporativo de compras o logística, y puede constar de los pasos siguientes:

Paso 1: Solicitud de adquisición

Una solicitud de compra consta de un formulario escrito y firmado por una persona autorizada, en el que se detallan los bienes, sistemas y servicios que se necesitan. Puede originarse en el comité de adquisiciones de TI, en el comité de TI o algún otro comité ejecutivo sobre asuntos de TI, escribirse en un formulario de solicitud de adquisiciones y enviarse a la función organizativa encargada de esta tarea.

Es necesario para cualquier elemento de TI: ordenadores, *software* de cualquier clase, aplicaciones de oficina y de ordenadores personales, consumibles, dispositivos móviles, *software* de aplicación, servicios de consultoría, externalización dentro o fuera del país, preparación de salas para ordenadores o redes, mantenimiento de centros y ordenadores, etc.

Anexo al documento de solicitud debería incluirse una especificación exacta del *hardware*, los requisitos y necesidades de los usuarios con respecto a los sistemas de aplicación, diseños y gráficos de las salas de ordenadores y, en general, los requisitos específicos para el elemento, producto o servicio que se quiera comprar.

Además, debería incluirse una lista de los proveedores anteriores, así como los nuevos, con sus datos.

La solicitud de compra de TI debería estar firmada por ejecutivos autorizados y ratificada por un órgano de supervisión (comité de compras de TI, comité directivo de TI, CEO, etc.).

Paso 2: Investigación del mercado

El objetivo d este paso es analizar el mercado de TI, local e internacional, y obtener, al menos, tres propuestas completas para el elemento de TI que se quiere adquirir.

Las propuestas las presentan los proveedores de TI sugeridos por la parte solicitante, así como los proveedores conocidos e identificados durante este paso.

Si sólo se trata de una necesidad de información (RFI), se envía al solicitante la información del proveedor obtenida y el proceso concluye.

Si se trata de propuestas solicitadas a proveedores de TI específicos, esas propuestas deben contener: especificaciones técnicas, aspectos comerciales, aspectos legales y criterios de evaluación.

Así, todos los proveedores de TI conocen todas las necesidades, requisitos, especificaciones y otras condiciones que deberá seguir la organización para conceder los elementos concretos que se ofrecen a la mejor propuesta.

La propuesta de un proveedor de TI debería incluir dos partes en pliego cerrado: una para los aspectos técnicos y otra para los económicos.

Si se trata de pequeños consumibles, de escaso coste o elementos de uso habitual (para grandes pedidos) con coste dentro de unos límites definidos, la propuesta puede ser en pliego abierto. No obstante, es la política de adquisiciones establecida la que determina cómo debe actuarse.

Paso 3: Evaluación de propuestas

Una vez recibidas todas las propuestas de TI, se envían al comité de evaluación. Las referidas a consumibles y otros elementos que no necesitan una evaluación técnica específica, no las revisa el comité, sino que se hacen los pedidos a los proveedores preseleccionados, con el criterio de elegir la oferta más barata que cumpla las especificaciones técnicas y otros criterios de calidad aprobados.

En el caso de evaluación de propuestas de proveedores de TI, el procedimiento es:

- En primer lugar, realizar la evaluación técnica.
- A continuación, si la evaluación técnica ha pasado a varios posibles proveedores, realizar la evaluación financiera.
- La evaluación final y la selección del proveedor es una combinación de las dos anteriores, con ponderaciones variables para cada una de ellas.

Un método para evaluar las propuestas en caso de sistemas que contienen *hardware*, sistema operativo y *software* de aplicación, puede ser:

- Crear una Tabla de Evaluación Técnica (TET) para cada uno de los principales componentes: infraestructura y equipo, *software*, soporte y servicios, gestión del proyecto, etc.
- Revisar las propuestas del proveedor comparándolas con los términos técnicos y de otras clases de la solicitud de compra y de la solicitud de propuestas (RFP[27]). Rechazar todas las propuestas que no satisfagan

[27] NT: Request For Proposals

completamente las especificaciones y requisitos predeterminados.

- Asignar un factor de ponderación a cada parte de los componentes importantes de la Tabla TET. Por ejemplo, en el caso de la gestión de proyectos, asigne factores de ponderación a: calidad, habilidades del gestor del proyecto, metodología, equipo, herramientas. Haga lo mismo para los principales componentes.
- Revise la parte técnica de las propuestas de los proveedores y rellene la TET. Elabore indicadores de rendimiento o simulaciones de carga sobre los sistemas y equipos del proveedor, si se han especificado en la RFP. Visite instalaciones de clientes de los proveedores de TI, si es necesario, antes de concluir la TET (sobre todo para las dos mejores soluciones de la evaluación técnica).
- Revise y termine la TET.
- Realice una evaluación financiera de todas las propuestas válidas.
- Escriba una lista de los proveedores evaluados: el proveedor X es técnicamente el mejor, el proveedor Y, el siguiente y documente todos los hallazgos y resultados.

Paso 4: Aprobar los gastos

Tras la evaluación de las propuestas de TI, y antes de enviar un pedido al proveedor elegido, deben aprobar los gastos los niveles correspondientes de la corporación.

Esta aprobación podría obtenerse a partir del presupuesto de TI, a partir del presupuesto aprobado de un departamento de usuarios, etc. Este paso debe describir quién es el responsable de la aprobación, según los esquemas correspondientes de la organización, de los

bienes y servicios necesarios para dar servicio a la función del negocio.
Los controles de gestión deben realizarse de modo adecuado, para garantizar que los sistemas o servicios solicitados se ajustan a los objetivos estratégicos de la corporación a la que la TI da servicio, y también que los fondos estarán disponibles en el momento que el contrato indique.
Si no hay problemas, se aprueban los gastos para obtener los sistemas o servicios y se registran en documentos específicos (según indiquen las normas o procedimientos corporativos de aprobación).

Paso 5: Enviar el pedido al proveedor

Tras revisar y aprobar los gastos, se envía una confirmación de pedido escrita al proveedor aprobado.
Para sistemas y servicios de gran valor o de importancia estratégica para la organización, se firma un contrato entre ambas partes (proveedor y organización).

Paso 6: Entrega del pedido

Una vez enviado el pedido y acordado y firmado un contrato, se envía un cronograma final de la entrega de los bienes y servicios al responsable autorizado (por ejemplo, el director de TI) para la gestión del proceso.

Éste seguirá todos los pasos del proceso, para garantizar la entrega de todos los bienes y servicios, de acuerdo con los términos y condiciones del pedido, de la propuesta del proveedor y del contrato firmado.

El responsable autorizado recibirá la ayuda de personas concretas de la corporación y del comité de aceptación de TI en el caso de proyectos y sistemas que deba implantar el proveedor externo. Si hay que ejecutar pruebas para la aplicación encargada, se seguirá el procedimiento de prueba de sistemas, descrito en el Capítulo 4.

Paso 7: Pago al proveedor

Si se han realizado correctamente todos los pasos anteriores y no hay cuestiones pendientes de resolver, el proveedor recibe la aprobación para emitir la factura final, que debería pagarse tras la revisión del organismo autorizado de la organización con el fin de garantizar que todos los bienes, sistemas y servicios se han entregado como indicaba el pedido, las necesidades corporativas, la propuesta del proveedor, el contrato firmado y los resultados identificados.
Debería archivarse una copia de la factura, por motivos de gestión.

Acción 4: Estudio de los aspectos infraestructurales

Antes de que un sistema de TI pueda funcionar, deben estar preparados todos los componentes infraestructurales necesarios. Estos componentes pueden ser: salas de ordenadores, salas de comunicaciones, instalaciones de cableado, líneas de comunicaciones, controles físicos de acceso y seguridad, sistemas de gestión de edificios y sus servicios (por ejemplo, refrigeración y calefacción, etc.) y otras instalaciones (por ejemplo, almacenes, etc.).

Deben realizarse los controles de gestión adecuados para garantizar que el sistema adquirido que va a instalarse no entrará en conflicto, sobre todo cuando el resto de componentes infraestructurales no existen o están siendo preparados por terceros (ya sean externos o internos a la organización).

Acción 5: Gestión de proveedores de TI

Todos ellos, sean o no proveedores habituales de la organización, deberían recibir el mismo trato en cuanto a justicia, objetividad, ética, gobernanza corporativa y las normas habituales de los profesionales y del sector.

Todos los acuerdos suelen ser escritos. La información proporcionada por ambas partes debería ser precisa, puntual y de la mayor calidad.

Los gestores corporativos y de TI deben tomar las medidas y realizar los controles apropiados para que estos criterios se apliquen durante todo el proceso de compras de TI.

Acción 6: Emprender una gestión efectiva del alcance del proyecto

La gestión del alcance de un proyecto de TI es una condición necesaria para su éxito. Cuando un proyecto está muy abierto (gran cantidad de usuarios no identificados, muchas localidades, las necesidades y requisitos de los usuarios no están bien definidos, etc.) hay latentes varios riesgos y factores que hacen que el proyecto sea propenso a los fallos y a otros problemas de diseño y de instalación.

La gestión apropiada del alcance supone: (a) acordar y documentar las especificaciones con los usuarios finales y otros interesados corporativos, (b) acordar un calendario de implantación, (c) acordar objetivos y resultados intermedios del proyecto, (d) acordar normas sobre la calidad, (e) acordar y documentar criterios y procedimientos de aceptación, (f) acordar procedimientos de corrección y resolución de errores, (g) acordar procedimientos para la resolución de reclamaciones, y (h) patrocinio de la alta dirección de la organización.

Acción 7: Mantener el control de la documentación

La organización de TI debería guardar archivos de todos sus trabajos, proyectos y compras realizadas a proveedores externos, ya que pueden ser necesarias para el control del fraude y de los proveedores, para el mantenimiento y otras necesidades, como el control de pagos de facturas de proveedores, auditoría, etc.

En conclusión, la gestión de la TI, según la experiencia, necesidad y naturaleza de la organización, puede emplear o adaptar los pasos y acciones mencionados anteriormente, o incluso desarrollar un procedimiento de compras diferente para satisfacer las necesidades de sistemas, equipos, software y servicios de TI.

2.8 Controles administrativos de TI

Además de todos los controles administrativos corporativos, la función de TI precisará, probablemente, de sus propios controles administrativos, como:

- Controles de seguridad física
- Controles sobre el correo
- Controles sobre EDI (Intercambio Electrónico de Datos)
- Controles de transmisión de faxes
- Políticas, procedimientos y controles sobre formularios.

Controles de la seguridad física

Deberían implantarse para todos los recursos de TI (inventarios, registros, archivos, medios de almacenamiento, películas, DVD, sistemas, *hardware*, datos, manuales, procedimientos, contratos, patentes, trabajos de investigación, etc.), personal y centros de TI. Estos controles podrían incluir:

- Guardias de seguridad, sobre todo en las salas de ordenadores y centros de datos
- Almacenes y oficinas de TI cerradas (con llave)
- Bóvedas de seguridad y a prueba de incendio para los recursos de la TI (como las copias de seguridad, el *software* original comprado, etc.)
- Sistemas de detección de incendios en las oficinas de TI
- Vigilancia por TV y por microondas en las áreas más sensibles
- Oficinas cerradas con llave para las ubicaciones de los ordenadores personales
- Puertas de acceso controladas por ordenador
- Monitorización de eventos de alta seguridad
- Acceso restringido a registros, archivos, instalaciones y sistemas de gran valor
- Gestión de residuos de todos los informes, correspondencia, medios digitales, disquetes, cintas, DVD, cintas de impresión, formularios especiales, etc., mediante destructoras de papel, incineradoras, trituradoras de soportes físicos, desmagnetización de *software* y reescritura con ceros binarios de todos los archivos informáticos borrados.

También deberían aplicarse normas estrictas de seguridad para las salas y espacios con equipos telefónicos (PBX),

cableado, etc. Las consolas de PBX, las salas de cableado telefónico, las salas de equipos de telefonía y las salas de Telefonía Local deberían estar cerradas con llave.
Los directivos de TI deberían comprobar periódicamente que todos estos controles están completamente operativos.

Controles sobre el correo

Todo el correo saliente del departamento de TI (correo físico, enviado por servicios estatales o empresas de correo, correos electrónicos, mensajes fax o télex, entregado en mano, etc.) debería estar debidamente autorizado antes de su transmisión, y debería guardarse una copia electrónica o impresa.

Esto debería aplicarse igualmente al correo entrante (p.ej. debería ser revisado por personas autorizadas, y ser respondido y archivado del mismo modo).

Tanto el correo entrante como el saliente deberían guardarse en un registro, en el departamento de TI y en los edificios corporativos.

Controles sobre EDI (Intercambio Electrónico de Datos)

Si la Ti emplea sistemas y tecnología EDI para comunicarse con otras empresas y transmitir datos, documentos y transacciones a empresas por medio de ordenadores y comunicaciones, precisará una serie de controles específicos, necesarios para mejorar la precisión, reducir errores y evitar posibles fraudes, abusos y evitar problemas legales.

Estos controles son administrativos y orientados a la TI.

Los controles administrativos corresponden a: comprobar si los datos, documentos, transacciones, etc. que se enviaron, se recibieron correctamente por la otra parte; quién es responsable de la integridad de la información (completa y no alterada); quién implanta los mecanismos de seguridad; cómo se corrigen los errores; cuáles son las sanciones en caso de incumplimiento, etc.

Estos tipos de problemas se describen en el Capítulo 8: Controles sobre el *software* de sistemas.

Controles de transmisión por fax

La información confidencial debería transmitirse sólo por un sistema seguro de fax (por ejemplo, cifrado o transmitido por una red protegida). Cada oficina y edificio de TI debería desarrollar procedimientos para proteger la privacidad al transmitir información por fax.

Este procedimiento debe:

- Asegurar la primera página de cada fax incluye una cabecera adecuada.
- Limitar su uso a situaciones urgentes.
- Asegurar la ubicación apropiada y segura de las máquinas de fax.
- Asignar responsabilidades respecto a la gestión de cada máquina de fax.
- Asegurar que todas las transmisiones se graban en un registro.
- Definir normas apropiadas para asegurar que las transmisiones se envían a las personas adecuadas.
- Definir procedimientos para los casos de direcciones incorrectas en faxes recibidos o transmitidos.

- No permitir la emisión ni reemisión automática de faxes.
- Gestionar los casos en los que se recibe notificación de la recepción de un fax por alguien distinto a quien debería haberlo recibido.
- Asignar responsabilidades con respecto a la transmisión y recepción de documentos por fax a un conjunto concreto de personas.
- Asignar a un gestor o directivo la monitorización de la actividad de las máquinas de fax.
- Organizar la entrega segura de documentos.

Políticas, procedimientos y controles sobre los formularios

El diseño, escritura e implantación de políticas, procedimientos y formularios de una organización debería controlarse por una función de la administración central.

Esto también se aplica a las políticas, procedimientos y formularios relativos a TI, ya que los sistemas de TI dan soporte a funciones de negocio que tienen políticas, procedimientos y formularios para ejecutar sus transacciones,

Podrían aplicarse los siguientes controles en esta área:

Registro: Debería haber un registro, permanentemente actualizado, de todas las políticas, procedimientos y formularios del departamento de TI y de las aplicaciones informáticas.

Numeración: Debería haber un prefijo único de secuencia y numeración para cada política, procedimiento y formulario, del departamento de TI y de las aplicaciones informáticas. Por ejemplo, todas las políticas podrían recibir el prefijo PO y numerarse como POxxxx, todos los procedimientos PRxxxx y todos los formularios FOxxxx, (siendo xxxx un número, de 0001 a 9999).

Identificación corporativa: Todas las políticas, procedimientos y formularios del departamento de TI y de las aplicaciones informáticas deberían contener la misma identidad corporativa (logo, nombre, dirección, signos, símbolos, etc.).

Diseño: Todas las políticas, procedimientos y formularios del departamento de TI y de las aplicaciones informáticas deberían diseñarse, redactarse y mantenerse de modo centralizado, con la asistencia y ayuda de las funciones de negocio implicadas, así como el patrocinio y orientaciones de los comités corporativos correspondientes y del Consejo.

Implantación: Todas las políticas, procedimientos y formularios del departamento de TI y de las aplicaciones informáticas deberían implantarse en todos los departamentos, sin excepción. Todos los departamentos deberían enviar a la función central, para su revisión y mejora, la información necesaria para la implantación y otros problemas sobre las políticas, procedimientos y formularios que usan.

Revisión y mejora: La función central y el departamento de TI deberían revisar y mejorar, al menos anualmente, todas las políticas, procedimientos y formularios de la organización, a partir de la experiencia y el conocimiento de los departamentos implicados.

Control de existencias de formularios: Todos los formularios confidenciales (por ejemplo, cheques) deberían remitirse, previa autorización, al departamento de TI. Todas las existencias remitidas o devueltas deben registrarse y contabilizarse.

En definitiva, los gestores de TI, dependiendo de la experiencia, necesidades y características de su organización, podrían usar o personalizar los ejemplos anteriores, o desarrollar una serie distinta de controles administrativos de TI para satisfacer las necesidades del mejor control de la oficina de TI.

2.9 Controles de monitorización y revisión

Estos controles son necesarios para asegurar que todos los controles administrativos descritos anteriormente funcionan según su diseño inicial.

Los controles de monitorización y revisión de TI en el ámbito de la administración de TI pueden establecerse por medio del informe de gestión de TI, las medidas del desempeño de la administración de TI y las herramientas y técnicas de revisión y auditoría que se mencionan más adelante en este capítulo.

También puede facilitarse siguiendo el plan de gestión de las actividades de monitorización y revisión descrito en el Capítulo 1.

Los siguientes elementos pueden monitorizarse, revisarse e incluirse en el informe de gestión de TI:

- compras
- problemas de personal
- visitas diarias
- tráfico de correo y fax
- medidas críticas del desempeño del área de administración de TI
- cuestiones sobre el cumplimiento.

Es responsabilidad del CIO garantizar el seguimiento de los controles de la administración de TI y la recepción de los datos pertinentes por parte del mecanismo de reporte de TI.

2.10 Medidas del desempeño de la administración de TI

El principal objetivo de estos controles es proporcionar información sobre los objetivos específicos con un plazo determinado de la administración de la TI. Con ello, aumentaría la probabilidad de alcanzar esos objetivos de un modo eficaz y eficiente. La medida del desempeño alcanza su valor real cuando los gestores la utilizan como base para la toma de decisiones.

En el ámbito de la administración de TI, las medidas típicas de desempeño de la administración se muestran en la Tabla 3.

Estas medidas del desempeño podrían basarse en un sistema mixto con dos componentes: El Componente 1 podría ser un sistema de medición del BSC (Balanced Scorecard) de TI, descrito en el Capítulo 4, y el Componente 2 podría ser un sistema de monitorización del cumplimiento de las políticas, procedimientos y asuntos relacionados (p.ej. presupuestos).

La gestión de la TI de la compañía puede analizar toda la información de monitorización del desempeño y el cumplimiento, para evaluar y mejorar los elementos de administración de la TI en la función de TI.

Tabla 3: Medidas del desempeño de la administración de TI

Función	Medidas
Finanzas de la TI	Cumplimiento del presupuesto, gastos en mantenimiento y nuevas actividades de desarrollo, gastos en mantenimiento preventivo, rentabilidad de las inversiones en TI, desempeño del presupuesto de compras, relación entre gastos administrativos y gastos de producción (personal/línea)
Gestión de Recursos Humanos de la TI	Índices de volumen de negocio (interno y externo), formación por empleado (importe y horas), tiempo medio de permanencia en la empresa
Cumplimiento	No se documentan o actualizan los procedimientos corporativos de TI, no se ha definido o no se encuentra operativo el comité corporativo de TI, no se cumplen los controles de gestión de personal de TI, no se cumple el presupuesto de TI, no hay registros de visitas en TI, no hay registro de resolución de problemas en TI, no se respetan los planes de ejecución de trabajos, no se registran los incidentes de seguridad, no se hacen revisiones de seguridad, no se elaboran informes sobre la gestión

2.11 Técnicas y herramientas de revisión y auditoría

Establecer y mejorar los controles de la administración de TI es una tarea muy difícil. Exige excelentes habilidades humanas, conocimientos empresariales y sobre TI, recursos corporativos y de TI, una cultura de gestión del cambio, varios métodos y una serie de herramientas de revisión y auditoría. Las herramientas que pueden ayudar a los directivos de TI y otros profesionales (auditores informáticos, consultores en TI, auditores internos o externos, responsables de cumplimiento, etc.) a establecer, evaluar y mejorar los controles de administración de TI, y que se ofrecen para su posible uso, son: programas de auditoría de los controles de gestión del personal de TI, programa de auditoría de los procedimientos de TI, listas estándar de comprobación y listas de comprobación de segregación de tareas.

Por último, cabe señalar que los gestores de TI y otros profesionales pueden optar por utilizar únicamente elementos concretos de estos programas y listas de comprobación de auditoría, según el tamaño, complejidad y naturaleza del negocio y del despliegue de los sistemas e infraestructura de TI.

Encontrará otras directrices relevantes y herramientas de auditoría que pueden ser valiosas para la gestión de TI y los procesos de evaluación y auditoría en el Apéndice 3 (Lista de comprobación de la monitorización de los controles de TI), Apéndice 4 (Ejemplos de formularios de TI), Apéndice 5 (Metodología de auditoría de TI), Apéndice 6 (Áreas de auditoría de TI) y Apéndice 7 (Ejemplo de informe de auditoría interna).

2.11.1 Programa de auditoría de los controles de gestión del personal de TI

Su objetivo es respaldar el establecimiento, revisión, evaluación y mejora de los controles mencionados en el Párrafo 2.6 'Controles de gestión del personal de TI'.

1 Comprobar la correcta ejecución de los siguientes controles: evaluación de antecedentes, contratos laborales, descripciones de puestos de trabajo, supervisión, separación y rotación de tareas, vacaciones, adopción de códigos de conducta profesional.
2 Examinar los archivos de personal para asegurar que existen descripciones adecuadas de los puestos de trabajo.
3 Examinar los archivos de personal para comprobar que todo el personal de TI han recibido la formación adecuada para su trabajo y otros cursos pertinentes.

2.11.2 Programa de auditoría de Procedimientos de TI

Su objetivo es respaldar el proceso de establecimiento, revisión, evaluación y mejora de los controles mencionados en los Párrafos 2.3 'Normas, políticas y procedimientos de TI', 2.5 'Controles de los activos de TI' y 2.7 'Controles sobre las compras de TI'.

Este programa de auditoría abarca todos los asuntos relacionados con: revisión de la política y procedimientos de compras de TI, revisión de los acuerdos de nivel de servicio de clientes, revisión de la gestión de proveedores y terceros, revisión de seguros, procedimientos y política de mantenimiento, revisión de la gestión de los formularios, de los procedimientos de seguridad, de la política sobre el desempeño de la TI, de las licencias de *software*, de la privacidad y cumplimiento de la información, de los contratos laborales, del manual de condiciones laborales, de los programas de aplicación y revisión del sitio web.

Revisión de la política y los procedimientos de compras de TI

1 Conseguir una copia de las políticas de adquisición de material de TI (*hardware* y *software*).
2 Evaluar los métodos de selección comparativa de *hardware* y *software* y de las evaluaciones comerciales.
3 Asegurar que las compras de TI están bajo el nivel de autoridad del director de TI y se ajustan al presupuesto de TI.
4 Revisar las dos últimas compras de equipos de TI y verificar que se ha seguido el método y asegurar su uso posterior.
5 Conseguir copias de todos los contratos originales de compras (incluidos los sistemas en producción, desarrollo y soporte) de todo tipo (arrendamiento financiero, alquiler, uso, externalización, últimas modificaciones del *software*, suscripciones) de todas las clases de equipos y sistemas de TI, ordenadores, redes, equipos personales y comunicaciones.
6 Crear un catálogo de todas esas entidades (para utilizar como tabla de referencia en caso de auditoría).

Revisión de acuerdos de nivel de servicio

7 Obtener una lista de los clientes con servicio de TI.
8 Obtener copias de todos los acuerdos de nivel de servicio (durante el período auditado).

9 Obtener copias de todas las facturas de clientes, durante el mismo año.
10 Comprobar las facturas con las estadísticas de uso (ordenador y personal) para evaluar si todos los trabajos se han facturado de acuerdo con los contratos de nivel de servicio y registrar cualquier variación.
11 Evaluar las fuentes de ingresos de la función de TI.

Revisión de la gestión de proveedores y terceros

12 Obtener copias de todos los contratos de mantenimiento de todos los equipos y sistemas propios, usados y financiados (ver los contratos originales de compra, arrendamiento financiero, alquiler, suscripciones, etc.).
13 Obtener los contratos de consultoría para su revisión.
14 Comprobar los contratos de mantenimiento para garantizar que todos los recursos de TI adquiridos cuentan con contrato y evaluar las capacidades financieras y técnicas de los proveedores de mantenimiento.
15 Obtener copias de las facturas de los últimos tres meses y comprobar los importes cargados por los contratistas de mantenimiento.
16 Revisar los contratos para comprobar que contienen las siguientes cláusulas:
   - descripción de los bienes y servicios
   - especificaciones
   - tiempo y lugar de entrega (con sus calendarios)
   - penalizaciones por defectos y fallos
   - prueba de aceptación
   - precio, modo de pago y actualizaciones por variaciones de precios

- duración del contrato, garantías de terminación y renovación
- protección contra infracción de derechos y patentes
- licencias (uso por otras empresas del mismo Grupo, derechos de transferencia)
- limitación de responsabilidad del proveedor
- acciones que debe realizar el cliente
- protección de la confidencialidad
- términos y condiciones sobre la seguridad (también para acceso remoto)
- requisitos para protección de las fuentes
- cláusula de no contratación de personal de la otra parte
- seguros (responsabilidad profesional, responsabilidad civil)
- responsabilidad fiscal
- derechos sobre nuevas ideas e inventos
- procedimientos para resolución de disputas
- términos y condiciones de fuerza mayor
- leyes aplicables.

Revisión de los seguros

17 Obtener copias de todos los contratos de seguros de sistemas y equipos, y redactar una tabla de referencia para los sistemas y equipos cubiertos por los contratos de seguros.

18 Revisar y evaluar los contratos de seguros de equipos, *software* y sistemas para comprobar que cubren, al menos, lo siguiente: pérdida de equipos, gastos de reposición, gastos de procesos adicionales, beneficios no realizados.

Política y procedimientos de mantenimiento

19 Evaluar la política y los procedimientos de mantenimiento. Analizar:

- ¿Se hace a tiempo?
- ¿Hay procedimientos de control de cambios?
- ¿Se usa un procedimiento de priorización (prueba/producción)?
- ¿Hay procedimientos de conversión?
- ¿Hay procedimientos de mantenimiento y control de programas fuente y ejecutables?
- ¿Se exige autorización para todos los cambios?
- ¿Hay procedimientos de control de la calidad?

Revisión de la gestión de formularios

20 Evaluar la gestión de los formularios ¿Se realiza siempre una custodia eficaz de todas las clases de formularios que contengan datos (empresariales o administrativos)?

Revisión de los procedimientos de seguridad

21 Evaluar los asuntos de seguridad. Debe considerarse:

- ¿Hay procedimientos de seguridad física y lógica?
- ¿Hay procedimientos de planificación de contingencias?
- ¿Hay procedimientos adecuados de respaldo y recuperación?
- ¿Está adecuadamente protegido el *software* de sistemas?

Revisión de la política del desempeño de la TI

22 Revisar la política de desempeño de la TI.
23 Revisar los indicadores esenciales del desempeño.

Revisión de licencias del software

24 Identificar los documentos de compra usados para cada clase de aplicación.
25 Asegurar que existen contratos válidos para cada aplicación.
26 Identificar a los empleados responsables del control de licencias.
27 Revisar los documentos legales y autorizaciones de compras.
28 Comprobar que existen documentos originales de todas las licencias.
29 Comprobar que todos los documentos están guardados de modo seguro.
30 Comprobar que la TI monitoriza el uso de las licencias por usuarios y por cada sistema en concreto.
31 Comprobar que realmente existe todo el *software* del cual se tienen licencias (sobre todo, de los sistemas en demostración).
32 Comprobar si hay *software* sin licencia.

Revisión del cumplimiento de legislación sobre privacidad

33 ¿Está registrada la empresa en los organismos legales pertinentes?
34 Revisar el procedimiento de gestión de acceso.
35 ¿Están registrados todos los sistemas relevantes?
36 Determinar qué información personal aparece.

37 Confirmar que en la compañía hay un responsable que garantice que los datos registrados se procesan únicamente como está declarado.
38 Comprobar que se controlan todos los elementos que indica la legislación (por ejemplo: seguridad, normas de TI, copias de seguridad, eliminación de datos personales, mantenimiento del *software*, etc.).

Revisión de los contratos laborales

39 Asegurar que los contratos laborales constatan que todos los derechos de propiedad de los resultados del trabajo de los programadores (programas, documentación, diseños) pertenecen a la compañía.

Manual de condiciones de trabajo

40 Confirmar que existe una cláusula para manejar los problemas sobre derechos de propiedad (todos los derechos de propiedad de cualquier clase, de todos el trabajo del personal, pertenecen a la compañía).

Revisión de programas de aplicación

41 Examinar la documentación original de las aplicaciones, para comprobar que en todos los programas críticos hay una etiqueta de propiedad dentro de los comentarios del *software*.

Revisión del sitio web

42 ¿Quién es el propietario del sitio y de sus contenidos?
43 Examinar cómo está protegida la denominación del sitio.

44 Comprobar que no se han copiado diseños, imágenes y logos de terceros, o que no hay enlaces a sitios ilegales.

2.11.3 Lista de comprobación de las normas

Su objetivo es respaldar el proceso de establecimiento, revisión, evaluación y mejora de los controles mencionados en el Párrafo 2.3 'Políticas y procedimientos de TI'.

1 ¿Están documentadas formalmente todas las normas y los procedimientos que cubren todas las funciones de TI? Aspectos a considerar:
   - Alcance y cobertura, incluyendo el mantenimiento y desarrollo de sistemas , funcionamiento y mantenimiento de los servicios técnicos, usuarios finales y servicios centrales, organización y personal
   - Fechas de emisión o última actualización de los documentos
   - Políticas sobre el *hardware* y el *software*.

2 ¿Incluyen las normas sobre el desarrollo de sistemas todos los aspectos del desarrollo?:
   - Análisis del negocio
   - Análisis del procesamiento de datos
   - Diseño del sistema
   - Especificaciones (sistema, programa, formulario, informes, pantallas)
   - Pruebas (sistema, programa)
   - Programación (y codificación)
   - Implantación
   - Conversión
   - Capacitación de los usuarios
   - Capacitación del personal de TI
   - Documentación (técnica y de los usuarios)
   - Gestión de proyectos

- o Gestión del personal de TI.

3 ¿Existe y se cumple una política de conservación de datos? Preste atención a: la cobertura de la política de conservación (y eliminación) de datos de todas las aplicaciones en producción, duración del almacenamiento digital de los datos (*online* u *offline*) y grado de adecuación de período de tiempo para cada aplicación, eliminación de información caducada de los ordenadores y de las copias de seguridad. ¿Conocen y controlan el proceso los gestores de los usuarios finales?

2.11.4 Lista de comprobación de delimitación de tareas

Su objetivo es respaldar el proceso de establecimiento, revisión, evaluación y mejora de los controles mencionados en el Párrafo 2.6 'Controles de gestión del personal de TI'.

1 ¿Es adecuada la delimitación de tareas del personal de TI y de las funciones de los usuarios, para prevenir y detectar errores e irregularidades? Considere:

- o Responsabilidad de iniciar o autorizar transacciones
- o custodia de bienes muebles o activos de valor
- o modificación de los archivos maestros
- o modificación de los errores de entrada.

2 ¿Se ajusta la delimitación de tareas dentro del departamento de TI al tamaño de la organización? Considere: la delimitación funcional p.ej. cantidad de empleados en TI, programadores de sistemas, programadores de aplicaciones, administradores de bases de datos, operaciones, entrada de datos, dependencia del personal esencial y del personal contratado.

3 ¿Está el personal con experiencia en programación separado del de los usuarios que controlan los sistemas?

2.12 Conclusión

La administración de TI es necesaria para la función de TI y para que todos sus elementos (personal, sistemas, gestores, etc.) puedan funcionar lo mejor posible. Los controles administrativos son distintos de los controles financieros, técnicos y de producción, y suelen aplicarse a las siguientes actividades de la organización de TI: personal, marketing de servicios de TI, asistencia a clientes de la TI, gestión de registros y formularios, etc. Se refieren a la eficiencia operativa y deben cumplir las políticas organizativas.

Los controles administrativos proporcionan controles y balances de procedimiento detalladas para la gestión de archivos, documentos, información y otros recursos de la organización, con el fin de posibilitar el proceso normalizado de preparación de informes de gestión y para monitorizar y evaluar el desempeño de la organización de TI.

La administración de la TI puede lograrse, probablemente, de modo más eficaz y eficiente, mediante la aplicación de un conjunto apropiado de controles, que pueden incluir políticas, prácticas, procedimientos, estructuras organizativas y otras herramientas (p.ej. programas de auditoría y revisión y listas de comprobación). Habrá que establecer estos controles para garantizar el cumplimiento de los objetivos específicos de administración de TI.

Los controles administrativos de TI aportan los elementos necesarios para completar la estructura organizativa de soporte del marco de gestión del conocimiento de la organización (descrito en el *Capítulo 1*), y crear valor para las organizaciones.

La siguiente lista de comprobación puede resultar útil, según la cultura de la organización, el contexto socioeconómico en el cual opera, su modelo de negocio, sus normas y estrategias, las necesidades y expectativas de sus interesados, etc.

1 Las políticas y los procedimientos deben establecerse formalmente y comunicarse a todos los niveles de la organización.
2 Debe adoptarse una política aprobada, un sistema y un proceso de evaluación del desempeño.
3 Debe adoptarse una política aprobada, una serie de procedimientos, un sistema y un proceso de evaluación sobre la gestión de los recursos humanos.
4 Debe establecerse un sistema de gestión, eliminación y protección de activos.
5 Debe adoptarse una política aprobada y una serie de procedimientos que cubran todas las áreas.
6 Debe adoptarse una política sobre ética.

2.13 Preguntas de repaso

Este grupo de preguntas las pueden emplear aquellos que utilicen los controles mencionados en este libro para evaluar y comprobar su comprensión de los conceptos y del conocimiento práctico de este capítulo.

1. ¿Cuál es el propósito de los controles de la administración de TI?

Referencia: Párrafo 2.2 'Propósito y principales tipos de controles administrativos de TI'.

2. ¿Cuáles son los principales tipos de controles administrativos de TI?

Referencia: Párrafo 2.2 'Propósito y principales tipos de controles administrativos de TI'.

3. Mencione algunas de las áreas que deberían cubrir las políticas, procedimientos y normas de TI

Referencia: Párrafo 2.3 'Normas, políticas y procedimientos de TI'.

4. ¿Qué deberían incluir los controles sobre los recursos de TI?

Referencia: Párrafo 2.5 'Controles sobre los recursos de TI'.

5. ¿Cuáles son los controles habituales sobre la gestión del personal de TI?

Referencia: Párrafo 2.6 'Controles de gestión del personal de TI'.

6. ¿Qué debería tener en cuenta el director de TI al revisar la delimitación de tareas en el departamento de TI?

Referencia: Párrafo 2.6 'Controles de gestión del personal de TI'.

7. ¿Por qué es importante la rotación de tareas?

Referencia: Párrafo 2.6 'Controles de gestión del personal de TI'.

8. ¿Quién debería desarrollar y ratificar la descripción de los puestos de trabajo del personal de TI?

Referencia: Párrafo 2.6 'Controles de gestión del personal de TI'.

9. Resuma las principales tareas del CIO.

Referencia: Párrafo 2.6 'Controles de gestión del personal de TI'.

10. ¿Cuáles son las principales responsabilidades de un analista de sistemas?

Referencia: Párrafo 2.6 'Controles de gestión del personal de TI'.

11. ¿Cuáles son las principales responsabilidades de un programador de aplicaciones?

Referencia: Párrafo 2.6 'Controles de gestión del personal de TI'.

12. ¿Cuáles son las principales responsabilidades de un programador de sistemas?

Referencia: Párrafo 2.6 'Controles de gestión del personal de TI'.

13. ¿Qué hace el diseñador de pruebas de seguridad?

Referencia: Párrafo 2.6 'Controles de gestión del personal de TI'.

14. ¿Qué hace el probador de seguridad?

Referencia: Párrafo 2.6 'Controles de gestión del personal de TI'.

15. ¿Cuáles son los objetivos estratégicos de la función de compras de TI?

Referencia: Párrafo 2.7 'Controles sobre las compras de TI'.

16. ¿Qué pasos incluye el procedimiento de adquisición de TI?

Referencia: Párrafo 2.7 'Controles de compra de TI'.

17. ¿Qué implica la gestión del alcance del proyecto?

Referencia: Párrafo 2.7 'Controles de compra de TI'.

18. ¿Qué elementos y cuestiones debería cubrir un informe de gestión de la TI?

Referencia: Párrafo 2.8 'Controles administrativos de TI'.

19. ¿Cuáles son algunas de las medidas del desempeño de la administración de TI?

Referencia: Párrafo 2.10 'Medidas del desempeño de la administración de TI'.

20. ¿Por qué debería la organización de TI guardar archivos de sus trabajos, proyectos y compras?

Referencia: Párrafo 2.7 'Controles de compra de TI'.

CAPÍTULO 3: CONTROLES DE LA ARQUITECTURA EMPRESARIAL

Aunque las leyes ya estén escritas, no siempre deberían permanecer inalteradas.

Aristóteles (384–322 a. C.)

3.1 Alcance

Después de establecer una organización de TI y sus controles administrativos, es necesario planificar qué queremos que haga la TI.

Para ello, se diseña una nueva arquitectura empresarial, o se mejoran las existentes, para posibilitar el proceso estratégico.

Los controles de la arquitectura empresarial posibilitan y respaldan la adecuación de la TI (infraestructura y sistemas) a las funciones del negocio de la organización, y respaldan la correcta ejecución de las actividades cotidianas y las transacciones operacionales de los sistemas TI.

Se explicarán varios de los principales controles sobre la arquitectura empresarial, con ejemplos en algunos casos. Esos controles incluyen: marcos de referencia de arquitectura empresarial, modelo de empresa o modelo operativo de la organización, técnicas de procesos de negocio, repositorio de la arquitectura de empresarial, controles relacionados con el negocio sobre la arquitectura empresarial, medidas del desempeño de la arquitectura empresarial.

Además, se presenta una serie de programas de auditoría y listas de comprobación, que sirven de apoyo para el director de TI, los profesionales de TI y otros profesionales (personal de desarrollo de sistemas y soporte, auditores de la TI, auditores internos, consultores, auditores externos, responsables de cumplimiento, etc.) en la ejecución y mejora de sus tareas y responsabilidades.

3.2 Propósito y principales tipos de controles de la arquitectura empresarial

El entorno en constante cambio de las organizaciones actuales (privadas, públicas, sin ánimo de lucro, etc.) se ve actualmente afectado por una serie de factores sociales, políticos, económicos, técnicos y científicos, y condiciones cambiantes a una velocidad no imaginada ni por las mentes más preclaras. Ni siquiera Alvin Toffler,[28] el más famoso futurólogo, predijo todos los problemas actuales (globalización, terrorismo, crisis financiera mundial, inestabilidad política, pobreza, migraciones masivas, guerras regionales, etc.) y sus soluciones, que las naciones sociedades y economías modernas deben manejar eficazmente.

Esta situación presenta nuevas oportunidades, retos, amenazas y riesgos a todas las organizaciones del mundo. Todas las organizaciones deben gestionar y resolver todo ello en consecuencia para seguir funcionando lo mejor posible. La solución para lidiar con la incertidumbre del futuro es la capacidad para detectar las necesidades emergentes y aplicar los cambios necesarios en las

[28] Ver sus libros *La tercera ola* y *El shock del futuro*, publicados en 1991.

funciones de la organización para garantizar su supervivencia.

La capacidad para aplicar todos estos cambios puede describirse como «flexibilidad» y tiene una importancia estratégica crítica en las organizaciones actuales. Durante los últimos 30 años, se han presentado y empleado muchos métodos y enfoques para lograr la flexibilidad estratégica de las organizaciones, sin grandes éxitos, por sus complicaciones y factores de neutralización, fuera del alcance de este libro.

Esos métodos y enfoques incluyen: el rediseño de procesos de negocio, la mejora de los procesos de negocio, la estrategia de diseño organizativo, la externalización, el uso excesivo de paquetes de *software* llave en mano, sistemas ERP, el Modelo de Henk Volberda,[29] el Modelo SOA[30] y el Modelo DEA.

Sin embargo, según los últimos estudios, el mejor enfoque para gestionar las cuestiones de flexibilidad es la «arquitectura empresarial».[31]

El propósito de los controles de la arquitectura empresarial es asegurar, posibilitar y facilitar:

- el establecimiento del marco integral de la gobernanza de la TI (*véase también el Capítulo 1*)
- una buena correspondencia entre la estrategia corporativa y la estrategia de TI

---

[29] www.provenmodels.com.
[30] my.advisor.com.
[31] Véase: Forrester Survey on Enterprise Architecture, September 2009, disponible en www.forrester.com.

- el logro de las metas estratégicas por medio de unos servicios óptimos de TI
- el soporte continuo de las funciones críticas del negocio, por medio de sistemas informáticos e infraestructuras, de modo efectivo y eficiente.

Los controles de la arquitectura empresarial los puede establecer el coordinador de la arquitectura empresarial y su equipo. Su revisión la llevará a cabo los comités estratégicos corporativos y de TI y su ratificación, el Consejo de administración. Pueden emplearse los programas de auditoría y las listas de comprobación descritas en el Párrafo 3.10 'Herramientas y técnicas de revisión y auditoría' para facilitar el diseño, implantación y revisión tras la aplicación de los controles de la arquitectura empresarial de una determinada organización.

Lo principales tipos de controles de la arquitectura empresarial son:

- Controles de la descripción de la arquitectura empresarial (EA)
- Plan de gestión para el diseño y la implantación de un marco de referencia de la arquitectura empresarial (EA)
- Estructura organizativa
- Funciones de desarrollo de la arquitectura empresarial
- Controles de la arquitectura empresarial relacionados con el negocio
- Controles de la arquitectura empresarial relacionados con la TI
- Controles de monitorización y revisión
- Medidas del desempeño de la arquitectura empresarial.

3.3 Controles de la descripción de la arquitectura empresarial (AE)

Antes de establecer una arquitectura empresarial en una determinada organización, probablemente necesitaremos describir, aclarar y hacer comprensible qué significa «arquitectura empresarial» a todos los niveles relevantes de TI y los gestores y directivos de la empresa.

3.3.1 Descripción de la arquitectura empresarial

Dentro de la gestión de las organizaciones, la expresión «arquitectura empresarial» se refiere al arte o ciencia de diseñar una empresa. Una empresa puede definirse como cualquier entidad de negocios, una corporación, que cotiza o no en Bolsa, una organización privada sin ánimo de lucro, una organización privada con ánimo de lucro, un ministerio público, agencia u organización, una agencia u organización pública local o regional, una autoridad reguladora estatal, una organización sin ánimos de lucro, etc.

Una definición formal, según el MIT es: «la arquitectura empresarial es la organización lógica de los procesos de negocio y de infraestructura de TI como reflejo de los requisitos de integración y normalización del modelo operativo de la firma».[32]

Otra definición, de IEEE,[33] de la arquitectura, usada en la norma ANSI/IEEE 1471-2000 es «la organización fundamental de un sistema, plasmada en sus componentes,

[32] Para ampliación, ver el MIT Centre for Information Research .
[33] Ver standards.ieee.org.

sus relaciones con los demás y con el entorno, y los principios que gobiernan su diseño y su evolución.»

Tal vez la definición más exhaustiva sea la de IFEAD (Institute for Enterprise Architecture Development): «la arquitectura empresarial es una expresión compleja de la empresa; un plan maestro que actúa como una fuerza de colaboración entre los diversos aspectos de la planificación del negocio, tales como metas, visiones, estrategias y principios de gobernanza; aspectos de las operaciones del negocio, como los términos del negocio, las estructuras organizativas, los procesos y los datos; aspectos de la automatización, como los sistemas de información y las bases de datos; y la infraestructura tecnológica para posibilitar el negocio, como ordenadores, sistemas operativos y redes.»

El autor ha utilizado con éxito esta definición en varios proyectos de consultoría, añadiendo la gestión del desempeño, las metodologías de desarrollo de sistemas y otras herramientas de gestión estratégica y auditoría, se ha manejado con mucho éxito por el autor y otros profesionales.

La arquitectura empresarial necesita, no obstante, una serie de marcos de referencia, metodología y herramientas para lograr resultados. Para ese propósito, se ofrecen varias metodologías, herramientas y marcos de referencia de arquitectura empresarial, para su uso en las organizaciones, en una escala global.

Una lista indicativa incluiría los marcos de referencia de arquitectura empresarial de: EABOK, GERAM, RM-ODP, TOGAF, Zachman, CIMOSA, FEA, IST, el Departamento de Defensa estadounidense, la OTAN, gobierno de Australia, IDEAS GROUP, Integrated Architecture

Framework, CLEAR, OBASHI, Information Framework, AGATE, FDIC.

Varios proveedores (por ejemplo IBM, ORACLE e IDS) ofrecen una serie de herramientas de *software*, lenguajes, etc. para el desarrollo y despliegue de la arquitectura empresarial.

3.3.2 Marco de arquitectura empresarial

Cuerpo del conocimiento de Arquitectura Empresarial (EABOK)

Es una guía sobre arquitectura empresarial desarrollada por el MIT.[34]

Considera que la arquitectura empresarial no sólo contiene descripciones y diagramas técnicos, sino que debe dar una visión integral, que incluya los requisitos y directrices de la legislación estadounidense y proporcione a los técnicos una mejor comprensión de las necesidades del negocio a partir del concepto de la cadena del valor, de Michael Porter.[35]

---

[34] Véase MIT University, Centre for Innovative Computing and Informatics, www.mitre.org.

[35] Como define *Competitive Advantage, Creating and Sustaining Superior Performance*, Porter M, Free Press (1985).

Metodología y arquitectura empresarial generalizada de referencia (GERAM)

Es un marco de referencia generalizado de la arquitectura empresarial para la integración y la ingeniería de los procesos de la empresa, según varias fuentes.[36]

Define los conceptos genéricos relativos a la empresa y recomendados utilizarlo en proyectos de integración de la empresa.

Estos conceptos incluyen:

- un enfoque de ciclo de vida que identifica las fases de cualquier empresa (desde la concepción de la entidad hasta su final)
- tipos de entidades empresariales y modelización de la empresa por medio de la modelización de los procesos de negocio
- representación del modelo integrado, con varias perspectivas
- lenguajes de modelización para distintos tipos de usuarios, como los usuarios del negocio, diseñadores de sistemas y especialistas en modelización de la TI.

Modelo de referencia de Proceso Distribuido Abierto (RM-ODP)

Este marco de referencia respalda la distribución, interconexión, independencia de plataforma y tecnología y

[36] Como www.nist.gov; 'Un marco de referencia para definir una arquitectura y metodología genérica de la arquitectura de la empresa', Bernus P y Nemes L en *Proceedings of the International Conference on Automation, Robotics and Computer Vision*, Singapore, November 10–12, 1994; y el informe sobre GERAM, Nell JG (2006) at www.mel.nist.gov.

la portabilidad, además de un marco de referencia de arquitectura empresarial para la especificación de sistemas abiertos de proceso distribuido. Proporciona cinco puntos de vista del sistema y de su entorno, generales y complementarios:

- punto de vista de la empresa
- punto de vista de la información
- punto de vista de la ingeniería
- punto de vista computacional
- punto de vista tecnológico.[37]

El marco de referencia de Open Group Architecture (TOGAF)

Este marco de referencia proporciona un método exhaustivo para el diseño, la implantación y la gobernanza de la arquitectura de la información de una empresa, en cuatro niveles o dominios:

- Dominio empresarial (estrategia empresarial, gobernanza, organización y procesos empresariales básicos)
- Dominio de las aplicaciones (bocetos para los sistemas individuales de aplicación que se deben desplegar y sus interacciones)
- Dominio de los datos (recursos de datos físicos y lógicos)

[37] Véase 'Reference Model of Open Distributed Processing', www.rm-odp.net, the ITU-TX.950, 952, 920, 931, 960, 910, 911, las normas ISO/IEC correspondientes, y el ISO/IEC 19500-2:2003 ORB Protocol.

- Dominio de la tecnología (instalaciones de *hardware*, *software* y redes, necesarias para respaldar el despliegue de las aplicaciones básicas y de misión crítica).

Respecto al dominio de los datos hay tres niveles de modelos de datos: conceptual, lógico y físico. La complejidad aumenta desde el nivel conceptual al físico. Por ello siempre se comienza con el modelo conceptual (que contiene entidades de alto nivel y sus relaciones entre entidades), luego continúa hasta el nivel lógico (que contiene, además, los atributos y las claves primarias y ajenas) y, por último, al modelo físico (que contiene las claves primarias y ajenas, y los detalles de su implantación, como nombre de tablas, nombres de columnas y tipos de datos de las columnas, etc.), antes de implantar el modelo en una base de datos concreta.[38]

Marco de referencia de Zachman

Proporciona un modo formal y bien estructurado para ver y definir una empresa a partir de una matriz de clasificación bidimensional. Cada fila representa un tipo de definición que puede ser: contextual, conceptual, lógica, física y detallada. Cada columna muestra los aspectos de la arquitectura, como:

- 'Por qué' (motivos)
- 'Cómo' (descripción funcional)
- 'Qué' (descripción de datos)

---

[38] Para profundizar, véase TOGAF Introduction en www.opengroup.org, y la publicación del Department of Defence (1996), *Technical Architecture Framework for Information Management*, Vol. 4.

- 'Quién' (personas)
- 'Dónde' (la red)
- 'Cuándo' (tiempo).

La matriz resultante es una plantilla que debe completarse con las metas, normas, procesos, materiales, roles, ubicaciones y sucesos específicos de la organización.[39]

Marco de referencia CIMOSA

Bien conocido, soporta todas las fases del ciclo de vida de un sistema de fabricación integrada por ordenador (CIM), desde la definición de requisitos y la especificación del diseño, hasta la descripción de la implantación y ejecución del funcionamiento cotidiano de la empresa.

CIMOSA tiene un enfoque de modelización basado en procesos y dirigido por eventos, con la meta de definir los aspectos esenciales de la empresa, en un modelo integral. Sus principales aspectos son funcionales, de la conducta, de recursos, de la información y de la organización.[40]

---

[39] Para profundizar, véase www.zachmaninternational.com; Roger Sessions, 'A comparison of the top four Enterprise Architecture methodologies', en msdn2.microsoft.com; e Inmon WH et al, *Data Stores, Data Warehouse, and Zachman Framework: Managing Enterprise Knowledge*, McGraw-Hill (1997).

[40] Para más información, ver: (1) AMICE Consortium, *Open System Architecture for CIM, Research Reports of ESPRIT Project 688*, Volume 1, Springer Verlag, Berlin (1989); (2) las referencias de Beeckman, Dirk, 'CIMOSA: Computer Integrated Manufacturing Open Systems Architecture', *International Journal of Computer Integrated Manufacturing*, Vol. 2, Nº. 2, pp. 94–105 (March–April 1989); (3) Jorysz HR and Vernadat FB, 'CIMOSA Part 1: Total Enterprise Modeling and Function View', *International Journal of Computer Integrated Manufacturing*, Vol. 3, Nos. 3 y 4, pp. 144–156 (1990); (4) Jorysz HR y Vernadat FB, 'CIMOSA Part 2: Information View', *International Journal of Computer Integrated Manufacturing*, Vol. 3, Nos. 3 y 4, pp. 157–167 (1990); y (5) Klittich M, 'CIMOSA Part 3: CIMOSA Integrating Infrastructure – The Operational Basis for Integrated Manufacturing Systems', *International Journal of Computer Integrated Manufacturing*, Vol. 3, Nos. 3 y 4, pp. 168–180 (1990).

Marco de arquitectura empresarial del gobierno federal de Estados Unidos (FEA)

Es una norma del gobierno estadounidense, usada para facilitar el desarrollo compartido de procesos comunes e información entre las agencias federales y otras agencias gubernamentales.

Según este marco de referencia, una arquitectura puede dividirse en:

- Arquitectura empresarial, que representa las funciones empresariales y la información que usa
- Arquitectura de datos, que define cómo se almacenan, gestionan y utilizan los datos en un sistema
- Arquitectura de aplicación, que incluye los sistemas lógicos que gestionan los datos de la arquitectura de datos y dan soporte a la arquitectura empresarial
- Arquitectura tecnológica, que describe la infraestructura actual y futura (*hardware* y *software*) que da soporte a los sistemas de aplicación en la arquitectura de aplicaciones.[41]

Otros marcos gubernamentales de arquitectura empresarial

Hay varios marcos arquitectura empresarial, patrocinados por organismos gubernamentales, que no aparecen en este libro; por ejemplo:

---

[41] Para más información sobre este marco de referencia, véase *FEA Consolidated Reference Model Document*, Version 2.3, www.whitehouse.gov, y The US Federal Laws: GPRA 1993, PRA 1995, The Clinger-Cohen Act (CCA 1996), GPEA 1998, FISMA 2002, y E-GOV.2002.

- Department of Defense (US) Architecture Model (Marco de arquitectura del Departamento de Defensa de EE.UU. —véase *cio-nii.defense.gov y architectureframework.com/dodaf/*).
- British Ministry of Defence Architectural Framework (Marco de arquitectura del Ministerio de Defensa de Reino Unido —véase *www.modaf.org.uk*).
- Marco de arquitectura de la OTAN (véase *www.nhqc3s.nato.int/architecture*).
- Government Enterprise (Australia, Queensland) Architecture (Arquitectura empresarial del gobierno de Australia —véase *www.qgcio.qld.gov.au*).
- NIST (US) Enterprise Architecture Model (Modelo de referencia de arquitectura empresarial de NIST —véase (1) NIST Special Publication 500–167, September 1989, (2) *www.faa.gov y www.nist.gov*).

Si una organización y sus gestores autorizados deciden usar una arquitectura empresarial y tratan de lograr la máxima correspondencia entre la TI y su empresa, deberán elegir un marco de referencia empresarial, conseguir la experiencia y las herramientas necesarias y establecer el proceso de la arquitectura empresarial en consecuencia para avanzar en este tema de modo efectivo.

Esto se consigue por medio de varias actividades, como:

- establecer un equipo de arquitectura empresarial
- elaborar y ejecutar un plan de gestión de arquitectura empresarial, en el que se describa el modelo de empresa de la organización.
- documentar sus procesos empresariales y la información sobre la arquitectura en un repositorio de arquitectura empresarial.

3.4 Plan de gestión para el diseño y la implantación de un marco de arquitectura empresarial (EA)

La arquitectura empresarial (EA) es una herramienta conceptual que ayuda a las organizaciones a comprender su propia estructura y su modo de trabajo. Proporciona un mapa de la empresa y ayuda a planear la ruta para el cambio del negocio y de la tecnología. Normalmente se compone de un conjunto exhaustivo de modelos cohesionados que describen la estructura y las funciones de la empresa. Se usa en la planificación sistemática de la tecnología y de la arquitectura y en la toma eficiente de decisiones.

Una forma de conseguirlo de manera eficiente y organizada es por medio de un plan de gestión.

Paso 1: Forme un equipo de arquitectura empresarial (EA): elija un coordinador de EA y el resto de miembros del equipo de EA, nombrándolos formalmente, y diseñe una estructura y un plan de tiempos concreto, presupuesto y responsabilidades (ver *Párrafo 3.5*).

Paso 2: Planifique los métodos de comunicación.

Paso 3: Redacte una lista de cuestiones, prestando atención a las áreas críticas de los procesos de negocio, información, datos y tecnología.

Paso 4: Identifique ejecutivos del negocio y de TI para conocer las necesidades y requisitos estratégicos y operacionales de la organización.

Paso 5: Elija un marco de EA:

- estudie las normas existentes y los entornos del negocio y del sector en los que la organización opera. Un ejemplo es laISO19439:2006 Enterprise Integration Framework. Se trata una norma internacional para la modelación e integración de la empresa, elaborada por ISO. Especifica un marco de referencia conforme con los requisitos de ISO15704, que sirve como fundamento para identificar y coordinar el desarrollo de normas para la modelación de empresas, prestando especial atención, entre otras, a la fabricación informatizada (CIM). También pueden examinarse los demás marcos de EA presentados en este capítulo, así como el Gartner EA Process Model (www.gartner.com).

- examine los diferentes marcos de EA en el mercado.
- obtenga un marco de EA y los métodos y herramientas asociados (repositorios, Lenguajes de Descripción de la Arquitectura, como ArchiMate, UML, ADL, software como Casewise, IDS Scheer/Aris, Alfabet, IBK Rational, Oracle EA Tools, etc.) por medio de los procedimientos de adquisición de la organización.
- pruebe el marco de EA elegido, con carácter de ensayo, en una parte de la organización, siguiendo una metodología probada y adaptada.[42]

Paso 6: defina el modelo 'actual' de la organización, siguiendo el método de Hamel[43] o el de Linder,[44] u otro método disponible y probado en el mercado, por medio de:

- un modelo de negocio
- procesos
- datos
- clientes

---

[42] Un ejemplo podría ser la metodología propuesta por Jaap Schekkerman en su libro *How to Survive in the Jungle of Enterprise Architecture Frameworks*, publicado por Trafford Publications, en 2004.

[43] Ver Hamel G, *Leading the Revolution*, Boston: Harvard Business School Press (2000).

[44] Ver Linder J and Cantrell S, *Changing Business Models: Surveying the Landscape*, Accenture Institute for Strategic Change (2000).

- productos y servicios ofrecidos
- fuentes de recursos financieros
- aplicaciones
- metodología de desarrollo de sistemas
- el modo de soporte de los procesos de negocio por medio de la TI
- la infraestructura de TI.

Para más información sobre estos puntos, véase el párrafo 3.6 'Formulación y documentación de los elementos de la arquitectura empresarial'.

Paso 7: Identifique las mejoras deseadas y necesarias y logre la aprobación de los altos ejecutivos.

Paso 8: Defina el modelo futuro (deseado) de la organización (según los puntos identificados en el paso 6). Para más información, véase el Párrafo 3.6 'Formulación y documentación de los elementos de la arquitectura empresarial'.

Paso 9: Formule el plan de implantación de la EA (equipo de proyecto, riesgos, calendarios, recursos, herramientas, tecnología, plan del cambio, etc.).

Paso 10: Ejecute el plan de implantación de la EA (instale las herramientas de *software* de EA, pueble el repositorio de activos de EA, implante la tecnología esencial de la EA, comunique los resultados, monitorice los cambios y el progreso, evalúe, revise y mejore el proceso, gestione el entorno de la EA, etc.).

Conclusión

La decisión de los directivos del negocio y de TI de la organización para usar este plan, adaptarlo o usar otro método formal o informal, depende mucho de varios factores y condiciones interrelacionadas, como:

- la cultura corporativa
- las necesidades de los interesados
- el estilo de gestión
- el perfil de riesgo
- las técnicas de gestión del cambio
- el sector al que pertenece la organización.

3.5 Funciones de desarrollo de la arquitectura empresarial

Como se describe en el Paso 1 del anterior plan de gestión, puede necesitarse un equipo de arquitectura empresarial (EA) y personal de apoyo para crear y facilitareal proceso de la EA. Además, la creación de soluciones efectivas para una arquitectura empresarial puede exigir la gestión cuidadosa y el uso apropiado de varias funciones por un grupo de personas concretas de la organización, como:

- Coordinador de la arquitectura empresarial
- Arquitecto de la empresa
- Arquitecto técnico
- Otros roles habituales de TI (p.ej. programadores de sistemas, gestores de TI, etc.).

3.5.1 Coordinador de la arquitectura empresarial (EAC)

Es responsable de establecer el equipo de la arquitectura empresarial (EA) y de actuar como su principal coordinador, guía e instructor en el proceso de diseño, desarrollo e implantación de la arquitectura empresarial en la organización.

Las tareas y responsabilidades se redactarán en una descripción formal del puesto de trabajo. Las descripciones de los puestos de trabajo ser declaraciones por escrito que definen las tareas y responsabilidades, los resultados más importantes que se deben conseguir, las habilidades y cualificaciones precisas, las relaciones de subordinación y las actividades específicas de gestión para este puesto. Las tareas y responsabilidades específicas de un EAC incluyen:

- Selección y organización del equipo de EA
- Análisis y evaluación de cómo sirve la TI a las necesidades de la organización
- Definición del alcance del trabajo del equipo de EA
- Coordinación del equipo de EA y de sus tareas, reuniones y actividades cotidianas
- Obtención de personal adicional de TI y del negocio como respaldo del equipo de EA y sus tareas
- Supervisión de todas las actividades de EA del equipo
- Informar sobre el desempeño del proyecto de EA a los directivos y conseguir apoyo y orientación para resolver las cuestiones reportadas
- Comunicar los resultados del proyecto de EA a todos los niveles autorizados y a los interesados
- Cerrar el proyecto de EA cuando la arquitectura se haya implantado con éxito.

3.5.2 Arquitecto de la empresa

Bajo la supervisión y orientación del EAC, enlaza la visión corporativa, la misión, los valores, la estrategia y los procesos de una organización con su estrategia de TI.

Documenta esos enlaces por medio de vistas de arquitectura que muestran cómo se cumplirán las necesidades actuales y futuras de una organización de modo efectivo y eficiente.

Otras responsabilidades específicas pueden incluir:

- Responsabilizarse de la estrategia a largo plazo de los sistemas informatizados y la infraestructura de la organización
- Respaldar las metas estratégicas a largo plazo y asegurar la adecuación de la arquitectura empresarial, la estrategia de TI y los planes de desarrollo de proyectos
- Optimizar los métodos de gestión de la información, comprendiendo los requisitos y necesidades cambiantes del negocio y las capacidades de TI.

3.5.3 Arquitecto técnico

Bajo la supervisión y guía del EAC:

- Da soporte a la metodología de desarrollo de la EA y a las mejoras recomendadas, según se necesiten
- Define, analiza y revisa las especificaciones de arquitectura del *software*
- Participa en las actividades de definición, diseño y revisión de la arquitectura del *software*, el diseño, los marcos de referencia de las aplicaciones y las interfaces
- Dirige el desarrollo y la implantación del marco de referencia y del *software* de aplicación, según se necesite
- Da soporte y emprende pruebas, a medida que se necesiten, instalando, probando y resolviendo los problemas del *software*
- Da soporte al EAC y a los otros miembros del equipo en varias tareas de implantación técnica, como seguridad,

bases de datos, diseño, pruebas y depuración y resolución de problemas.

Conclusión

La decisión de los directivos del negocio y de TI de la organización para usar estos roles, adaptarlos o usar otros equipos de TI para hacer el trabajo de EA depende mucho de varios factores como: la cultura corporativa, las necesidades de los interesados, el estilo de gestión, el perfil de riesgo de la organización, etc.

3.6 Formulación y documentación de los elementos de la arquitectura empresarial

En apoyo de los pasos 6 y 8 del plan de gestión mencionado, hay que formular y documentar los elementos de la EA, siguiendo los siguientes procesos:

3.6.1 Estructura organizativa

El primer proceso es el análisis de la estructura organizativa de la empresa. Una estructura jerárquica típica para una gran organización es:

- CEO (o Secretario, Consejero delegado o Secretario de estado) encargado de la función de gobierno)
- Vicepresidentes (o Directores generales)
- Comités ejecutivos
- Abogados, auditores y otros profesionales
- Equipo de apoyo a la toma de decisiones
- Directivos y gestores (de cualquier nivel)
- Empleados.

El equipo de arquitectura empresarial (EA) deberá trabajar dentro de la estructura de la organización para la cual desarrolla su arquitectura empresarial.

3.6.2 Modelo de empresa (o modelo operativo) de la organización

Un modelo de empresa o modelo operativo es una representación de la estructura, actividades, procesos, información, recursos, personas, conducta, metas estratégicas y restricciones del negocio, del gobierno o de otras empresas.

Suele representarse por medio de un esquema, con texto descriptivo, que muestra las unidades operativas de la organización, las relaciones entre estas unidades operativas o funciones de negocio, las decisiones y el flujo de proceso entre estas unidades o funciones.[45]

Un ejemplo de modelo operativo se muestra en el diagrama de la Figura 3:

[45] Para ver un ejemplo completo de una función gubernamental de tesorería, ver Hashim A y Allan B, *Treasury Reference Model*, World Bank, 2001, www.worldbank.org, Report Number WTP505.

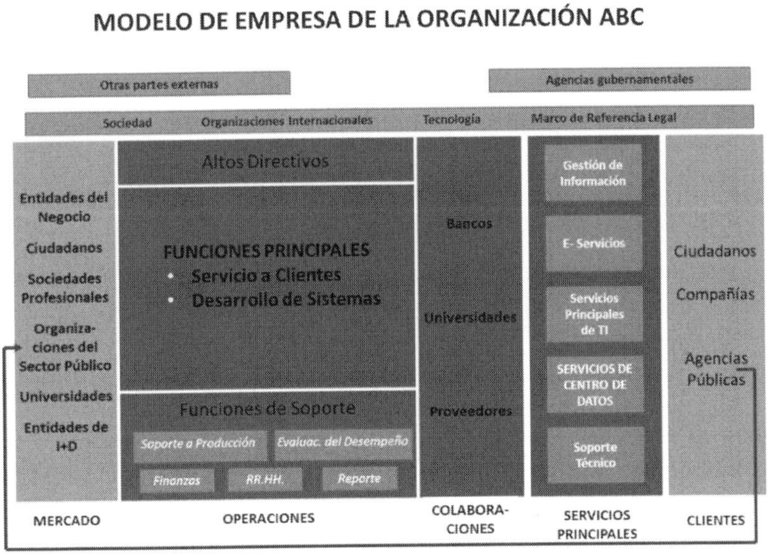

Figura 3: Ejemplo de modelo de negocio

3.6.3 Descripciones del proceso de negocio

El análisis de los procesos de negocio se suele realizar mediante «descripciones técnicas del proceso de negocio», que documentan todo el proceso lógico de una transacción comercial. Estas descripciones se documentan también con diagramas y se completan con políticas, procedimientos y formularios.

Ejemplo de la descripción de un proceso de negocio para el envío de un pedido por un cliente.[46]

---

[46] Un ejemplo completo de diagramas de proceso y narrativas puede verse en Hashim A and Allan B, *Treasury Reference Model*, World Bank, 2001, www.worldbank.org, Report Number WTP505.

Actividad 1: Cliente: envía un pedido.

Actividad 2: Tienda: recibe el pedido. Si el cliente tiene una buena clasificación, se solicita el pago por medio de tarjeta de crédito. En caso contrario, se solicita pago en efectivo.

Actividad 3: Cliente: recibe la factura. Paga.

Actividad 4: Tienda: recibe el pago. Envía los artículos pedidos. Cierra el pedido.

Actividad 5: Cliente: recibe los artículos pedidos.

3.6.4 Objetivos empresariales estratégicos

Suelen analizarse mediante varios enfoques y métodos, como:

- SWOT (DAFO)
- PEST (también llamado PESTLE)
- Gap
- Análisis de carteras
- Análisis de la cadena de valor
- Delphi
- Análisis del ciclo de vida
- Investigación de las opciones estratégicas
- Análisis financiero
- Planificación de escenarios
- Factores críticos de éxito
- Las Cinco Fuerzas
- Segmentación del mercado
- Marco de políticas de dirección
- Análisis de competidores
- Metodología de gestión del cambio.

Las más usadas suelen ser las tres primeras; las demás están fuera del alcance de este libro.

Análisis SWOT (DAFO)

SWOT (*strengths, weaknesses, opportunities, threats*) o DAFO en español (*debilidades, amenazas, fortalezas, Oportunidades*) es uno de los más populares. Supone el análisis de las fortalezas y debilidades de las capacidades de una empresa y las oportunidades y amenazas para el negocio. Tras su identificación, se puede evaluar cómo aprovechar las fortalezas, minimizar los efectos de las debilidades, aprovechar las oportunidades y reducir el impacto de las amenazas.

Es importante recordar que las oportunidades también pueden ser amenazas: por ejemplo, los nuevos mercados (una oportunidad) pueden ser dominados por los competidores (una amenaza), minando la posición del negocio. También es posible el caso inverso: por ejemplo, un competidor que crece muy rápidamente puede abrir un nuevo mercado para los productos y servicios de nuestro negocio.

Un análisis SWOT puede proporcionar una base clara para examinar el desempeño del negocio y sus posibilidades. Puede usarse como parte de un proceso periódico de revisión, como preparación para un período de bonanza financiera o para una revisión por consultores contratados.

Cuando se ha recogido información sobre las fortalezas y debilidades de la organización, las amenazas y oportunidades externas, esos datos se incluyen en una tabla (ver Tabla 4) para su análisis posterior.

Tabla 4: Plantilla SWOT (DAFO)

	Positivo	**Negativo**
Interno	Fortalezas	Debilidades
Externo	Oportunidades	Amenazas

Análisis PEST (también llamado análisis PESTLE)

Analiza las influencias del entorno sobre la empresa. Su nombre proviene de las palabras Político, Económico, Social y Tecnológico, factores que pueden afectar el desarrollo estratégico de una empresa.

Algunos posibles factores que pueden indicar importantes influencias del entorno son: regulación y protección medioambiental, crecimiento económico, distribución de los ingresos, inversión del gobierno en investigación, fiscalidad, política monetaria, demografía, interés del gobierno y del sector por la investigación tecnológica, regulación internacional del comercio, movilidad social y laboral, descubrimientos, inventos y nuevos desarrollos, protección de los consumidores, política de empleo y lucha contra el desempleo, cambios en el estilo de vida, velocidad de transferencia de la tecnología y de obsolescencia tecnológica, organización, actitud y postura del gobierno, tipos de cambio, educación, costes y uso de la energía, regulación de la competencia, inflación, modas, estado del ciclo del negocio, salud y bienestar, impacto de los cambios de la TI, situación de la economía y de la confianza de los consumidores, condiciones de la vivienda y de la vida, Internet, etc.

Análisis de gap

Es un método muy utilizado en el proceso de diseño de la estrategia de una organización. Con él se definen las diferencias o deficiencias (gaps) entre la situación actual y el estado deseado, en términos de procesos, procedimientos, sistemas, tecnología, recursos humanos, infraestructura y estructura organizativa.

Los pasos para el análisis son:

- Selección de criterios básicos cualitativos y cuantitativos
- Definición de la situación del desempeño futuro deseado
- Medida y explicación del desempeño actual
- Identificación de las deficiencias entre la situación actual y la futura deseada
- Diseño y ejecución de una estrategia para alcanzar las posición deseada.

En resumen, es posible utilizar un único método o varios, según la experiencia y la situación. El resultado de estos métodos y herramientas son metas, objetivos y estrategias.

Las estrategias proporcionan el plan de ruta para el futuro. Las metas suelen ser atemporales y menos específicas. Los objetivos son más específicos y para plazos de tiempo concretos. Todos ellos pueden recibir fondos de un presupuesto.

Para su mejor comprensión, se proporciona un ejemplo de las estrategias, metas generales y objetivos concretos de la aerolínea ABCX (ficticia).

Aerolínea ABCX: ejemplos de estrategias

Estrategia general corporativa: Mantener y mejorar nuestra posición en el sector de las aerolíneas, para dar el servicio más fiable y con la máxima calidad a nuestros clientes, para mejorar los elementos esenciales de nuestros servicios, cooperar con entidades externas al tiempo que mantenemos nuestra calidad, reducir los costes de servicio y mejorar nuestra rentabilidad.

Estrategia de servicio operacional: Comienza con la selección de las prioridades del modo en el que se prestan los servicios a nuestros clientes.

Incluyen:

a. El trato al cliente será agradable, educado y servicial.

b. Prestación de los servicios de modo rápido y cómodo.

c. Precios competitivos.

d. Mecanismos de prestación del servicio que se adapten a las necesidades y expectativas de los clientes.

Ejemplos de las metas generales de ABCX: Aumentar la cuota de mercado, mejorar la satisfacción del cliente, aumentar la rentabilidad, aumentar las ventas, crear mejores productos y servicios.

Ejemplos de objetivos específicos: Aumentar la cantidad de clientes un 5% anual durante los próximos 5 años, reducir los gastos de explotación un 10% anual durante los dos próximos años, aumentar los ingresos un 20% en los dos próximos años.

3.6.5 Definición de la visión, la misión y los valores

La definición de la misión suele describir una organización en función de su:

- Propósito: razón de ser de la organización y qué quiere cumplir
- Negocio: principal actividad por medio de la cual la organización busca lograr su propósito
- Valores o principios: principios o creencias que guían a los miembros de una organización en la consecución del propósito de la organización.

La definición de la misión resume el 'qué', el 'cómo' y el 'por qué' del trabajo de una organización, mientras que la definición de la visión muestra una imagen de cómo sería el éxito. La definición de los valores presenta los principios rectores que permiten la consecución de la visión y la misión; por ejemplo: promover la independencia del cliente, aumentar la capacidad cultural, colaborar con terceros, asegurar la propia competencia, etc.

Ejemplo de la misión, visión y valores de la compañía ABCX (ficticia).

Aerolínea ABCX

Visión: Asegurar que seamos el primer proveedor elegido para los viajes aéreos en todo el mundo.

Misión: Ser la mejor y más próspera compañía en el sector de las aerolíneas. Construir la mejor alianza global en los viajes aéreos, cooperar con entidades corporativas afines y tener presencia en todos los grandes mercados a nivel mundial.

Valores: prestar servicios con la máxima calidad, honradez, equidad e integridad, ofreciendo una buena relación calidad precio a todos los clientes.

3.6.6 Reglas de cumplimiento y de ética corporativa

Son los principios de que rigen la conducta de una persona o un grupo, un sistema o estilo de conducta y de principios practicados por una persona o grupo, la disciplina que trata de lo bueno, lo malo y las obligaciones éticas, y una serie de principios o valores morales.

Ejemplo de la política típica de ética corporativa de la aerolínea ABCX (ficticia):

Ejemplo de Política de ética corporativa

1. La Política de ética de la aerolínea ABCX ('la Compañía') establece los valores y la ética de servicio que servirán de orientación y ayuda a todos los empleados, gestores y directivos, consejeros y contratistas externos en todas sus actividades profesionales.

2. Todo el personal, consultores externos y contratistas de mantenimiento suelen tener conocimiento y acceso a información confidencial o datos protegidos, secretos comerciales y transacciones de la Compañía, sus actividades, clientes, proveedores o socios de empresas en participación o en proyectos conjuntos. Esta política prohíbe la divulgación no autorizada o el uso de información confidencial o datos protegidos, secretos comerciales y transacciones de la Compañía, sus actividades, clientes, proveedores o asociados en el negocio o en proyectos.

3. Ningún consejero, ejecutivo, gerente o gestor de cualquier clase, empleado o contratista externo a quien se confía, o que conoce por otros medios, información de naturaleza confidencial o datos protegidos, divulgará, dará o usará los datos, secretos comerciales, información o transacciones a nadie de fuera de la Compañía ni la usará para beneficio propio, durante ni tras haber finalizado su relación de trabajo o de cualquier otros servicio con

la Compañía, sin el permiso escrito de la persona autorizada para ceder información confidencial o interna, datos o transacciones.

4. Ningún consejero, ejecutivo, gerente o gestor de cualquier clase, empleado o contratista externo divulgará o usará información confidencial o protegida de cualquier otra entidad a nadie ajeno a la Compañía sin el permiso escrito de la Compañía; no divulgará la información a terceros, excepto si se ha establecido y aprobado que se trata de un conocimiento necesario para realizar el trabajo.

5. Todos los empleados deben firmar, cuando son contratados, un acuerdo de confidencialidad, que prohíbe la divulgación de información protegida, secretos comerciales y otros datos e información sobre la Compañía, sus asociadas, clientes y proveedores. Esta política se aplica a cualquier consejero, ejecutivo, gerente o gestor de cualquier clase, empleado o contratista externo, aunque no haya firmado formalmente tal acuerdo.

6. Los consejeros, ejecutivos, directivos, gestores de cualquier clase y empleados no deben tener intereses privados que pudieran verse afectados de modo significativo por las acciones en las que participan, excepto los permitidos por estas medidas.

7. Los consejeros, ejecutivos, directivos, gestores de cualquier clase y empleados sólo pueden realizar trabajos o actividades comerciales ajenas a la Compañía cuando estén autorizados para ello de modo expreso.

8. Los consejeros, ejecutivos, directivos, gestores de cualquier clase y empleados deben ejecutar sus tareas hasta el máximo grado que les permitan sus capacidades, asegurar que la información confidencial que reciben por razón de su cargo no se divulgue sin permiso escrito, deben conseguir la información y otros materiales relativos a la Compañía o a su profesión y participar activamente en todos los asuntos relativos al negocio de la Compañía y a su profesión, y participar en todas las actividades de sus asociación profesional o colegio.

9. Cualquier consejero, ejecutivo, gerente, gestor de cualquier clase o empleado que quiera presentar a instancias superiores, informar, debatir y aclarar cuestiones relativas a esta política debe hablar primero con su superior inmediato o contactar con el responsable designado por el Consejo para asuntos de ética, siguiendo los procedimientos y condiciones establecidos.

10. Los consejeros, ejecutivos, directivos, gestores de cualquier clase y empleados deben informar, personalmente o por escrito, de cualquier infracción conocida o sospechada de las normas o reglamentos o de esta política de ética, al presidente de la Compañía, al Director Financiero o al responsable del comité de auditoría.

3.6.7 Plan de gestión de la arquitectura empresarial (EA)

El uso del Plan de gestión de EA se presenta en el Párrafo 3.4 'Plan de gestión para el diseño y la implantación de un marco de arquitectura empresarial (EA)'. El equipo de EA puede decidir usar un camino propio alternativo, basado en el plan mencionado y adaptarlo para su propósito, usar un método informal paso a paso, o algún otro método o técnica, sin preocuparse del rigor estricto de un método formalizado.

3.6.8 Equipo de EA

Debería estar involucrado en el proceso completo de diseño e implantación de una EA en la organización.

El uso del equipo de EA se trata en el Párrafo 3.5 'Funciones de desarrollo de la arquitectura empresarial'.

3.6.9 Repositorio de la arquitectura empresarial (EAR)

Es un repositorio, basado en web, del conocimiento de la arquitectura empresarial, que suministra, a altos ejecutivos, gestores, equipos, proveedores y contratistas de desarrollo y otras partes externas autorizadas, un área común (por ejemplo una base de datos) para acceder —con el propósito de diseñar, documentar, capturar, ver y colaborar— a todos los elementos e información (modelos incluidos) que definen y describen la arquitectura empresarial de una organización.

Existen varios paquetes comerciales de *software* que proporcionan repositorios de arquitectura empresarial listos para su uso.

El repositorio, si se utiliza correctamente, puede ofrecer a la organización una base para el ejercicio de la gobernanza a lo largo del ciclo de vida de una arquitectura SOA (Arquitectura Orientada a Servicios), actuando como la fuente única de la información de los recursos SOA y de sus interdependencias.

Un EAR típico contiene la siguiente información sobre la arquitectura empresarial específica de la organización:

- Iniciativas estratégicas (modelo operativo, visión, misión, metas, iniciativas, medidas del desempeño, etc.)
- Interesados (clientes internos y externos, autoridades regulatorias, auditores gubernamentales y externos, etc.)
- Procesos de negocio (líneas, reglas, cartera de inversiones, proyectos de TI, etc.)
- Flujos de información (almacén del conocimiento, flujos de datos, diccionario de datos, etc.)
- Sistemas y servicios (los servicios y sistemas informáticos proporcionados, sistemas de atención a

clientes, sistemas de *back-office*, correo electrónico y sistemas web, bases de datos, etc.)
- Infraestructura de tecnología (sistemas operativos, redes, *software* de gestión de bases de datos, equipos, edificios, etc.)
- Seguridad (políticas, reglas sobre la privacidad de la información, procedimientos, mecanismos de monitorización, etc.)
- Gestión de los recursos de TI (control del inventario, retirada de activos, etc.).

3.7 Otros controles de arquitectura empresarial relacionados con el negocio

Además de formular y documentar los elementos de la arquitectura empresarial de una organización, hay también otros controles esenciales del negocio, relacionados con la arquitectura empresarial, que pueden ser relevantes y que probablemente deberán ser examinados.

3.7.1 Controles de gobernanza corporativa

- Definiciones de visión, misión y valores
- Política de responsabilidad social corporativa
- Ética corporativa
- Estructura del Consejo de Administración
- Comités corporativos (planificación financiera, auditoría, retribuciones y personal, TI, cuestiones financieras y continuidad del negocio)
- Políticas (para la contabilidad financiera, relaciones con clientes, fraude y robo, relaciones con las comunidades sociales, derechos humanos, salud y seguridad en el trabajo, auditoría interna, gestión de los activos,

seguridad, calidad, proceso de producción, gestión de la TI y de su entorno)

- Procesos y planes corporativos (para la gestión del desempeño, auditoría interna, gestión del riesgo, plan de continuidad del negocio, controles de autorización de transacciones, Responsable Corporativo de Cumplimiento)
- Planes estratégicos
- Presupuestos estratégicos
- Planes de acción para la implantación de la estrategia
- Marco de gestión del desempeño.

3.7.2 Controles administrativos

- Controles administrativos de la organización (comités corporativos, descripciones de los puestos de trabajo y responsabilidades de los departamentos)
- Procedimientos administrativos (manual de procedimientos, gestión de los archivos, documentos y registros, procedimientos para la cesión de información confidencial, procedimientos de reporte a la dirección, procedimientos de protección de recursos, procedimientos legales, etc.)
- Controles administrativos de oficina (controles de seguridad física, del correo, de EDI, de transmisión de faxes, de actividades cotidianas, etc.)
- Controles de la gestión del personal
- Manual de las políticas y procedimientos de gestión de empleados
- Sistemas de recursos humanos.

3.7.3 Controles de la gestión financiera

- Controles de la organización financiera (comité financiero, descripciones de los puestos de trabajo y responsabilidades sobre el presupuesto del departamento)
- Políticas y procedimientos financieros (política de controles de la contabilidad financiera, procedimientos de contabilidad financiera, procedimientos para los ingresos financieros y procedimientos presupuestarios)
- Controles de la contabilidad general (estructura contable, balance y estados financieros)
- Sistemas financieros informatizados (sistemas de contabilidad general (GL), de facturación a clientes (CI), de cuentas a pagar (AP), de procesamiento de pedidos de clientes (COP) y de nómina.

3.7.4 Controles de producción

- Políticas y procedimientos operativos (proceso de compra y controles de los procedimientos, procedimientos de control del inventario)
- Controles del proceso de fabricación (controles del desarrollo de nuevos productos, inventario de materiales y componentes (BOM), programa general de producción (MSP), planificación de necesidades de material (MRP), registro del inventario general (IMR), archivos de transacciones, controles de mantenimiento preventivo)
- Sistemas informatizados de producción (Sistema de planificación de requisitos de material (MRP), sistema de contabilidad de costes (CA), sistema de planificación y control de la producción (PPC), sistema de planificación de los recursos empresariales (ERP)

- Controles de gestión de la calidad
- Procedimientos de normalización
- Controles de gestión de proyectos
- Controles de gestión del desempeño
- Medidas del desempeño de la producción.

Al margen de estos controles, los más críticos para los propósitos de la arquitectura empresarial son:

- Metas estratégicas del negocio
- Definición de la visión, misión y valores
- Normas de cumplimiento y ética corporativa.

El equipo de EA analizará estas políticas, controles y procedimientos, y registrará en el EAR toda la información necesaria para complementar la arquitectura empresarial de la organización.

3.8 Controles de la arquitectura empresarial relacionados con la TI

Los principales son:

- Controles de la organización de TI (*véase Capítulo 1*)
- Controles administrativos de la TI (*véase Capítulo 2*)
- Controles estratégicos de la TI (*véase Capítulo 4*)
- Controles del desarrollo de sistemas de TI (*véase Capítulo 5*)
- Controles de la seguridad de TI (*véase Capítulo 6*)
- Controles operacionales y de soporte del centro de procesamiento de datos (*véase Capítulo 7*)
- Controles del *software* de sistemas (*véase Capítulo 8*)

- Controles de las aplicaciones informáticas (*véase Capítulo 9*).

3.9 Controles de monitorización y revisión

El establecimiento de los controles de monitorización y revisión en este ámbito se pueden conseguir por medio del informe de gestión de TI, las medidas del desempeño de la arquitectura empresarial y las herramientas y técnicas de la revisión de auditoría que se describen en este capítulo. Pueden también facilitarse siguiendo las actividades del plan de gestión de monitorización y revisión presentado en el Capítulo 1.

En el ámbito de la arquitectura empresarial, las medidas típicas del desempeño son:

- No se ha desarrollado o comunicado la definición de la visión corporativa
- No se ha desarrollado o comunicado la definición de la misión corporativa
- No se ha desarrollado o comunicado la definición de los valores corporativos
- No se ha formulado el programa de ética corporativa
- No se ha implantado el marco de la arquitectura empresarial
- Los arquitectos de la empresa y otros miembros del equipo no trabajan adecuadamente
- No se usa el repositorio de la arquitectura empresarial
- No se ha proporcionado formación sobre la arquitectura empresarial
- No se sigue el presupuesto de la arquitectura empresarial.

Estas medidas del desempeño podrían basarse en un sistema mixto con dos componentes: el componente 1 sería un sistema de medición del BSC de TI (Balanced Scorecard de TI), descrito en el Capítulo 4; y el componente 2 sería un sistema de monitorización del cumplimiento de las políticas, procedimientos y asuntos relacionados (p.ej. los presupuestos).

El equipo de EA y los gestores de TI de cualquier nivel pueden analizar esta información para revisar, evaluar y mejorar la arquitectura empresarial de una determinada organización.

3.10 Herramientas y técnicas de revisión y auditoría

Establecer y mejorar los controles de la arquitectura empresarial puede resultar una tarea muy difícil. Puede exigir excelentes competencias humanas, avanzados conocimientos empresariales y de la TI, el uso adecuado de los recursos corporativos y de TI, una cultura de la gestión del cambio, varios métodos y una serie de herramientas de revisión y auditoría. Estas últimas pueden ayudar a los gestores de TI y otros profesionales (auditores informáticos, consultores de TI, auditores internos y externos, responsables del cumplimiento, etc.) a establecer, evaluar y mejorar los controles de la arquitectura empresarial. Las herramientas que se ofrecen para su posible uso son: lista de comprobación del marco de la arquitectura empresarial, lista de comprobación de las definiciones de la visión, la misión y los valores corporativos y lista de comprobación del plan estratégico corporativo. Estas listas de comprobación no pretenden ser una guía completa para la revisión de la gestión o para la auditoría de TI. El personal de EA, los gestores de TI y otros profesionales pueden optar por utilizar sólo algunos elementos de las listas de comprobación, según el tamaño, la complejidad, las necesidades y demandas de la EA, las necesidades y expectativas derivadas de la madurez de la TI, la naturaleza del negocio de la organización y los niveles de despliegue y uso de los sistemas informáticos.

Debe resaltarse, por último, que los dirigentes de TI y otros profesionales pueden optar por utilizar sólo componentes concretos de estos programas de auditoría y listas de comprobación, según el tamaño, la complejidad y la naturaleza del negocio de la organización y el grado de despliegue de los sistemas e infraestructura de TI.

Podrá encontrar otras directrices relevantes y herramientas de auditoría que pueden resultar útiles y facilitar la evaluación de la gestión de la TI y los procesos de auditoría en el Apéndice 3 (Lista de comprobación de la monitorización de los controles de TI), Apéndice 4 (Ejemplos de formularios de TI), Apéndice 5 (Metodología de auditoría de TI), Apéndice 6 (Áreas de auditoría de TI) y Apéndice 7 (Ejemplo de informe de auditoría interna).

3.10.1 Lista de comprobación del marco de la arquitectura empresarial

Su objetivo es respaldar el proceso de construcción, revisión, evaluación y mejora de los controles mencionados en los Párrafos 3.3 a 3.6, ambos inclusive.

Procesos de negocio

1 ¿Cómo se ejecutan?
2 ¿Qué datos usan?

3 ¿Dónde se ejecutan?
4 ¿Quién es responsable del proceso?
5 ¿Cuándo se usan?
6 ¿Por qué se usan?
7 ¿Respaldan estos procesos los planes tácticos y estratégicos de negocio?

Gestión de los datos

8 ¿Qué representan los datos?
9 ¿Cómo se procesan?
10 ¿Dónde se usan?
11 ¿Quién es responsable de los datos?
12 ¿Cuándo se usan?
13 ¿Por qué se necesitan?
14 ¿Respaldan los datos los planes estratégicos y tácticos de negocio?

Estrategia de negocio

15 ¿Qué datos necesitan las unidades de negocio?
16 ¿Cómo son los procesos esenciales ejecutados en cada unidad de negocio?
17 ¿Dónde está ubicada cada unidad de negocio?
18 ¿Quién es responsable de cada unidad de negocio?
19 ¿Cuándo están implicadas las unidades de negocio en sucesos esenciales?
20 ¿Por qué existe cada unidad de negocio?
21 ¿Respaldan las unidades de negocio los planes tácticos y estratégicos de negocio?
22 ¿Qué datos necesita cada evento de corte empresarial?
23 ¿Qué procesos se inician en cada unidad de negocio?
24 ¿Dónde ocurren los eventos de corte empresarial?

25 ¿Quién es el responsable de esos eventos de corte empresarial?
26 ¿Cuándo ocurren?
27 ¿Por qué ocurren?
28 ¿Respaldan los eventos de corte empresarial los planes tácticos y estratégicos de negocio?
29 ¿Qué datos necesitan los planes de negocio?
30 ¿Cómo respaldan los procesos los planes de negocio?
31 ¿A qué áreas se aplican los planes de negocio?
32 ¿Quién es el responsable de estos planes de negocio?
33 ¿Cuándo ocurre cada evento de los que respaldan los planes de negocio?
34 ¿Se ajustan los planes de negocio al plan corporativo general?

Cuestiones de la arquitectura empresarial (EA)

35 ¿Respalda el marco de la EA los futuros requisitos de TI?
36 ¿Es el marco de EA coherente con la posición de la empresa con respecto a las tendencias de la tecnología en los mercados?
37 ¿Se ajusta el marco EA a la TI y las estrategias de negocio?
38 ¿Queda algún requisito tecnológico que no haya cumplido la infraestructura técnica propuesta?
39 ¿Se hizo un análisis de gap?
40 ¿Se documentaron todos los requisitos de negocio?
41 ¿Se documentaron todas las futuras especificaciones?
42 ¿Se propusieron recomendaciones?
43 ¿Hay un equipo de EA que gestione todos los esfuerzos de EA?

3.10.2 Lista de comprobación de la visión, la misión y los valores corporativos

Su objetivo es respaldar el proceso de construcción, revisión, evaluación y mejora de los controles mencionados en el Párrafo 3.6.5 'Definición de la misión, la visión y los valores'.

Esta lista de comprobación trata las cuestiones de calidad de la definición de la misión, la visión y los valores, si se conocen en todos los niveles de la organización, sus conexiones con la ética y el cumplimiento, y la documentación de sus requisitos.

Calidad de la visión, misión y valores

1 Visión: ¿Posee la definición de la misión atributos de calidad?:
   - Concisión
   - Equilibrio entre necesidades internas y externas
   - Inspiración
   - Atractivo para todos los interesados
   - Coherencia con la visión
   - ¿Demostrable?

2 Misión: ¿Puede responder la definición de la misión a preguntas como:
   - ¿Quiénes somos?
   - ¿Qué necesidades sociales o políticas —que justifiquen nuestra existencia— tratamos de satisfacer?
   - ¿Qué problemas —que justifiquen nuestra existencia— tratamos de resolver?
   - ¿Cómo respondemos a nuestros principales interesados?

- ¿Cómo resolvemos los problemas sociales o de otra clase?
- ¿Cuál es nuestra filosofía o cultura?
- ¿Qué nos hace únicos o distinguibles del resto?

3 Valores: ¿Se ha formulado una definición de los valores y se ha comunicado a todos los niveles de la organización?

4 ¿Están la visión, la misión, los valores y la estrategia corporativa implantados en todos los niveles relevantes de la organización y en todos los principales departamentos?

Conocimiento en todos los niveles de la organización

5 ¿Se comprenden la visión, la misión, los valores y la estrategia corporativa en todos los niveles organizativos, como empleados, proveedores, subcontratistas, clientes, gestores, directivos y Consejo de administración?

6 ¿Se respalda la visión, la misión, los valores y la estrategia corporativa en todos los niveles de la organización?

Conexiones con la ética y el cumplimiento

7 ¿Se ajustan todas las definiciones corporativas de la visión, la misión y los valores a los códigos éticos corporativos y de cumplimiento?

8 ¿Se ajustan todas las definiciones corporativas de la visión, la misión y los valores a las definiciones funcionales de esos conceptos, según proceda?

Requisitos de la documentación

9 ¿Cuenta el repositorio de la arquitectura empresarial con todos los elementos de la visión, la misión y los valores corporativos?

10 ¿Están todas las definiciones corporativas y funcionales de la visión, la misión y los valores documentadas en los manuales de negocio correspondientes para facilitar el acceso y su comprensión por parte de todo el personal?

3.10.3 Lista de comprobación del plan estratégico de la corporación

Su objetivo es respaldar el proceso de creación, revisión, evaluación y mejora de los controles mencionados en los Párrafos 3.3 a 3.6, ambos inclusive.

Esta lista de comprobación cubre las cuestiones siguientes: proceso de la arquitectura empresarial, proceso de gestión estratégica, adecuación de los componentes estratégicos, formación y capacitación y actividades de apoyo.

Proceso de la arquitectura empresarial

1 ¿Ha establecido el Consejo un programa de gestión de la arquitectura empresarial? Tenga en cuenta: establecimiento de un equipo específico, ejecución del proceso de arquitectura empresarial, etc.

2 ¿Han ejecutado los ejecutivos y gestores intermedios de la organización un proceso para gestionar, revisar y mejorar la EA y la estrategia de negocio? Tenga en cuenta todos los niveles que deberían participar, como consejeros, ejecutivos, gestores intermedios, etc.

Proceso de gestión estratégica

3 ¿Incluye todos sus aspectos? Tenga en cuenta:
- Adecuación de la arquitectura empresarial y la estrategia de negocio
- Monitorización del desempeño frente a la estrategia corporativa
- Interpretación colaborativa de los datos del desempeño
- Desarrollo de ideas estratégicas nuevas e innovadoras y nuevas perspectivas
- Formulación de nuevas direcciones estratégicas a corto y a largo plazo
- Revisión de las medidas del desempeño que se guardan en el sistema
- Actualización de las medidas del desempeño que se guardan en el sistema
- Revisión y cambio de los presupuestos, cuando se precise

4 ¿Están adecuadamente documentados todos los resultados de la arquitectura empresarial y del proceso de gestión estratégica?

5 ¿Tiene el plan estratégico todos los elementos necesarios? Tenga en cuenta:
- Análisis SWOT (DAFO)
- Análisis PESTLE
- Definición de la visión
- Definición de la misión
- Definición de los valores
- Estrategia corporativa para los asuntos del negocio y las actividades de la organización en los niveles general y funcionales

- o Planificación de contingencias, recuperación de desastres y plan de continuidad del negocio.

6 ¿Hay planes corporativos y objetivos concretos para los niveles operaciones de: proceso de fabricación/producción, unidades de negocio, proyectos y equipos de trabajo?

7 ¿Hay asignados presupuestos, prioridades y otros recursos, a los objetivos estratégicos corporativos y descienden hasta los niveles apropiados de gestión/jerarquía?

8 ¿Se ha establecido un sistema de comunicación que facilite la divulgación de estrategias, políticas y metas en todos los niveles de la organización?

Adecuación de los componentes estratégicos

9 ¿Se han adaptado todos los componentes estratégicos? Considere:

- o Objetivos corporativos predefinidos adaptados a los objetivos de las unidades de negocio, divisiones, departamentos, funciones y proyectos
- o Actividades del equipo ejecutivo adaptadas a la estrategia corporativa
- o Actividades de monitorización y revisión en el Consejo, adaptadas a la estrategia corporativa
- o Actividades de los mandos intermedios adaptadas a la estrategia corporativa
- o Beneficios e incentivos adaptados a la estrategia corporativa
- o Adecuación de las siguientes estrategias a la estrategia corporativa: recursos humanos, TI, recursos de tecnología de comunicaciones, relaciones públicas, finanzas y presupuestos, estrategia de ventas,

fabricación, investigación e innovación, asistencia a los clientes, marketing, gestión del cambio.

10 ¿Comprende completamente todo el personal la estrategia y sus actividades necesarias de coordinación, adecuación y cooperación en todos los niveles de la organización? Consejo, ejecutivos, mandos intermedios, empleados y otros interesados.

Cuestiones de formación y capacitación

11 ¿Se ha formado y capacitado en EA, estrategia y asuntos relativos al desempeño a todo el personal que lo requiera? Considere: personal formado (se le ha enseñado cómo mejorar su perspectiva y comprensión del '¿por qué?) y personal capacitado (se le ha enseñado cómo realizar una tarea, trabajo o proceso concreto).

12 ¿Está convencida la organización de que la estrategia de formación y capacitación funcionará y mejorará los resultados de la organización?

Actividades de apoyo

13 ¿Se han documentado formalmente, debatido, revisado y mejorado periódicamente (p.ej. mensual, trimestral o anualmente) todas las actividades de ejecución de la EA y de las estrategias?

14 ¿El nivel ejecutivo apoya decididamente la estrategia de la organización?

15 ¿Respalda la estrategia de la organización el sistema de gestión de la calidad?

16 ¿Proporciona el sistema de asistencia a los clientes información sobre el proceso de gestión estratégica de la organización?

17 ¿Contiene el repositorio de arquitectura empresarial todos los elementos de esa arquitectura, como la visión, la misión, los valores, las estrategias del negocio, metas, sistemas de TI, interesados, infraestructura, clientes, productos, servicios, etc.?

3.11 Conclusión

Las organizaciones actuales deben buscar siempre formas de cambiar y mejorar sus funciones, de modo que satisfagan a sus clientes e interesados, sobrevivan y mantengan su capacidad óptima para competir en su propio mercado y entorno económico y social. El diseño, desarrollo y despliegue de la arquitectura empresarial permite que la organización pueda estudiar todos los elementos de sus funciones operacionales y ajustar sus sistemas y operaciones a los procesos de negocio, de un modo más integrado.

En un reciente estudio de más de 150 compañías,[47] los autores e investigadores descubrieron que muchas de ellas no tenían la arquitectura que querían tener. Según ese estudio y sus hallazgos, para conseguir esa arquitectura que deseaban las compañías deberían centrarse en la arquitectura empresarial, no en la arquitectura de la TI. Casi todas las empresas encuestadas tenían un 'arquitecto', normalmente de TI, cuyo trabajo era diseñar y mejorar la arquitectura de la compañía. Sin embargo, sus esfuerzos estaban centrados en la arquitectura de TI y tenían escaso impacto.

---

[47] Ver *Enterprise Architecture as Strategy: Creating a Foundation for Business Execution*, Ross JW, Weill P and Robertson D, Harvard Business School Press (2006).

Las compañías con mejores resultados definen cómo quieren hacer los negocios (el modelo operativo) y diseñan la arquitectura de los procesos y de los sistemas fundamentales según las operaciones actuales y futuras. Usan la arquitectura para orientar la evolución de su núcleo de sistemas y procesos.

En otra encuesta posterior sobre los arquitectos de empresa en las grandes empresas,[48] además de obtener otros interesantes datos, se concluyó que los factores esenciales para la implantación de la arquitectura empresarial están orientados a los aspectos estratégicos y del negocio:

- 'permite una mejor planificación'
- 'mejora la agilidad del negocio'
- 'permite mejorar la adecuación Negocio - TI'.

Los factores técnicos y tácticos se consideraban menos prioritarios.

Parece claro que los directivos deberían centrarse en la introducción de la flexibilidad estratégica en sus organizaciones, en vez de seguir el método tradicional de adaptación estratégica al medio existente, que ha resultado ser rígido e inapropiado para afrontar la evolución constante del entorno.

El uso de la arquitectura empresarial para la construcción de una base sólida para los procesos de negocio y la infraestructura tecnológica, da a la empresa una mayor agilidad, flexibilidad estratégica, menor tiempo de reacción al mercado, menos riesgos y menores costes.

---

[48] Ver Forrester Research, September 2009, *Global Annual State of Enterprise Architecture Online Survey.*

La arquitectura empresarial es el modo de organizar la lógica de los procesos y la infraestructura de TI de la empresa. Proporciona una visión a largo plazo de los procesos, sistemas y tecnología de la empresa, para que los proyectos individuales puedan crear capacidades y no limitarse a satisfacer necesidades inmediatas. Es el diseño explícito de los sistemas y procesos de una compañía, que ayudan a ejecutar su modelo operativo.

La arquitectura empresarial puede conseguirse, probablemente, de un modo más eficaz y eficiente, mediante la implantación de una serie de controles, como los descritos en este capítulo, revisándolos, modificándolos, añadiendo o borrando cosas, adaptándolos o lo que haga falta para satisfacer las necesidades y el modo operativo de la organización, y ejecutando esos controles de modo eficaz y diligente. Los controles, como hemos visto, pueden incluir políticas, prácticas, procedimientos, estructuras organizativas y otras herramientas. Han de establecerse para asegurar que pueden alcanzarse los objetivos de la arquitectura empresarial de la organización.

Además, los controles principales de la arquitectura empresarial, los programas de auditoría y revisión y las listas de comprobación identificadas y presentadas en este capítulo pueden considerarse como la idea inicial del proceso que posibilita las actividades de adecuación de la estrategia de TI a las metas del negocio y los procesos y sistemas de la organización. Esto puede añadir valor estratégico a la bases de información del marco de gestión del conocimiento de las organizaciones (*descrito en el Capítulo 1*), y crear valor a largo plazo para las organizaciones.

3.12 Preguntas de repaso

Este grupo de preguntas las pueden emplear aquellos que utilicen los controles mencionados en este libro para evaluar y comprobar su comprensión de los conceptos y del conocimiento práctico contenido de este capítulo.

1. ¿Por qué es importante la arquitectura empresarial?

Referencia: Párrafo 3.2 'Propósito y principales tipos de controles de la arquitectura empresarial'.

2. ¿Cuál es el propósito de los controles de la arquitectura empresarial?

Referencia: Párrafo 3.2 'Propósito y principales tipos de controles de la arquitectura empresarial'.

3. ¿Cuáles son los principales tipos de controles de la arquitectura empresarial?

Referencia: Párrafo 3.2 'Propósito y principales tipos de controles de la arquitectura empresarial'.

4. ¿Cuál es la definición formal de la 'arquitectura empresarial'?

Referencia: Párrafo 3.3.1 'Descripción de la arquitectura empresarial'.

5. Mencione algunos de los marcos de arquitectura empresarial más comunes

Referencia: Párrafo 3.3.2 'Marco de arquitectura empresarial'.

6. ¿Sobre qué bases define el marco de referencia de Zachman la arquitectura empresarial?

Referencia: Párrafo 3.3.2 'Marco de arquitectura empresarial'.

7. ¿Qué clases de particiones tiene el marco de arquitectura empresarial del gobierno federal de Estados Unidos (FEA)?

Referencia: Párrafo 3.3.2 'Marco de referencia de arquitectura empresarial'.

8. ¿Qué contiene la descripción técnica de los procesos?

Referencia: Párrafo 3.6.3 'Descripciones del proceso de negocio'.

9. ¿Qué tipo de información contiene el repositorio de la arquitectura empresarial (EAR)?

Referencia: Párrafo 3.6.9 'Repositorio de la arquitectura empresarial (EAR)'.

10. ¿En qué consiste el primer paso del plan de gestión para el diseño y la implantación del marco de arquitectura empresarial (EA)?

Referencia: Párrafo 3.4 'Plan de gestión para el diseño y la implantación de un marco de arquitectura empresarial (EA)'.

11. ¿Cuáles son las principales responsabilidades del coordinador de la arquitectura empresarial (EAC)? Referencia: Párrafo 3.5 'Funciones de desarrollo de la arquitectura empresarial'.

12. ¿Cuáles son las principales responsabilidades del arquitecto de la empresa?

Referencia: Párrafo 3.5 'Funciones de desarrollo de la arquitectura empresarial'.

13. ¿Cuáles son los principales tipos de controles relacionados con la arquitectura empresarial?

Referencia: Párrafo 3.7 'Otros controles de arquitectura empresarial relacionados con el negocio'.

14. Mencione algunos de los métodos para formular metas, estrategias y objetivos de negocio

Referencia: Párrafo 3.6.4 'Objetivos empresariales estratégicos'.

15. ¿Qué describe la definición de la misión?

Referencia: Párrafo 3.6.5 'Definición de la visión, la misión y los valores'.

16. ¿Cuál es la definición de las reglas de ética corporativa y cumplimiento?

Referencia: Párrafo 3.6.6 'Reglas de cumplimiento y de ética corporativa'.

17. ¿Cuáles son los tres tipos de modelos de datos?

Referencia: Párrafo 3.3.2 'Marco de arquitectura empresarial'.

18. ¿Cuál es la norma ISO 19439:2006?

Referencia: Párrafo 3.4. 'Plan de gestión para el diseño y la implantación de un marco de arquitectura empresarial (EA)'.

19. ¿Qué son las descripciones de puestos de trabajo?

Referencia: Párrafo 3.5.1 'Coordinador de la arquitectura empresarial (EAC)'.

20. ¿Qué son UML y ADL?

Referencia: Párrafo 3.4 'Plan de gestión para el diseño y la implantación de un marco de arquitectura empresarial (EA)'.

CAPÍTULO 4: CONTROLES ESTRATÉGICOS DE LA TI

Dadme un punto de apoyo y moveré el mundo.

Arquímedes

4.1 Alcance

Una vez creada la función de TI, con estructura, personal, administración, y una vez diseñada o mejorada la arquitectura empresarial, se elabora una estrategia de TI que se ajuste a las funciones de negocio de la organización.

Los controles, en este nivel, posibilitan y respaldan el futuro plan de trabajo para la infraestructura y los sistemas de TI, y facilitan y respaldan la correcta ejecución de las actividades cotidianas y las transacciones operacionales de los sistemas informáticos de la organización. Incluyen: controles del proceso de estrategia de TI, controles de la implantación y monitorización de la estrategia de TI y controles de la gestión del desempeño estratégico, con ejemplos en algunos casos.

Además, se presenta una serie de programas de auditoría y listas de comprobación que permiten al director y los profesionales de TI, personal de desarrollo de sistemas y de soporte de *software* y otros profesionales (auditores informáticos, auditores internos y externos, consultores de TI, responsables del cumplimiento, etc.) ejecutar y mejorar sus tareas y responsabilidades.

4.2 Características de la estrategia

La palabra «estrategia» proviene de la antigua Grecia — significaba el arte del generalato, el diseño y la ejecución de una campaña militar. En términos modernos, es, como define Andrews[49], el modelo de objetivos, propósitos o metas, y las principales políticas y planes para lograr esas metas, formulados de manera que definan cuál es o debería ser el negocio de una compañía y qué clase de compañía es o debería ser.

Johnson y Scholes[50] definen cuatro tipos de estrategia:

- La estrategia organizativa es la dirección y el alcance, a largo plazo, de una organización, que consigue ventaja para la organización por medio de su configuración de recursos en un entorno competitivo, para satisfacer las necesidades de los mercados y las expectativas de los interesados.
- La estrategia corporativa se refiere al propósito general y al alcance de la organización, para satisfacer las expectativas de sus propietarios y otros principales interesados y añadir valor a las distintas partes de la empresa.
- La estrategia de las unidades de negocio define cómo competir con éxito en un mercado concreto externo de bienes y servicios.
- La estrategia operativa trata del uso efectivo de los recursos organizativos, procesos, personas y sus competencias para realizar las directivas estratégicas corporativas y del negocio.

---

[49] Ver *The Concept of Corporate Strategy*, Andrews K, Irwin, Homewood, IL. (1971).
[50] Ver *Exploring Corporate Strategy*, Johnson G y Scholes K, Prentice-Hall (1999).

En la teoría del juego, la estrategia es una fórmula (modelo o metáfora) que dice qué hacer a medida que se desarrolla que indica una serie de actividades en cualquier situación posible. Los modelos y metáforas permiten ver nuevas conexiones y son los elementos más importantes en la estrategia y la innovación.

Un modelo puede ser una estructura ideal empleada como dispositivo de prueba. Los modelos incluyen elementos como recomendaciones, mapas, símbolos, números, juegos, dibujos y metáforas (que provocan asociaciones, conexiones, interacciones complicadas e interpretaciones).

En conclusión, usando los términos prácticos de negocio, la estrategia trata de:

- **Dirección futura**: ¿Dónde trata de llegar la organización a largo plazo?
- **Mercados**: ¿En qué mercados, en un sentido amplio (locales, nacionales, internacionales) debería competir la organización y en qué clase de actividades debería implicarse?
- **Clientes**: ¿Valores, necesidades y expectativas de los clientes de la organización?
- **Ventaja competitiva**: ¿Cómo puede la organización obtener mejores resultados que la competencia en esos mercados?
- **Recursos**: ¿Qué clase de recursos (habilidades, activos, dinero, relaciones, competencias técnicas, instalaciones, etc.) se necesitan para sobrevivir y competir?
- **Reglas y regulaciones**: ¿Cuáles de ellas, externas, reguladoras, legales, directrices y otros factores, afectan a la capacidad de la organización para sobrevivir y competir?

- **Interesados**: ¿Cuáles son los valores, necesidades y expectativas de accionistas, empleados, directivos y gestores, sindicatos, autoridades regulatorias, ciudadanos, líderes de comunidades sociales, etc.?

La estrategia puede existir en varios niveles de una organización, como:

- **Corporativo**: La «estrategia corporativa» trata del propósito general y el alcance de la organización para satisfacer las expectativas de sus interesados. Es un nivel crucial porque está fuertemente influido por partes externas y actúa como guía en la toma de decisiones estratégicas en todo el negocio. La estrategia corporativa hace más que proporcionar instrucciones para una unidad de negocio o función concreta. Guía y proporciona la visión a toda la organización para el desarrollo completo de la organización. Trata del desarrollo de la industria, con quién se debe cooperar y con quién competir. Por último, suele hacer más hincapié en la innovación en general.
- **En las unidades de negocio**: La «estrategia de la unidad de negocio» trata de cómo debe competir una empresa en un mercado concreto. Considera decisiones estratégicas sobre la selección de productos y servicios, la satisfacción de las necesidades de los clientes (incluidos los ciudadanos), la obtención de una ventaja competitiva sobre los competidores, la explotación o creación de nuevas oportunidades y nuevos mercados potenciales, etc.
- **Operativa o estrategia en departamentos o funciones**: Suele llamarse «estrategia funcional o departamental», y trata sobre cómo se organiza cada parte del negocio (p.ej. ventas, marketing, finanzas, administración, TI,

fabricación, etc.) para cumplir las instrucciones estratégicas corporativas y de la unidad de negocio correspondiente. La estrategia operativa se centra en cuestiones sobre los productos y servicios, recursos, procesos, personas, etc.

Cada organización, sus directivos y el Consejo de administración (o comité ejecutivo), según el tipo de organización, mercados, interesados y el contexto económico y social, decidirá en qué niveles se formularán estrategias.

Lo más importante en este punto es que la estrategia proporciona una «brújula» y puede servir para motivar y dirigir la organización y sus personas. Sin ella, una organización puede funcionar e incluso ser rentable durante un tiempo, pero no será efectiva ni eficiente a largo plazo, ni a gran escala, ni en beneficios ni en costes.

Los plazos de tiempo para los diferentes planes estratégicos suelen ser, en la mayoría de los casos:

- Plan estratégico corporativo: 3–5 años.
- Plan de unidad de negocio: 1–3 años.
- Estrategia operativa, funcional o departamental, como por ejemplo, la TI: 1–5 años (revisada cada año).
- Presupuesto: 1 año (para la operativa), 1–5 años (para la estrategia)

El proceso estratégico de TI, sus planes y elementos y sus principales componentes pertenecen a la estrategia operativa y están gobernados por los mismos aspectos de la estrategia corporativa.

4.3 Propósito y principales tipos de controles estratégicos de TI

La dirección de los controles organizativos generales deriva de las metas estratégicas generales y de los planes estratégicos de la organización. Los planes estratégicos generales se traducen en medidas concretas del comportamiento, como la cuota de mercado, ingresos, rentabilidad, presupuestos, satisfacción de clientes y ciudadanos, beneficios para la sociedad, etc. Los planes estratégicos corporativos (estén o no formalizados) definen y establecen el marco de referencia en el que se organizan y gestionan otras funciones operativas de negocio, como TI, fabricación, finanzas, ventas, marketing, etc.

Para organizar las actividades de TI, dentro del marco de referencia de la organización, se pueden establecer y realizar varios controles de tipo organizativo, estratégico, administrativo, etc.

El propósito de los controles estratégicos de TI es la definición y establecimiento de la futura visión y misión de TI para sus cometidos (sobre la infraestructura y los sistemas de la organización) y ayudar a preparar el entorno completo de TI para acomodarse a los requisitos y necesidades de los sistemas y operaciones de TI de la organización.

Pueden establecerse controles estratégicos específicos de TI que satisfagan las necesidades de la organización en el comité formal de TI, o en el comité de TI, o por los directivos de TI, o por grupos corporativos de trabajo, o una combinación de los anteriores (p.ej. el comité de TI y los directivos de TI, etc.). Sería muy útil, y así lo ha demostrado la experiencia, que en cualquier caso, los controles definidos fueran ratificados por el Consejo o por el más alto comité ejecutivo de la organización.

Pueden utilizarse los programas de auditoría y listas de comprobación descritos en el Párrafo 4.8 'Herramientas y técnicas de revisión y auditoría' para facilitar el diseño, la implantación y la revisión tras su implantación, de los controles estratégicos de TI de una determinada empresa.

Los principales tipos de controles estratégicos de TI son:

- Controles del proceso de estrategia de TI
- Controles de la implantación de la estrategia de TI
- Controles de la gestión estratégica del desempeño de TI
- Controles de monitorización y revisión.

4.4 Controles del proceso de estrategia de TI

Se necesitan para formular un plan estratégico de TI y obtener los recursos necesarios para implantar esta estrategia.

Los principales controles son:

- Metodología de análisis de la estrategia de TI
- Plan estratégico de TI
- Plan estratégico de recursos de TI
- Presupuestos estratégicos de TI
- Herramientas de análisis estratégico de TI.

4.4.1 Metodología de análisis de la estrategia de TI

Una metodología, en un contexto más amplio, es el sistema de métodos de trabajo, principios, prácticas, procedimientos y normas empleadas en una disciplina o profesión concreta, etc. Su resultado suele ser un resultado, producto, servicio o proceso.

En el caso de TI, se puede usar una metodología de análisis de la estrategia de TI para elaborar e implantar la estrategia de TI.

Esa metodología, según las condiciones de la organización concreta y de su área de TI, suele emplearla el director de TI (CIO, etc.), o un consultor externo, o ambos, etc. También puede la puede supervisar el comité de TI y ratificarla el Consejo, antes de su uso en la organización. La metodología de análisis de la estrategia de TI es parecida a la metodología de análisis de la estrategia corporativa, pero está enfocada completamente a la TI.

Los pasos principales de este proceso son:

Paso 1: Preparación para la planificación estratégica de TI

Antes de comenzar la planificación estratégica de TI, la organización y los directivos de TI deben evaluar si están preparados para hacerla. Deben considerarse varias cuestiones, pero la esencial es saber si los líderes de la organización y los directivos de TI están realmente comprometidos con el esfuerzo de planificación y si van a poder dedicar los recursos y la atención necesarios para obtener la imagen general, por lo que respecta a los sistemas y servicios informáticos que se necesitan.

La formulación de la estrategia de TI, teniendo en cuenta el entorno económico y social actual, necesita:

- decisiones racionales sobre el futuro de la organización
- experiencia y capacidad de aprendizaje en la corporación

- experiencia personal
- inteligencia compartida
- inteligencia y capacidad de aprendizaje de las personas
- repuestas rápidas y efectivas para los requisitos, necesidades y expectativas de un mundo complejo, considerando las condiciones culturales y los factores existentes dentro de la organización y en la sociedad
- evaluación de los marcos de referencia ambientales, legales, económicos y normativos que repercuten en la organización.

Si una organización ha decido que está lista para comenzar la planificación estratégica de TI, puede realizar las siguientes tareas para preparar el terreno hacia un proceso estratégico organizado:

Tarea 1: Identificar cuestiones concretas o alternativas que el proceso de planificación de TI debería tratar.

Tarea 2: Explicar los roles de directivos y personas de apoyo ('quién' hace 'qué' en el proceso).

Tarea 3: Crear un comité de planificación.

Tarea 4: Elaborar el perfil de la organización actual de TI (proyectos actuales, sistemas, *hardware*, servicios, etc.).

Tarea 5: Identificar la información y los datos detallados que deben recogerse para facilitar la toma de decisiones racionales.

Tarea 6: Comprobar que hay una cultura sobre la estrategia TI (*véase párrafo 4.8.1*)

Tarea 7: Conseguir el conocimiento y la experiencia necesarios sobre el uso de las herramientas estratégicas, como SWOT, PEST, análisis de la cadena de valor, etc. (*véase párrafo 4.4.5*).

Paso 2: Articular la visión, la misión y los valores de TI

La definición de la visión, la misión y los valores muestran hacia dónde quiere ir la organización y cómo quiere llegar. En el caso de la TI, dentro del marco corporativo de referencia, la visión de TI muestra una imagen de cómo será el escenario de éxito de TI, la misión de TI permite que todos los participantes sepan dónde y cómo va la organización de TI, y los valores de TI proporcionan directrices que permitan alcanzar la visión y la misión.

A continuación, se muestra un ejemplo de la visión, misión y valores de la TI en una aerolínea ficticia: la Corporación XYZWA.

Corporación XYZWA

Visión de TI: La visión de TI de la Corporación XYZWA es garantizar que la función de TI proporciona el mejor servicio de TI a todos sus usuarios y permite así que los clientes elijan la Corporación como su primera opción para los viajes aéreos en todo el mundo.

Misión de TI: La misión de TI de la Corporación XYZWA wa diseñar, desarrollar y desplegar los sistemas y servicios informáticos más seguros, efectivos y eficientes para permitir que la Corporación XYZWA sea la mejor y más fructífera compañía en el negocio de las líneas aéreas. Usar los mejores elementos de la tecnología informática en el mercado para respaldar las metas estratégicas de XYZWA: construir la mejor alianza mundial de viajes aéreos y cooperar con entidades corporativas similares que tengan una buena presencia en el sector.

Valores de TI: La función de TI de la Corporación XYZWA proporcionará servicios a los clientes de la Compañía con la máxima calidad, seguridad, honradez, trato justo e integridad.

Paso 3: Evaluar la situación

Cuando una organización y su función de TI están comprometidas con el propósito de su existencia y con lo qué quieren hacer, deben evaluar su situación actual. Esto puede hacerse con varios métodos, como SWOT, PEST y otros descritos en el Párrafo 4.4.5 'Herramientas de análisis estratégico de la TI'. La evaluación suele consistir en:

- obtener información actual sobre las fortalezas, debilidades, oportunidades y amenazas de la organización, por medio de un análisis SWOT
- evaluar las influencias del entorno sobre el negocio concreto de la organización y sus actividades de TI, por medio de un análisis PEST y otros métodos
- evaluar el desempeño de la organización, para identificar los problemas fundamentales a los que se enfrenta la organización, en un contexto general y con respecto a la TI. Los planes estratégicos corporativos y de TI deben tratar estas cuestiones.

Se podría incluir varias cuestiones primarias, como dotar con fondos a los proyectos de TI, nuevas oportunidades de negocio derivadas del uso de la TI, cambios en las normas, legislaciones y necesidades de los clientes, oportunidades de entrar en nuevos mercados, etc.

Habría que elegir, en este momento, las cuestiones más importantes que deben tratarse, considerando la estrategia de TI. El comité de planificación debería acordar, para permitir un mejor funcionamiento y control, no más de 5 a 10 cuestiones críticas sobre las que organizar el plan estratégico de TI.

Los productos del Paso 3 incluyen: un archivo con la información que puede usarse para tomar decisiones y una lista de las cuestiones críticas de TI que exigen una respuesta de la organización.

Paso 4: Desarrollar la estrategia, metas, objetivos y presupuesto de la TI

Tras conseguir que se confirme la definición de la visión, la misión y los valores de la función de TI y que estas definiciones se correspondan con la visión, misión y valores corporativos, sería razonable que los directivos de TI pensaran cómo usarlos. Puede realizarse esbozando los principios (estrategias de TI) y los resultados generales y específicos que deben buscarse (metas y objetivos de TI). Los conceptos incluidos en la misión, visión y valores no se considerarán representativos si no se complementan con la estrategia, objetivos, medidas de desempeño, e iniciativas de TI.

Hay muchos métodos para esbozar la estrategia, como: análisis SWOT, análisis de la cartera de sistemas, planificación de escenarios, etc. (*Véase párrafo 4.4.5*).

Las metas de TI no suelen ser muy concretas ni tener plazos fijos. Los objetivos son más concretos y tienen una duración determinada. Deben tener fondos, asignados por medio de un presupuesto de TI. Las estrategias, metas y objetivos pueden provenir de una persona, de un grupo o de técnicas formales para la toma de decisiones (*véase párrafo 4.4.5*). No obstante, es necesario que las personas en niveles de liderazgo estén de acuerdo sobre cómo tratar las cuestiones críticas.

El producto de este paso es (a) un boceto de dirección estratégica de la TI de la organización, sus metas a largo plazo y objetivos concretos para TI, como respuesta a sus cuestiones críticas, y (b) un presupuesto de TI.

Ejemplo de dirección estratégica de TI

El servicio de TI de La Corporación XYZWA comienza con la selección de las prioridades del desempeño de la TI, por medio de la cual la corporación proporcionará servicios a sus clientes. Las prioridades de la TI incluyen el trato a los clientes de modo sencillo, educado y útil, la entrega de servicios de modo rápido y apropiado, una variedad de mecanismos para satisfacer las necesidades y expectativas de los clientes y el suministro de servicios de TI con óptima calidad y coste.

Ejemplo de metas generales de TI

Aumentar la cuota de mercado, la satisfacción de los clientes y las ventas, por medio del diseño, desarrollo y despliegue de sistemas de aplicaciones y servicios de TI.

Ejemplo de objetivos concretos de TI

Aumentar las ventas un 5% anual durante los próximos 5 años y los ingresos un 20% en los dos próximos años, por medio del diseño, desarrollo y despliegue de sistemas de aplicaciones y servicios de TI.

La dirección estratégica, metas y objetivos deben monitorizarse para asegurar que se alcanzan los objetivos planeados. La dirección estratégica, las metas y los objetivos pueden relacionarse por medio de un Balanced Scorecard (BSC), con un significado y alcance para toda la corporación. De modo similar, el BSC de TI relaciona la estrategia de TI, sus objetivos, etc., con medidas, metas e iniciativas de un modo muy práctico (*véase párrafo 4.6.2*).

Paso 5: Completar la redacción del plan estratégico de TI

La visión, misión y valores de TI se han estructurado, se han identificado sus cuestiones críticas y se han acordado sus metas, objetivos y estrategias. Este paso requiere documentar toda esta información. Suele ser un miembro del comité de planificación de TI, el CIO o un consultor externo quien redactará un borrador del documento de planificación de TI, que se enviará para su revisión a los decisores esenciales (normalmente el Consejo de administración y los directivos de TI). También se consultará con los directivos si es posible traducir el documento a los planes operativos de TI (planes de acciones detalladas para alcanzar las metas propuestas por el plan estratégico) y asegurar que el plan responde a las cuestiones esenciales sobre las prioridades de la TI y proporciona directrices con el detalle necesario para servir como guía. En el Párrafo 4.4.2 se muestra un ejemplo de un plan estratégico de TI.

Paso 6: Implantación de la estrategia de TI

La mayoría de las compañías y organizaciones conocen sus negocios y las estrategias corporativas y de TI necesarias para el éxito. Sin embargo, muchas corporaciones pueden tener dificultades para convertir la teoría que puede contener un plan estratégico de TI en planes de acción que posibiliten la implantación correcta y de modo sostenido de la estrategia. Puede necesitarse una metodología y una actitud rigurosa de la gestión para implantar la estrategia de TI que se ha elaborado. El Párrafo 4.5.1 muestra una metodología para ello.

Paso 7: Evaluación de la estrategia de TI

Es muy importante evaluar la eficacia de la estrategia de TI. Puede hacerse:

- con un análisis SWOT (u otros métodos descritos en el Párrafo 4.4.5)
- revisando los resultados reales según las medidas del desempeño definidas en el BSC de TI (*véase párrafo 4.6.2*).

4.4.2 Plan estratégico de TI

Es un plan con el que se pretende satisfacer las necesidades de información de la organización, a lo largo de un plazo de 3 a 5 años, por medio del desarrollo de sistemas informáticos y servicios afines, como la automatización y la tecnología.

Puede ser necesario porque muchas organizaciones públicas o privadas creen que debe haber un modelo para el futuro de sus sistemas de información, por razones de eficacia, eficiencia y supervivencia.

Este modelo se consigue por medio de controles estratégicos, evaluando las necesidades actuales de la organización, con respecto a la TI y elaborando un plan para el futuro.

La estrategia de TI incluye un plan de desarrollo de sistemas informáticos, las necesidades y metas del negocio que deben satisfacerse y los aspectos del entorno que deben considerarse para respaldar los procesos esenciales del negocio, por medio de la TI.

Esta estrategia debería posibilitar y facilitar el marco de gestión del conocimiento.

Los objetivos del plan estratégico de TI son:

- Ajustar los sistemas de información a la estrategia competitiva y a la arquitectura empresarial para mejorar el desempeño de la compañía.
- Asegurar que la TI proporciona soluciones eficaces a los problemas de la empresa.
- Conseguir que la TI proporcione una ventaja estratégica a la compañía, por medio de beneficios en coste o precio o del valor de los productos o servicios ofrecidos.
- Centrarse en las necesidades de los clientes, proveedores y competidores.
- Centrarse con precisión en los factores de éxito que deben conseguirse, para alcanzar, por medio del uso de la TI, los objetivos concretos de negocio.

Este plan estratégico debería revisarse al menos anualmente y debe actualizarse y reeditarse cada 3 – 5 años.

Debería estar relacionado con el plan maestro de negocio de la organización.

Plan estratégico de TI (ejemplo)

1. Resumen ejecutivo: Definición de los objetivos de la organización, un resumen del plan estratégico de la organización y cómo se relacionan los objetivos del negocio con la función de TI y el plan estratégico de TI, y una serie de los proyectos propuestos de TI (sistemas nuevos y correcciones a los

existentes).

2. Definición de los objetivos estratégicos de la TI: Descripción completa de los sistemas informáticos, estrategias, visión, misión, valores, objetivos y datos mantenidos por esos sistemas, y cómo estos sistemas dan una ventaja competitiva a la organización.

3. La proyección futura del entorno de la organización: Definición de las necesidades de la organización para los próximos 5-10 años respecto a sistemas informáticos, infraestructura, comunicaciones, capacidades y datos.

4. La proyección futura del entorno de TI. Definición de los futuros desarrollos tecnológicos (de 5 a 10 años) y cómo podrían servir a la organización.

5. Análisis SWOT actual: Descripción de las fortalezas, debilidades, oportunidades y amenazas de los actuales sistemas informáticos. Se pueden utilizar tras herramientas, como PEST, GAP, análisis de la cartera de sistemas, análisis de la cadena de valor, Delphi, análisis de los factores críticos de éxito, etc. para reforzar el proceso de análisis de la estrategia.

6. Inventario actual de TI: Descripción de los sistemas actuales y de la infraestructura, y de sus problemas para satisfacer las necesidades actuales y futuras de la organización.

7. Adquisición futura de recursos de TI: Planes y presupuestos de adquisición y desarrollo de *hardware*, *software* y sistemas de aplicación, para dar servicio a las necesidades actuales y futuras de la organización.

8. Regulaciones sobre la TI: Descripción de las leyes, normas y directrices con las que la organización debe mostrar sus conformidad o su cumplimiento, como la Sarbanes-Oxley Act, marco de referencia sobre las leyes de privacidad de la información, normas internacionales de contabilidad para sistemas financieros, etc.

9. Riesgos de la TI: Descripción del proceso de identificación y gestión de los riesgos de la TI en el desarrollo y despliegue de los

nuevos sistemas e infraestructuras.[51]

10. Plan de infraestructura de TI: Un boceto general del diseño de la arquitectura de los sistemas, redes, bases de datos y sistemas de aplicación de la organización. Deberá estar relacionado y conectado con la arquitectura empresarial de la organización (*véase capítulo 3*), y con los procedimientos de gestión de la calidad de la información (*véase párrafo 4.5.2* 'Procedimientos de gestión de la calidad de la información').

11. Plan de recursos humanos: Un plan específico que perfile las habilidades y conocimientos necesarios de los técnicos y de las personas que usarán los sistemas para los próximos 5-10 años.

12. Presupuesto: Detallado para todas las nuevas adquisiciones y actualizaciones de todos los recursos de TI de la organización.

13. Organización de TI: Un plan de los cambios necesarios sobre la estructura organizativa de la función de TI.

14. Plan estratégico de acción sobre la TI: Plan de gestión para la implantación del plan estratégico de TI. Especificación de acciones (para *hardware*, *software*, comunicaciones, cableado, plataforma de bases de datos, cambios organizativos, normas, métodos, herramientas y técnicas, costes, beneficios, recursos, formación y conversión). Planes de acción (objetivos, responsabilidades y elementos temporales) para especificar cómo se ejecutarán las estrategias y se alcanzarán las metas estratégicas. Los planes de acción suelen incluir varios objetivos que deben alcanzarse mientras se progresa hacia las metas, quién es responsable de conseguir cada objetivo y cuándo.

15. Política de cambios: Definición de cómo se revisará y actualizará este plan estratégico de TI.

---

[51] Para más riesgos, véase (a) www.theirm.org; (b) *Beyond Compliance: The Future of Risk Management*, www.conference-board.org; (c) *OECD Principles of Corporate Governance*, www.oecd.org; (d) www.frc.org.uk; (e) www.ccgg.ca; (f) ISO/DIS 31000 *Risk management – Principles and guidelines on implementation*, www.iso.org.

16. Apéndices: Apéndice A: Descripción del proceso usado para la planificación estratégica de T Apéndice B: Datos del análisis estratégico de las TI (Externo: PEST, TRENDS, etc.) Apéndice C: Datos del análisis estratégico de las TI (Interno: SWOT) Apéndice D: Metas para las comisiones del Consejo y el CEO Apéndice E: Planes para conseguir el equipo técnico y de gestión de TI Apéndice F: Presupuestos operativo de TI Apéndice G: Informes financieros de la TI (presupuestos, balances, etc.) Apéndice H: Plan de comunicación de TI Apéndice I: Procedimiento para la monitorización y evaluación del plan de TI.

La implantación este plan suele requerir recursos estratégicos y un presupuesto, además de varios factores importantes, como la disciplina, la cultura de gestión apropiada, personal formado y capacitado, etc.

4.4.3 Plan de recursos estratégicos

La implantación de cualquier estrategia, como la de TI, suele ser complicada y necesitar muchos esfuerzos. La gestión de la TI puede, por ello, requerir la creación de planes estratégicos de recursos, con todo los necesarios (personal, sistemas, materiales, fondos, instalaciones, equipamiento, etc.) para gestionar todos los sistemas, redes y equipos esenciales en las oficinas y ubicaciones de la organización. Este plan requerirá probablemente, como una buena práctica, una revisión y evaluación anual, y debería actualizarse continuamente.

4.4.4 Presupuestos estratégicos de TI

El «presupuesto», (*como se explica en el Capítulo 2*) puede considerarse como una herramienta del sistema de gestión estratégica de la organización y una parte integral del proceso de la gestión del desempeño de la organización. Suele referirse a una lista de todos los ingresos y gastos previstos.

Para el caso de la TI, todas las decisiones de gestión, actividades, acciones, proyectos de desarrollo, mantenimiento, adquisición y despliegue de soluciones y aplicaciones de TI y externalización deben reflejarse e incluirse en el presupuesto de TI de la organización.

Los presupuestos más importantes para la implantación de la estrategia de TI de la organización pueden ser: presupuestos para las iniciativas estratégicas de TI, presupuesto operativo de TI y presupuesto de implantación del BSC de TI.

Presupuesto de iniciativas estratégicas de TI

Los presupuestos suelen ser herramientas para la toma de decisiones a partir de un enfoque analítico (del todo a las partes) y se usan para evaluar el desempeño financiero y de otros aspectos de los niveles funcionales de una organización. Los presupuestos de iniciativas estratégicas también tienen un papel crucial en el proceso de la gestión estratégica, sobre todo cuando deben emprenderse iniciativas para mejorar el desempeño de la TI con respecto a una serie de objetivos estratégicos de TI. Las iniciativas estratégicas deben financiarse y evaluarse por medio de la formulación y ejecución del presupuesto de iniciativas estratégicas de TI.

Presupuesto operativo de TI

Consiste en una predicción de los ingresos esperados por las ventas de los bienes y servicios de TI ofrecidos y los gastos necesarios para la prestación de esos bienes y servicios a los clientes (externos e internos). Este presupuesto se relaciona con la estrategia general corporativa y con el modo de lograr el desempeño esperado por medio de la infraestructura, las operaciones, las actividades de mantenimiento y mejora, y con los recursos del presupuesto operativo de la organización.

Presupuesto de implantación del BSC de TI

Su implantación tiene un precio concreto. El presupuesto para construir e implantar el BSC de TI debe formularse considerando las siguientes cuestiones: tiempo del personal participante, formación y comunicación, consultoría, *software* del BSC, y gastos externos.

4.4.5 Herramientas de análisis estratégico de la TI

La creación de una estrategia de TI y su documentación en un plan para su implementación exige una serie de métodos, metodologías y técnicas.

Los métodos son los procesos para ejecutar las tareas; las metodologías pueden definirse como un sistema de métodos de trabajo, principios, prácticas, procedimientos y normas usadas en una disciplina concreta y las técnicas pueden considerarse como los procedimientos usados para realizar un paso, una actividad o una tarea concreta.

Los métodos, metodologías y técnicas que pueden usarse para el análisis y la evaluación de la estrategia de la TI de una organización incluyen:

- Análisis SWOT (descrito en el Párrafo 3.6.4)
- Análisis PEST (descrito en el Párrafo 3.6.4)
- Análisis de Gap (descrito en el Párrafo 3.6.4)
- Análisis de la cartera de TI
- Análisis de la cadena de valor
- Delphi
- Investigación de las opciones estratégicas de TI
- Análisis financiero de TI
- Análisis de los factores críticos de éxito.

El gestor o consultor externo de estrategia de TI puede usar uno o varios métodos, según su experiencia, el entorno corporativo y la situación.

Análisis de la cartera de TI

Es el análisis del equilibrio y la compatibilidad del proceso estratégico de la TI, de sus opciones y sistemas, en un gran entorno corporativo, considerando la cuota de mercado, la tasa de crecimiento, las inversiones, el crecimiento de productos, etc.

Análisis de la cadena de valor de la TI

Es un modo sistemático de examinar todas las actividades dentro y alrededor de la organización, como compras, recursos humanos, diseño de productos, distribución y soporte de productos, sistemas de TI, y relacionarlos con un análisis de la fortaleza y la ventaja competitiva de la organización.

El análisis de la cadena de valor describe las actividades que se realizan en el negocio y las relaciona con el análisis de la fortaleza competitiva del negocio. Estas actividades son:

1 Primarias: las implicadas directamente en la creación y producción de un producto (p.ej. el ensamblaje de componentes)
2 De apoyo: aunque no implicadas directamente en la producción, pueden aumentar la eficacia o la eficiencia (p.ej. la gestión de recursos humanos). Es extraño que un negocio realice todas sus actividades primarias y de apoyo.

Las actividades que un negocio emprende están directamente relacionadas con el logro de una ventaja competitiva.

El análisis de la cadena de valor puede descomponerse en tres pasos secuenciales:

1 Desglose de una organización o mercado en sus actividades esenciales según cada una de las grandes clases del modelo.
2 Evaluación de la posibilidad de añadir valor por medio de la ventaja de costes o la diferenciación, o identificar actividades actuales en las que un negocio parece estar en una desventaja competitiva.

3 Establecimiento de las estrategias creadas centrándose en las actividades sobre las que se puede preservar la ventaja competitiva.

Método Delphi

Evalúa si una estrategia tiene posibilidades de ser correcta o necesita cambios o mejoras, a partir de las siguientes bases:

- Un moderador redacta un cuestionario y lo envía a un grupo de expertos; ningún experto conoce a los demás del grupo.
- Cada experto responde individualmente, sin la influencia del grupo o de otros individuos dominantes.
- El moderador elabora los resultados y formula un nuevo cuestionario que es enviado de nuevo al grupo (suelen ser necesarios 3-4 envíos) hasta que se logran resultados satisfactorios.

Investigación de opciones estratégicas de la TI

Evaluación de varias opciones estratégicas, clasificándolas frente a las expectativas de recursos e interesados, o mediante árboles de decisiones o mediante planificación de escenarios (p.ej. haciendo corresponder opciones con diferentes escenarios futuros).

Análisis financiero de la TI

Evaluación de la rentabilidad y de los efectos beneficiosos que se podrían conseguir a partir de las estrategias de la TI, por medio del uso de varias medidas y herramientas financieras, como: período de recuperación, rendimiento del capital invertido (RCI), análisis de flujos de efectivo descontados, análisis de valor para el accionista, análisis de fondos, análisis del umbral de rentabilidad, análisis de sensibilidad, análisis de rentabilidad, etc.

Análisis de los factores críticos de éxito

Técnica para identificar las áreas en las que un negocio y su TI deben tener éxito para lograr sus objetivos y tener mejor desempeño que los competidores.

4.5 Controles de la implantación de la estrategia de TI

Son necesarios para garantizar la implantación prevista del plan estratégico de TI elaborado, de modo que se obtengan los resultados deseados para todos los usuarios de los sistemas y servicios de TI.

Los principales controles de esta área son:

- Plan de acción de la implantación de la estrategia de TI
- Procedimientos de gestión de la calidad de la información.

4.5.1 Plan de acción de la implantación de la estrategia de TI

Una estrategia de TI no tiene valor hasta que se implanta. La implantación comprende todos los procesos implicados en la ejecución de las tareas y actividades contenidas en el plan estratégico de TI (*véase párrafo 4.4.2*). La implantación puede requerir, por razones de eficiencia y eficacia, una metodología:

Acción 1: Crear una estructura organizativa

Suele incluir:

- establecer (si no existe), una organización y sus componentes para implantar la estrategia de TI o reestructurar la organización (si la estructura existente no es apropiada)
- establecer una cadena de mando o alguna estructura alternativa (como ejemplo, equipos interfuncionales)
- contar con un liderazgo y plantilla altamente motivados.

Acción 2: Asignar recursos

Implica asignar los recursos suficientes (financieros, personal, tiempo, soporte técnico) y gestionarlos.

Acción 3: Financiar la estrategia de TI

Las organizaciones que implantan con éxito sus estrategias de TI comprenden la necesidad de financiar dichas estrategias, de modo continuo. Esto se consigue relacionando la estrategia de TI con la estrategia corporativa y el proceso presupuestario anual.

Acción 4: Establecer y ejecutar los planes de acción de TI

Planificar las acciones significa asignar responsabilidades de las tareas concretas a personas o grupos concretos, a partir de un plan de acción, con:

- lista cronológica de pasos de acción
- asignación de responsabilidades a personas
- fechas de vencimiento de las acciones

- estimación de los recursos necesarios
- informe del progreso.

Acción 5: Relacionar y adaptar la estrategia

Muchas organizaciones ejecutan correctamente los pasos anteriores pero fracasan en la implantación con éxito de estas estrategias. La causa más frecuente es la falta de adecuación y de relación, que consiste en adaptar las actividades (p.ej. de soporte y primarias) a la arquitectura empresarial para asegurar que todos los recursos de la organización están centrados en alcanzar los mismos resultados.

Las estrategias requieren relaciones y adecuación vertical y horizontal. La relación y adecuación vertical establece la coordinación y el soporte entre los planes corporativos y los de menor nivel (división, departamento, etc.). La relación y adecuación horizontal (entre organismos del mismo nivel, como departamentos, oficinas regionales, plantas de producción, divisiones) requiere la coordinación y cooperación para armonizar las unidades organizativas.

Por ejemplo, una estrategia que trate de introducir un nuevo servicio o sistema de TI requiere esfuerzos combinados de coordinación y cooperación entre todas las funciones del negocio al que este sistema o servicio pretende dar soporte.

Acción 6: Establecer el proceso de gestión del desempeño

Esta acción incluye:

- formular e implantar el sistema de medición del desempeño (p.ej. BSC corporativo y BSC de TI)
- introducir los datos sobre el desempeño

- realizar el análisis de los datos del desempeño
- implantar un sistema corporativo de recompensas.

Un buen sistema de desempeño debe comunicar la estrategia, medir el desempeño en tiempo real, ofrecer una capacidad de gestión integral del proyecto de desempeño y permitir conectar emocionalmente con todo el personal, lo que es vital para relacionar el compromiso individual con el logro de los planes y metas organizativos.

El compromiso emocional (llamado también contrato psicológico) es un enlace esencial y poderoso entre lo que pretende el desempeño de la organización, y las motivaciones, valores y aspiraciones del personal. A menudo se pasa por alto en las organizaciones, lo que puede explicar las causas por las que el personal no consigue hacer lo que la organización esperaba y le pedía.

Se dan detalles adicionales en el Párrafo 4.6 'Controles estratégicos de la gestión del desempeño de TI'.

Acción 7: Gestión del proceso de implantación de la estrategia de TI

La implantación de la estrategia de TI implica también la gestión del proceso.

Suele incluir:

- el despliegue del plan en toda la organización
- la revisión, en reuniones mensuales, de la estrategia de TI
- la monitorización, de modo general o detallado, de los resultados, según las condiciones, aspectos y circunstancias culturales de la organización(*véase párrafo 4.7*)

- la comparación de los resultados con valores de referencia y mejores prácticas
- la evaluación de la eficacia y la eficiencia del proceso
- el control de las variaciones
- el ajuste del proceso, si es necesario.

La implantación de sistemas concretos implica adquirir los recursos necesarios, desarrollar el proceso, formación, pruebas, documentación e integración con (o conversión de) otros procesos existentes. Podría necesitarse el uso de una metodología de gestión de cambios (*véase párrafo 5.5.1*). Para que una política funcione, debe haber un grado de consistencia entre todo el personal de la organización, incluidos los directivos y el Consejo. Esto se precisa, probablemente, en los niveles táctico y estratégico.

4.5.2 Procedimientos de gestión de la calidad de la información

El plan de estrategia de TI también se ocupa de los datos que la TI necesita recoger, procesar y gestionar para que la estrategia alcance su misión y sus objetivos.

Esto es así porque los datos corporativos representan el mundo en cambio constante en el cual las organizaciones operan y sobreviven. Las funciones de negocio y sus transacciones pueden cambiar, los clientes vienen y van, las organizaciones pueden desaparecer, reestructurarse o cambiar, eliminar o añadir funciones. Por ello, los datos registrados para documentar (manualmente o de modo informatizado) estos hechos pueden quedar anticuados o desactualizados. Los vendedores de *hardware* y *software* pueden cambiar sus productos y suministros. Los gobiernos y otros reguladores internacionales hacen cambios frecuentes que afectan a las normas de la actividad profesional.

Sin un compromiso estratégico para la gestión continua de la información y la calidad de los datos, estos pueden dejar rápidamente de ser correctos o válidos y alcanzar las aplicaciones de misión crítica del negocio.

Los directivos deben centrarse en los problemas de la gestión de la calidad de la información y de los datos subyacentes. Puede lograrse con el uso de procedimientos de gestión de la calidad de los datos, ofreciendo a la organización las herramientas que necesite para entender cómo y cuándo sus datos se desvía de modo significativo de su finalidad prevista.

Con un procedimiento de estas características, los directivos pueden identificar problemas en los datos, inspeccionar sus fuentes e implantar correcciones en el proceso para solucionar los problemas.

La gestión de los datos también ayuda a identificar y corregir estas deficiencias, por medio de la aplicación continua de reglas de negocio adaptables, y asegura que cuando los datos han alcanzado su máxima calidad (p.ej. son coherentes, exactos y fiables) proporcionan a los directivos y profesionales confianza en la toma de decisiones basada en esa información.

Las organizaciones deben también comprender que el resultado de las rutinas de monitorización (informes, elementos excepcionales, etc.) puede proporcionar una visión importante de los procesos que crean datos incorrectos.

Mediante el estudio de esta información se puede hacer algo más que corregir los datos: se puede comenzar a mejorar la eficiencia general de la organización.

La calidad de los datos puede mejorarse mediante la aplicación de una metodología de mejora de la calidad de los datos y por medio del uso de herramientas de monitorización de datos.

Metodología de mejora de la calidad de los datos

Una metodología[52] típica que pueden utilizar los directivos de organizaciones (tal cual o adaptada según sus necesidades o marco de referencia) estaría compuesta por tres fases:

Fase 1: Analizar el problema

Implica encontrar la causa raíz del problema y definir un camino de mejora. Algunos problemas son el resultado de malas decisiones empresariales, que no pueden demostrarse con los datos existentes. Otros problemas pueden erosionar continuamente la eficacia de la organización sin aflorar nunca como problemas identificables. Este análisis inicial mide todos los aspectos de la calidad de los datos, incluyendo la exhaustividad, exactitud, coherencia y duplicación de los datos de la organización. Una iniciativa de la calidad de los datos también mide la integridad de las reglas del negocio y las desviaciones respecto a las normas corporativas.

---

[52] Para más información sobre la calidad, ver: (1) *Juran on planning for quality*, Juran JM, Free Press, USA (1988), (2) *Juran on quality*, Juran JM, Free Press, New York, USA (1992), (3) 'The Quality Trilogy', *Quality Progress*, Aug 1986, pp. 19–24, Juran JM (1986), y (4) *Quality, Productivity and Competitive Position*, Deming WE, MIT Center for Advanced Engineering Study (1982).

Fase 2: Arreglar el problema

Tras identificar los problemas concretos de la calidad de los datos, la fase siguiente implica la planificación y la ejecución del proceso de mejora de los datos. Puede hacerse:

- asegurando que las ediciones y validaciones necesarias se ejecutan durante la captura de los datos originales.
- por medio de procedimientos claros para mejorar los procesos de entrada de datos
- por medio de un refinamiento intensivo de la formación y de la medición del desempeño
- por medio de comprobaciones de los datos cuando la información fluye de una aplicación a otra.

Fase 3: Controlar el problema

Tras corregir los datos, el paso final es el establecimiento de un mecanismo de control para garantizar la calidad de los datos de manera regular.

Para monitorizar y controlar los datos de modo eficaz, las organizaciones necesitan investigar:

- comunicación y análisis constante de problemas potenciales
- un mecanismo de alerta que detecte registros de datos fuera de control y los señale automáticamente a su propietario o responsable.

Herramienta de monitorización de datos

Suele ser una aplicación informática y necesita un repositorio (puede ser un diccionario de datos, *véase capítulo 8*, o un repositorio de la arquitectura empresarial, *véase capítulo 3*) que almacene y gestione todas las reglas empresariales existentes. Este repositorio debería permitir a los usuarios autorizados rastrear y darse cuenta de las tendencias de las reglas específicas y de sus infracciones. Los usuarios del negocio pueden ver las excepciones a las reglas y comprobar las infracciones a lo largo del tiempo. El sistema debería proporcionar una idea única de cómo y cuándo los datos exceden los límites de calidad predefinidos y tomar las medidas de corrección pertinentes.

4.6 Controles estratégicos de la gestión del desempeño de TI

Estos controles son necesarios para garantizar la correcta evaluación y mejora de los resultados y los beneficios de la implantación del plan estratégico de TI. Los principales controles en este ámbito son:

- Política de gestión del desempeño de TI
- Diseño e implantación del Balanced Scorecard de TI.

4.6.1 Política de gestión del desempeño de TI

La política de gestión del desempeño de la TI describe qué elementos debería manejar el proceso del desempeño de la organización. Un ejemplo típico de esa política podría ser el siguiente:

Política de gestión del desempeño de TI

Descripción de la política: Es una política de la «Compañía» comunicar los aspectos específicos del desempeño de la TI a todos los empleados de TI. Se identificará la responsabilidad individual en el logro de las metas de equipos y del departamento de TI. Los empleados de TI recibirán información sobre el desempeño, que será evaluado y mejorado. Los resultados del desempeño se usarán como base para acciones apropiadas sobre el personal. La comunicación entre el director de TI y el empleado es esencial en todo este proceso. Los directivos y los empleados de TI deberían trabajar juntos para aclarar cómo emplear las competencias en el entorno de trabajo, de modo que haya una comprensión común sobre las expectativas del desempeño de la TI. Deberían, además, debatirse las metas de TI de cada unidad individual de trabajo y la implicación y contribución de cada empleado a las metas de la unidad de TI para el año siguiente. El gerente de cada unidad de negocio de TI es el responsable final de la definición de los objetivos de desempeño. El Consejo de la «Compañía» es el responsable de fijar las normas de desempeño general.

Proceso de planificación del desempeño de TI: Mediante este proceso se desarrollan los planes de trabajo que ajustan el desempeño individual a las metas de la organización. La atención debe centrarse en los logros (p.ej. resultados) más que en las actividades. La «Compañía» ha establecido los elementos normalizados del desempeño y están disponibles para su uso en el desarrollo de los planes de trabajo del desempeño. Si el empleado de TI no está de acuerdo con el plan de trabajo al principio del período de evaluación, el director de TI debería anotarlo en el archivo del empleado. La ausencia de fecha y firma en el plan de trabajo del desempeño no impide la implantación del plan.

Monitorización y evaluación del desempeño de TI: El empleado de TI y su gestor se reunirán periódicamente, a lo largo del período de evaluación, para intercambiar información sobre el desempeño real. Esta información se basa en las revisiones del progreso y en la puntuación del desempeño. Los directivos de TI son responsables de iniciar la comunicación con los empleados sobre su desempeño real y de asegurar que se efectúan las revisiones del progreso. Es crucial que haya un diálogo abierto entre el empleado y el director de TI durante estos debates. Las revisiones del progreso se efectúan una o varias veces durante el período completo de valoración. (Suelen realizarse a la mitad del período de evaluación). El gestor debería redactar comentarios escritos sobre el desempeño del empleado, en los formularios apropiados, durante la revisión del progreso. El propósito de los comentarios escritos es proporcionar una identificación más formal del desempeño del empleado frente al plan del desempeño. También se anima a que los empleados redacten comentarios en este momento. Los empleados y los gestores marcan, con la fecha y sus iniciales, los apartados correspondientes, para señalar que tuvo lugar la revisión. Si no se efectúa una revisión del progreso, el empleado puede contactar con su gestor para preguntar por el asunto. Todos los empleados de TI deben recibir una calificación anual de su desempeño. Los empleados que no han trabajado durante el período mínimo especificado para recibir una valoración, deben recibir una ampliación del período de valoración, para poder recibirla al menos anualmente. Los directivos de TI discutirán y tendrán en cuenta medios razonables para ayudar a los empleados de TI a mejorar su desempeño. Esos medios pueden ser: formación, supervisión más cercana, revisión de los trabajos asignados, apoyo, etc. Si así tampoco mejora el desempeño del empleado, el gestor contactará con la oficina de recursos humanos para determinar las acciones necesarias, como cambio de puesto de trabajo, descenso de categoría o despido.

Formación y desarrollo: El proceso de valoración del desempeño puede usarse como base para identificar las necesidades de formación de los empleados. Existen elementos extra del desempeño que pueden resultar muy útiles para ello.

Evaluación del programa: El Consejo realizará una evaluación continua de la gestión del desempeño de TI, para identificar las oportunidades de mejora y ajustar la política general. La evaluación de los resultados generales de la organización, de la satisfacción de los empleados y la coherencia con los objetivos y la misión promoverá la mejora continua de un programa de gestión del desempeño que respalde los resultados fundamentales de la organización.

4.6.2 Diseño e implantación del Balanced Scorecard de TI

La idea general del Balanced Scorecard es proporcionar una imagen clara sobre cómo se están haciendo las cosas. Cuando se aplica a la TI, las reglas para elaborarlo quedan un poco más oscuras. Los departamentos de TI suelen usar una serie de métricas para comprobar su progreso, pero rastrean indicadores técnicos del desempeño (p.ej. disponibilidad del sistema o tiempo de red activa) que no son conocidos por el personal de otras áreas del negocio. Así, mientras que la unidad de TI cree que está funcionando bien, el resto de la organización puede no estar muy convencido de su éxito. La mentalidad tradicional del personal informático ha sido reactiva, y su interés ha estado centrado en apagar fuegos y responder a llamadas pidiendo ayuda. Esta clase de orientación no les permite pensar de modo estratégico. Si una compañía trata de desarrollar medidas estratégicas para su TI, la función necesitará, probablemente, que se le digan cuáles son las medidas que debe controlar. Los departamentos de TI deben ajustar sus metas estratégicas (por medio de su propios BSC de TI) a las metas estratégicas definidas por los directivos de la empresa(en el BSC corporativo), para poder producir mejores resultados

Según Kaplan y Norton (creadores del BSC)[53], su proceso de implantación debería empezar con la formulación de la estrategia y de los objetivos. Los objetivos conducirán a las medidas, las medidas a metas, y éstas a las iniciativas necesarias. Es posible que todas las metas, objetivos y medidas del desempeño de TI se gestionen mejor implantando el marco de referencia para el BSC del departamento de TI.

Método rápido de implantación del BSC de TI

Paso 1: Preparación

Sobre la base de la estrategia corporativa para el BSC, el comité de TI decide implantar su BSC, llama a un facilitador del BSC e informa al personal de las unidades de TI implicadas para que participen y apoyen la iniciativa.

Paso 2: Grupos de trabajo con directivos

El facilitador dirige los grupos de trabajo con personal de las funciones pertinentes, en las cuales:

- se explica el modelo general del BSC
- se definen las perspectivas, objetivos, metas y medidas definidas relacionadas con la TI
- se revisa la visión, misión y estrategia, para evaluar si se ajusta a los elementos corporativos correspondientes.

---

[53] Para más información sobre BSC, ver: (1) 'Linking the Balanced Scorecard to Strategy', *California Management Review*, 1996, vol. 39, Nº. 1, pp. 53-79, Kaplan RS y Norton DP (1996), (2) 'Putting the Balanced Scorecard to Work', *Harvard Business Review*, September–October 1993, pp. 134–147, Kaplan RS y Norton DP (1993) y (3) 'The Balanced Scorecard – Measures That Drive Performance', *Harvard Business Review*, January–February 1992, pp. 71–79, Kaplan RS y Norton DP (1992).

- Se define y se logra el acuerdo sobre el proceso de medición.

Estos grupos de trabajo podrían repetirse, si fuere necesario, tras el primer piloto del BSC de TI para conseguir que se construya e implante del mejor modo posible.

Paso 3: Diseño, desarrollo y prueba del piloto de BSC de TI

La definición y selección de los usuarios del BSC de TI que se emplearán en el piloto es muy importante. Esos usuarios deben estar bien formados y capacitados, motivados, con ganas de trabajar, y deben conocer las áreas funcionales en las que se implantará el piloto. La definición y el desarrollo de las medidas del desempeño para el piloto del BSC de TI es un proceso crucial. Inicialmente deben definirse muy pocas medidas y tratar de conseguir experiencia en el proceso.

El piloto diseñado en este paso debería probarse durante 1 a 6 meses, en un proceso de prueba que ejecuta los procedimientos de medición del desempeño, al tiempo que se comunican y revisan los resultados del desempeño al equipo de gestión del desempeño y a la alta dirección de la organización.

Paso 4: Implantación del BSC de TI

Una vez que el piloto de BSC de TI funciona correctamente, se emplea de manera productiva, se recoge la información sobre el desempeño de TI, se analiza y se comunican, revisan y evalúan los resultados del proceso completo del piloto, de acuerdo con la política de gestión del desempeño de TI (*véase párrafo 4.6.1*).

Paso 5: Cierre del proyecto

El evaluador del BSC de TI y el personal implicado en la rápida implantación, revisan el proceso completo con el comité de TI y los altos directivos, para que la organización examine si el marco de referencia del BSC de TI produce los resultados esperados y si hay que modificar el método general de implantación.

Un BSC para la función de TI

Este ejemplo describe los controles estratégicos para un departamento de TI, de las cuatro perspectivas del BSC, definidas por Kaplan y Norton, cambiando la perspectiva del Proceso Interno por la perspectiva de Desarrollo de Sistemas. Las perspectivas resultantes son: Resultados Financieros, Cliente, Desarrollo de Sistemas e Innovación y Aprendizaje.

Tabla 5: Ejemplo de BCS de TI

PERSPECTIVA DE RESULTADOS FINANCIEROS	
Objetivos estratégicos	Controles estratégicos (mediciones)
Eficiencia financiera	Desempeño mensual frente al presupuesto operativo de TI % de proyectos de TI implantados dentro del presupuesto ROI de las inversiones en TI

PERSPECTIVA DEL CLIENTE	
Objetivos estratégicos	Controles estratégicos (Mediciones)
Servicio	% de proyectos de TI implantados en sus plazos Tiempo empleado en resolver problemas del cliente Disponibilidad de la red
PERSPECTIVA DE DESARROLLO DE SISTEMAS	
Objetivos estratégicos	Controles estratégicos (Mediciones)
Mejora de las funciones de negocio	Cantidad de proyectos con beneficios fácilmente identificables Cantidad de proyectos con beneficios económicos Cantidad de proyectos con beneficios no económicos
PERSPECTIVA DE INNOVACIÓN Y APRENDIZAJE	
Objetivos estratégicos	Controles estratégicos (Mediciones)
Desarrollo	% de proyectos de TI desarrollados de acuerdo con la Norma 'XXX' Cantidad de personas de TI capacitadas para las funciones de negocio del cliente Cantidad de horas de formación por persona de TI
Gestión del personal de TI	% de personal de TI que dimitió voluntariamente % horas de ausencia no justificada

4.7 Controles de monitorización y revisión

El establecimiento de los controles de monitorización y revisión de TI en este ámbito pueden alcanzarse con: (a) el informe de gestión de TI (*véase capítulo 1*), (b) la monitorización de la implantación detallada del plan estratégico de TI, (c) las medidas estratégicas del desempeño y (d) las herramientas y técnicas de la revisión de auditoría (*véase párrafo 4.8*). Puede lograrse también siguiendo el plan de gestión de las actividades de monitorización y revisión, presentado en el Capítulo 1.

4.7.1 Monitorización detallada de la implantación del plan estratégico de TI

Los directivos podrían decidir que la estrategia de la TI debería monitorizarse detalladamente por razones diversas como que:

- El desarrollo de un plan estratégico efectivo (orientado a los resultados) es sólo una parte del proceso estratégico de TI.
- El logro de la estrategia de TI implantada es, normalmente, la parte más difícil.
- La monitorización de la implantación de la estrategia de TI asegura que tiene los resultados propuestos para la organización y sus interesados.
- La monitorización de la implantación del plan estratégico de TI (con los marcos de referencia de los BSC corporativo y de TI) ayuda a asegurar que todos los esfuerzos están de acuerdo con el plan, que los resultados logrados se ajustan a los objetivos específicos y que se adoptan medidas correctivas cuando es preciso. Estas medidas correctivas pueden requerirse también

para empleados sindicados, accionistas, organismos reguladores de la entidad, vendedores, clientes, etc.

- Por último, y lo más importante, la monitorización proporciona el enlace esencial entre el plan escrito y las operaciones cotidianas de los negocios. En muchos casos la entidad corporativa está conectada a otras corporaciones por medio de sistemas, como redes B2B.

La monitorización detallada de la realidad de la implantación del plan estratégico de TI puede realizarla un directivo que dependa del comité corporativo de TI, o los directivos funcionales o una combinación de ambos, a veces con ayuda externa. El proceso completo lo supervisará probablemente el CEO, y los resultados los ratificará el Consejo.

Existen varios formularios de TI que pueden usarse para el control de la gestión, la estrategia de la monitorización y otros propósitos de monitorización y revisión, y que se incluyen en el Apéndice 4.

Es tarea del CIO asegurar que el mecanismo de reporte de TI se alimenta con los datos relevantes de esa área.

4.7.2 Medidas estratégicas del desempeño de TI

Es posible garantizar la realización de las actividades de estrategia de TI mediante medidas de monitorización y revisión del desempeño y el cumplimiento de la estrategia de TI. Estas medidas aseguran que el plan estratégico formulado tiene el desempeño requerido y esperado, y se toman, cuando se precisan, las acciones necesarias de mejora.

Con respecto a las medidas del cumplimiento, las siguientes pueden monitorizarse, revisarse e incluirse en el informe de gestión de TI:

- adecuación a los objetivos estratégicos de la organización
- compromiso del cliente y satisfacción del cliente
- ciclo y tiempo de entrega
- calidad y coste
- gestión financiera
- disponibilidad de la infraestructura de TI
- operaciones internas de TI
- disponibilidad de conocimientos y habilidades de TI.

Con respecto al desempeño estratégico, pueden monitorizarse, revisarse e incluirse en el informe de gestión de TI las medidas de la Tabla 6.

Los directivos de TI deberán elegir, inicialmente, un conjunto reducido de medidas del desempeño, hasta que logren la suficiente experiencia sobre la medición del desempeño.

Tabla 6: Medidas del desempeño estratégico (ejemplo)

Metas estratégicas	**Medidas**
1. Alineamiento estratégico	% de proyectos aprobados por la alta dirección
2. Satisfacción del cliente	% cumplimiento de los acuerdos de nivel de servicio con clientes

3. Desempeño del negocio de TI	% disponibilidad de ordenadores y redes
4. Innovación y capacitación del personal de TI	% de ejecución de planes de formación de personal de TI
Indicadores esenciales del rendimiento (KPI de TI)	Funciones útiles desarrolladas para los usuarios, cantidad de líneas de programa codificadas/probadas/cambiadas, horas empleadas en mantenimiento (persona, programa), entrega a tiempo de informes a los usuarios, tiempo medio de respuesta, tiempo medio de disponibilidad, tiempo medio entre fallos, cantidad de líneas impresas, volumen de datos mantenidos, cantidad de transacciones *online* procesadas, cumplimiento del presupuesto, gastos en mantenimiento frente a nuevo desarrollo, gastos en mantenimiento preventivo, ratio de costes administrativos (personal) frente a costes productivos (línea), gestión de los recursos humanos (ratios de abandono, capacitación por empleado (dinero, horas), tiempo medio de permanencia en la compañía.

Estas medidas del desempeño pueden basarse en un sistema mixto con dos componentes: el primero sería un sistema de medición del BSC de TI (Balanced Scorecard de TI), descrito en este capítulo, y el segundo un sistema de monitorización del cumplimiento, con el fin de comprobar el cumplimiento de las políticas, procedimientos y cuestiones relacionadas (p.ej. cuestiones relativas a presupuestos).

Los directivos de TI de la compañía pueden, según varios aspectos de la organización, analizar la información de la monitorización del desempeño y del cumplimiento, para revisar, evaluar y mejorar los elementos estratégicos de la función de TI de la organización concreta.

4.8 Herramientas y técnicas de revisión y auditoría

El establecimiento y la mejora de los controles estratégicos de TI puede resultar una tarea muy difícil de cumplir. Puede exigir una excelente gestión y conocimientos del negocio y de la TI, el uso adecuado de los recursos corporativos y de TI, la gestión del cambio cultural, varios métodos y una serie de herramientas de revisión y auditoría. Las herramientas de revisión y auditoría que pueden facilitar a los directivos de TI y a otros profesionales (auditores informáticos, consultores de TI, auditores internos y externos, responsables del cumplimiento, etc.) el establecimiento, evaluación y mejora de los controles estratégicos de TI, y que se ofrecen para su uso, son: lista de comprobación de la preparación estratégica de TI, lista de comprobación de la planificación estratégica de TI, lista de comprobación de la implantación del BSC de TI, lista de comprobación de la implantación de los controles estratégicos de TI, programa de auditoría de evaluación del desempeño de la TI y programa de auditoría de evaluación del plan de negocio del CIO.

Los directivos de TI y otros profesionales pueden optar por usar sólo partes concretas de estos programas de auditoría y listas de comprobación, según el tamaño, complejidad y naturaleza del negocio de la organización y del despliegue de sistemas e infraestructura de TI.

Encontrará otras directrices relevantes y herramientas de auditoría que podrían ser útiles y facilitar la gestión, evaluación y procesos de auditoría de TI en el Apéndice 3 (Lista de comprobación de la monitorización de los controles de TI), Apéndice 4 (Ejemplos de formularios de TI, Apéndice 5 (Metodología de auditoría de TI), Apéndice 6 (Áreas de auditoría de TI) y Apéndice 7 (Ejemplo de informe de auditoría interna).
Las listas de comprobación y los programas de auditoría presentados no pretenden ser una guía completa de la revisión de la gestión o de la auditoría de TI. Los directivos de TI y otros profesionales pueden optar por usar sólo algunos de los componentes de las listas de comprobación y de los programas de auditoría, a partir del tamaño, complejidad, necesidades y demandas del negocio, madurez de las necesidades y expectativas de TI, y los niveles de despliegue y uso de sistemas informáticos.

4.8.1 Lista de comprobación de la preparación estratégica de TI

Su objetivo es respaldar el proceso de construcción, revisión, evaluación y mejora de los controles identificados en el Párrafo 4.4.1 'Metodología de análisis de la estrategia de TI'.

Esta lista de comprobación trata las cuestiones de: estrategia general, estrategia de unidad de negocio, gestión del riesgo, gestión de recursos humanos y procedimientos de gestión.

Estrategia general corporativa

1 ¿Cuál debería ser la dirección para el futuro en cuanto al desarrollo de nuevos sistemas informáticos para respaldar los productos existentes o nuevos, la entrada en los mercados y el desarrollo de la competencia y la capacidad corporativa?
2 ¿Conoce todo el personal de la organización cuál es nuestra dirección estratégica?
3 ¿Qué ayuda necesitan los empleados para ser útiles en el proceso de formulación de la estrategia de TI?
4 ¿Cuánto énfasis debe ponerse en la innovación y los productos y servicios existentes proporcionados por la TI?
5 ¿Tiene todo el personal de TI una visión clara del futuro de la organización, en cuanto a la visión, misión, valores y dirección del sector?
6 ¿Sabe todo el personal quiénes pueden ser nuestros posibles socios?
7 ¿Sabe todo el personal quiénes pueden ser nuestros posibles competidores?

Estrategia de la unidad de negocio

8 ¿Qué recursos de TI debería usar e invertir la organización para la innovación?
9 ¿En qué tipo de innovación deberíamos centrarnos (p.ej. de producto o de servicio, de proceso, de características del proceso existente, mejorar las características de productos o servicios existentes)?
10 ¿Se ajusta la innovación tecnológica planeada a nuestra estrategia de productos y servicios?

11 ¿Dónde se desarrolla la estrategia de TI (p.ej. servicios centrales, en un departamento, en un gestor de producto/servicio)?
12 ¿Tiene la función de TI su propia definición de la visión, misión y valores?
13 ¿Se ajusta la definición de la visión, misión y valores de la función de TI a las corporativas?
14 ¿Se comprende bien el proceso de estrategia de TI y se ha comunicado a todos los niveles funcionales de TI?

Gestión de riesgos

15 ¿Cómo se gestiona el riesgo de mercado, asumiendo que se han desarrollado los productos y servicios de TI?
16 ¿Cómo se gestiona el riesgo de competencia de TI, asumiendo la venta de los productos y servicios?
17 ¿Cómo se gestiona el riesgo de capacidad interna? (¿Tenemos la capacidad de desarrollar los productos y servicios de TI?)
18 ¿Cómo se gestiona el riesgo tecnológico? (¿Seremos capaces de elaborar los productos y servicios de TI planificados con un coste razonable?)
19 ¿Cómo se gestiona el riesgo de socios y proveedores? (¿Pueden los proveedores de TI proporcionar las materias primas y los componentes necesarios? ¿Lo harán con un coste efectivo? ¿Pueden nuestros socios de TI arrebatarnos nuestros propios beneficios?)
20 ¿Permitirán los reguladores que los productos y servicios de TI puedan ofrecerse del modo que prevé la organización?

Gestión de recursos humanos

21 ¿Tenemos la mezcla adecuada de competencias, habilidades y destrezas en TI y en las funciones de usuarios?

22 ¿Sabemos qué competencias, habilidades y destrezas hay en TI y en las funciones de usuarios?

23 ¿Gestionamos eficaz y eficientemente las competencias, habilidades y destrezas de TI?

24 ¿Sabemos qué competencias, habilidades y destrezas de TI estamos desarrollando?

25 ¿Podemos transferir competencias, habilidades y destrezas de TI a productos o desarrollos de TI más estratégicos cuando sea necesario?

26 ¿Cómo gestionamos las competencias, habilidades y destrezas de TI? (¿Las conseguimos del mercado? ¿Las conseguimos dentro de la propia organización? ¿Realizamos un análisis de rentabilidad para decidir qué hacer?)

27 ¿Podemos innovar más y mejorar nuestra estrategia mejorando y enriqueciendo nuestra mezcla de habilidades, competencias y destrezas de TI?

28 ¿Motiva la organización a los empleados de TI y de funciones de usuarios a desarrollar nuevas ideas sobre productos y servicios de TI?

29 ¿Se comunican eficazmente todas las oportunidades de desarrollo?

30 ¿Ofrecemos y gestionamos los incentivos eficazmente? (beneficios monetarios, mejora profesional, recompensas sociales, motivación, etc.)

31 ¿Sabemos cuándo debemos incentivar individualmente y cuándo a grupos o funciones?

32 ¿Motivan los incentivos al personal para que sea más innovador?

33 ¿Patrocina la alta dirección a los innovadores?

Procedimientos de gestión

34 ¿Tienen en cuenta las evaluaciones del desempeño individual y de grupos de TI todo el rango de contribuciones a la organización (resultados financieros, ayuda a clientes, desarrollo de ideas, ayuda a otros compañeros)?

35 ¿Están acordados los objetivos del desempeño de TI y fijados con todos los participantes de modo justo y equilibrado?

36 ¿Están identificados y se corrigen rápidamente los errores y conflictos en políticas y procedimientos de TI o de usuarios?

37 ¿Consiguen las personas y equipos el reconocimiento adecuado por los proyectos con éxito o sin él?

38 ¿Están protegidas las personas y equipos de las interferencias negativas e indebidas de los altos niveles directivos?

39 ¿Crean y mantienen los altos directivos contactos y comunicaciones con los interesados externos más importantes?

40 ¿Están al tanto los niveles apropiados de dirección de las cuestiones esenciales, conflictos y problemas, por medio de procedimientos formales e informales?

41 ¿Hay comunicaciones efectivas en la organización (comunicación interna con todo el personal y los niveles directivos, interesados externos, clientes, socios, proveedores y participantes en la cadena de valor)?

4.8.2 Lista de comprobación de la planificación estratégica de TI

Su objetivo es respaldar el proceso de creación, revisión, evaluación y mejora de los controles identificados en el Párrafo 4.4 'Controles del proceso de estrategia de TI'.

1 ¿El método de planificación (PM) elegido implica el examen detallado de todas las actividades de TI?
2 ¿El PM elegido identifica los usos beneficiosos de la TI?
3 ¿Hay un proyecto (PJ) de planificación estratégica de TI, con participantes de TI y usuarios, y se corresponde con las metas corporativas?
4 ¿Está el PJ patrocinado por el CEO, el comité de TI y ratificado por el Consejo?
5 ¿Se mantuvieron reuniones con los usuarios de TI más importantes?
6 ¿Se mantuvieron reuniones con los directivos de negocio?
7 ¿Se emplearon consultores externos?
8 ¿Hay resúmenes de las reuniones del PJ, archivadas y comunicadas?
9 ¿Se ajustan los planes de negocio a los planes de sistemas de TI?
10 ¿Se han identificado en los planes de negocio los beneficios de la TI?
11 ¿Se han identificado las aplicaciones informáticas nuevas y existentes teniendo en cuenta su impacto estratégico en la organización?
12 ¿Se han identificado nuevos datos corporativos?
13 ¿Se han analizado las deficiencias de los sistemas actuales?
14 ¿Se ha evaluado la plataforma de *hardware* (presente, futura)?

15 ¿Se ha evaluado el *software* de aplicación (presente, futuro)?
16 ¿Se ha evaluado el *software* de bases de datos (presente, futuro)?
17 ¿Están los planes de acción de TI acordados y firmados por los usuarios más importantes?
18 ¿Están los planes e informes de acción de TI revisados y ratificados por el CEO/Consejo?
19 ¿Se revisa el plan del PJ cada 6 meses?
20 ¿Hay un presupuesto (a corto y a largo plazo) de TI para cualquier adquisición necesaria aprobada, desarrollos internos y mejoras?

4.8.3 Lista de comprobación de la implantación del BSC

Su objetivo es respaldar el proceso de creación, revisión, evaluación y mejora de los controles mencionados en el Párrafo 4.6.2 'Diseño e Implantación del Balanced Scorecard de TI'.

1 ¿Hay directrices, soporte, participación e implicación de los altos directivos en el desarrollo del BSC de TI?
2 ¿Han definido los altos directivos una serie mínima de indicadores clave del desempeño (KPI)?
3 ¿Está involucrada la alta dirección en la medición y evaluación del desempeño de TI?
4 ¿Comprenden plenamente todos los ejecutivos la función y el proceso de cada unidad de TI y que su desempeño está relacionado con el desempeño general de la organización?
5 ¿Tienen todos los ejecutivos las habilidades, formación y características necesarias para tratar cuestiones del BSC de TI?

6 ¿Están las mediciones del desempeño de TI relacionadas con la conducta de los altos directivos de TI?
7 ¿Hay un plan de implantación de la medición del desempeño por medio de un BSC de TI, que incluya lo siguiente: Establecimiento del equipo, Estructura de gestión del proyecto, Objetivos, Asignación y gestión de los recursos, Presupuestos, Comunicación, Gestión de riesgos y Gestión de cambios?
8 ¿Hay un sistema de auditoría del progreso y de reporte para las mediciones del desempeño por medio del BSC de TI?
9 ¿Hay operativos procedimientos de medición del desempeño de TI?
10 ¿Tiene el personal de cada departamento de TI, proyecto, unidad y proceso, las habilidades adecuadas, formación y características necesarias para tratar cuestiones del BSC de TI?

4.8.4 Lista de comprobación de la implantación de los controles estratégicos de TI

Su objetivo es respaldar el proceso de creación, revisión, evaluación y mejora de los controles mencionados en el Párrafo 4.5 'Controles de la implantación de la estrategia de TI'.

1 ¿Se han logrado o no las metas generales y específicas (anuales) de la organización de TI?
2 ¿Se han alcanzado las metas de TI en los plazos temporales indicados en el plan?
3 ¿Fueron realistas los plazos establecidos o hubo que modificarlos?

4 ¿Tiene el personal de TI los recursos necesarios (dinero, equipos, instalaciones, formación, sistemas informáticos, etc.) para alcanzar sus metas y objetivos?
5 ¿Son aún realistas las metas y objetivos?
6 ¿Deberían modificarse las prioridades de TI para hacer más hincapié en el logro de metas y objetivos?
7 ¿Deberían modificarse las metas y objetivos de TI para que se ajusten a los plazos?
8 ¿Qué puede aprenderse de la monitorización y evaluación de las actividades de TI para mejorar las futuras actividades de planificación y las iniciativas de monitorización y evaluación?
9 ¿Están redactadas, aprobadas y formalmente establecidas las políticas y procedimientos de TI?
10 ¿Se han revisado, mejorado o cambiado durante el último año las políticas y procedimientos de TI?

4.8.5 Programa de auditoría de evaluación del desempeño de TI

El objetivo de este programa de auditoría es respaldar el proceso de creación, revisión, evaluación y mejora de los controles mencionados en el Párrafo 4.6 'Controles estratégicos de la gestión del desempeño de TI'.

1 Obtenga una copia de la política de desempeño de TI y revísela con los directivos de TI.
2 Evalúe la validez y el uso de esta política, y hasta qué grado es válida (criterios, satisfacción de usuarios, etc.).
3 Obtenga datos sobre el funcionamiento de las máquinas de los sistemas gestionados en el centro de procesamiento de datos.
4 Evalúe la forma en la que los directivos de TI registran estadísticas operativas sobre la disponibilidad y caídas

de equipos y sistemas y cómo se comunican a los usuarios finales y a los ejecutivos los problemas y su resolución.

5 Efectúe, si es posible, un análisis comparativo de los costes del departamento de TI con otros similares. Evalúe el funcionamiento de los ordenadores y el proceso de planificación de capacidad, sobre todo para las actualizaciones de ordenadores.

6 Revise los KPI y su eficacia para la función concreta auditada de TI. Tenga en cuenta las siguientes medidas del desempeño de TI:

- Actividad de desarrollo y mantenimiento: funciones desarrolladas útiles para los usuarios, cantidad de líneas codificadas/ cambiadas/probadas, horas empleadas en mantenimiento (persona, programa).
- Desempeño operativo: entrega a tiempo de informes a los usuarios, tiempo medio de respuesta, disponibilidad media, tiempo medio entre fallos, volúmenes de almacenamiento, cantidad de líneas impresas, cantidad de datos mantenidos, cantidad de transacciones procesadas.
- Desempeño financiero: cumplimiento del presupuesto, gastos en mantenimiento frente a nuevas actividades de desarrollo, gastos en mantenimiento preventivo, ratio de gastos administrativos frente a gastos de producción.
- Gestión de recursos humanos: índice de volumen de negocios, formación por empleado (cantidad, horas) tiempo medio de permanencia en la compañía.

4.8.6 Programa de auditoría de evaluación del plan de negocio del CIO

Su objetivo es respaldar el proceso de creación, revisión, evaluación y mejora de los controles mencionados en el Párrafo 4.6 'Controles estratégicos de la gestión del desempeño de TI'.

1 Obtenga un plan formal o informal de negocio de la compañía para todo el grupo de empresas y para cada empresa o función que recibe soporte de TI.
2 Evalúe este plan de negocio para cada empresa/función, a corto y a largo plazo, teniendo en cuenta las actividades y proyectos de TI.
3 Obtenga el plan de negocio del CIO para todo el grupo de empresas y para cada empresa o función que recibe soporte de TI.
4 Examine el plan de negocio del CIO para comprobar que ofrece cobertura, a corto y largo plazo, a todas las empresas mencionadas en el plan estratégico del grupo de empresas, y los aspectos relativos a sistemas de aplicación, tecnología y personal.
5 Obtenga la lista de clientes de TI, describiendo cuáles de sus departamentos y servicios reciben soporte de la TI y qué tipo de servicio se les presta.
6 Examine esta lista de clientes para comprobar que es compatible con las compañías mencionadas en el plan de negocio.

4.9 Conclusión

Es probable que la estrategia de TI pueda ejecutarse de un modo más eficaz y eficiente, mediante la implantación de una serie de controles, como los descritos en este capítulo, revisando, modificando, añadiendo, borrando, adaptando, etc. todo lo necesario para satisfacer las necesidades de TI, las demandas y los modos de operación de modo diligente. Estos controles pueden incluir políticas, prácticas, procedimientos, estructuras organizativas y herramientas específicas.

Deberán establecerse controles para garantizar que se pueden conseguir los objetivos concretos de TI en la organización.

Los principales controles estratégicos de TI, los programas de auditoría y revisión y las listas de comprobación identificadas y adaptadas adecuadamente pueden considerarse el proceso final de visualización y establecimiento de la misión que prepara el entorno completo de TI (aplicaciones, datos, infraestructura, etc.) para realizar las actividades y operaciones de TI con el fin de gestionar las metas del negocio y los procesos y sistemas de la organización. De esta forma, se añade valor estratégico a la capacidad de procesamiento y a la base de almacenaje del marco de gestión del conocimiento (*véase capítulo 1*), y se crean beneficios adicionales a largo plazo y valor para la organización.

El «pegamento» que une el diseño y la implantación de la estrategia de TI, como se ha analizado previamente, es el modelo de Balanced Scorecard de TI. Este es, tal vez, uno de los marcos del desempeño más usados y más efectivos, pues logra un equilibrio entre las operaciones estratégicas y las tácticas en organizaciones públicas y privadas.

Según un estudio de Canadá,[54] el marco de referencia del BSC:

- es una herramienta eficaz de comunicación que convierte la visión de la organización, la misión y la estrategia y la relaciona con los objetivos y metas del desempeño
- ayuda a los directivos a predecir y gestionar mejor el desempeño, financiero y no financiero
- puede facilitar y posibilitar el proceso de revisión, información, innovación y aprendizaje de la organización.

Los impactos positivos de la utilización del marco de referencia BSC, según varias organizaciones, son: impactos financieros (p.ej. mejora del beneficio, reducción de costes, etc.), y no financieros (p.ej. satisfacción de clientes, mantenimiento de cuota de mercado, retención de clientes, adecuación a la estrategia corporativa, etc.).

La estrategia impulsa el BSC (corporativo) y el BSC de TI. El BSC dirige el proceso de presupuestos, que a su vez, interacciona con las operaciones (entradas y resultados). La comunicación y la revisión de los resultados financieros y no financieros impulsan y afectan al presupuesto, al BSC y a la estrategia. Todos los elementos están siempre interrelacionados y adaptados para conseguir una mejor organización

Los métodos de proceso e implantación de los controles estratégicos de TI por medio del marco de referencia del BSC son el instrumento conel que se muestra a todos los interesados de organizaciones públicas o privadas, de un

[54] Ver: 'The Balanced Scorecard', *CA Magazine*, Steven Salterio & Alan Webb: (www.camagazine.com), 2003.

modo oportuno, abierto y simultáneo, el logro de las metas de TI y los hechos críticos y significativos, estrategias de TI, políticas, procedimientos y resultados. Cuando estos controles estratégicos de TI se ejecutan de la mejor forma posible, las organizaciones son más eficaces y eficientes, más rentables y beneficiosas para sus interesados, para la sociedad y para la economía nacional e internacional.

4.10 Preguntas de repaso

Este grupo de preguntas las pueden emplear aquellos que utilizan los controles mencionados en este libro para evaluar y comprobar su comprensión de los conceptos y del conocimiento práctico de este capítulo.

1. ¿Cuál es el propósito de los controles estratégicos de TI?

Referencia: Párrafo 4.3 'Propósito y principales tipos de controles estratégicos de TI'.

2. ¿Cuáles son los principales tipos de controles estratégicos de TI?

Referencia: Párrafo 4.3 'Propósito y principales tipos de controles estratégicos de TI'.

3. ¿Cuál es el propósito primario del comité de TI?

Referencia: Párrafo 4.4 'Controles del proceso de estrategia de TI'.

4. ¿Quién desarrolla y quién ratifica la política de TI?

Referencia: Párrafo 4.4.1 'Metodología de análisis de la estrategia de TI'.

5. ¿Cómo se describe una misión típica de TI?

Referencia: Párrafo 4.4.1 'Metodología de análisis de la estrategia de TI'.

7. ¿Cuáles son los principales pasos del proceso estratégico de TI?

Referencia: Párrafo 4.4 'Controles del proceso de estrategia de TI'.

8. ¿Cuáles son algunos de los objetivos del plan estratégico de TI?

Referencia: Párrafo 4.4.2 'Plan estratégico de TI'.

9. ¿Cada cuánto tiempo debería revisarse el plan de recursos estratégicos de TI?

Referencia: Párrafo 4.4.3 'Plan de recursos estratégicos de TI'.

10. ¿Qué cuestiones debería tener en cuenta el presupuesto de implantación del BSC de TI?

Referencia: Párrafo 4.4.4 'Presupuestos estratégicos de TI'.

11. ¿Qué tipos de controles deberían incluirse en los controles de la implantación y monitorización de la estrategia de TI?

Referencia: Párrafo 4.5 'Controles de la implantación de la estrategia de TI'.

12. Mencione algunas de las acciones del plan de acción de implantación de la estrategia de TI.

Referencia: Párrafo 4.5.1 'Plan de acción de la implantación de la estrategia de TI'.

13. ¿Cómo se realiza la monitorización de la implantación del plan estratégico de TI?

Referencia: Párrafo 4.5.1 'Plan de acción de la implantación de la estrategia de TI'.

14. ¿Cuál es el compromiso estratégico para la gestión de la información actual y de la calidad de los datos?

Referencia: Párrafo 4.5.2 'Procedimientos de gestión de la calidad de la información'.

15. ¿Cuáles son las 3 fases de una metodología típica de mejora de la calidad de los datos?

Referencia: Párrafo 4.5.2 'Procedimientos de gestión de la calidad de la información'.

16. ¿Qué controles se incluyen en los controles estratégicos de la gestión del desempeño de TI?

Referencia: Párrafo 4.6 'Controles estratégicos de la gestión del desempeño de TI'.

17. ¿Qué pasos incluye el método de implantación rápida del BSC de TI?

Referencia: Párrafo 4.6.2 'Diseño e implantación del Balanced Scorecard de TI'.

18. ¿Cuáles son las perspectivas del Balanced Scorecard para la función de TI?

Referencia: Párrafo 4.6.2 'Diseño e implantación del Balanced Scorecard de TI'.

19. Mencione algunas de las medidas del desempeño operacional de TI que deberían tenerse en cuenta al evaluar el desempeño de TI.

Referencia: Párrafo 4.7 'Controles de monitorización y revisión'.

20. ¿Cuáles son los dos impactos beneficiosos de la utilización del marco de referencia BSC?

Referencia: Párrafo 4.9 'Conclusión'.

CAPÍTULO 5: CONTROLES DEL DESARROLLO DE SISTEMAS

Somos lo que hacemos día a día; de modo que la excelencia no es un acto, sino un hábito (definido como la intersección de conocimiento, habilidad y deseo).

Aristóteles

5.1 Alcance

Una vez establecida la función de TI, con estructura organizativa, personal, administración, y una arquitectura empresarial para los sistemas de TI y una estrategia de TI bien relacionadas, la función está lista para crear productos y servicios informáticos con calidad, mediante el desarrollo de sistemas de aplicación.

Los controles de este nivel establecen un buen entorno operativo para el desarrollo de sistemas informáticos y aseguran la correcta prueba y preparación de esos sistemas para satisfacer los propósitos comerciales de la organización. También facilitan y respaldan la correcta ejecución de las actividades diarias y las transacciones operativas de los sistemas informáticos.

Describiremos una serie de controles del desarrollo de sistemas, que incluyen: controles para el desarrollo de aplicaciones, metodología de prueba de sistemas informáticos, controles del desarrollo de aplicaciones de usuario final, registros de auditoría, controles para paquetes de *software* y controles de la calidad del desarrollo de sistemas. Se mostrarán ejemplos en algunos casos.

Además, se incluye una serie de listas de comprobación para facilitar la ejecución y mejora de las tareas y responsabilidades del personal de desarrollo, auditores informáticos, auditores internos y externos, consultores de TI, responsables del cumplimiento, etc.).

5.2 Propósito y principales tipos de controles del desarrollo de sistemas

El diseño y desarrollo de sistemas de aplicación de TI eficientes puede que ya no sea suficiente. Para sobrevivir actualmente en el mercado competitivo y en el entorno de TI, tanto la organización como la función de TI necesitarán mostrar un nivel superior de excelencia.

Para alcanzarlo, la organización y sus directivos pueden necesitar concentrarse en todos los aspectos funcionales de la organización, optimizar el uso, la eficacia y la eficiencia de sus recursos, métodos y sistemas.

Con respecto al desarrollo, la práctica ha demostrado que la función de TI, su equipo de desarrollo de sistemas y los proveedores externos, necesitarán niveles más elevados de desempeño, centrándose en los siguientes componentes principales del desarrollo de sistemas de aplicación:

- Usar una metodología de desarrollo de sistemas de aplicación y productos y herramientas relacionados
- Gestionar la calidad del desarrollo de sistemas
- Gestionar los cambios
- Gestionar el personal de desarrollo de sistemas
- Monitorizar y revisar todas las actividades del desarrollo.

Estos elementos deben gestionarse en paralelo. Puede ser parte de la tarea de los directivos de TI mantener todos ellos, simultáneamente, en niveles adecuados de desempeño. Centrarse en sólo uno o dos de ellos puede ocasionar resultados desastrosos a largo plazo.

Es necesario, pues, controlar todos estos elementos por razones de eficacia y eficiencia. Ésta es la tarea de los controles del desarrollo de sistemas.

Su propósito concreto es garantizar el desarrollo seguro de los sistemas informatizados y proteger de cualquier daño posible la información y los datos gestionados por estos sistemas.

Los principales tipos de controles del desarrollo de sistemas son:

- Controles del proceso de desarrollo de sistemas de aplicación
- Controles de la calidad del desarrollo de sistemas
- Controles de la gestión de cambios
- Controles del personal de desarrollo de sistemas
- Controles de monitorización y revisión.

5.3 Controles del proceso de desarrollo de sistemas de aplicación

Los sistemas de aplicación procesan y almacenan datos en archivos y dispositivos de almacenamiento masivo, generan informes y proporcionan información procesada a todos los usuarios y sistemas autorizados.

Suelen realizarse por medio de un *software* de aplicación, desarrollado de acuerdo con un proceso riguroso. Un proceso de desarrollo de *software* es un método que se utiliza para desarrollar el *software* de aplicación. Puede hacerse internamente (dentro de la empresa, por personal de la función de TI, o por contratistas externos bajo la gestión y las normas de la organización) o externamente (por medio de un paquete de aplicación proporcionado por un vendedor de *software*).

Los controles del proceso del desarrollo de sistemas de aplicación de una organización los puede desarrollar e implantar el director de TI, u otro responsable a cargo de la TI (p.ej. el CIO), los puede revisa el comité de TI y ratificar el Consejo. Las listas de comprobación de auditoría del Párrafo 5.9 pueden usarse para facilitar las revisiones del diseño, implantación y postimplantación de los controles del desarrollo de aplicaciones de la organización.

Los controles típicos del proceso de desarrollo de sistemas de aplicación, son:

- Metodología de desarrollo de sistemas informáticos
- Productos del desarrollo de sistemas
- Metodología de prueba de sistemas informáticos
- Controles del desarrollo de aplicaciones de usuario final
- Registros de auditoría
- Controles de paquetes de *software*.

5.3.1 Metodología de desarrollo de sistemas informáticos

Hay varios modelos disponibles para el diseño, desarrollo e implantación de sistemas informáticos. Algunos son: modelo en cascada, modelo en V, modelo en espiral, modelos de mejora del proceso (CMMI, ISO9000,

ISO15504,[55] etc.), métodos matemáticos formales, modelos de desarrollo (orientado a objetos, iterativos, incrementales, Agile, RUP, etc.). Todos ellos describen los procesos de desarrollo del *software* como una serie de tareas que deben cumplirse para crear y desplegar el sistema informático de una organización.

Un proceso típico de desarrollo, ya sea interno o externo, que podemos emplear a partir del modelo en cascada, suele incluir las siguientes fases:

Fase 1: Planificación del sistema

Las actividades de esta fase son:

- determinar la factibilidad: ¿vale la pena realizar el proyecto?
- elaborar una visión de conjunto de alto nivel sobre el proyecto en la que se incluyan los requisitos del sistema y su alcance.

El resultado de esta fase es un documento de factibilidad del sistema informático (*véase párrafo 5.3.2* 'Productos del desarrollo de sistemas').

Fase 2: Definición del sistema

Las actividades de esta fase son:

- definir 'qué', 'cuándo', 'quién', y 'cómo' se realizará el proyecto

---

[55] Para más información sobre CMMI, ver www.sei.cmu.edu/cmmi. Para más información sobre las normas ISO, ver www.iso.org.

- elaborar un borrador más detallado de alto nivel del proyecto
- realizar una definición más detallada del proyecto
- preparar y emitir un RFP (si se quiere obtener el sistema en el mercado)
- elegir un equipo de desarrollo para el proyecto
- asignar un jefe de proyecto.

Los productos de esta fase son: un documento RFP (si se necesita), un plan del proyecto, un documento de requisitos comerciales y un documento de requisitos técnicos (informáticos) (*véase párrafo 5.3.6*).

Fase 3: Análisis del sistema

Las actividades de esta fase son:

- Posibilitar que el equipo de desarrollo comprenda y documente las necesidades de los usuarios con respecto al sistema, posiblemente mediante varias herramientas (como entrevistas con los usuarios, grupos de discusión, intercambio de ideas, método Delphi, método Strategic Questioning, análisis del sistema actual, análisis de documentos, observación de operaciones, participación en los procesos de negocios, análisis de los factores críticos de éxito, etc.)
- Documentar detalladamente el alcance, objetivos empresariales y requisitos del sistema.
- Dejar muy claro qué debe hacer el sistema.
  Incluir un análisis de qué datos deberían duplicarse en el depósito de datos.

Los productos de esta fase son un documento de análisis y diseño del sistema, un documento de requisitos del negocio y un documento de requisitos técnicos.

Fase 4: Diseño del sistema

Las actividades de esta fase son:

- Describir cómo se construirá el sistema.
- Documentar el diseño del sistema y los requisitos técnicos para que el sistema funcione y las herramientas que se usarán para construir el sistema
- Describir la dinámica de los datos entre las bases de datos operacionales y el depósito de datos.

El producto de esta fase es un documento de análisis y diseño de sistemas (*véase párrafo 5.3.2* 'Productos del desarrollo de sistemas').

Fase 5: Construcción del sistema

Las actividades de esta fase son:

- Codificar los programas, pruebas unitarias, pruebas de integración de los módulos del sistema, pantallas e informes y envío de datos al depósito de datos si fuese necesario.
- Desarrollar y completar la documentación técnica y los procedimientos y documentación del usuario, para la fase de implantación del sistema.

Los productos de esta fase son un sistema informático codificado y probado y la documentación requerida por el mismo. En el Párrafo 5.3.3 'Metodología de prueba de sistemas informáticos' encontrará más datos sobre un método, un procedimiento y un plan de prueba que puede emplear. En el Párrafo 5.3.2 'Productos del desarrollo de sistemas', encontrará un ejemplo indicativo de la documentación del sistema.

Fase 6: Implantación del sistema

Las actividades de esta fase son:

- Preparar el entorno de producción para la implantación del sistema y la carga de datos reales.
- Realizar la implantación del sistema desarrollado, desde la prueba de aceptación del usuario (o funcionamiento en paralelo) hasta la puesta en marcha real y carga de datos en el depósito de datos.
- Ejecutar el sistema en modo de producción real.
- Mantener el sistema y corregir los errores del proceso que se originen por el mal funcionamiento del *software*, entrada de datos, cambios en las normas empresariales, etc.

El producto de esta fase es un sistema plenamente operativo.

Fase 7: Revisión del sistema tras su implantación

Las actividades de esta fase son:

- Revisar los indicadores de desempeño y de resultados del sistema tras un año en plena producción.
- Entrevistar a los usuarios principales para evaluar su percepción y comprensión de los resultados y del efecto del sistema sobre sus operaciones comerciales.

- Evaluar si el sistema ha cumplido, y hasta qué grado lo ha hecho, las especificaciones de los usuarios y de sus gestores.
- Pedir, en algunos casos, que un grupo de especialistas en seguridad de TI ejecuten una serie de pruebas de intrusión para evaluar las posibles deficiencias de la seguridad del sistema.

El producto de esta fase es un informe sobre los posibles cambios y mejoras, elaborado por un gestor, auditor, analista o consultor (*véase párrafo 5.3.6* 'Controles de paquetes de *software*').

Todas estas fases constituyen una metodología de desarrollo de sistemas típica. Un ejemplo es SSADM[56] que consta de siete etapas (de cero a seis): factibilidad, investigación del entorno actual, opciones de negocio, definición de requisitos, opciones técnicas del sistema, diseño lógico y diseño físico. Las metodologías suelen proporcionar directrices a los jefes de proyecto y al personal de desarrollo sobre todos los aspectos de la gestión de sus proyectos de desarrollo informático.

Si los directivos de TI deciden, por diversas razones de control o de rentabilidad, iniciar un proyecto para el desarrollo de un sistema, pueden hacerlo utilizando un enfoque clásico. Este enfoque típico podría tomar la forma de un proyecto de desarrollo de sistemas compuesto de hasta 7 etapas:

- Propuesta del proyecto
- Iniciación del proyecto

---

[56] SSADM® Registered Trade Mark of the Office of Government Commerce in the United Kingdom, www.ogc.gov.uk.

- Planificación del proyecto
- Ejecución del proyecto (factibilidad, análisis, diseño, desarrollo, implantación y evaluación)
- Gestión del proyecto
- Finalización del proyecto
- Cierre del proyecto.

Durante los últimos 20 años ha proliferado una gran variedad de metodologías, cada una con sus puntos fuertes y sus puntos débiles. El uso de una única metodología de desarrollo de sistemas puede no ser apropiado para todos los proyectos de todas las organizaciones. Cada metodología se adaptará mejor que otras a un caso específico, dependiendo de las diferentes consideraciones y condiciones culturales, técnicas, organizativas, de gestión o de los equipos de proyecto.

Puede que cada organización y sus gestores necesiten probar varias metodologías, o pedir consejo a un experto, antes de optar por una o varias de ellas, y antes de adoptarla como norma para sus proyectos de *software*.

5.3.2 Productos del desarrollo de sistemas

Como ya se ha mencionado, cada fase del proceso de desarrollo del *software* crea uno o más productos de desarrollo de sistemas.

Entre estos productos podemos encontrar lo siguiente (ejemplo indicativo):

- Documento de factibilidad del sistema
- Documento de análisis y diseño del sistema
- Código *software* (fuentes, objetos, listados de los programas)

- Documentación de la aplicación (p.ej. guías para la programación y guías para los usuarios).

En el Párrafo 5.3.6 'Controles de paquetes de *software*', encontrará ejemplos de otros documentos de utilidad relevantes.

Estudio de factibilidad

El documento de factibilidad es el resultado de la ejecución de una serie de procedimientos, durante la fase de estudio de factibilidad. En ella, los sistemas, descritos durante el proceso de planificación estratégica de TI, se analizan para ver si son viables o no, antes de que los directivos y usuarios de la organización los aprueben para su desarrollo e implantación.

Los principales pasos para crear el documento son:

- determinar la naturaleza y la extensión de los problemas que el sistema debe resolver
- determinar la factibilidad de cualquier desarrollo propuesto (técnica, operativa, económica)
- proponer un plan de acción general para resolver el problema
- crear un plan de acción detallado para dirigir la fase de análisis
- crear un plan resumido para todo el proyecto de desarrollo del sistema.

Documento de factibilidad de sistema TI (ejemplo)

1. Resumen ejecutivo: Resumen de los hallazgos y recomendaciones del analista de la fase de factibilidad del

sistema propuesto.

2. Descripción del problema: Descripción detallada del problema observado, con un resumen de las entrevistas, observaciones, sistemas actuales y documentación relacionada para describir el problema observado.

3. Especificaciones de la solución: Definición detallada de los objetivos que el sistema nuevo o revisado debe alcanzar y de las restricciones planteadas en el desarrollo del sistema. Descripción de las principales características de un sistema nuevo o revisado.

4. Especificaciones de la factibilidad: Definición detallada de los elementos técnicos (¿puede resolverse el problema con la tecnología existente?), operativos (¿tiene la organización el personal, procedimientos y métodos de trabajo necesario para implantar el sistema propuesto?), y factibilidad económica (costes y beneficios de la solución propuesta).

5. Plan de desarrollo del sistema: Definición detallada del alcance del desarrollo, una lista completa de las tareas a desarrollar, un calendario para completar las tareas y un plan de recursos humanos (de desarrollo de sistemas, usuarios, consultores externos, etc.) para la próxima fase del sistema que se va a desarrollar.

6. Recomendaciones: Definición detallada, elaborada por el analista, de las recomendaciones sobre el sistema propuesto, para los directivos de la organización. Debería mostrar la opinión documentada del analista sobre si se deberían aprobar o no las siguientes fases del desarrollo, así como la estrategia para esas fases.

7. Apéndices: Deberían contener la documentación de un modo analítico, sobre las actividades realizadas durante el estudio, como planes de entrevistas, resúmenes de las reuniones, memorandos y copias de mensajes electrónicos, documentos de planificación (GANTT, PERT, calendarios, etc.), la documentación revisada (lista de procedimientos, sistemas, tecnología, diagramas de flujo de datos, etc.) y datos detallados

sobre la factibilidad (económicos, como análisis del valor actual neto, etc.).

Análisis y diseño del sistema

El documento de análisis y diseño del sistema es el resultado de una serie de procedimientos realizados durante la fase de análisis de requisitos, en la cual los analistas fijarán detalladamente qué hará el sistema. Los principales pasos para crear este documento son:

- recoger las necesidades de los usuarios (con entrevistas, cuestionarios, revisiones de grupo, intercambio de ideas, Delphi, etc.)
- extraer los requisitos de los sistemas existentes, mediante el análisis de datos, análisis de documentos, participación en trabajos, etc.)
- obtener los requisitos del nuevo sistema, de las funciones de negocio (mediante planes comerciales, de los factores críticos de éxito, de análisis de decisiones, prototipos, etc.)
- describir el sistema futuro, de modo 'lógico' o funcional y 'físico' o técnico, por medio de diagramas, como por ejemplo, DFD y textos.
- documentar la volumetría, las interfaces, salidas y requisitos de control del sistema.

Documento de análisis y diseño de sistemas TI (ejemplo)

1. Resumen ejecutivo: Definición resumida de los costes, eficacia, impacto y otros beneficios del sistema propuesto.

2. Resumen del análisis y diseño del sistema: Definición

resumida de los hechos y otros datos recogidos durante la fase de análisis y diseño del sistema, análisis realizado y diseño general propuesto.

3. Requisitos de usuario para el sistema propuesto: Definición detallada de los requisitos de usuario para el sistema propuesto, mostrando entradas al sistema, pasos de procesamiento, salidas, (pantallas, informes, datos que deben gestionarse), volúmenes de archivos y bases de datos y requisitos de funcionamiento, interfaces necesarias a otros sistemas y medidas concretas de control de este sistema (como autorización de transacciones, acceso, calidad de los datos, controles de seguridad, copias de seguridad y controles de recuperación, etc.).

4. Descripción 'lógica' o funcional del nuevo sistema: Descripción detallada del sistema futuro, desde su punto de vista funcional, esquemas, como DFD, descripciones de datos, a partir de diccionarios o repositorios de arquitectura y otra documentación de apoyo que muestre la visión 'lógica' del sistema. Por último, un resumen de las mejoras del nuevo diseño 'lógico'.

5. Descripción 'física' del sistema futuro: Descripción detallada del sistema futuro, esquemas, como DFD, diagramas de control, y otra documentación de apoyo que muestre la visión 'física' del sistema. Por último, un resumen de las mejoras del nuevo diseño 'físico'.

6. Restricciones al sistema: Definición detallada de las restricciones existentes en el nuevo sistema, en *hardware*, *software*, interfaces, entorno legal, obligaciones contractuales, riesgos por la implantación del sistema y las condiciones de seguridad.

7. Presupuesto de la fase de programación: Definición detallada de los requisitos de presupuesto para la fase de programación del sistema propuesto y requisitos de personal (TI y usuarios).

7. Apéndices: Toda la documentación de apoyo de la fase de análisis y diseño del sistema, como resúmenes de reuniones, lista

de documentación revisada, aprobaciones de usuarios, resúmenes, tablas, gráficos, costes, análisis de eficacia, calendario de la fase de programación, etc.

Documentación de la aplicación

La metodología de desarrollo de sistemas debería incluir procedimientos que garanticen el desarrollo completo y exhaustivo de la de cada aplicación, de forma que posibilite un mejor uso, eficaz y eficiente, su funcionamiento, el mantenimiento y el soporte de los problemas técnicos de la aplicación.

Documentación de aplicación (ejemplo)

1. Documentación de la aplicación: Propósito del sistema, diagramas de flujo del sistema, diagramas entidad-relación, descripción, etc.

2. Documentación de programa: Propósito de cada programa, gráficos de flujo, tablas de decisión, gráficos de estructura, listados de fuentes, descripción de archivos de entrada, archivos, bases de datos y salidas, datos de prueba y resultados. Historial de los cambios realizados y las aprobaciones de esos cambios. Si hay hojas de cálculo, deben documentarse de modo análogo.

3. Documentación de funcionamiento: Origen de la entrada, formulario e instrucciones de recepción, formulario de salidas e instrucciones de distribución, instrucciones para el funcionamiento, incluyendo arranque, archivos requeridos, procedimiento de rearranque y manejo de errores.

4. Documentación de usuario final: Descripción de la aplicación, procedimientos para rellenar los documentos origen, pantallas de entrada, guías de procedimientos de uso para tratamientos

manuales e informatizados, descripción de archivos manuales e informatizados, descripciones de datos e informes, explicación de controles, instrucciones para el manejo de errores, y procedimientos para la distribución de datos e informes de salidas.

5.3.3 Metodología de prueba de sistemas informáticos

La prueba de los sistemas informáticos es crucial para el proceso de desarrollo, por lo que requiere el esfuerzo, atención e interés riguroso del personal de desarrollo si se desea mejorar los sistemas.

La prueba de los sistemas y aplicaciones es crítica para el éxito de cualquier proyecto de desarrollo informático. Deberían revisarse todos los aspectos de la fase de pruebas para incorporar en ella no sólo el *software* sino también otros elementos informáticos. La prueba de sistemas implica la operación de un sistema o aplicación en condiciones controladas y la evaluación de los resultados obtenidos. Las condiciones controladas incluyen condiciones normales y anómalas. Las pruebas deben intentar realizar acciones incorrectas a propósito para comprobar si ocurren cosas inesperadas o si no ocurre nada cuando debería hacerlo.

Las pruebas deberían realizarse en el proceso de desarrollo de sistemas, a partir de:

- una norma y una metodología[57] de pruebas informáticas

[57] P.ej. BCS standard for software testing, www.testingstandards.co.uk, USA Department of Health General Principles of Software Validation, www.fda.gov/cber/guidelines.htm, y *Risk-Based E-Business Testing*, Gerrard P y Thompson N, Artech (2002).

- un plan de prueba de la aplicación y un procedimiento de aceptación
- una serie de herramientas de pruebas (p.ej. Assess Mate for Java, Automated Test Facility Packages, Bound Checkers para problemas de colas y de memoria, aplicaciones para pruebas en los entornos Windows APIs con ActiveX, DirectX, Win32, X-Designer, Dumpbin, Netcat, Ethereal, Brutus, Whisker, Appscan, etc.).

Los controles reales de pruebas puede desarrollarlos e implantarlos el director de TI, revisarlos el comité de TI y ratificarlos el Consejo. También pueden utilizarse las listas de comprobación de auditoría del Párrafo 5.9 como apoyo en las revisiones del diseño, implantación y postimplantación de los controles del desarrollo de la organización.

También pueden emplearse varios formularios, incluidos en el Apéndice 4, para control de gestión, monitorización del desarrollo de sistemas y otros propósitos de monitorización de la calidad, incluidos en el Apéndice 4.

Los principales controles de pruebas informáticas son:

- Procedimiento de aceptación de la aplicación
- Plan de prueba de la aplicación.

Procedimiento de aceptación de la aplicación

Los pasos habituales de un procedimiento típico de aceptación de una aplicación, ejecutada por personal de TI y por los usuarios finales, son:

1 Examen y revisión de los acuerdos contractuales, actividades y productos resultantes del desarrollo, para comprobar qué se ha hecho hasta el momento.

2 Análisis y evaluación del riesgo, para examinar y establecer qué funciones del sistema deberían probarse
3 Creación de un entorno dedicado de pruebas
4 Diseño de todas las pruebas
5 Ejecución de las pruebas, que deben incluir: prueba del diseño del sistema, prueba del código a medida que se desarrolla, prueba de integración, cuando los componentes están listos, prueba de las interfaces, prueba de aceptación del usuario, pruebas de caja negra (pruebas desde una perspectiva externa) y de caja blanca (pruebas desde una perspectiva interna, con acceso al código fuente y a los documentos relativos a la arquitectura), análisis de regresión, prueba de control de información incorrecta o inapropiada, y prueba de las rutinas de conversión de datos.
6 Revisión y examen de todos los resultados
7 Documentación y archivo del proceso de pruebas y de los resultados obtenidos
8 Registro y resolución de todas los problemas y errores
9 Reporte de los resultados de la prueba
10 Archivo de los datos de prueba intermedios y finales y de los resultados.

Plan de prueba de la aplicación

Un plan típico de prueba de una aplicación incluye lo siguiente (sólo como ejemplo):

- Estrategia de prueba
- Diseño detallado del plan de prueba para cada unidad (programa, subsistema, etc.)
- Definición clara de la organización y responsabilidades de las pruebas

- Componentes que se deben probar (función —el sistema debe satisfacer los requisitos del negocio—, carga, volumen, configuración de *hardware* y portabilidad, conversión de datos y carga en las bases de datos, seguridad, rendimiento, disponibilidad, entrada de transacciones fuera de orden para comprobar si el *software* reacciona adecuadamente, recuperación, *hardware*, mantenimiento, interfaces, documentación y factores humanos).
- Resultados esperados de las pruebas
- Procedimientos formalizados de las pruebas (incluidos los escenarios y datos de prueba). Los procedimientos deben incluir: preparación de los datos de prueba apropiados, asegurar la disponibilidad y la configuración del *software* en prueba, carga inicial de datos, entrada de datos de prueba, registro de problemas, resolución de errores y comparación de los resultados reales con los esperados.
- Revisión tras la implantación.

En el Apéndice 4 encontrará ejemplos de formularios para ejecutar y documentar las pruebas y otras herramientas de apoyo.

5.3.4 Controles del desarrollo de aplicaciones de usuario final

Un usuario final es una persona que interacciona directamente con un sistema informático o de red. Entre ellos están quienes actúan con autorización y quienes lo hacen sin ella. Debe tenerse en cuenta que entre los usuarios finales no se incluyen los operadores, programadores de sistemas, responsables de control técnico, responsables de seguridad de sistemas ni otro personal de asistencia técnica.

Los usuarios finales deben estar controlados, porque a veces pueden ocasionar daños irreparables.

Los controles reales del desarrollo de aplicaciones de usuario final pueden puede desarrollarlos el director de TI, revisarlos el Comité de TI y ratificarlos el Consejo. Pueden utilizarse las listas de comprobación de auditoría del Párrafo 5.9 como apoyo en las revisiones del diseño, implantación y postimplantación de los controles del desarrollo de aplicaciones de usuario final en la organización.

El propósito principal de estos controles es asegurar que los usuarios finales, sobre todo los que tienen ordenadores personales para efectuar sus tareas habituales, están protegidos contra daños, perjuicios y errores. Los principales controles en este ámbito incluyen:

- Controles de aplicaciones sobre hojas de cálculo. Con su proliferación, sobre todo en los ordenadores personales, las organizaciones deben extremar el cuidado para implantar controles que impidan posibles decisiones erróneas y fraude a partir del uso de datos producidos por aplicaciones sobre hojas de cálculo no probadas ni documentadas. Los controles habituales pueden ser una plantilla de hoja de cálculo para todas las hojas de la organización, normas y estrategias de prueba, normas de documentación para cada hoja usada y un catálogo completo de todas las hojas empleadas en la toma de decisiones.[58]

- Controles para otras aplicaciones de usuario final. Como en el caso de las aplicaciones sobre hojas de cálculo, todas las aplicaciones desarrolladas por usuarios finales (p.ej. sistemas de bases de datos para aplicaciones ofimáticas) deberían seguir controles como los mencionados anteriormente.

5.3.5 Registros de auditoría

Los controles reales de los registros de auditoría puede desarrollarlos e implantarlos el director de TI, revisarlos el comité de TI y ratificarlos por el Consejo. Pueden utilizarse las listas de comprobación de auditoría del Párrafo 5.9 como apoyo para las revisiones del diseño, implantación y postimplantación de los controles del desarrollo de aplicaciones en la organización.

Los registros de auditoría son registros especiales guardados por razones como:

- monitorización de las transacciones
- actualizaciones de archivos y bases de datos
- análisis de errores
- detección y resolución
- detección del fraude
- monitorización de incidentes de seguridad.

---

[58] Para más información sobre el control de las hojas de cálculo, ver: (1) 'Preventing Errors in Spreadsheets', *Internal Auditor Magazine*, Feb. 1988, p. 42–47, Kee RC y Mason Jr JO (1988); y (2) 'Building Structured Spreadsheets', *Journal of Accountancy*, Oct. 1989, p. 131, Stone, DN y Black RL (1989).

Las clases de registros de auditoría son: registros de *hardware* y de *software* de sistemas, registros de aplicaciones que actualizan archivos y bases de datos, registros de monitorización de la seguridad de redes, etc.

Los registros de auditoría en sistemas de aplicación[59] registran la actividad por proceso de sistema o de aplicación o por la actividad de usuario.

Los registros de auditoría, con mecanismos apropiados, programas y procedimientos informáticos, ayudan a lograr algunos objetivos relacionados con la seguridad y la prevención del fraude, entre los que se incluyen la responsabilidad individual, la reconstrucción de sucesos, la detección de intrusiones y la identificación de problemas.

Un registro de auditoría debe contener la información suficiente para saber qué ocurrió y quién o qué lo ocasionó. El alcance y el contenido de los registros de auditoría deben equilibrar las necesidades de seguridad, la confidencialidad y los costes.

Como mínimo, deberían incluir:

- Tipo de suceso
- Momento (día y hora) del evento o la operación
- Identificación del usuario asociado
- Programa u orden utilizado para iniciar el evento o la operación
- Copia de la operación

---

[59] P.ej.: (1) 'IT Audit Basics: Auditing OS and Database Controls', *ISACA Journal*, Vol. 3, 2003, pp. 32–35, Sayana AS (2003), y (2) 'Information Quality Standards in Computerized Systems', *IDPM Journal*, Vol. 1/1, 1/1995, Kyriazoglou J, IDPM Society, England.

- Copia del registro de bases de datos antes y después del proceso de actualización.

5.3.6 Controles de paquetes de software

Un proceso de desarrollo de *software* es un método usado en el desarrollo de aplicaciones. Estas aplicaciones pueden construirse internamente (dentro de la organización, por personal de la función de TI o por contratistas externos bajo las normas y la gestión de la organización) o externamente (por medio de un paquete de aplicación estándar suministrado por un proveedor de *software*).

Los controles de paquetes de *software* que pueden resultar necesarios para este proceso puede desarrollarlos e implantarlos el CIO, revisarlos el comité de TI y ratificarlos el Consejo. Para el diseño, implantación y revisiones tras la implantación de los controles del desarrollo de aplicaciones en una organización, pueden usarse las listas de comprobación de auditoría del Párrafo 5.9.

El objetivo principal de los controles de paquetes de *software* es asegurar que los paquetes de *software* que darán servicio a las aplicaciones comerciales se seleccionan a partir de normas aprobadas predefinidas y prevenir el posible fraude y el uso indebido de los recursos en el proceso de compra. El proceso de compra de paquetes de *software* debería seguir los pasos identificados en el Capítulo 2 (Controles administrativos de TI).

Los principales controles para la compra de paquetes de *software* son:

- Plan de proyecto del paquete de *software*
- Estudio de factibilidad del paquete de *software*

- Evaluación de propuestas del proveedor del paquete de *software*
- Documento de requisitos comerciales para el paquete de *software*
- Documento de requisitos técnicos para el paquete de *software*
- Plan de prueba del paquete de *software*
- Documentación de aplicación del paquete de *software*
- Revisión del paquete de *software* tras su implantación.

Plan de proyecto de paquete de *software* (ejemplo)

Su contenido podría ser:

Estructura del proyecto

Método de gestión del proyecto

Productos del proyecto

Condiciones para la aceptación de productos

Objetivos de la toma de decisiones

Procedimiento de escalado de problemas

Planificación temporal del proyecto

Procedimiento de gestión del coste del proyecto

Estimación del coste del proyecto

Presupuesto del proyecto

Plan de calidad del proyecto

Objetivos de la calidad del proyecto

Procedimientos para el control de la calidad del proyecto

Organización del proyecto

Recursos humanos del proyecto
Plan de comunicación del proyecto
Objetivos de la comunicación del proyecto
Funciones y responsabilidades del equipo de comunicación
Plan de gestión del riesgo
Procedimiento para el tratamiento del riesgo

Estudio de viabilidad de paquete de *software* (ejemplo)

Su contenido es:

Resumen ejecutivo

Necesidades de la organización

Soluciones propuestas (al menos dos o tres)

Solución 1 (Descripción, beneficios, coste, recursos requeridos, impactos, riesgos, restricciones)

Solución 2 (Descripción, beneficios, coste, recursos requeridos, impactos, riesgos, restricciones)

Solución 3 (Descripción, beneficios, coste, recursos requeridos, impactos, riesgos, restricciones)

Recomendaciones generales

Evaluación y análisis comparativo de las soluciones propuestas

Solución recomendada

Conceptos y definiciones

Apéndices

Referencias

Evaluación de propuestas para un paquete de *software* (ejemplo)

Su contenido es:

Resumen ejecutivo

Criterios de evaluación

Evaluación de propuestas

Soluciones propuestas

Evaluación de la capacidad del proveedor (por cada proveedor)

Evaluación de la idoneidad de la solución (por cada proveedor)

Evaluación de cada proveedor (perfil, procedimientos de la calidad, organización y personal, rotación de personal durante los tres últimos años, entrenamiento, asistencia, servicios de desarrollo y mantenimiento, metodología de desarrollo del *software*, cobertura de los temas de seguridad, etc.)

Evaluación del plan de desarrollo (por cada proveedor)

Evaluación financiera de las soluciones propuestas (por cada proveedor)

Resultados de la evaluación para todas las propuestas y soluciones

Documento de requisitos comerciales para un paquete de *software* (ejemplo)

Resumen ejecutivo

Objetivos comerciales estratégicos

Objetivos generales estratégicos de TI

Objetivos del sistema y del proyecto de TI
Restricciones del proyecto/sistema
Descripción resumida del sistema existente
Modelo del sistema actual
Evaluación del sistema actual
Requisitos y necesidades del nuevo sistema
Procedimientos principales del nuevo sistema
Modelo de datos del nuevo sistema
Requisitos de seguridad y control del nuevo sistema
Requisitos de desempeño del nuevo sistema
Evaluación de soluciones alternativas
Solución recomendada
Borrador del plan de implantación para la solución recomendada
Descripción resumida de la solución
Costes estimados de la solución recomendada
Restricciones a la solución
Beneficios previstos
Plan de entregas de la solución
Objetivos
Términos y definiciones
Apéndices
Referencias

Requisitos técnicos de un paquete de *software* (ejemplo)

Su contenido puede ser:

Marco de referencia técnico

Especificaciones técnicas

Restricciones técnicas

Normas de los sistemas

Marco de la arquitectura

Evaluación de la arquitectura actual

Topología de la red actual

Hardware y *software* actuales

Especificaciones de la arquitectura recomendada

Topología del sistema recomendado

Topología de la red recomendada

Arquitectura de datos del sistema recomendado

Requisitos del *hardware* y del *software* de sistemas

Requisitos de interfaz del sistema recomendado

Requisitos de seguridad del sistema recomendado

Especificaciones del entorno de desarrollo

Especificaciones del entorno de pruebas

Especificaciones del entorno de implantación

Especificaciones de entorno de arquitectura

Diseño técnico de datos

Diseño de bases de datos

Especificaciones de requisitos funcionales

Especificaciones de requisitos técnicos

Requisitos de recursos del sistema

Requisitos de capacidad del sistema

Plan de contingencia

Requisitos de conversión de datos

Plan de conversión y carga de datos

Términos y definiciones

Apéndices

Referencias

Plan de prueba de un paquete de software

Podría crearse el plan de prueba de un paquete de *software* a partir del 'Plan de prueba de aplicación Informática' descrito en el Párrafo 5.3.3 'Metodología de pruebas de sistemas informáticos'.

Documentación de aplicación de un paquete de software

La documentación de aplicación de un paquete de *software* podría crearse a partir de la 'Documentación de Aplicación de TI' descrita en el Párrafo 5.3.2 'Productos del desarrollo de sistema'.

Revisión postimplantación de un paquete de *software* (ejemplo)

Su contenido podría ser:

Objetivos y alcance de la revisión

Evaluación de la funcionalidad y desempeño del sistema
Evaluación económica
Hallazgos
Conclusiones y recomendaciones
Evidencias encontradas
Apéndices

La implantación de paquetes de *software* es una tarea que exige esfuerzo. Los gestores de la organización deberán tener en cuenta las posibles ventajas, costes, beneficios y desventajas de este método, antes de embarcarse en la implantación de soluciones «llave en mano».

Si se opta por estas soluciones, los controles citados anteriormente, así como otros recursos y técnicas de ayuda, pueden resultar muy útiles para conseguir que el trabajo se realice de la mejor forma posible.

5.4 Controles de la calidad del desarrollo del sistema

Generalmente, es preferible realizar los controles de calidad tan cerca de donde se lleva a cabo la actividad como sea posible, porque así se puede identificar y rectificar rápidamente la mala calidad, antes de que se haya propagado por el sistema. El mismo concepto es aplicable a todas las actividades del desarrollo de TI.

Esto significa que todas las actividades del desarrollo de sistemas pueden seguir los principios[60] de la calidad de TI

[60] Ver 'Information Quality Standards in Computerized Systems', *IDPM Journal*, Vol. 1/1, 1/1995, Kyriazoglou J, IDPM Society, England.

que se perfilan a continuación, para proporcionar sistemas de información, probablemente con la máxima calidad.

Los controles reales de la calidad del desarrollo de sistemas puede desarrollarlos el director de TI, revisarlos el Comité de TI y ratificarlos el Consejo. Puede utilizar las listas de comprobación de auditoría del Párrafo 5.9 como apoyo para las revisiones del diseño, implantación y postimplantación de los controles de la calidad del desarrollo de aplicaciones de la organización.

Los principios de la calidad de TI son:

Integridad[61]: Las entradas, procesos, interacciones, normas de procesamiento, condiciones lógicas y presentaciones de la información deberían siempre, y sin excepciones, ser diseñadas y ejecutadas sistemáticamente para que minimicen la probabilidad de errores humanos o informáticos, y para que produzcan siempre los mismos resultados.

Exactitud: Las normas de procesamiento y las condiciones lógicas de la validación individual de datos y la validación contextual de datos cruzados deberían estar bien indicadas y documentadas, tanto en los propios programas, como en la documentación correspondiente.

Fiabilidad: La información recogida, procesada y presentada debería ser siempre fiable. Debería haber procedimientos que garantizaran la seguridad y la posibilidad de recuperación de datos en cualquier circunstancia.

---

[61] NT: Esta palabra tiene diferentes significados, por sí sola o formando parte de la expresión "integridad de la información". La mostrada en este libro es una de ellas.

Consistencia: Una serie de entradas, en un estado determinado del sistema de información y de sus bases de datos, debería producir siempre la misma serie de procesos y de resultados.

Totalidad: La información concreta recogida, procesada y presentada debería tratarse sistemáticamente como un todo. Debería evitarse el conocimiento, las referencias o los efectos ocultos, indirectos o asumidos.

Ergonomía orientada a los usuarios finales: Deben adaptarse completamente todos los aspectos de la recogida, representación, almacenamiento y la comunicación de la información a las necesidades de los usuarios finales.

Facilidad de uso: Todos los componentes del sistema de información (pantallas, informes, equipos, documentación, etc.) deberían ser fáciles de usar. Deberían aplicarse normas de diseño y uso adecuadas a todas las pantallas e informes del sistema (p.ej. en todas las pantallas e informes deberían aparecer el nombre de la compañía, fecha y hora, línea telefónica de ayuda, etc.).

Relevancia: La información proporcionada al usuario final debería ser relevante (p.ej., en función de lo que el usuario necesita en un momento dado).

Puntualidad: La información solicitada y proporcionada al usuario final debería mostrarse siempre de forma inmediata (en los sistemas online) o dentro de las restricciones de plazo de entrega especificadas (informes por lotes).

Comprensibilidad: El usuario final debería poder comprender la información presentada en pantallas, informes, documentación, ayuda online, etc., de forma inmediata.

Relevancia: El usuario final debe reconocer de manera inmediata la relevancia de la información proporcionada. No deben recogerse, procesarse o presentarse datos no relevantes.

Como los controles de calidad de TI deben llevarse a cabo lo más cerca posible al momento (y lugar) donde se realiza la actividad, los controles reales sobre la calidad deberán identificarse en los programas de aplicación (*véase capítulo 9*).

Todos estos principios de la calidad de la TI suelen incluirse en una política o plan de calidad de TI y en la metodología, procedimientos, productos desarrollados y formularios usados.

5.5 Controles de gestión de cambios

La gestión de cambios típica estaría compuesta por la identificación y registro de las solicitudes de cambios, la evaluación de impactos, costes, beneficios y riesgos de los cambios propuestos, el desarrollo de las justificaciones comerciales, la obtención de la aprobación de los responsables de esos cambios, la gestión y coordinación de la implantación del cambio y las actividades de monitorización e información.

El desarrollo y el despliegue de sistemas de TI, en muchas organizaciones y entorno operativos, tiene un impacto (más o menos) en los procedimientos operativos cotidianos y los trabajos de los usuarios finales, obligando a cambiar los procedimientos operativos de los usuarios y sus propias tareas.

Para realizar estos cambios del mejor modo posible, dependiendo de las características de la operación y de la cultura de la organización, suele ser necesario un proceso de gestión de cambios, que puede incluir tres partes:

- metodología de gestión de cambios
- política de comunicaciones
- procedimiento para concienciar a los usuarios finales.

5.5.1 Metodología de gestión de cambios

La gestión de cambios, por lo que respecta al desarrollo de sistemas, incluye habitualmente las siguientes actividades:

- Identificación y documentación de los cambios requeridos, examinando el entorno actual de TI, con respecto a la cultura de la organización, comunicación, diseño organizativo, diseño de tareas, infraestructura, personal, habilidades y conocimientos, interfaces persona/máquina y sistemas de incentivos
- Identificación de los mejores métodos de implantación de los cambios
- Designación de un gerente responsable del apoyo y orientación del proceso completo de implantación del cambio
- Identificación del grado de aceptación del cambio en la organización, por medio de entrevistas, encuestas, debates y la implicación de los participantes esenciales en la implantación del cambio
- Identificación de las diversas funciones en la gestión de los cambios de TI
- Establecimiento y mantenimiento de un soporte eficaz para la gestión de cambios en los proyectos de TI.
- Logro del compromiso de las personas implicadas, por medio de una comunicación efectiva.
- Identificación y gestión de la resistencia al cambio.

- Desarrollo de la cooperación en el equipo de trabajo.

Es probable que el responsable del equipo de gestión de cambios que implantará los cambios en la organización necesite adaptar el modelo propuesto anteriormente a sus necesidades concretas, añadir, modificar o cambiar una o varias de las actividades, o incluso utilizar otro modelo para conseguir el efecto óptimo en la implantación de los cambios en su estilo y cultura de gestión.

5.5.2 Política de comunicación

Un ejemplo de política de comunicación podría ser:

> La Compañía se comunica primero con los más directamente afectados. Nuestra primera obligación es la salud, el bienestar y la seguridad de las personas más directamente afectadas, nuestros empleados, y la protección, restauración y recuperación de las operaciones de la compañía y de los sistemas críticos. Con respecto a los sistemas desarrollados y desplegados, responderemos rápidamente, actuaremos de modo concluyente, asumiremos las responsabilidades adecuadas, pediremos ayuda y comprensión, informaremos inmediatamente a los empleados, mostraremos nuestra preocupación, nos esforzaremos para que la toma de decisiones, la conducta y los resultados estén abiertos a las sugerencias, explicaremos lo antes posible cómo los citados sistemas pueden afectar sus puestos de trabajo y usaremos mensajes simples, directos y positivos al implantar los cambios aprobados.

5.5.3 Procedimiento para concienciar a los usuarios

El procedimiento para comunicar información relativa a las actividades de cambio, debería incluir, como mínimo, las actividades siguientes:

- Formulación de una política de comunicación y difusión de la misma en todos los niveles de la organización. La política debería definir qué debería hacerse para comunicar la información relevante a todos los interesados de la organización.
- Habilitación de un entorno abierto para transmitir la información y recibir comentarios.
- Habilitación de mecanismos que permitan el flujo de la información, en vertical y en horizontal, en la organización.
- Habilitación de medios para que los empleados puedan recomendar mejoras en las operaciones, la estrategia y otras cuestiones críticas afectadas por los cambios
- Monitorización del Consejo del cumplimiento de todas las actividades de comunicación de cambios.

La gestión de cambios es el proceso de identificación, implantación y monitorización de los cambios en las funciones organizativas, como posible resultado del desarrollo e implantación de sistemas informatizados de aplicación. Como los cambios pueden resultar complicados y bastante estresantes, en algunos casos, para el personal de la organización afectado por el cambio de la aplicación, puede ser crucial para el equipo de gestión de cambios completar todos los cambios aprobados en el lugar de trabajo, de modo riguroso, eficaz y eficiente.

El principal concepto a tener en cuenta es «cambiar para mejorar», no «cambiar por cambiar».

5.6 Controles del personal de desarrollo de sistemas

Entre los muchos retos a los que se enfrenta en estos tiempos una organización, pública o privada, el más importante es el fraude, según muchas fuentes.[62] Los avances técnicos (tecnología e infraestructura informática y de comunicaciones, sistemas informáticos, Internet, comercio electrónico, canales de suministro instantáneo de información, etc.) han empeorado la amenaza del fraude.

El fraude por medio de la tecnología puede ser de varios tipos: manipulación de registros financieros o de otras clases, robo de propiedad intelectual, falsificación de registros de la compañía, del desempeño o de otros resultados (investigación, responsabilidad corporativa, derechos humanos, etc.) manipulación de los datos de empleados, robos de equipos y *software*, uso indebido de los activos y recursos de la organización, etc.

Esto hace obligatorio que las organizaciones busquen medios para contrarrestar este mal comportamiento. Pueden tomarse varias medidas contra el fraude, como políticas y procedimientos corporativos (gestión financiera, protección de los recursos, gestión del personal, política sobre la ética, etc.), políticas y procedimientos de TI, medidas de seguridad de TI, auditoría externa o interna, etc.

En este libro, trataremos las políticas y procedimientos relativos a la TI, pero no las políticas y procedimientos corporativos.

Los controles del personal de desarrollo de sistemas pueden ser necesarios principalmente por dos razones. La primera está relacionada con las demandas, expectativas y

---

[62] www.acfe.com, www.cifas.org.uk.

deseos de los directivos de TI para que la función de TI desarrolle e implante mejores sistemas informáticos de misión crítica. La segunda está relacionada con la implicación directa del personal de desarrollo de sistemas en ese desarrollo y mantenimiento, y de los posibles fraudes cometidos por ellos o por otros, con su colaboración.

Estas personas tienen acceso, a veces, ilimitado, a los datos y *software* más confidenciales de la organización. Y estas mismas personas desarrollan y mantienen sistemas informáticos de misión crítica, usados para procesar y almacenar datos corporativos esenciales en bases de datos corporativas, ellos mismos o por medio de socios externos (proveedores de *hardware* y *software*, contratistas de *software*, etc.).

Entre los principales controles del personal de desarrollo de sistemas que pueden resultar útiles, según las condiciones de la organización y de su función de TI, se incluyen los siguientes:

- Controles contra el fraude en el desarrollo de sistemas
- Controles administrativos del personal en el desarrollo de sistemas.

El desarrollo de estos controles puede realizarlos el CIO, supervisarlos el comité de TI u otro comité corporativo, y revisarlos, mejorarlos y ratificarlos el Consejo. También deben comunicarse a todos los participantes implicados de la organización.

El CIO puede usar uno o varios de los controles descritos, o diseñar otros él mismo, según su experiencia personal de gestión, entorno corporativo, perfil de riesgo, estilo de dirección y situación concreta.

5.6.1 Controles contra el fraude en el desarrollo de sistemas

Estos controles pueden implantarse por medio de una política para ello y un procedimiento de monitorización contra el fraude en el desarrollo de sistemas.

Política contra el fraude en el desarrollo de sistemas

Política contra el fraude en el desarrollo de sistemas (ejemplo)

La Organización WXYZ (la «Compañía») está comprometida con la prevención y la detección del fraude, abuso y robo, realizados por el personal de desarrollo de sistemas, por ellos mismos o con la implicación y el apoyo directo de personas o partes externas o internas al negocio. En consonancia con la política corporativa sobre fraude y ética, los directivos de la función de TI de la compañía tienen asignada la responsabilidad primaria sobre esta política. Para reducir el riesgo, la compañía mantiene un sistema adecuado de controles internos corporativos y de TI, ha establecido medidas y controles de seguridad, realiza análisis de referencias e historial previo al empleo y ha establecido un programa, una política y una capacitación corporativa sobre la ética. Existe un equipo corporativo antifraude para investigar cualquier sospecha de fraude, abuso o robo, sin tener en cuenta cómo podría haberse cometido. Se remitirá a toda la compañía un documento más completo que incluye una política de ética corporativa y un manual del empleado con el que se pretende concienciar y suministrar normas y directrices.

Procedimiento de monitorización contra el fraude en el desarrollo de sistemas

Ninguna política tiene valor a menos que haya sido implantada mediante procedimientos y esté adecuadamente monitorizada.

Para controlar este riesgo de fraude, los directivos de TI y los ejecutivos de la organización pueden procurar que todo el personal de desarrollo de sistemas firme, si es posible anualmente, un documento en el que declaren su cumplimiento de la política contra el fraude. Los directivos deben monitorizar la aplicación e implantación de estos controles contra el fraude.

5.6.2 Controles administrativas del personal de desarrollo de sistemas

Pueden ser muy útiles, según las condiciones de una organización concreta y de su función de TI, e incluyen lo siguiente (ejemplo): investigación de antecedentes, contratos laborales, descripciones de puestos de trabajo, supervisión, delimitación de tareas, rotación de tareas, obligación de vacaciones, adopción de un código profesional, firma de una declaración contra el fraude (*véase también el Capítulo 2*).

5.7 Controles de monitorización y revisión

El establecimiento de los controles de monitorización y revisión de TI en este ámbito puede conseguirse mediante el informe de gestión de TI, las medidas del desempeño del desarrollo de sistemas y las herramientas y técnicas de la revisión de auditoría que se describen en este capítulo.

También puede facilitarse mediante la ejecución del plan de gestión de las actividades de monitorización y revisión (*véase Capítulo 1*).

Además, pueden monitorizarse, revisarse e incluirse en el informe de gestión de TI los siguientes elementos:

- Cumplimiento de las normas de desarrollo de sistemas
- Cuestiones del personal (controles contra el fraude del personal de desarrollo de sistemas)
- Medidas de los factores críticos de éxito del área de desarrollo de sistemas
- Cuestiones de cumplimiento (sistema desarrollado de acuerdo con las leyes de privacidad, etc.).

Es responsabilidad del CIO garantizar que el mecanismo de información de TI se alimenta de datos relevantes .

5.8 Medidas del desempeño del desarrollo de sistemas

Para asegurar que el proceso de desarrollo de sistemas produce los resultados esperados, además de las actividades de monitorización y revisión debatidas anteriormente, pueden usarse las siguientes medidas del desempeño (ver *Tabla 7*).

Tabla 7: Medidas del desempeño del desarrollo de sistemas (ejemplo)

Medidas del desempeño del desarrollo de sistemas
1. Cantidad de líneas de programación producidas, tiempo del desarrollo

2. Puntos de función desarrollados/planeados
3. Cantidad de requisitos registrados no entregados a tiempo
4. Coste real del desarrollo frente a coste presupuestado
5. Tiempo medio para entregar una aplicación
6. Valor planeado, valor ganado, desviación del coste
7. Variación de los planes temporales, índice de coste frente a desempeño
8. % de usuarios satisfechos con la aplicación producida
9. % de usuarios que han recibido capacitación para la nueva aplicación

Estas medidas del desempeño podrían basarse en un sistema mixto con dos componentes: el Componente 1 podría ser un sistema de medición del BSC (Balanced Scorecard) de TI, descrito en el Capítulo 4, y el Componente 2 podría ser un sistema de monitorización del cumplimiento de las políticas, procedimientos y asuntos relacionados (p.ej. presupuestos).

Los directivos de TI de la compañía pueden, según varios aspectos de la organización, analizar la información de la monitorización del desempeño y del cumplimiento, para revisar, evaluar y mejorar el desarrollo de sistemas de la función de TI de la organización.

5.9 Herramientas y técnicas de revisión y auditoría

Para asegurar que los controles del desarrollo de sistemas están adecuada y eficazmente organizados para satisfacer las necesidades de control de la corporación, pueden ser necesarias directrices y otras herramientas para ayudar al director y otros profesionales (auditor, personal de desarrollo de sistemas, responsables del cumplimiento, etc.) a actuar y cumplir con sus responsabilidades.

A continuación, le indicamos varias herramientas de revisión y auditoría que pueden ayudar a los directivos y otros profesionales a establecer, evaluar y mejorar los controles del desarrollo de sistemas: lista de comprobación de controles de gestión de datos de TI, lista de comprobación de la documentación, lista de comprobación de la estrategia de desarrollo de sistemas, lista de comprobación del desarrollo y mantenimiento de sistemas, lista de comprobación del desarrollo de aplicaciones por los usuarios finales, lista de comprobación de la especificación de requisitos del desarrollo de *software* y lista de comprobación de la aprobación de la factibilidad del *software*.

Encontrará otras directrices y herramientas en el Apéndice 3 (Lista de comprobación de la monitorización de los controles de TI), Apéndice 4 (Ejemplos de formularios de TI, Apéndice 5 (Metodología de auditoría de TI), Apéndice 6 (Áreas de auditoría de TI) y Apéndice 7 (Ejemplo de informe de auditoría interna).

Las listas de comprobación y los programas de auditoría presentados no pretenden ser una guía completa de la revisión de la gestión o de la auditoría de TI. Los directivos de TI y otros profesionales pueden optar por usar sólo algunos de los componentes de las listas de comprobación y de los programas de auditoría, a partir del tamaño, complejidad, necesidades y demandas del negocio, madurez de las necesidades y expectativas de TI, y los niveles de despliegue y uso de sistemas informáticos.

5.9.1 Lista de comprobación de los controles de la gestión de datos de TI

Su objetivo es respaldar el proceso de construcción, revisión, evaluación y mejora de los controles mencionados en el Párrafo 5.4 ('Controles de la calidad del desarrollo de sistemas').

1 ¿Proporcionan todos los sistemas datos e informes con el fin de determinar si la organización opera de modo eficaz, eficiente y cumpliendo con las leyes y regulaciones?
2 ¿Son los datos e informes proporcionados por los sistemas de TI útiles para tomar decisiones, p.ej. son completos, correctos, fiables y se reciben puntualmente?
3 ¿Prueba la organización que los datos e informes son correctos (al menos cada período de 1 a 3 años o ante cambios en los datos o en los sistemas)?
4 ¿Alertan claramente los datos proporcionados en caso de que las operaciones excedan los umbrales operativos normales?
5 ¿Los informes proporcionados permiten la monitorización puntual de las operaciones cotidianas de la organización?
6 ¿Pueden los directivos obtener datos operativos y financieros de los sistemas para determinar si están cumpliendo sus planes anuales y estratégicos de desempeño y alcanzando sus metas de responsabilidad del uso eficaz y eficiente de los recursos?

7 ¿Obtienen las reconciliaciones de datos informes exactos y se adoptan medidas correctivas cuando aparecen errores en datos o en informes?
8 ¿Se ha preguntado a los directivos en el último año (o cada 6 meses) si los datos que reciben son útiles o qué cambios les gustaría realizar?
9 ¿Son apropiadas las copias de seguridad de los sistemas informáticos?
10 ¿Tienen todos los sistemas garantizada la privacidad de la información?
11 ¿Tiene la organización un sistema que recoja datos correctos sobre la monitorización, rastreo y auditoría de todos los sistemas y equipos de TI y comunicaciones?
12 ¿Tiene la organización controles de *software* que garanticen la seguridad de los accesos a datos y protejan contra daños, abuso y pérdida de datos?
13 ¿Se han implantado controles de seguridad física adecuados, proporcionales al riesgo de acceso indebido o daño físico?
14 ¿Se han implantado controles adecuados de seguridad lógica en las aplicaciones, proporcionales a los riesgos de acceso indebido?
15 ¿Se ha realizado alguna revisión general de la seguridad de TI en los últimos 1 a 3 años?
16 ¿Se han creado controles de gestión de los sistemas, por medio de un módulo interno de *software* de control de gestión (p.ej. en un sistema de gestión de bases de datos, como ORACLE)?
17 ¿Tiene la organización un plan completo de continuidad de negocio y recuperación de desastres, y lo mantiene en estado operativo, para las aplicaciones críticas, sistemas y equipos de comunicaciones?

5.9.2 Lista de comprobación de la documentación

1 ¿Está la documentación de los sistemas mantenida, actualizada y protegida? Tenga en cuenta: esquemas de flujo del sistema, diagramas de flujo de datos, estructuras lógicas de datos, diccionarios de bases de datos, especificaciones del sistema y de los programas, almacenamiento en lugar alternativo de copias de la documentación esencial.

2 ¿Hay manuales de usuario fáciles de leer y bien referenciados (índices), se mantienen actualizados y están en lugar seguro? Tenga en cuenta: responsabilidades de los usuarios y de la función de TI, objetivo y descripción del sistema, incluyendo la cobertura de requisitos de entrada, descripciones de los informes producidos, requisitos de control, distribución de informes, disponibilidad de funciones de ayuda, almacenamiento en lugares alternativos.

3 ¿Se mantienen los manuales operativos actualizados y son fiables? Tenga en cuenta: diagramas de flujo que muestren archivos de entrada y de salida, informes y archivos de salida, frecuencia de ejecución, secuencias y planes temporales, instrucciones de control de ejecución, de reejecución, puntos de sincronización, copias de seguridad, rearranque o procedimientos de recuperación, y almacenamiento en lugares alternativos.

5.9.3 Lista de comprobación de la estrategia de desarrollo de sistemas

Su objetivo es respaldar el proceso de creación, revisión, evaluación y mejora de los controles mencionados en este capítulo.

1 ¿Respaldará y facilitará nuestra estrategia el sistema desarrollado?
2 ¿Hay una justificación comercial para el sistema?
3 ¿Justifica el desarrollo el estudio de factibilidad?
4 ¿Cuáles son los beneficios del sistema?
5 ¿Cuál será el coste total del sistema?
6 ¿Qué recursos humanos se necesitan?
7 ¿Cuáles serán los costes anuales de ejecución del sistema?
8 ¿Satisfará el sistema las necesidades de seguridad de la organización?
9 ¿Cuándo (lapso de tiempo) estará disponible el sistema para su ejecución?
10 ¿Quién ha estado implicado (TI, negocio, miembros del Consejo, etc.) en la definición de necesidades y requisitos?
11 ¿Cuál es la estrategia de comunicación de la implantación de los requisitos del sistema con todos los interesados?
12 ¿Se ha acordado el plan de implantación con todos los niveles de dirección y gestión de los negocios afectados?

5.9.4 Lista de comprobación del desarrollo y mantenimiento de sistemas

Su objetivo es respaldar el proceso de creación, revisión, evaluación y mejora de los controles mencionados en este capítulo.

1 ¿Existe un Comité de dirección de TI en la organización y se encuentra operativo? Tenga en cuenta: miembros del comité, procedimiento de autorización de las propuestas, proceso de revisión de planes y presupuestos

de proyectos, revisión de costes y beneficios para todos los proyectos de TI.

2 ¿Se emplea una metodología formal de desarrollo de sistemas informáticos? Tenga en cuenta: ¿Qué metodología se usa para el desarrollo o adquisición de aplicaciones de *software* (estructurada, otras, etc.)? ¿Se redactan las necesidades de los usuarios y las aprueban los usuarios esenciales? El proceso de pruebas, implantación y conversión de datos, ¿incluye la planificación, participación de usuarios y aceptación de usuarios, durante las fases de especificación, pruebas y formación?

3 ¿Existe un procedimiento de planificación de recursos y está operativo? Tenga en cuenta: ¿Están completos los planes de actualización de *software* y *hardware*? ¿Están disponibles los perfiles de TI necesarios? ¿Están los planes de formación? ¿Están aprobados los planes de capacitación de los usuarios? ¿Están identificados los requisitos de seguridad, en cuanto a sus procedimientos, personal y sistemas precisos para el óptimo uso del sistema que se está revisando?

4 ¿Existe un proceso de revisión de las inversiones, que se efectúe al menos anualmente?

5 ¿Existe un procedimiento de corrección de errores eficaz (p.ej. ¿se solucionan todos los problemas?)? ¿Están documentadas todas las soluciones? Tenga en cuenta: procedimientos de emergencia para arreglar los problemas de producción y cómo se arreglan y gestionan esos problemas.

6 ¿Hay un procedimiento de evaluación de paquetes de *software* y se usa eficazmente? (p.ej. ¿se usan criterios de evaluación y están documentadas todas las soluciones?)

7 ¿Las mejoras y cambios (mayores y menores) se originan por usuarios autorizados y se controlan formalmente por directivos de TI?

8 ¿Hay una metodología formalizada de pruebas? Tenga en cuenta: prueba de programas, prueba de integración de subsistemas, prueba de sistemas, funcionamiento en paralelo, documentación de las pruebas, prueba de conversión, firmas de usuario y de personas de TI.

9 ¿Están diseñados los registros de auditoría y se usan para las aplicaciones críticas?

10 ¿Es adecuada la documentación de usuario? Tenga en cuenta: usuario (procedimientos administrativos), descripción funcional de cada menú y submenú, hasta el mínimo nivel, descripción de archivos y datos, diagrama general del sistema, instrucciones de informes e interrogaciones y modelos de formularios de entrada y de salida.

11 ¿Es adecuada la documentación del sistema? Tenga en cuenta: diagramas del sistema (general y al menos hasta el tercer nivel de detalle), diagrama de referencias cruzadas entre componentes y programas del sistema, requisitos de seguridad y de control, descripción de datos y archivos (incluyendo un diccionario de datos del nivel técnico), registro de cambios al sistema (incluyendo la descripción del cambio, origen, niveles de autorización y criterios de aceptación).

5.9.5 Lista de comprobación de desarrollo de usuario final

Su objetivo es respaldar el proceso de creación, revisión, evaluación y mejora de los controles mencionados en el Párrafo 5.3.4 'Controles del desarrollo de aplicaciones de usuario final'.

1 ¿Existen los controles adecuados para el desarrollo de aplicaciones por medio de ordenadores personales de usuarios finales, terminales, impresoras y otras estaciones de trabajo? Tenga en cuenta: política para informática de usuario final, directrices y responsabilidades de seguridad, reglas de autorización, etc.

2 ¿Se han redactado y distribuido las directrices para el desarrollo de aplicaciones de usuario final? Tenga en cuenta: requisitos de seguridad, *software* y *hardware* autorizado, requisitos de programación, prueba y documentación.

3 ¿Se hacen copias de seguridad regularmente del *software* desarrollado en ordenadores personales? Tenga en cuenta: si se realizan copias de seguridad de los elementos y datos esenciales y se mantiene un registro de las copias de seguridad.

4 ¿Existen normas para controlar la implantación de nuevo *software*? Tenga en cuenta: mantenimiento de registros que garanticen que todos los usuarios finales ejecutan configuraciones normalizadas de *software* de uso general.

5 ¿Existen controles para monitorizar y autorizar el desarrollo de hojas de cálculo, bases de datos y aplicaciones?

6 ¿Es adecuada la documentación de los programas? Tenga en cuenta: directrices centralizadas, control de calidad o revisiones entre homólogos, codificación de fórmulas, etc.

7 ¿Es adecuada la documentación de modelos, hojas de cálculo, etc.? Tenga en cuenta: directrices centralizadas, control de calidad o revisiones entre homólogos.

8 ¿Está controlado el acceso a los lenguajes y herramientas de programación?
9 ¿Se autorizan y controlan los cambios en los programas?
10 ¿Se autorizan y controlan los cambios en los modelos?
11 ¿Se prueban suficientemente los programas y modelos antes de ir su producción o ejecución real?
12 ¿Existen procedimientos para crear modelos seguros?
13 ¿Pueden los diversos modelos, hojas de cálculo y bases de datos interaccionar satisfactoriamente sin necesidad de otro *software* o de tener que reescribir los datos?
14 ¿Existen procedimientos para controlar la migración de programas desde su desarrollo en las estaciones de trabajo inteligentes (p.ej. PC) hasta la producción)?

5.9.6 Lista de comprobación de especificación de requisitos software

Su objetivo es respaldar el proceso de crear, revisar, evaluar y mejorar los controles mencionados en este capítulo.

1 ¿Se han organizado correctamente los requisitos están completos? Tenga en cuenta:
- o ¿Son correctas todas las referencias cruzadas internas a otros requisitos?
- o ¿Están todos los requisitos redactados de modo coherente y con el adecuado nivel de detalle?
- o ¿Proporcionan los requisitos una base adecuada para el diseño?
- o ¿Está indicada la prioridad de implantación de cada requisito?
- o ¿Se han definido las interfaces de comunicación, el *hardware* y el *software* externos?

- ¿Están definidos los algoritmos necesarios para los requisitos funcionales?
- ¿Incluye el documento de especificaciones todas las necesidades conocidas del cliente o del sistema?
- ¿Se ha olvidado información necesaria de algún requisito?
- ¿Está documentada la conducta esperada de todas las condiciones de error previstas?

2 ¿Son correctos los requisitos? Tenga en cuenta:

- ¿Hay conflictos entre distintos requisitos o están duplicados?
- ¿Están todos los requisitos redactados de modo claro, conciso, en lenguaje no ambiguo?
- ¿Son todos los requisitos verificables, mediante pruebas, demostraciones, revisiones o análisis?
- ¿Están todos los requisitos dentro del ámbito del proyecto?
- ¿Se ha comprobado que ningún requisito tiene errores gramaticales?
- ¿Pueden implantarse todos los requisitos con las restricciones conocidas de *hardware* y *software*?
- ¿Son todos los mensajes de error especificados significativos y únicos?

3 ¿Tienen los requisitos criterios de calidad? Tenga en cuenta:

- ¿Están adecuadamente indicados los objetivos de desempeño (funcionamiento, comportamiento, etc.)?
- ¿Están adecuadamente especificadas las consideraciones de seguridad?
- ¿Están claramente documentados y cuantificados otros criterios de calidad pertinentes, con soluciones de compromiso aceptables?

- o ¿Son todos los requisitos realmente requisitos, no soluciones de diseño o implantación?
- o ¿Se han identificado las funciones en las que el tiempo es un factor crítico y se han especificado criterios temporales para ellas?
- o ¿Están identificados todos los consumidores de recursos escasos (memoria, ancho de banda, capacidad de procesamiento, etc.) y se ha calculado su consumo previsto?
- o ¿Se han tenido en cuenta los problemas de internacionalización?

4 ¿Son los requisitos trazables? Tenga en cuenta:
- o ¿Se han identificado todos los requisitos de modo unívoco y correcto?
- o ¿Pueden todos los requisitos funcionales trazarse hacia requisitos de mayor nivel (p.ej. requisito del sistema, caso de usuario)?
- o ¿Están definidos los registros de auditoría como parte integral de la aplicación?

5.9.7 Lista de comprobación de la factibilidad del software

Su objetivo es respaldar el proceso de creación, revisión, evaluación y mejora de los controles mencionados en este capítulo.

1 ¿Es factible la aplicación desde el punto de vista técnico? Tenga en cuenta si la aplicación está dentro de los límites de:
- o *Hardware* y *software* disponible
- o Recursos corporativos (TI y otros)
- o Seguridad de TI requerida
- o Aspectos del marco legal

  - o Capacidad disponible de bases de datos y comunicaciones de datos

2 ¿Es factible la aplicación desde el punto de vista económico? Tenga en cuenta:

  - o ¿Cuesta el desarrollo y el mantenimiento de la aplicación menos que sus posibles beneficios (por el uso de la aplicación)?
  - o ¿Mejora la aplicación la posición de la organización?
  - o ¿Mejora la aplicación la imagen competitiva de la organización?
  - o ¿Mejora la aplicación la calidad del proceso de toma de decisiones de la organización (información más rápida, más exacta)?

3 ¿Es factible la aplicación desde el punto de vista operativo? Tenga en cuenta si la aplicación:

  - o ¿Cumple los requisitos (presentes y futuros) de información para el usuario?
  - o ¿Cumple los objetivos corporativos?
  - o ¿Mejora las relaciones con los clientes?
  - o ¿Racionaliza las operaciones?
  - o ¿Resuelve antes los problemas de los clientes?

5.10 Conclusión

El desarrollo de sistemas, como ha demostrado la práctica y varios estudios los últimos 30 años, puede ser un proceso muy complicado, laborioso y proclive a los errores.

Por ejemplo, según el informe *CHAOS Summary 2009*, publicado por The Standish Group, «los resultados de este año muestran un descenso del porcentaje de proyectos que se concluyen con éxito: solo un 32% de todos los proyectos que tuvieron éxito concluyeron a tiempo, respetando su presupuesto y con las funciones y características requeridas», comenta Jim Johnson, presidente de The Standish Group, «el 44% no respetaron los plazos, excedieron el presupuesto, o concluyeron con menos funciones y características que las requeridas y 24% se canceló antes de su terminación o no se llegó a utilizar.'[63]

Otros estudios recientes muestran datos más preocupantes. Por ejemplo, según una compañía consultora:[64]

- El 51% de los usuarios de un proyecto de ERP comunicaron que su implantación no tuvo éxito. (Robbins-Gioia Survey, 2001)
- El 40% de los proyectos no consiguen lograr sus intereses comerciales al cabo de un año en funcionamiento (The Conference Board Survey, 2001).

También se informó sobre otros fracasos, empeorando el panorama.

En definitiva, los controles del desarrollo de sistemas y los programas y listas de comprobación de auditoría y revisión presentados en este libro, pueden ayudar, respaldar y facilitar a los directivos de TI la consecución de sus objetivos y el desarrollo y mantenimiento eficaz y eficiente de los sistemas de información.

Estos controles se pueden revisar, modificar o adaptar para satisfacer las necesidades, demandas y modo operativo de una determinada organización, y deben gestionarse y ejecutarse con diligencia. Estos controles, como hemos visto, pueden incluir políticas, procedimientos, prácticas, estructuras organizativas y herramientas especializadas.

---

[63] Nov 2009, en www.standishgroup.com.
[64] Ver IT CORTEX, www.it-cortex.com.

Además, dotan de contenido al marco de gestión del conocimiento de las organizaciones (*descrito en el* Capítulo *1*), ya que proporcionan datos y sistemas, la savia de las organizaciones actuales.

Cuando los controles se ejercen y ejecutan de la mejor forma posible, asumiendo que los demás factores y condiciones sean favorables, es posible que los sistemas informáticos de la organización sean más eficaces y eficientes y, con ello, más beneficiosos y rentables para sus interesados, para la sociedad y para la economía nacional e internacional.

5.11 Preguntas de repaso

Este grupo de preguntas los pueden utilizar aquellos que emplean los controles descritos en este libro para evaluar y comprobar su comprensión de los conceptos y del conocimiento práctico de este capítulo.

1. ¿Cuál es el propósito de los controles del desarrollo de sistemas?

Referencia: Párrafo 5.2 'Propósito y principales tipos de controles del desarrollo de sistemas'.

2. ¿Cuáles son los principales tipos de controles del desarrollo de sistemas?

Referencia: Párrafo 5.2 'Propósito y principales tipos de controles del desarrollo de sistemas'.

3. ¿Cuáles son las etapas más importantes de un proyecto típico de desarrollo de sistemas?

Referencia: Párrafo 5.3 'Controles del proceso de desarrollo de sistemas de aplicación'.

4. ¿Cuáles son los productos habituales del desarrollo de sistemas?

Referencia: Párrafo 5.3.2 'Productos del desarrollo de sistemas'.

5. ¿Qué incluiría principalmente el documento de factibilidad del sistema?

Referencia: Párrafo 5.3.2 'Productos del desarrollo de sistemas'.

6. ¿Cuáles son los principales pasos para redactar el documento de análisis y diseño del sistema?

Referencia: Párrafo 5.3.2 'Productos del desarrollo de sistemas'.

7. ¿Qué incluiría principalmente el documento de análisis y diseño del sistema?

Referencia: Párrafo 5.3.2 'Productos del desarrollo de sistemas'.

8. ¿Qué incluiría la documentación de usuario final?

Referencia: Párrafo 5.3.2 'Productos del desarrollo de sistemas'.

9. ¿Qué bases deberían usarse para la prueba de un sistema informático?

Referencia: Párrafo 5.3.3 'Metodología de prueba de sistemas informáticos'.

10. ¿Qué incluiría un plan típico de prueba de una aplicación?

Referencia: Párrafo 5.3.3 'Metodología de prueba de sistemas informáticos'.

11. ¿Qué datos debería incluir un formulario de registro de ejecución de casos de pruebas?

Referencia: Párrafo 5.3.3 'Metodología de prueba de sistemas informáticos'.

12. ¿Cuál es el propósito principal de los controles del desarrollo de aplicaciones de usuario final?

Referencia: Párrafo 5.3.4 'Controles del desarrollo de aplicaciones de usuario final'.

13. ¿Cuál es la definición de un usuario final?

Referencia: Párrafo 5.3.4 'Controles del desarrollo de aplicaciones de usuario final'.

14. ¿Cuáles son los controles habituales de las aplicaciones sobre hojas de cálculo?

Referencia: Párrafo 5.3.4 'Controles del desarrollo de aplicaciones de usuario final'.

15. ¿Cuáles son las clases de registros de auditoría?

Referencia: Párrafo 5.3.5 'Registros de auditoría'.

16. ¿Cuál es el contenido mínimo de un registro de auditoría?

Referencia: Párrafo 5.3.5 'Registros de auditoría'.

17. ¿Cuáles son los objetivos principales de los controles de un paquete de *software*?

Referencia: Párrafo 5.3.6 'Controles de paquetes de *software*'.

18. ¿Cuáles son los principales controles para las compras de paquetes de *software*?

Referencia: Párrafo 5.3.6 'Controles de paquetes de *software'*.

19. ¿Qué se incluye en la dimensión «integridad» en los controles de la calidad del desarrollo de sistemas?

Referencia: Párrafo 5.4 'Controles de la calidad del desarrollo de sistemas'.

20. Mencione algunas de las medidas habituales del desempeño de sistemas.

Referencia: Párrafo 5.8 'Medidas del desempeño del desarrollo de sistemas'.

CAPÍTULO 6: CONTROLES DE LA SEGURIDAD DE LA TI

Todo lo que las personas hagan por nuestra seguridad, incluso el poder y la hegemonía, es un bien natural, si se tienen los medios para conseguirla.

Epicuro

6.1 Alcance

El objetivo principal de la TI, una vez se ha establecido adecuadamente (estructura, personal, administración, estrategia, etc.), es el desarrollo de sistemas informatizados de aplicación de alta calidad, y la protección de esos sistemas, los datos y los elementos de su infraestructura, del modo más seguro posible.

Los controles en este nivel sirven para establecer el entorno operativo seguro para el desarrollo y la operación de los sistemas y servicios informáticos, y para garantizar el procesamiento seguro de los datos y el funcionamiento correcto de estos sistemas y servicios para satisfacer los propósitos comerciales de la organización.

Los controles de seguridad de TI incluyen: directrices, normas y marcos legales de seguridad de TI, planes, políticas y procedimientos de seguridad de TI, controles de gestión de la seguridad del personal y controles técnicos y especializados de protección, con ejemplos en algunos casos (p.ej. plan de gestión de seguridad de TI, plan de seguridad del desarrollo de sistemas, etc.)

Además se presenta al personal de desarrollo, auditores informáticos, auditores internos y externos, consultores de TI, responsables del cumplimiento, una serie de programas de auditoría y listas de comprobación etc. cuyo propósito es facilitar la ejecución y mejora de sus tareas y responsabilidades.

6.2 Propósito y principales tipos de controles de seguridad de TI

La seguridad de TI significa proteger datos, información, sistemas de información y otros recursos informáticos y elementos de la organización del acceso no autorizado, divulgación, apropiación, interrupción, modificación o destrucción.

Además, el diseño, desarrollo y despliegue de sistemas informatizados de aplicación, eficaces y eficientes, en todas las ubicaciones y funciones de una organización, incluidos puntos de acceso externos, exigen un sistema y un entorno muy seguros. Para sobrevivir en el actual mundo competitivo y turbulento, tanto a nivel empresarial como en el entorno de la comunicación y la TI, la organización y su administración de TI pueden necesitar alcanzar unos mayores niveles de seguridad.

Para alcanzar estos niveles, la organización y su administración de TI pueden necesitar centrarse en una mejor protección de, al menos, los siguientes recursos relacionados con la informática: datos, programas, personal, *hardware*, documentación (planes, contratos, manuales, guías, licencias, etc.), servicios e infraestructura (instalaciones, oficinas, ordenadores y salas de redes, canalizaciones del cableado, etc.).

Con respecto a la práctica de la seguridad de TI, es posible que la función de TI, sus directivos y proveedores técnicos (incluidos los externos), con el fin de alcanzar los máximos niveles de desempeño de la seguridad, necesiten centrarse en la gestión de los siguientes cinco grandes componentes de la seguridad de TI y principales tipos de controles de seguridad:

Componente 1: Directrices de gobernanza, normas y marcos legales de seguridad de TI.
Componente 2: Planes y políticas de seguridad de TI.
Componente 3: Procedimientos y prácticas de seguridad de TI.
Componente 4: Controles especializados para la protección del *hardware* y *software*.
Componente 5: Controles de evaluación y monitorización de la gestión de la seguridad de TI.

Todos estos cinco componentes deberán gestionarse en paralelo. Suele ser parte de la responsabilidad los altos directivos de TI mantenerlos, simultáneamente, a un nivel de desempeño predeterminado. Centrarse únicamente en uno o dos de ellos puede ser, a largo plazo, arriesgado o incluso desastroso.

Por consiguiente, es necesario controlar todos ellos para aumentar la eficacia de la implantación de los controles de seguridad.

El propósito específico de los controles de seguridad de TI es garantizar que todos los recursos informáticos, sistemas, instalaciones, datos y archivos están protegidos contra el acceso indebido, posibles daños y uso ilegal o inapropiado, al tiempo que operan de modo seguro y continuo. La seguridad de la TI protege la información de una variedad de amenazas, garantiza la continuidad del negocio, la reducción de los daños comerciales y optimiza la rentabilidad y de las oportunidades comerciales. Puede definirse como la preservación de:

- La confidencialidad: garantiza que la información es accesible sólo por personas autorizadas.
- La integridad: protege la exactitud y la integridad de la información y de los métodos de procesamiento.
- La disponibilidad: garantiza que las personas autorizadas tienen acceso a la información y a los recursos asociados siempre que lo necesitan.

6.3 Directrices de gobernanza, normas y marcos legales de seguridad de TI

Tratan de las normas y directrices necesarias para concentrar el esfuerzo, la atención focalizada y rigurosa de los directivos de TI, así como el personal técnico de desarrollo de sistemas.

Las directrices y normas, en términos corporativos generales, definen una serie de criterios, métodos, procesos y prácticas uniformes, que las organizaciones y sus funciones utilizan para operar y ofrecer productos y servicios.

En el área funcional de TI, las normas, directrices y marcos de seguridad de TI permiten que actúe la función de TI y ofrezca productos (p.ej. información procesada) y servicios (acceso a datos corporativos, procesamiento de transacciones comerciales, etc.)

El establecimiento de las directrices y normas de seguridad de TI (dentro de los marcos legales existentes) en una organización lo puede realizar el CIO, probablemente con la ayuda de terceros, lo puede revisar el comité de TI y, por razones de credibilidad y autoridad, y lo puede ratificar el Consejo o el máximo comité ejecutivo. Estas directrices y normas podrían seguir las directrices y marcos de referencia publicados por organismos internacionales, como la OCDE, NIST (USA), Unión Europea, IATF, ISO (ISO/IEC 17799, ISO/IEC 27001, ISO13335, ISO15408), la Norma estadounidense de procesamiento de información federal (FIPS 140), etc.

Posiblemente, las directrices, normas y marcos legales más universales que pueden aplicarse para el diseño de las directrices y normas específicas de una organización a efectos de seguridad son:

Directrices de seguridad de TI de la OCDE
Directrices de seguridad de TI de NIST
Otras directrices y normas de seguridad de TI
Marcos legales relacionados con la seguridad de TI.

6.3.1 OCDE: Directrices de seguridad de TI

Las Directrices sobre la seguridad de los sistemas y redes de información de la OCDE[65] se basan en 9 principios:

PRINCIPIO 1. Concienciación: Los participantes deberían estar concienciados sobre la necesidad de la seguridad de los sistemas y redes de información y sobre lo que pueden hacer para mejorar la seguridad.

---

[65] *OECD Principles of Corporate Governance 2004*, ver www.oecd.org/daf/corporateaffairs/principles/text, con permiso del autor.

PRINCIPIO 2. Responsabilidad: Todos los participantes son responsables de la seguridad de los sistemas y redes de información.

PRINCIPIO 3. Respuesta: Los participantes deberían actuar a tiempo y de modo coordinado para prevenir, detectar y responder a los incidentes de seguridad.

PRINCIPIO 4. Ética: Los participantes deberían respetar los intereses legítimos de los demás.

PRINCIPIO 5. Democracia: La seguridad de los sistemas y redes de información debería ser compatible con los valores esenciales de una sociedad democrática.

PRINCIPIO 6. Evaluación del riesgo: Los participantes deberían realizar evaluaciones del riesgo.

PRINCIPIO 7: Diseño e implantación de la seguridad. Los participantes deberían incorporar la seguridad como un elemento esencial de los sistemas y redes de información.

PRINCIPIO 8. Gestión de la seguridad: Los participantes deberían adoptar un enfoque exhaustivo de la gestión de la seguridad.

PRINCIPIO 9. Reevaluación: Los participantes deberían revisar y reevaluar la seguridad de los sistemas y redes de información y hacer las modificaciones adecuadas a las políticas, prácticas, medidas y procedimientos de seguridad.

Estas directrices se complementan con las directrices que regulan la protección de la privacidad y de la circulación transfronteriza de los datos de carácter personal, de la OCDE (1980), y las directrices sobre las políticas criptográficas de la OCDE (1997), etc.

6.3.2 NIST: Directrices de seguridad de TI

El NIST (National Institute of Standards y Technology, institución gubernamental de USA: www.nist.gov) ha elaborado un borrador de documento que contiene los 8 principios siguientes, que debe seguir la comunidad del Gobierno Federal de EE. UU., como base para construir sus programas de seguridad de TI. El propósito de estos principios es orientar en la creación de nuevos sistemas, prácticas o políticas.

PRINCIPIO 1. La seguridad de TI respalda la misión de la organización: Su propósito es proteger los recursos valiosos, como información, *hardware* y *software*, de la organización.

PRINCIPIO 2. La seguridad de TI es un elemento integral de la buena gestión: La información y los sistemas de información suelen ser recursos esenciales que respaldan la misión crítica de la organización. Proteger esos elementos puede ser tan importante como proteger otros recursos operativos de la organización, como el dinero, los recursos materiales o los empleados.

PRINCIPIO 3. La seguridad de TI debería ser rentable: Deberían examinarse cuidadosamente los costes y los beneficios, desde puntos de vista económicos y no económicos, para garantizar que el coste de los controles no es mayor que los beneficios esperados.

PRINCIPIO 4. Los propietarios de los sistemas tienen responsabilidades sobre la seguridad incluso fuera de sus organizaciones: Si un sistema tiene usuarios externos, sus propietarios tienen la responsabilidad de compartir con esos usuarios el conocimiento apropiado sobre la existencia y el alcance de las medidas de seguridad, de modo que el resto de usuarios pueda confiar en que el sistema tiene el grado adecuado de seguridad.

PRINCIPIO 5. Las responsabilidades y la rendición de cuentas deben quedar explícitas: Las responsabilidades y la rendición de cuentas de los propietarios, proveedores y usuarios de los sistemas informáticos, y de otros implicados en la seguridad de los sistemas, deben quedar explícitas. La asignación de responsabilidades puede estar dentro de una única organización o ampliarse a varias.

PRINCIPIO 6. La seguridad de TI requiere un enfoque exhaustivo e integrado: Debe considerar una variedad de ámbitos dentro y fuera del campo de la seguridad de TI. Este enfoque exhaustivo se extiende a lo largo de todo el ciclo de vida de la información.

PRINCIPIO 7. Debería reevaluarse periódicamente la seguridad de TI: Los ordenadores y el entorno en el que actúan son dinámicos. La tecnología y los usuarios, los datos y la información en los sistemas, los riesgos asociados con el sistema y los requisitos de seguridad están en constante cambio.

PRINCIPIO 8. La seguridad de TI está restringida por factores sociales: La capacidad de la seguridad de respaldar la misión de una organización puede estar limitada por muchos factores, como problemas sociales.

6.3.3 Otras normas y directrices de seguridad de TI

De entre las diversas normas y directrices que pueden emplear las organizaciones en el ámbito de la seguridad de TI, están:

- Las normas ISO (www.iso.org): (a) ISO/IEC 27002:2005, Código de buenas prácticas para la gestión de la seguridad de la información, (b) ISO15443: Information technology – Security techniques – a framework for IT security assurance, (c) ISO20000: Information technology – Service management, y (d) ISO27001: Information technology – Security techniques – Information Management Systems.
- La norma sobre la seguridad de la información del Information Security Forum (*www.isfsecuritystandard.com*).
- Los controles de seguridad para componentes de sistemas y redes del Centre for Internet Security (www.cisecurity.org).
- Las directrices de seguridad de VISA (*The Digital Dozen*).
- Las directrices de control (ITGI Control Objectives for Information and Related Technology) de CobiT (*www.isaca.org*).
- Los principios sobre seguridad de la información generalmente aceptados (GAISP) de la Information Systems Security Association (*www.issa.org*), etc.

6.3.4 Marcos legales relativos a la seguridad de TI

Existen varios marcos, aplicables al ámbito de la seguridad de TI en organizaciones públicas o privadas, como:

- La Ley Sarbanes–Oxley de 2002 (*www.theiia.org*), sobre todo las secciones 103, 802, 201, 301, 302 y 404.
- G8: Principios internacionales de pruebas informáticas (*www.unescap.org*, *www.interpol.org*, *www.fbi.org*).

- Leyes de protección de datos de la Unión Europea (Directiva CE 95/46/CE).
- Otras normas sobre protección de datos (véase *www.privacy.org*, *www.privacyexchange.org*, *www.istpa.org* y *www.privacyalliance.org*).
- Varias leyes estadounidenses (p.ej. GLBA, FERPA, HIPPAA, etc.).
- La ley de pruebas de Canadá (www.canlii.org).
- Guía para la incorporación al derecho interno de la Ley Modelo de la CNUDMI sobre Firmas Electrónicas 2001 (www.uncitral.org).
- Consejo de Europa sobre la ciberdelincuencia de noviembre de 2001 (www.coe.int).
- Ley Modelo de la CNUDMI sobre Comercio Electrónico
- Directrices de la OCDE para la protección de los consumidores en el contexto del comercio electrónico, etc.

Estas directrices, leyes y normas de seguridad marcan la pauta y los marcos de referencia del cumplimiento, y pueden ayudar e impulsar a los directivos a emprender acciones por medio de planes, políticas, procedimientos, etc.

Tener en cuenta todo lo anterior, y las directrices relevantes sobre gobernanza corporativa e instrucciones del Consejo de administración, posibilita que el equipo de TI (CIO, responsable de cumplimiento, equipo directivo de TI, consultores externos, etc.) elija, adapte y formule las directrices y normas de TI aplicables a los sistemas e infraestructura de la organización.

6.4 Planes y políticas de seguridad de TI

Este elemento de la seguridad de TI puede requerir un esfuerzo específico y la especial atención de los directivos de TI para el desarrollo y despliegue de sistemas más seguros.

Las directrices, leyes y normas de seguridad requieren la elaboración de planes y hojas de ruta para lograr los objetivos de seguridad. Los planes documentan las acciones que deben emprenderse para establecer la seguridad de TI y los planes y políticas incluyen elementos arquitecturales que posibilitan que la organización sea más segura. Dirigen y completan el proceso y las iniciativas de implantación de la seguridad, por medio de procedimientos, técnicas y herramientas.

Las políticas de seguridad establecen qué debe hacerse, en términos corporativos, para mejorar la seguridad de TI del entorno específico de la organización. Los procedimientos definen cómo ejecutar lo que se ha definido en las políticas de seguridad, a través del personal, prácticas, técnicas y sistemas especializados (*hardware*, *software*, etc.) y herramientas.

El establecimiento de las políticas y planes de la seguridad de TI lo puede desarrollar el director de TI, a veces con ayuda externa, lo puede revisar el comité de TI y ratificar el Consejo. Pueden utilizarse las listas de comprobación de auditoría 'lista de comprobación de la política de seguridad de TI' y 'lista de comprobación de los controles de seguridad lógica' (*véase párrafo 6.9*) como apoyo en la revisión del diseño, implantación y postimplantación de las políticas y planes de seguridad de TI en la organización.

Los principales controles de los planes y políticas de seguridad de TI son:

- Plan de gestión de seguridad de TI.
- Plan estratégico de seguridad de TI.
- Programa de formación y concienciación en seguridad de TI.
- Plan de seguridad del desarrollo de sistemas.
- Política de seguridad de TI.
- Política de privacidad de la información.
- Política de sensibilidad de la información.
- Política de control de contraseñas.
- Manual de políticas y procedimientos de seguridad del centro.

6.4.1 Plan de gestión de la seguridad de TI

El principal objetivo del plan de gestión de seguridad de TI es proporcionar directrices para la implantación de un programa de seguridad de TI para todas las actividades de recogida, procesamiento y almacenamiento de datos en la organización.

Plan de gestión de seguridad de TI (ejemplo)

Este plan, según el entorno corporativo, incluirá:

Establecimiento del comité de dirección de seguridad de TI.

Formulación de la estrategia de seguridad de TI de la organización, mediante un Plan estratégico de seguridad de TI (*véase párrafo 6.4.2* 'Plan estratégico de seguridad de TI').

Análisis de las diversas opciones y decisión del modelo de seguridad de la organización, como los modelos Biba, Clark-Wilson, Brewer-Nash, La Padula, etc. (ver *Role-Based Access Controls,* Ferraiolo DF et al., Artech House (2003).

Establecimiento e implantación de las políticas y procedimientos

de seguridad. Establecimiento de la organización de seguridad de TI (responsable, tipo de organización: unidad, departamento, equipo, etc. asignación de personal al equipo de seguridad, formulación y aprobación del presupuesto, adquisición de otros recursos, etc.). Descripción de las responsabilidades, roles y tareas de la organización de seguridad de TI (unidad, departamento, equipo, etc.) y su equipo especializado. Ejecución de las actividades necesarias para concienciar a todo personal de la organización sobre cuestiones de seguridad(*véase párrafo 6.4.3* 'Programa de concienciación y capacitación sobre la seguridad de TI. Documentación de todas las actividades y operaciones de la organización donde se despliegan y usan los sistemas informáticos. Formación y capacitación del equipo de seguridad de TI. Implantación del plan de seguridad de TI. Operatividad total de la organización de seguridad de TI. Revisión y mejora mensual de las funciones del equipo de seguridad de TI, a partir de los resultados de los incidentes (detectados, reportados y resueltos) comunicados y del uso de recursos. Monitorización, comunicación y revisión de las cuestiones de seguridad con los directivos, mensualmente y cuando lo requieran asuntos urgentes.

6.4.2 Plan estratégico de seguridad de TI

La estrategia de TI de una organización se documenta en un plan estratégico de TI, cuyo objetivo primario es determinar y documentar 'qué' se va a proteger, contra 'qué' y 'cómo'. Puede incluirse en el plan de gestión de seguridad de TI.

La formulación de la estrategia de seguridad de la organización podría conseguirse (por ejemplo) ejecutando las acciones identificadas en los pasos siguientes:

Paso 1: Identificar qué recursos relacionados con la TI, procesos, datos, instalaciones, edificios, recursos, etc. se pretende proteger.

Paso 2: Determinar qué quiere protegerse, y contra qué.

Paso 3: Examinar los requisitos legales, estatutarios, regulatorios y contractuales, y los principios, objetivos y requisitos del procesamiento de información que debe satisfacer una organización, sus socios comerciales, los contratistas y los proveedores de servicio. Luego se debe evaluar, por medio del análisis de riesgos y otros métodos relevantes, cómo pueden afectar las posibles amenazas a la organización concreta.

Paso 4: Establecer los controles específicos de seguridad de la organización, sobre la base de los requisitos de seguridad que se han identificado, para asegurar que los riesgos se reducen hasta un nivel aceptable, por medio de algunas normas de seguridad de TI. (*Véase Párrafo 6.3*).

Paso 5: Implantar controles cuyo objetivo sea proteger los recursos de modo efectivo considerando la rentabilidad.

Paso 6: Monitorizar y revisar continuamente el proceso, por medio de procedimientos especiales, pruebas y herramientas.

Paso 7: Hacer las mejoras necesarias cuando se identifiquen deficiencias de seguridad o nuevos objetivos.

6.4.3 Programa de concienciación y capacitación sobre la seguridad de TI

La concienciación en materia de seguridad debe alcanzar a todos los usuarios, de modo que la organización pueda mejorar los resultados de la implantación de medidas de seguridad. Un programa efectivo de concienciación y capacitación sobre la seguridad requiere una adecuada planificación, implantación, mantenimiento y evaluación periódica. En general, un programa de estas características debería incluir:

- identificación del alcance, metas y objetivos del programa
- identificación del equipo de formación
- identificación del destinatario
- motivación de directivos y empleados
- administración del programa
- mantenimiento del programa
- evaluación del programa.

6.4.4 Plan de seguridad de sistemas de aplicación

La estrategia de TI de una organización puede incluir controles de seguridad de las aplicaciones. La seguridad de las aplicaciones, como otros aspectos de un sistema informático, se gestiona mejor si está planificada para todo el ciclo de vida del desarrollo de sistemas de TI.

Hay muchos modelos disponibles, pero la mayoría de ellos contiene cinco fases: iniciación, desarrollo, implantación, operación y eliminación. Las organizaciones y los directivos de TI necesitarán garantizar el cumplimiento de las actividades de seguridad durante cada una de las fases.

El principal objetivo del plan de seguridad del desarrollo de sistemas es proporcionar directrices para las cuestiones de seguridad de todas las fases de un ciclo de vida del desarrollo de sistemas informáticos.

Plan de seguridad del desarrollo de sistemas de aplicaciones (ejemplo)

Fase 1: Iniciación

Paso 1.1 Análisis de sensibilidad: durante la fase del estudio de factibilidad, se expresa la necesidad de un sistema. El propósito del sistema se documenta y se anotan las necesidades de seguridad, expectativas y especificaciones. Además, se hace una evaluación de la sensibilidad del propio sistema y de la información que procesará.

Fase 2: Desarrollo

Durante esta fase, el sistema se diseña, compra, programa, desarrolla o construye de cualquier otra forma. Esta fase comprende, a menudo, otros ciclos definidos, como el de desarrollo de sistemas o el de adquisición. Durante esta fase deberían tenerse en cuenta los siguientes aspectos:

Paso 2.1 Determinar los requisitos de seguridad. Durante la primera fase del desarrollo del sistema, deben desarrollarse los requisitos de seguridad al mismo tiempo que los restantes requisitos del sistema. Estos requisitos pueden definirse como características o funciones técnicas (p.ej. controles de acceso), declaraciones de fiabilidad (p.ej. comprobaciones a posteriori de los trabajos realizados por los desarrolladores de sistemas) o con prácticas operativas (p.ej. concienciación y formación). Debe prestarse especial atención a los aspectos de la seguridad de las aplicaciones web.[66]

Paso 2.2 Incluir requisitos de seguridad en las especificaciones: Determinar las características de seguridad, garantías y prácticas operativas puede implicar gran cantidad de información de seguridad y, a veces, requisitos voluminosos. Esta información debe validarse, actualizarse y organizarse en los requisitos detallados de protección de la seguridad empleados por los diseñadores de sistemas.

Paso 2.3 Monitorizar las actividades del desarrollo del sistema: si se va a crear el sistema, las actividades de seguridad pueden incluir el desarrollo de las características de seguridad del sistema, la monitorización del proceso de desarrollo buscando problemas de seguridad y la respuesta a los cambios y a las amenazas detectadas en la monitorización. Las amenazas o vulnerabilidades que pueden surgir durante la fase de desarrollo, incluyen troyanos, código erróneo, herramientas de desarrollo con funcionamiento deficiente, manipulación de programas, empleados malintencionados, etc. Si se compra el sistema, las actividades de seguridad pueden incluir la monitorización con el fin de garantizar que la seguridad forma parte de los aspectos de diseño e implantación del sistema adquirido, la revisión de la compra o contrato de alquiler y la evaluación de los sistemas propuestos.

Paso 2.4 Desarrollar las prácticas operativas: además de obtener el sistema, deben desarrollarse prácticas operativas. Se refieren a las actividades humanas que se realizan alrededor del sistema, como la planificación de contingencias, concienciación y capacitación y preparación de la documentación.

---

[66] Para más información, ver (1) *Hacking Web Applications Exposed*, Scambray J y Shema M, McGraw-Hill (2002), (2) *Security and Control Over Intranets and Extranets*. Parts 1 & 2, pp. 1–12, y 1–20, Gallegos F, Auerbach Publishers, USA (2002), y (3) 'Common Web Application Vulnerabilities', *ISACA Journal*, Vol. 4, 2005, pp. 29–31, Kennedy S (2005).

Fase 3: Implantación

Durante esta fase, se prueba e instala el sistema. Durante esta fase, deben considerarse los siguientes elementos:

Paso 3.1 Activar las características de seguridad: Cuando se compra un sistema, suele llevar desactivadas las características de seguridad. Hay que activarlas y configurarlas.

Paso 3.2 Realizar las pruebas de seguridad: Incluye la prueba de las partes del sistema que se han desarrollado o comprado y del sistema completo. La gestión de la seguridad, instalaciones, personal, procedimientos, el uso de servicios comerciales o propios (como servicios de comunicaciones) y la planificación de contingencias son ejemplos de las áreas que ponen en peligro la seguridad del sistema completo, pero pueden haberse especificado fuera del desarrollo o del ciclo de adquisición.

Paso 3.3 Realizar una revisión externa: La seguridad del sistema puede ser examinada por expertos externos para asegurar a los directivos de la organización que el sistema de información está protegido contra posibles amenazas, pero que algunos riesgos pueden aceptarse como inevitables. Suele efectuarse por medio de una revisión del sistema, incluyendo sus controles de gestión, controles operativos y técnicos.

Fase 4: Operación

Durante esta fase, el sistema realiza su trabajo. El sistema está modificándose casi constantemente por medio de la adición de *hardware*, *software* y por numerosos eventos. Durante esta fase, deben tenerse en cuenta las siguientes cuestiones:

Paso 4.1 Administración de seguridad: El funcionamiento de un sistema implica muchas actividades de seguridad, como hacer las copias de seguridad, realizar clases de capacitación, gestionar claves criptográficas, mantener la administración de usuarios y privilegios de acceso, actualizar el *software* de seguridad y examinar si el sistema actúa de acuerdo con sus requisitos de seguridad actuales. Esto incluye las acciones de las personas que gestionan o usan el sistema y el funcionamiento de los controles técnicos.

Paso 4.2 Monitorización de la seguridad: Para mantener la garantía operacional, la mayoría de las organizaciones usan dos métodos básicos: auditorías del sistema y monitorización del sistema. Una auditoría del sistema es un suceso único (una sola vez) o periódico con el que se evalúa la seguridad. La monitorización se refiere a una actividad cotidiana en la que se examina el sistema o los usuarios. Encontrará más detalles sobre estos temas en el Párrafo 6.7 'Evaluación y monitorización de los controles de seguridad de TI'.

Fase 5. Eliminación

Esta fase del ciclo de vida de un sistema informático implica la eliminación de la información, *hardware* y *software*. En esta fase deberían considerarse los siguientes elementos:

Paso 5.1 Eliminación de la información: la información puede llevarse a otro sistema, archivarse, desecharse o eliminarse. Cuando se archiva información, tenga en cuenta el método para poder recuperar la información en el futuro. Aunque la información en formato digital suele ser fácil de recuperar y almacenar, puede que los elementos técnicos utilizados para crear el documento no estén disponibles en el futuro. Deben adoptarse medidas para garantizar el uso futuro de la información que se ha encriptado, como realizar los pasos necesarios para almacenar de modo seguro y a largo plazo las claves criptográficas. Es importante tener en cuenta los requisitos legales de mantenimiento de registros cuando se procede a eliminar un sistema informático.

Paso 5.2 Eliminación de los soportes o medios: Es la eliminación completa de la información del soporte (p.ej. disco o cinta) en el que estaba almacenada. Pueden utilizarse diferentes modos de eliminación, que proporcionarán diferentes niveles de protección. Se puede distinguir entre limpieza de información o *clearing* (que la hará irrecuperable mediante técnicas sencillas) y purga de información o *purging* (la información no será recuperable ni por técnicas de laboratorio). Hay tres métodos generales para eliminar la información de los soportes: reescribir otra información en el soporte, desmagnetización (para medios magnéticos) y destrucción física del soporte.

6.4.5 Política de seguridad de TI

Explica el procedimiento que debe ejecutarse para la protección de los recursos informáticos. La política de seguridad de TI puede abarcar (por ejemplo): normas de control de acceso, responsabilidad, registros de auditoría, copias de seguridad, planificación de la continuidad del negocio, eliminación de medios, eliminación de información impresa, descargas desde Internet, propiedad de la información, responsabilidades de la gestión, módems y líneas analógicas, reparación de equipos fuera de las instalaciones, dispositivos portátiles, responsabilidades de los empleados, uso de correo electrónico, virus, privacidad, no conformidad, legislación, póliza de seguros de ordenadores, etc. (*véase Apéndice 1*).

6.4.6 Política de privacidad de la información

El principal propósito de esta política es proporcionar directrices sobre los problemas de la privacidad de las actividades de información (recogida, uso, divulgación, monitorización, etc.) de la organización.

Esta política debería abarcar las siguientes cuestiones: recogida de información, privacidad de los datos de los clientes, uso de la información, divulgación de la información, actividades de monitorización, protección de la información, Internet y el uso de *cookies* para monitorizar los patrones de tráfico y uso de sitios web (*véase Apéndice 1*).

Una *cookie* es una pieza de información que se almacena en el disco del ordenador que está navegando por un sitio web, y registra datos sobre la navegación efectuada, de modo que en la próxima visita a ese sitio, se presenta información adaptada para el usuario, en función de la información almacenada en las visitas previas.

6.4.7 Política sobre la confidencialidad de la información

El principal objetivo de esta política es proporcionar directrices sobre los problemas de clasificación de la información recogida y procesada por las actividades de los sistemas de información de la organización.

Esta política debería cubrir las siguientes cuestiones: propósito, definiciones de las clasificaciones de datos, responsabilidad del personal, función del gestor, directrices sobre la confidencialidad en la protección de la información, normas de aplicación, gestión de las relaciones comerciales y uso de normas de encriptación (*véase Apéndice 1*).

Algunas organizaciones, sobre todo las de consultoría e ingeniería, pueden cubrir el riesgo de responsabilidad de sus empleados mediante seguros de responsabilidad profesional.

6.4.8 Política de control de contraseñas

El control real detallado de las contraseñas puede desarrollarlo el director de TI, a veces con ayuda externa, revisarlo el comité de TI y ratificarlo el Consejo. Puede utilizar las listas de comprobación de auditoría 'lista de comprobación de la política de seguridad de TI' y 'lista de comprobación de los controles de seguridad lógica' (*véase Párrafo 6.9*) como apoyo para la revisión del diseño, implantación y postimplantación del control de las contraseñas de la organización.

La organización debería establecer y cumplir una política sobre las contraseñas y los procedimientos asociados para gestionar los requisitos concretos sobre las contraseñas. Esta política debería incluir los siguientes controles:

Estructura de la contraseña: deben incluir cada una de las características siguientes:

- Letras, mayúsculas o minúsculas (A, B, C, … Z, a, b, c, … z).
- Dígitos (0, 1, 2, … 9).
- Caracteres especiales no alfanuméricos. Por ejemplo ([};' !$=).
- Como mínimo 9 caracteres.
- No deben contener el nombre del correo electrónico, la identificación, ni su nombre como aparece en el registro de dominios.
- La contraseña nueva no deben ser ninguna de las 12 últimas contraseñas usadas.
- No deben contener palabras del diccionario de ningún idioma, porque hay muchos programas para descifrar contraseñas capaces de probar con millones de palabras en segundos. No basta con añadir un dígito al final de una palabra. Deberían integrarse caracteres numéricos y especiales a la contraseña. Como una contraseña compleja, difícil de descifrar, es también difícil de recordar, debe usar alguna que, siendo compleja, sea fácil de recordar sólo por el usuario (p.ej. 'Mnpt11ade'

(Mi nieto pequeño tiene 11 años de edad) o 'Hvi10aeM-C' (He vivido 10 años en Montreal-Canadá) pueden considerarse buenas contraseñas).

Almacenamiento de contraseñas: Deben guardarse en formato encriptado irreversible y el archivo de contraseñas no puede verse sin encriptar.

Representación de contraseñas: Ninguna contraseña debe mostrarse en dispositivos de entrada de datos o pantallas.

Contraseñas predefinidas: Los sistemas operativos, *software* de sistemas y otros sistemas (bases de datos, comunicaciones de datos, etc.) sometidos a riesgos elevados se instalan a veces con una serie de cuentas y contraseñas predefinidas. Como todas las cuentas, estas rutas de acceso deben protegerse con contraseñas seguras.

Inhabilitación de contraseñas: Además de cambiar las contraseñas, deben tomarse otras medidas como inhabilitar, cambiar de nombre o utilizar como señuelos estas cuentas predefinidas.

Primer acceso: Al acceder por primera vez a una cuenta, la persona responsable de dicha cuenta debe cambiar la contraseña, cumpliendo con el control de contraseñas definido en esta política.

Control de cambios de contraseñas: Cada usuario web debería ser obligado periódicamente a cambiar su contraseña. El intervalo entre los cambios de contraseñas podría ser de 30, 60, 90 días, etc., según el período decidido por la organización.

Formación: En ella debe incluirse el uso apropiado y seguro de las contraseñas.

La organización y su equipo de dirección pueden emplear estas políticas, personalizarlas o elaborar las suyas propias, según sus necesidades. No obstante, todas ellas deben, por razones de eficacia y eficiencia, documentarse y mantenerse de modo adecuado.

6.4.9 Manual de políticas y procedimientos del centro

Los procedimientos de seguridad para implantar las políticas de seguridad de TI en una organización pueden incluir (por ejemplo): monitorización de la política de cumplimiento de la seguridad, evaluación de seguridad, evaluación del riesgo de los sistemas informáticos, evaluación de los controles de seguridad de TI, clasificación de la información, acceso lógico, acceso físico, gestión de códigos de acceso, acceso remoto, acceso por terceros, gestión de Internet e Intranet, gestión del correo electrónico y manejo de incidentes de seguridad. Todos estos deben establecerse, implantarse, monitorizarse y mejorarse tras la revisión y evaluación anual.

Manual de seguridad del centro (ejemplo)

1 Introducción (1.1 Destinatarios, 1.2 Definiciones).

2 Enfoque básico de la seguridad (2.1 Evaluación del riesgo, 2.2 Identificación de los recursos, 2.3 Identificación de las amenazas).

3 Arquitectura informática de la organización (3.1 Infraestructura de TI, 3.2 Aplicaciones informáticas, 3.3 Servicios de red).

4 Organización, políticas y procedimientos de seguridad de TI (4.1 Definición de una política de seguridad, 4.2 Propósitos de una política de seguridad, 4.3 Contenido de las políticas de seguridad de TI, 4.4 Contenidos de los procedimientos de

seguridad de TI, 4.5 Organización de la seguridad de TI y las responsabilidades de gestión, 4.6 Seguridad de las copias de seguridad y medios digitales).

5 Protección física de la instalación informática y las instalaciones de redes (5.1 Objetivos, 5.2 Controles de seguridad).

6 Seguridad de aplicaciones informáticas (6.1 Controles informáticos generales, 6.2 Controles de aplicaciones, 6.3 Aplicaciones de seguridad especializadas).

7 Seguridad de servicios de redes (7.1 Identificación de las necesidades reales de servicios, 7.2 Configuración de la red y los servicios, 7.3 Protección de la infraestructura de red, 7.4 Protección de la red, 7.5 Protección de los servicios, 7.6 Protección de la protección).

8 Auditoria de la seguridad (8.1 ¿Qué debe recogerse?, 8.2 Proceso de recogida, 8.3 Manejo y preservación de los datos de auditoría, 8.4 Consideraciones legales).

9 Manejo de incidentes de seguridad (9.1 Preparación y planificación del manejo de incidentes, 9.2 Notificación y puntos de contacto, 9.3 Directivos locales y personal, 9.4 Cumplimiento de la ley y agencias de investigación, 9.5 Sitios afectados, 9.6 Comunicaciones internas, 9.7 Relaciones públicas, 9.8 Identificación de un incidente, 9.9 Evaluación de los daños y su extensión, 9.10 Manejo de un incidente, 9.11 Protección de las evidencias y registros de actividad, 9.12 Contención de los incidentes, 9.13 Erradicación, 9.14 Recuperación, 9.15 Seguimiento).

10 Actividades cotidianas de monitorización de la seguridad.

Las políticas y procedimientos que usa una organización suelen estar documentadas en un manual de políticas y procedimientos de seguridad.

El equipo de seguridad de TI, considerando todo lo expuesto anteriormente, así como otras directrices relevantes de gobernanza corporativa e instrucciones del Consejo, puede optar por usar los planes anteriores o modificarlos según sus necesidades, o elaborar una serie de planes diferente que se adapte a sus propósitos.

No obstante, las políticas y planes de seguridad se implantan mediante procedimientos y prácticas, adaptadas a una determinada organización.

6.5 Procedimientos y prácticas de seguridad de TI

Este componente se ocupa de los procedimientos y prácticas de seguridad necesarias, que pueden necesitar el esfuerzo intenso y la atención especial y rigurosa de los directivos de TI para el desarrollo y despliegue de sistemas de TI más seguros.

Los principales procedimientos y prácticas de seguridad de TI son:

- Controles de acceso físico y lógico
- Controles de identificación y autenticación
- Procedimientos de administración de seguridad de usuarios finales
- Procedimientos de planificación de contingencias informáticas
- Controles de operación informática
- Prácticas de gestión de la seguridad del personal
- Controles de ingeniería social
- Procedimiento de gestión de cambios de seguridad.

6.5.1 Controles de acceso de seguridad física

En el plano práctico y de procedimientos, la seguridad de TI suele implantarse con controles de acceso «físicos» y «lógicos».

Los controles físicos se utilizan para controlar la entrada a oficinas, instalaciones, salas de ordenadores, cableado de redes, salas de servidores, etc. en las que haya sistemas y servicios informáticos. Los controles lógicos de acceso se refieren a las políticas, procedimientos y controles técnicos usados en sistemas informatizados.

La práctica de los controles lógicos por cuestiones de seguridad de TI suele administrarse de manera aislada a la implantación de los controles de seguridad física; pero los requisitos, desde un punto de vista arquitectural, son posiblemente los mismos, sujetos a diversos riesgos y niveles de autenticación.

Los controles de acceso físico y de seguridad del entorno se refieren al control del entorno de las zonas de trabajo e instalaciones de ordenadores, y pueden incluir la monitorización y el control de acceso a y desde esas instalaciones (p.ej. puertas, cerraduras, calefacción y aire acondicionado, protección contra incendios, cámaras, barricadas, vallas, guardias, etc.)

El programa de seguridad física y ambiental de una organización debería tratar los siguientes asuntos: controles de acceso físico, seguridad contra incendios, fallo de servicios de soporte, derrumbamientos, fugas de agua, interceptación de datos y sistemas móviles y portátiles. Hacerlo puede ayudar a prevenir interrupciones de los servicios informáticos, daños físicos, divulgación indebida de información, pérdida del control sobre la integridad del sistema y robo. En el Apéndice 3 y en el Capítulo 7 se muestran directrices para el diseño de centros seguros de procesamiento de datos.

Los controles de acceso lógico se refieren a la serie de políticas, procedimientos, prácticas, estructura organizativa de seguridad y otros controles técnicos, incrustados en el *software* de sistemas operativos, aplicaciones, paquetes especializados de seguridad de TI, sistemas de gestión de bases de datos y de comunicaciones de datos.

El acceso es la capacidad para hacer algo con un recurso informático (p.ej. ver, cambiar, usar). Los controles lógicos de acceso son medios, basados en sistemas, con los cuales se permite o se restringe esa posibilidad. Los controles de acceso lógico pueden definir no sólo qué o quién tiene acceso a un recurso, sino también qué clase de acceso tiene.

Las organizaciones pueden implantar controles de acceso lógico basados en una política elaborada por el responsable de la gestión de un sistema concreto, aplicación, subsistema o grupo de sistemas. La política debe equilibrar el interés por la seguridad con los requisitos operativos y la facilidad de uso.

Generalmente, las organizaciones pueden basar, para mejorar la seguridad, la política de control de acceso en el principio de privilegio mínimo, que dice que un usuario sólo debe tener acceso a los recursos que necesita para ejercer sus funciones.

6.5.2 Controles de identificación y autenticación

La identificación y la autenticación es un pilar fundamental de la seguridad de TI, ya que es la base de la mayoría de los tipos de control de acceso y del establecimiento del control de la responsabilidad de los usuarios.

La identificación y autenticación es una medida técnica que evita que personas o procesos no autorizados entren en un sistema informático.

El control de acceso suele requerir que el sistema sea capaz de identificar y diferenciar a los usuarios; por ejemplo, el control de acceso suele estar basado en los privilegios mínimos. La responsabilidad de usuarios requiere que se puedan relacionar las actividades de un sistema informático concreto con personas concretas y, por ello, el sistema necesita identificar a los usuarios.

Estos controles suelen establecerse e implantarse bajo el control del *software* de sistemas (sistema operativo, sistema de gestión de bases de datos, sistema de comunicaciones de datos, etc.)

6.5.3 Procedimientos de administración de usuarios finales

Las organizaciones deberían garantizar la administración eficaz del acceso a ordenadores de los usuarios para mantener la seguridad del sistema, incluida la gestión de cuentas de usuario, la auditoría y la modificación o revocación diligente del acceso. En la gestión de cuentas, debería tenerse en cuenta:

Gestión de cuentas de usuario: Las organizaciones deberían tener un proceso para:

- solicitud, establecimiento, emisión y cierre de cuentas de usuario

- rastreo de usuarios y sus respectivas autorizaciones de acceso
- gestión de estas funciones.

Rescisión amistosa del empleo: Debe cumplirse implantando una serie normalizada de procedimientos para la salida o el traslado de empleados. Estos incluyen, normalmente:

- la eliminación de privilegios de acceso, cuentas de ordenador, dispositivos (*tokens*) de autenticación
- control de claves
- sesión informativa sobre las responsabilidades permanentes de confidencialidad y privacidad
- devolución de elementos entregados temporalmente al empleado
- disponibilidad permanente de los datos.

Tanto en el mundo manual como en el digital, esto puede implicar la documentación de procedimientos o esquemas de archivo, como la forma en la que se archivan los documentos en el disco duro y cómo se obtienen copias de seguridad. Los empleados deberían recibir instrucciones sobre si deben «limpiar» o no su ordenador personal antes de marcharse. Si se ha usado criptografía para proteger los datos, debe garantizarse la disponibilidad de las claves criptográficas para el personal responsable.

Rescisión hostil del empleo: Dada la posibilidad de consecuencias adversas, las organizaciones, en situaciones de terminación hostil del empleo, deberían realizar las siguientes acciones:

- El acceso al sistema del empleado debe revocarse lo antes posible, en cuanto se sepa que el empleado abandona el trabajo de modo hostil. Si el empleado va a ser despedido, el acceso al sistema debe eliminarse en el mismo acto (o justamente antes) de comunicar el despido al empleado.

- Cuando un empleado notifica su dimisión a una organización, y puede pensarse razonablemente que va a hacerlo de modo hostil, su acceso al sistema debe cancelarse inmediatamente.
- Durante el período de «notificación de terminación del trabajo» (plazo de aviso previo) puede ser necesario asignar al empleado a un área y función limitada. Puede ser especialmente importante para empleados que puedan hacer cambios en programas del sistema o de las aplicaciones.

6.5.4 Procedimientos de planificación de contingencias de TI

El plan de contingencia de TI respalda directamente el objetivo de la organización de tener una operación informática continua. El plan de contingencia trata de cómo mantener operativas las funciones críticas de una organización en caso de interrupción, ya sea grande o pequeña. En este sentido, el plan de contingencia se basa en la distribución del soporte informático a lo largo de la organización. El plan de contingencia es parte de la planificación de la continuidad de las actividades (BCP). Con respecto a la TI, la BCP debería incluir un plan de recuperación de desastres, que debería probarse en momentos determinados para garantizar a todos los interesados que los sistemas informáticos fundamentales y la infraestructura de la organización pueden volver al estado operativo rápidamente. Los controles detallados de esta área se describen en el Capítulo 7.

6.5.5 Controles de operaciones informáticas

Las operaciones y el apoyo informático hacen referencia a la administración del sistema y a las tareas externas al sistema que respaldan su funcionamiento (p.ej. el mantenimiento de la documentación). Es una debilidad significativa de muchas organizaciones no haber considerado que la seguridad debería formar parte de las operaciones y el apoyo de los sistemas informáticos. La bibliografía informática muestra muchos ejemplos sobre cómo las organizaciones debilitaron sus costosas medidas de seguridad por culpa de una mala documentación, por no controlar el mantenimiento de las cuentas u otras prácticas deficientes. Las siguientes prácticas son un ejemplo de qué debería incluir las operaciones y el apoyo de una organización:

- Asistencia a usuarios: Generalmente el personal de operaciones y apoyo de sistemas proporciona ayuda a los usuarios, por medio de un servicio de asistencia. El personal de asistencia debe poder identificar los problemas de seguridad, responder adecuadamente e informar a las personas adecuadas.
- Asistencia de *software*: Debe llevarse a cabo un control del *software* de sistema proporcional al riesgo. Este control pueden incluir:
  - Políticas para cargar y ejecutar *software* nuevo en un sistema. La ejecución de *software* nuevo puede dar lugar a la propagación de virus, interacciones inesperadas del *software* o un *software* capaz de derribar o evitar los controles de seguridad.
  - Uso de herramientas potentes. Las herramientas del sistema pueden comprometer la integridad de los sistemas operativos y controles de acceso lógico.

- Autorización de cambios en el sistema. Implica la protección del *software*, realizar copias de seguridad y puede lograrse con una combinación de controles de acceso lógicos y físicos.
- Gestión de licencias. El *software* debe estar autorizado para su uso, por medio de una licencia y las organizaciones deben tomar medidas para evitar el uso de *software* ilegal. Por ejemplo, una organización puede auditar el sistema en busca de copias ilegales de *software* protegido por derechos.
- Gestión de la configuración. Debe comprobar que los cambios en el sistema no reducen la seguridad. La meta es conocer cómo afectarán los cambios a la seguridad del sistema.

- Copias de seguridad: La obtención de copias de seguridad de *software* y datos es crítica. La frecuencia de las copias de seguridad dependerá de la frecuencia de los cambios y de la importancia de los mismos. Debería consultarse a los gestores de los programas para determinar qué plan de copias de seguridad es la adecuada. Las copias de seguridad deberían probarse para comprobar su utilidad y deben guardarse en lugares seguros.
- Control de soportes: Debe aplicarse una variedad de medidas, como etiquetado y registro, para proporcionar protección física y del entorno, y responsabilidad sobre discos, cintas, listados y otros soportes de información. La amplitud de los controles depende de muchos factores, como la clase de datos, la cantidad de soportes y la naturaleza del entorno de usuario.
- Documentación: Deben documentarse todos los aspectos de las operaciones y del apoyo informático para garantizar la continuidad y la coherencia. La

documentación de seguridad debería diseñarse de forma que satisfaga las necesidades de los diferentes tipos de usuarios. La seguridad de un sistema también necesita ser documentada, incluyendo planes de seguridad, de contingencia, y políticas y procedimientos de seguridad.

- Mantenimiento: Deberían desarrollarse procedimientos que garantizaran que el mantenimiento lo efectúa sólo personal autorizado. Si un sistema tiene una cuenta de mantenimiento, es fundamental cambiar las contraseñas predeterminadas o desactivar las cuentas hasta que sea necesario usarlas. Si el mantenimiento se realiza de forma remota, debe autenticarse al proveedor de mantenimiento.
- Mensaje normalizado de conexión: Antes de autenticar al usuario, el sistema debería mostrar un mensaje advirtiendo que el uso del sistema está prohibido a personas no autorizadas.

6.5.6 Prácticas de gestión de la seguridad del personal

Según un informe de CSI/FBI,[67] el 80% de los ataques a sistemas informáticos lo realizan usuarios internos y el 20% restante, externos.

Entre los usuarios, internos o externos, se incluyen, por ejemplo: usuarios finales, diseñadores, desarrolladores, gestores y directivos. Existe una gran variedad de problemas de seguridad relacionados con la forma en la que estas personas interactúan con los ordenadores y con el acceso y autoridad que necesitan para hacer su trabajo.

---

[67] 2005: www.gocsi.com.

Ningún sistema informático puede ser seguro sin tratar adecuadamente cuestiones como:

- dotación de personal
- definición del cargo
- delimitación de tareas (por ejemplo, un programador de sistemas no debería tener acceso, sin autorización expresa, a los datos reales, mientras que los operadores no deberían poder modificar *software* de aplicación, etc.)
- privilegios mínimos: los usuarios sólo deben tener acceso a los datos que necesiten para realizar sus tareas. Por ejemplo, las personas de entrada de datos no deben poder ejecutar informes de análisis de sus bases de datos.
- investigación del historial y referencias previas de empleados
- formación y concienciación de los empleados en cuestiones de la seguridad, etc.

Todo ello se describe en el Capítulo 2.

Un último control que suelen aplicar muchas organizaciones es la contratación de personal de seguridad con certificaciones profesionales en seguridad (p.ej. CISSP, CISA, ISSAP, ISSEP, ISSMP, CISM, etc.).

6.5.7 Controles sobre la ingeniería social

«Ingeniería social»[68] es un eufemismo que se usa para medidas no técnicas o con bajo nivel técnico (por ejemplo, engaños, persuasión, influencia, conducta engañosa, suplantación de personalidad, trucos, faxes, correos

---

[68] Para más información sobre la ingeniería social, ver *The Art of Intrusion: The real stories behind the exploits of hackers, intruders, and deceivers*, Mitnick KD y Simon WL, Wiley, Indianapolis, USA (2005).

electrónicos o llamadas, chantaje, amenazas) que se utilizan para obtener acceso ilegal a recursos confidenciales, oficinas y sistemas informáticos con la intención de dañarlos o abusar de ellos:

Clasificación de los datos: Todos los elementos (informes impresos, informes escritos, manuales, soportes digitales, copias en cinta de información automatizada, etc.) deberían clasificarse según la política de clasificación de datos de la organización (confidencial, privado, interno, etc.).

Almacenamiento fuera de los centros: Los datos corporativos de mayor valor, confidencialidad o críticos deberían encriptarse si se almacenan fuera de los centros de procesamiento.

Publicación de datos: Cualquier dato de la organización (p.ej. informes impresos, informes mecanografiados, manuales, soportes digitales, copias en cinta de información automatizada, etc.) debería publicarse sólo de acuerdo con la política de autorización de publicación de la organización, o con instrucciones específicas para el caso concreto. Todas las publicaciones deben registrarse y comunicarse.

Revelación de datos por teléfono: Nunca debería revelarse información confidencial por teléfono. Los códigos de seguridad comunicados verbalmente pueden usarse para identificar personas autorizadas y para conseguir contraseñas, información financiera, detalles de los sistemas informáticos, *software*, redes, etc. de la organización. Nunca debería revelarse información del directorio interno por teléfono. Las solicitudes deberían registrarlas y gestionarlas el servicio de atención a clientes o el departamento cuya información se solicita. Cuando se comunica información a personas autorizadas, debe registrarse y comunicarse.

Documentación de llamadas sospechosas: Todas ellas debería documentarlas la persona que recibe la llamada y comunicarlas del modo que corresponda.

Envío de contraseñas a usuarios remotos: Todas las contraseñas enviadas a usuarios remotos deberían entregarse en persona y con la firma del usuario autorizado. Todas estas acciones deben grabarse y comunicarse.

Identificación personal: Todos los empleados deberían llevar visiblemente una tarjeta con una foto de tamaño grande. Todos los visitantes deberían llevar también tarjetas visibles de visitante mientras se encuentren en las instalaciones de la organización. Los datos personales de identificación de los visitantes deberán guardarse en el registro de visitantes y deberán comunicarse cuando se solicite.

Gestión de archivos adjuntos de correo electrónico: Deberían manejarlos y comprobarlos una función centralizada de administración, y deben entregarse a la persona destinataria cuando se haya comprobado su seguridad.

Direcciones genéricas de correo electrónico: Deben establecerse para la comunicación de las funciones comerciales de la organización con terceros.

Transmisión de faxes: No debería estar permitida.

Registros de dominio: No se deben proporcionar datos personales de contacto al registrar dominios de Internet de la organización, sino datos de funciones genéricas (nombre de departamento, dirección, etc.).

Desplazamiento de personas por zonas de edificios: Las personas no autorizadas (incluso empleados de la compañía), no deberían poder desplazarse sin acompañante autorizado por áreas de la empresa que contengan información confidencial.

Gestión de contratistas externos: Compruebe las identificaciones y las órdenes de trabajo de cualquier persona que realice trabajos técnicos en las oficinas o en su perímetro. Haga doble comprobación y verifique que el trabajo se solicitó realmente y es necesario. Haga que alguien, representando los intereses de la compañía, y por lo tanto capacitado para ello, acompañe a estos visitantes mientras se encuentren en su propiedad y haga que realicen su trabajo en un horario laboral normal. Los contratistas externos no deberían poder deambular, sin estar acompañados, por áreas de la empresa.

Artículos para su recogida: Antes de entregar a cualquier persona un artículo que se ha dejado para su recogida (p.ej. mensajeros externos u otros empleados de la compañía), la persona que entrega el artículo debe registrar los datos personales y corporativos de quien lo recibe.

Gestión de residuos: Todos los residuos (informes impresos, notas de trabajo, documentación de cualquier clase de la compañía, informes de gestión, datos del desempeño, soportes digitales de datos, manuales, políticas, procedimientos, cartuchos de impresora, formularios en blanco, etc.) deberían destruirse por completo usando destructoras de documentos y de soportes de lectura óptica para los CD o DVD y desmagnetizadores para los soportes magnéticos.

6.5.8 Procedimiento de gestión de cambios de seguridad

Es un procedimiento riguroso para la gestión y el control de las modificaciones en el ámbito del procesamiento de la información, que incluye cuestiones relativas a la seguridad del *software* de sistemas de ordenadores centrales, redes, bases de datos, servidores y *software* especializado de seguridad, etc.

Los objetivos de la gestión de cambios de seguridad son: reducir el riesgo que las modificaciones plantean en el ámbito del procesamiento de la información y mejorar la estabilidad y la fiabilidad de las operaciones de procesamiento de la información, cuando se efectúen cambios.

Los pasos críticos en la gestión de cambios son, usualmente:

- identificación de los cambios en la seguridad
- definición del alcance de los cambios
- obtención de aprobación para los cambios
- obtención de las copias de seguridad apropiadas, antes de implantar los cambios
- implantación de los cambios
- recuperación al estado anterior si fallan los cambios
- revisión y documentación de todos los cambios.

Pueden usarse varios formularios informáticos para el control de gestión, desarrollo de sistemas, monitorización de seguridad y otros propósitos de monitorización de la calidad, incluidos en el Apéndice 4.

6.6 Controles especializados de seguridad de TI para la protección de *hardware* y *software*

Este componente se preocupa por los controles técnicos informáticos necesarios. Puede requerir el esfuerzo concentrado y la especial atención de los directivos de TI para desarrollar y desplegar sistemas informáticos más seguros.

Estos controles implantárselos puede desarrollar e implantar el director de TI, a veces con ayuda externa, los puede revisar el comité de TI, y ratificar el Consejo. Pueden utilizarse las listas de comprobación de auditoría del Párrafo 6.9 como apoyo para la revisión del diseño, implantación y postimplantación de los controles de la protección técnica de TI de la organización.

Los controles habituales de protección técnica, son:

- Sistema de gestión de los incidentes de seguridad informática
- Controles criptográficos
- Otros controles técnicos.

6.6.1 Sistema de gestión de incidentes de seguridad informática

Un incidente de seguridad informática puede originarse a partir de un virus, otro *software* maligno o un intruso en el sistema, externo o interno. La definición de «incidente de seguridad informática» es algo flexible y puede variar de una a otra organización o ámbito de procesamiento. La capacidad de gestión de incidentes (como un sistema de detección de intrusión) puede considerarse un componente del plan de contingencia porque proporciona la capacidad de reaccionar rápida y eficazmente ante las interrupciones del proceso normal. La gestión de incidentes puede considerarse como la parte del plan de contingencia que reacciona ante las amenazas técnicas malignas.

Este sistema debería incluir para todos los incidentes (posibles y reales) las siguientes etapas:

- preparación
- detección
- contención
- erradicación
- recuperación
- seguimiento y comunicación
- reacciones y revisión.

6.6.2 Controles criptográficos

La criptografía es una rama de la matemática basada en la transformación de los datos. Proporciona una importante herramienta para proteger la información y se usa en muchos aspectos de la seguridad de TI. Tradicionalmente se asoció la criptografía a la ocultación de los datos, pero actualmente se puede usar para proporcionar muchos servicios de seguridad, como firmas electrónicas o para garantizar que no se han alterado datos (*véase también el Capítulo 8*).

6.6.3 Otros controles técnicos

Son mecanismos de *hardware* y *software* para implantar la seguridad en el nivel técnico, como: *firewalls*, redes privadas virtuales, DMZ, sistemas IDS/IPS, filtrado de contenidos *web*, antivirus de pasarela, servidor de correo,

DNS, VLAN, líneas de respaldo, filtrado de direcciones *web*, definición de parámetros del sistema de gestión de bases de datos, perfiles de contraseñas de bases de datos, certificados digitales, *honeypots* y *honeynets*, etc.

Los *honeypots* y *honeynets* son mecanismos (*hardware*, *software*) que crean un entorno donde pueden observarse y analizarse las herramientas y el comportamiento de los llamados *blackhats* (los *hackers* más peligrosos).[69]

6.7 Controles de evaluación y monitorización de la seguridad de TI

Estos controles también pueden necesitar del esfuerzo concentrado y la atención centrada y rigurosa de los directivos de TI para el desarrollo y despliegue de sistemas informáticos más seguros.

Los controles reales detallados de evaluación y monitorización de la seguridad de TI los puede desarrollar e implantar el director de TI, a veces con apoyo interno, los puede supervisar el comité de TI y ratificar el Consejo. Se pueden utilizar las listas de comprobación de auditoría del Párrafo 6.9 como apoyo para la revisión del diseño, implantación y postimplantación de los controles de evaluación y monitorización de la organización.

Los controles habituales de evaluación y monitorización son:

- Revisiones de auditoría y gestión

---

[69] Para más información sobre *honeypots* y *honeynets*, ver (a) www.cert.org, (b) www.honeypots.net, (c) The Honeynet Project (http://project.honeynet.org), y (d) *Honeypots, Tracking Hackers*, Spitzner L, Addison-Wesley (2003).

- Controles de registros de auditoría
- Controles de monitorización de seguridad.

6.7.1 Revisiones de auditoría y gestión

Es necesario que se revise periódicamente la gestión de las cuentas de usuario de un sistema. En las revisiones se deberían examinar, por ejemplo, los niveles de acceso de cada persona, la conformidad con el concepto de privilegios mínimos, si todas las cuentas están activas, si las autorizaciones de gestión están actualizadas, si se ha completado la formación y capacitación requeridas, etc.

Pueden revisarse en dos niveles: (1) aplicación a aplicación, o (2) de modo amplio, para todo el sistema.

Aparte de la auditoría y análisis de los registros de auditoría, deberían emplearse otros mecanismos para detectar actos no autorizados o ilegales. Entre los métodos que podrían utilizarse, está la rotación de los empleados en puestos donde se puedan efectuar esos actos, lo que podría demostrar fraudes que funcionan con la presencia necesaria del empleado que lo comete. También puede emplearse una investigación periódica del personal.

6.7.2 Controles de registros de auditoría

Los registros de auditoría mantienen un registro de la actividad de sistemas, procesos de aplicación y usuarios. Si se usan conjuntamente con las adecuadas herramientas y procedimientos, pueden ayudar a lograr varios objetivos relacionados con la seguridad, como la responsabilidad individual, la reconstrucción de eventos, la detección de intrusiones y la identificación de problemas (*véase también el Capítulo 8*).

6.7.3 Controles de monitorización de la seguridad

Para mantener la garantía operacional de la seguridad, las organizaciones pueden usar dos métodos básicos: auditorías y monitorización.

Auditorías

Pueden ser autoadministradas o independientes (internas o externas). Ambos tipos pueden dar excelente información sobre los aspectos técnicos, de procedimientos, de gestión u otros, de la seguridad. La diferencia fundamental entre la autoadministrada y la independiente es la objetividad. Un auditor puede revisar los controles y determinar si son efectivos. Frecuentemente analizará controles informáticos y no informáticos.

Herramientas de monitorización y revisión

Hay muchas, como el *software* para monitorizar la actividad, las herramientas automatizadas, las listas de comprobación de seguridad, las pruebas de penetración, etc. Suele ejecutarlas una persona con capacidad de gestión en TI o un directivo de TI.

***Software* de monitorización de actividad**: Este *software* funciona en un *firewall* o en un servidor de red y se usa para prevenir la infección por virus, buscando actividad malintencionada en un sistema y, cuando sea posible, bloqueando esa actividad.

Herramientas automatizadas de análisis de vulnerabilidad: Pueden usarse para monitorizar amenazas y ayudar a identificar varias vulnerabilidades, como controles de acceso o configuración del control de acceso inadecuado, contraseñas débiles, falta de integridad del *software* de sistemas o la ausencia de parches o actualizaciones importantes del *software*. Hay dos tipos de herramientas: (1) activas, que analizan las vulnerabilidades tratando de aprovecharse de ellas, y (2) pasivas, que examinan el sistema y deducen la existencia de problemas, a partir del estado del sistema.

Listas de comprobación de seguridad: Pueden desarrollarse y usarse, a veces a partir de las políticas y prácticas organizativas de seguridad de ámbito nacional e internacional (también llamadas indicadores de referencia). También pueden utilizarse como referencia las listas de comprobación de auditoría y revisión mostradas en este libro.

Pruebas de penetración: Existen muchos métodos para intentar forzar la entrada en el sistema. Además de las herramientas automatizadas, puede intentarse manualmente. Pueden encontrarse, en muchos sistemas, procedimientos descuidados o falta de controles internos en las aplicaciones, que la prueba de penetración puede tratar de encontrar. La prueba de penetración es una herramienta muy potente, por lo que debería usarse, preferentemente, con el conocimiento y consentimiento de los gestores o directivos de la parte informática y del usuario.

Revisión de los registros del sistema: Su revisión periódica puede detectar problemas de seguridad, como intentos de exceder la autoridad de acceso o de acceder a horas inusuales, detectar la copia de registros, etc.

Herramientas automatizadas de comprobación de la seguridad: Hay varias clases. Algunos ejemplos son los detectores de virus, la comprobación de totales, los descifradores de contraseñas, programas de verificación de la integridad y la monitorización del desempeño o comportamiento del sistema.

Gestión de la configuración: Para propósitos de seguridad, proporciona la garantía de que la versión (configuración) que está funcionando es la correcta y que se han revisado todos los cambios que se van a realizar para analizar las cuestiones de seguridad.

Revisión de la información externa: Además de monitorizar el sistema, es útil estar al tanto de las fuentes externas de información.

Reacreditación periódica: Es útil que se reexamine formalmente la seguridad de un sistema, desde una perspectiva amplia. El análisis que lleva a la reacreditación, debería tratar asuntos como: ¿Sigue siendo suficiente el grado de seguridad? ¿Hacen falta cambios importantes? La reacreditación debería tener en cuenta las cuestiones de alto nivel relativas a la seguridad y a la gestión, así como a la implantación concreta realizada de la seguridad.

Certificación del centro: Para comprobar hasta qué punto un sistema cumple los requisitos de seguridad establecidos, es útil realizar periódicamente una evaluación profunda de las funciones técnicas y no técnicas de seguridad de un sistema informático en su entorno operacional.

Revisión de la interceptación de la red: Es útil revisar periódicamente, de modo formalizado, el sistema de cableado de red, para asegurar que no está interceptado. La interceptación se efectúa con dispositivos *hardware* que se conectan al cable de red y envían copias del tráfico que circula por él, a uno o más dispositivos conectados.

Monitorización de los controles de TI: Los controles informáticos deben monitorizarse, de modo continuo o periódico, por responsables de TI, y todos los problemas encontrados deben comunicarse para la adoptar la medida que corresponda. El Apéndice 3 contiene una 'Lista de comprobación de la monitorización de los controles de TI' que podría usarse para este propósito. En el Apéndice 4 se incluyen otros formularios de TI que pueden usarse para propósitos de control de gestión y monitorización. Esto puede facilitarse siguiendo el plan de gestión de las actividades de monitorización y revisión presentado en el Capítulo 1, y añadiendo todos los datos relevantes para el informe de gestión de TI (*Capítulo 1*). Es responsabilidad del CIO garantizar que el mecanismo de reporte de TI se alimenta con los datos relevantes de esta área.

Pueden utilizarse los programas de auditoría y listas de comprobación de seguridad presentados en el Párrafo 6.9 de este capítulo y el 'Formulario para registro de incidentes de seguridad' (*véase Apéndice 4*) para el control de la gestión, monitorización de la seguridad del desarrollo de sistemas y otros propósitos de monitorización de la calidad.

6.8 Medidas del desempeño de la seguridad de TI

El conjunto integrado de componentes de seguridad de TI descrito en este capítulo, puede evaluarse y mejorarse definiendo y recogiendo datos sobre el desempeño y usando los programas de auditoría y listas de comprobación (*véase párrafo 6.9*).

En la Tabla 8 se muestran las medidas típicas del desempeño de la seguridad de TI que pueden emplearse.

Estas medidas del desempeño podrían basarse en un sistema mixto con dos componentes: El Componente 1 podría ser un sistema de medición del BSC (Balanced Scorecard) de TI, descrito en el Capítulo 4, y el Componente 2 podría ser un sistema de monitorización del cumplimiento de las políticas, procedimientos y asuntos relacionados (p.ej. presupuestos).

Todos estos datos pueden incluirse en el informe de gestión de TI emitido por el CIO (*véase capítulo 1*).

Los directivos de TI de la compañía pueden, según varios aspectos de la organización, analizar la información de la monitorización del desempeño y del cumplimiento, para revisar, evaluar y mejorar los elementos de la seguridad de TI de la organización.

Tabla 8: Medidas del desempeño de la seguridad de TI

Medidas del desempeño de la seguridad de TI
1. Cantidad y tipos de incidentes
2. Cantidad y tipos de infracciones
3. Cantidad y tipos de virus eliminados
4. Cantidad y tipo de cuentas obsoletas
5. Cantidad de incidentes que han dañado la reputación pública de la organización
6. Cantidad de sistemas desarrollados y desplegados que no

cumplen los requisitos de seguridad
7. Cantidad de derechos de acceso autorizados, cancelados, restaurados o cambiados; Cantidad y tipos de infracciones (por dirección IP, por puerto, por tipo de tráfico denegado, etc.)
8. Tiempo de respuesta en el mantenimiento de privilegios de acceso
9. Cantidad y clase de visitantes externos
10. Cantidad y tipos de visitas de mantenimiento
11. Cantidad y tipos de accesos remotos
12. Políticas y procedimientos de seguridad no realizados
13. Políticas y procedimientos de seguridad no respetados
14. Cumplimiento de las políticas y procedimientos de seguridad

6.9 Herramientas y técnicas de revisión y auditoría

Para garantizar que los controles de gobernanza de la seguridad de TI están adecuada y eficazmente organizados para satisfacer las necesidades de control de una entidad corporativa, pueden necesitarse directrices y otras herramientas que ayuden a los gestores y otros profesionales (auditor, personal de desarrollo de sistemas, personal de seguridad de TI, responsables del cumplimiento, etc.) a realizar adecuadamente sus tareas.

Las herramientas de revisión y auditoría que pueden facilitar a los directivos y otros profesionales de TI (auditores informáticos, consultores de TI, auditores internos y externos, responsables del cumplimiento, etc.) el establecimiento, evaluación y mejora de los controles de la arquitectura empresarial, descritos en este capítulo, son: programa de auditoría de la seguridad de TI, lista de comprobación de la política de seguridad de TI y lista de comprobación de los controles de seguridad lógica.

Las directrices y otras herramientas se describen en el Apéndice 3 (Lista de comprobación de la monitorización de los controles de TI), Apéndice 4 (Ejemplos de formularios de TI), Apéndice 5 (Metodología de auditoría de TI), Apéndice 6 (Áreas de auditoría de TI) y Apéndice 7 (Ejemplo de informe de auditoría interna).

Las listas de comprobación y los programas de auditoría presentados no pretenden ser una guía completa de la revisión de la gestión o de la auditoría de TI. Los directivos de TI y otros profesionales pueden optar por usar sólo algunos de los componentes de las listas de comprobación y de los programas de auditoría, según el tamaño, complejidad, necesidades y demandas de la empresa, necesidades y expectativas de la madurez de la TI, y los niveles de despliegue y uso de sistemas informáticos.

6.9.1 Programa de auditoría de seguridad de TI

El objetivo de este programa de auditoría es respaldar el proceso de creación, revisión, evaluación y mejora de los controles de seguridad de TI identificados.

Este programa de auditoría cubre lo siguiente: cuestiones básicas de la gestión, gestión de los recursos humanos, procedimiento de adquisición de TI, plan de contingencia, cumplimiento de la legislación de TI, controles físicos y del entorno, desarrollo y mantenimiento de sistemas, operaciones del centro de procesamiento de datos, y seguridad de *software* y datos.

Cuestiones básicas de gestión

1 Determine quién es el responsable de la seguridad de TI de la organización y evalúe si tiene el nivel de mando adecuado.
2 Compruebe que están implantados los procedimientos para la preparación, aprobación y monitorización de los planes estratégicos de TI y que estos planes se ajustan al plan estratégico de la organización.
3 Examine la política organizativa de seguridad y compárela con la política de seguridad de TI para comprobar que ambas satisfacen los mismos propósitos y necesidades.
4 Compruebe que la política de seguridad de TI contiene al menos una clasificación de los datos y la realización de pruebas de penetración de todos los sistemas y servicios informáticos fundamentales.
5 Evalúe el método de informe de la gestión de TI para garantizar que se informan y monitorizan todas las cuestiones relativas a la TI.
6 Evalúe los mecanismos de revisión de la TI entre los usuarios y la TI, como el comité de dirección de TI, el grupo de relación con usuarios, el comité de dirección de proyectos de TI, etc.
7 Revise los procedimientos de resolución de los problemas de seguridad y compruebe que resuelven satisfactoriamente todos los incidentes de seguridad comunicados.
8 Compruebe que todas las cuestiones de la seguridad se comunican por medio de informes escritos para que se

discutan en los niveles más altos de gestión y dirección, incluso en el Consejo.

9 Compruebe que se ejecuta la evaluación del estado de la seguridad de la información con autoevaluaciones, revisiones de auditoría *in situ*, pruebas de penetración, evaluaciones técnicas *in situ*, evaluación de la ética, pruebas de la calidad de los datos y comparaciones de las mejores prácticas.

Gestión de los recursos humanos

10 Revise los organigramas y descripciones de puestos de trabajo para comprobar que se han delimitado de tareas de forma adecuada con respecto a la seguridad.

11 Revise los programas de capacitación para comprobar que todo el personal ha recibido la formación adecuada sobre asuntos de seguridad.

12 Evalúe la eficacia de la asistencia proporcionada por la TI, y otros mecanismos de seguridad, para tratar las cuestiones relativas a la seguridad de TI de los usuarios finales.

Procedimiento de adquisición de TI

13 Revise la política y los procedimientos de adquisición para comprobar que todas las compras de TI se examinan desde el punto de vista de la seguridad.

14 Revise una muestra adecuada de la documentación de la TI adquirida, para comprobar que se han implantado adecuadamente la política y los procedimientos formales de TI.

15 Revise los contratos más importantes sobre *hardware* y *software* para comprobar que se han implantado

adecuadamente la política y los procedimientos formales sobre TI.

16 Revise las pólizas de seguros informáticos de la organización para comprobar que están adecuadamente cubiertos los riesgos más importantes del *hardware* y del *software*.

Plan de contingencia

17 Revise el plan de contingencias informáticas y compruebe que todos los sistemas informáticos críticos están cubiertos.

18 Compruebe que el plan se revisa y prueba periódicamente.

19 Revise la política y los procedimientos de copias de seguridad para comprobar que están adecuadamente implantados y monitorizados por los directivos de TI.

20 Revise el registro de copias de seguridad para comprobar que está actualizado.

21 Revise los procedimientos de cámaras de seguridad en el centro y fuera del centro.

Cumplimiento de la legislación informática

22 Determine qué leyes y regulaciones nacionales o internacionales sobre las cuestiones de la TI son de aplicación a la organización

23 Compruebe que existen licencias adecuadas para todo el *software* y *hardware* adquirido.

24 Compruebe el cumplimiento de la legislación informática, incluyendo la privacidad de datos y las cuestiones de la propiedad intelectual.

Controles del entorno físico

25 Compruebe que se aplican los controles de acceso físico de acuerdo con la política corporativa de seguridad y las prácticas profesionales para los siguientes elementos: edificios en propiedad, edificios compartidos, salas de ordenadores centrales y de servidores, ordenadores personales y estaciones de trabajo, equipo periférico, como módems, *routers*, impresoras, etc., medios digitales, magnéticos y de otras clases, documentación y manuales técnicos.

26 Compruebe que se aplican los controles de gestión para proteger los edificios, el personal, los equipos y los medios, de acuerdo con la política corporativa de seguridad, las directrices de los proveedores y las prácticas profesionales de salud y seguridad, sobre los siguientes aspectos: fuego, inundación, variaciones de la corriente eléctrica, tormentas, electricidad estática, accidentes provocados por comida y bebida, etc.

Desarrollo y mantenimiento de sistemas

27 Compruebe los procedimientos de desarrollo y mantenimiento de sistemas para comprobar que son adecuados para la seguridad, en todas sus fases, como análisis, diseño, construcción, pruebas, implantación y asistencia.

28 Revise los procedimientos de desarrollo y mantenimiento de sistemas para comprobar que todas las fases están aprobadas por los usuarios esenciales.

29 Revise las normas de programación para comprobar que pueden gestionar las cuestiones de seguridad relativas a las interfaces del *software* y de los sistemas de aplicación con el sistema operativo.

30 Revise los procedimientos de mantenimiento de las bibliotecas de programas, para comprobar que todos los programas están completamente probados y su paso a producción aprobado antes de que se ubiquen en las bibliotecas de producción.

Operaciones del centro de procesamiento de datos

31 Evalúe la idoneidad de los controles para comprobar que se utilizan los archivos de producción correctos en todos los sistemas de aplicación del centro de procesamiento de datos.

32 Revise todos los registros, para comprobar que se registran y monitorizan todos los eventos.

33 Evalúe la idoneidad de los procedimientos de copias de seguridad y recuperación.

34 Evalúe la idoneidad de los procedimientos de mantenimiento y asistencia externos.

Seguridad del software y de los datos

35 Compruebe que se han implantado procedimientos generales y medidas específicas de protección contra el acceso ilegal al sistema, sus utilidades, las bibliotecas de programas, el *software* de aplicación y del sistema, los archivos de datos, etc.

36 Evalúe la idoneidad de los procedimientos generales y las medidas específicas implantadas para proteger contra el acceso ilegal al sistema, sus utilidades, las bibliotecas de programas, el *software* de aplicación y del sistema, los archivos de datos, etc.

37 Compruebe que se usan contraseñas para cada conjunto de usuarios y sus aplicaciones correspondientes y para

cada clase de acciones (actualización, borrado, lectura, acceso remoto, etc.) y que se modifican las contraseñas de acuerdo con la política corporativa de contraseñas.

38 Compruebe que los usuarios no pueden usar programas propios para acceder a las bibliotecas y datos de producción.

39 Compruebe que el personal de TI no puede acceder a datos de producción sin una autorización específica.

6.9.2 Lista de comprobación de la política de seguridad de TI

Su objetivo es respaldar el proceso de creación, revisión, evaluación y mejora de los controles mencionados en el Párrafo 6.4 'Planes y políticas de seguridad de TI'.

1 ¿Hay una política oficial de seguridad de TI? Tenga en cuenta: aprobación del Consejo, objetivos, alcance y cobertura, responsabilidad de la monitorización y actualización, y distribución a todo el personal.

2 ¿Está la política de seguridad respaldada por normas y procedimientos documentados? Tenga en cuenta: responsabilidad sobre la monitorización o actualización, implicación de la auditoría interna, áreas cubiertas (p.ej. gestión de la información, desarrollo de sistemas, comunicaciones, personal, control de acceso lógico y distribución al personal).

3 ¿Hay un comité de seguridad, o grupo similar, responsable del establecimiento, mantenimiento y revisión de las normas y directrices de seguridad? Tenga en cuenta: organigrama, tareas y responsabilidades, formación o experiencia y delimitación de las funciones de administración y de monitorización.

4 ¿Hay una función de administración de seguridad? Tenga en cuenta: organización, organigrama, tareas y responsabilidades, formación o experiencia y delimitación de los roles de administración y de monitorización.
5 ¿Hay una política de informática para usuarios finales? Tenga en cuenta: licencias o propiedad intelectual del *software*, uso de *software* estándar, procedimientos antivirus, seguridad y distribución al personal.
6 ¿Se ha establecido una política de propiedad (responsabilidad) de la información, y se ha enviado a directivos y todo el personal? Tenga en cuenta: objetivos, nombramiento de propietarios o custodios de datos, función de administración de datos, clasificación de los datos por su nivel de confidencialidad y derechos de acceso.

6.9.3 Lista de comprobación de controles de seguridad lógicos

Su objetivo es respaldar el proceso de creación, revisión, evaluación y mejora de los controles mencionados en los Párrafos 6.5 y 6.7 'Procedimientos y prácticas de seguridad de TI' y 'Controles de evaluación y monitorización de la seguridad de TI'.

1 ¿El acceso y la modificación de archivos de datos, programas de aplicación y sistemas operativos se efectúa con la autorización apropiada?
2 ¿Están identificados y clasificados los datos y las aplicaciones confidenciales?
3 ¿Se han implantado las medidas de seguridad adecuadas para restringir el acceso de los usuarios a los datos y los programas? Tenga en cuenta: identificación y

contraseñas de usuarios, menús y aprobación de las opciones de menús.

4 ¿Está restringido el acceso del personal de desarrollo a los datos y *software* en el entorno de producción? Tenga en cuenta: separación de los entornos de prueba y de producción, procedimientos para cambios de emergencia, p.ej. revisión de la documentación, etc.

5 ¿Cada usuario tiene una única identificación? Revise una muestra de usuarios para comprobar que cada identificación está autorizada y es única para cada usuario.

6 ¿Se cambian regularmente las contraseñas? (Anote con qué frecuencia.)

7 ¿Existe un procedimiento para garantizar que las contraseñas se emiten y cambian de modo controlado? (Explique el procedimiento). Tenga en cuenta: informes de gestión de los usuarios actuales y sus derechos de acceso, cambios de contraseñas, p.ej. generadas por el sistema, cambios iniciados por el propio usuario, recomendaciones de seguridad, evitación de contraseñas que pueden adivinarse fácilmente, reutilización de contraseñas anteriores y longitud de las contraseñas.

8 ¿Existe un procedimiento para garantizar que las identificaciones de usuario o las contraseñas se eliminan del sistema cuando un empleado deja de serlo? Tenga en cuenta: obtención de una lista de las identificaciones de usuario y comprobación, por medio de una muestra, de que todos son aún empleados en activo.

9 ¿Se cambian los derechos de acceso de los empleados cuando cambian de lugar o clase de trabajo?

10 ¿Está encriptado el archivo de contraseñas? Tenga en cuenta: si no lo está ¿quién puede acceder al archivo y está autorizado para ello?

11 ¿Está controlada y monitorizada la asignación, autorización y uso de identificaciones y contraseñas de superusuarios? (Anote a quién se asignan.)

12 ¿Se han establecido procedimientos para aplicarse cuando no esté disponible el responsable de seguridad?

13 ¿Hay los procedimientos adecuados para controlar los módems conmutados? Tenga en cuenta: capacidad de marcación, autorización, requisitos de conexión al operador.

14 ¿Se aplican otros controles de acceso lógico? Tenga en cuenta: cantidad limitada de intentos de conexión, caducidad automática de contraseñas, longitud mínima de las contraseñas, registro de intentos infructuosos de acceso y acceso restringido a terminales específicos.

15 ¿Hay un sistema de control de versiones? (Anote el sistema de control de acceso y su versión). Consiga informes de controles específicos producidos por el sistema de control de acceso, revise informes seleccionados y los procedimientos de los clientes para revisar los informes e investigar las infracciones de la seguridad.

16 ¿Pueden los usuarios usar programas de utilidades capaces de modificar o borrar datos?

17 ¿Tienen restringido el acceso a los datos reales en producción las personas de desarrollo que pueden emplear programas de utilidades? Determine si el personal de desarrollo, que tiene acceso a las utilidades de los sistemas, tiene acceso a programas o bibliotecas de producción. Determine si el personal de desarrollo, que tiene acceso a las utilidades para efectuar pruebas, tiene restringido el acceso a los datos en producción.

18 ¿Está permitido emplear programas de utilidades sobre datos reales? ¿Está documentado ese permiso y su uso?

Tenga en cuenta: registro de las utilidades empleadas y revisión del registro.

6.10 Conclusión

La seguridad de TI se encarga de la protección de los datos, la información, los sistemas de información, otros activos relacionados con la TI y otros elementos de la organización frente al acceso, uso, despliegue, apropiación, divulgación, interrupción, modificación o destrucción no autorizados.

La seguridad de TI puede lograrse, probablemente de modo más eficiente, implantando un conjunto de controles como los descritos en este capítulo, que pueden revisarse, modificarse, o adaptarse, para satisfacer las necesidades, demandas y modo operativo de la organización concreta. A continuación, se debe hacer funcionar esos controles, de un modo continuo y diligente. Estos controles pueden incluir políticas, procedimientos, prácticas, estructuras organizativas y *hardware* y *software* especializado. Estos controles deben establecerse para garantizar la consecución de los objetivos de la organización.

Además, los principales controles de seguridad de TI, los programas de auditoría y revisión y las listas de comprobación identificadas y revisadas para adaptarse a las necesidades de la organización, protegen el marco de la gestión del conocimiento (*descrito en el Capítulo 1*), ya que proporcionan un entorno seguro para la recogida de información, su procesamiento y la comunicación de las actividades de gestión del conocimiento.

Asimismo, los controles de seguridad de TI, como se ha demostrado con la práctica, son mucho más baratos y más eficaces si se incorporan en la etapa de especificación de los requisitos y el diseño que si se introducen durante la implantación o la operación.

En la lucha por mantener la seguridad de TI, las organizaciones y sus directivos probablemente necesitarán hacer concesiones. Los directivos deberán elegir lo que mejor convenga a la organización, y lograr un equilibrio entre las ventajas de una elevada disponibilidad y seguridad de TI, frente a los costes y desventajas que las medidas de seguridad llevan, a veces, consigo.

Cuando se ejercen y ejecutan de forma óptima unos controles eficaces y eficientes de seguridad de TI, las organizaciones estarán, a largo plazo, más protegidas para la hora de dar servicio a sus clientes, interesados, la comunidad y la sociedad en general.

6.11 Preguntas de repaso

Este grupo de preguntas lo pueden emplear aquellos que usan los controles descritos en este libro para evaluar y comprobar la comprensión de los conceptos y del conocimiento práctico de este capítulo.

1. ¿Cuál es el propósito de los controles de seguridad de TI?

Referencia: Párrafo 6.2 'Propósito y principales tipos de controles de seguridad de TI'

2. ¿Cómo se logra la seguridad de la información?

Referencia: Párrafo 6.2 'Propósito y principales tipos de controles de seguridad de TI'.

3. ¿Cuáles son los principales tipos de controles de seguridad de TI?

Referencia: Párrafo 6.2 'Propósito y principales tipos de controles de seguridad de TI'.

4. ¿Cuáles son las políticas y planes de seguridad de TI habituales?

Referencia: Párrafo 6.4 'Planes y políticas de seguridad de TI'.

5. ¿Qué debería incluir la política de seguridad de TI?

Referencia: Párrafo 6.4 'Planes y políticas de seguridad de TI'.

6. ¿Cuál es el propósito principal de la política de privacidad de la información?

Referencia: Párrafo 6.4 'Planes y políticas de seguridad de TI'.

7. ¿Cuál es el propósito de la política de sensibilidad de la información?

Referencia: Párrafo 6.4 'Planes y políticas de seguridad de TI'.

8. ¿Cuáles son las principales acciones que debería incluir el plan de gestión de seguridad de TI?

Referencia: Párrafo 6.4 'Planes y políticas de seguridad de TI'.

9. ¿Qué es una *cookie*?

Referencia: Párrafo 6.4 'Planes y políticas de seguridad de TI'.

10. ¿Cuáles son las principales actividades de un programa de concienciación y capacitación en seguridad de TI?

Referencia: Párrafo 6.4 'Planes y políticas de seguridad de TI'.

11. ¿Cuál es el principal objetivo del plan de seguridad del desarrollo de sistemas?

Referencia: Párrafo 6.4 'Planes y políticas de seguridad de TI'.

12. ¿Qué significa la delimitación de funciones en una función de TI?

Referencia: Párrafo 6.5 'Procedimientos y prácticas de seguridad de TI'.

13. ¿Qué pasos incluye el proceso de gestión de cuentas de usuario final?

Referencia: Párrafo 6.5 'Procedimientos y prácticas de seguridad de TI'.

14. ¿Qué incluye el tratamiento de la rescisión amistosa del empleo de los usuarios finales?

Referencia: Párrafo 6.5 'Procedimientos y prácticas de seguridad de TI'.

15. ¿Por qué las contraseñas no deben contener palabras incluidas en el diccionario de ningún idioma?

Referencia: Párrafo 6.4 'Planes y políticas de seguridad de TI'.

16. ¿Cómo deberían controlarse las contraseñas por defecto del *software* de sistema y de bases de datos?

Referencia: Párrafo 6.4 'Planes y políticas de seguridad de TI'.

17. ¿Cada cuánto tiempo deberían cambiarse las contraseñas?

Referencia: Párrafo 6.4 'Planes y políticas de seguridad de TI'.

18. ¿Qué puede provocar un incidente de seguridad de TI?

Referencia: Párrafo 6.6 'Controles especializados de seguridad de TI para la protección de *hardware* y *software'*.

19. Mencione algunos de los mecanismos de *software* y *hardware* para implantar la seguridad en el nivel técnico.

Referencia: Párrafo 6.6 'Controles especializados de seguridad de TI para la protección de *hardware* y *software'*.

20. Mencione algunas de las medidas habituales del desempeño de la seguridad de TI.

Referencia: Párrafo 6.8 'Medidas del desempeño de la seguridad de TI'.

CAPÍTULO 7: CONTROLES OPERATIVOS Y DE APOYO DEL CENTRO DE DATOS

Un hombre que había derrochado su fortuna no tenía más que las ropas que llevaba. Una mañana de primavera, al ver una golondrina, decidió que el tiempo iba a mejorar y vendió su abrigo. El tiempo empeoró al día siguiente y la golondrina murió de frío. Cuando el hombre, tiritando, vio la golondrina muerta, gimió: Por tu culpa estoy congelándome'

(Una golondrina no hace el verano. En el mundo de la TI, es necesario el funcionamiento conjunto de varios controles operativos de TI).

Esopo (Grecia Antigua: Siglo VI a. C.)

7.1 Alcance

Para ejecutar los sistemas de aplicación desarrollados de acuerdo con la estrategia de TI de la organización y proporcionar servicios a todos los niveles y ubicaciones de la organización y al resto de la comunidad, que incluye las partes que se interconecten, es necesario crear una infraestructura física y conseguir servicios de proveedores externos.

Los controles en este nivel aseguran que los centros y equipos de TI pueden permanecer en buen estado operativo, y garantizar el funcionamiento seguro y correcto de la infraestructura y servicios de TI para los propósitos comerciales de la organización.

Se muestra un conjunto de controles operativos y de apoyo del centro de datos: controles del diseño del centro de datos y la infraestructura, de acceso físico al centro, de gestión del *hardware* y del plan de contingencia y recuperación de desastres. En varios casos se muestran ejemplos de metodologías y políticas.

Además, se presenta una serie de programas de auditoría y listas de comprobación para ayudar al CIO y otros profesionales (personal de desarrollo, usuarios finales, auditores informáticos, auditores internos y externos, consultores de TI, responsables del cumplimiento, etc.) a ejecutar y mejorar sus tareas y responsabilidades.

7.2 Propósito y principales tipos de controles operativos y de apoyo del centro de datos

Un centro de procesamiento de datos es una instalación usada para albergar sistemas informáticos y componentes relacionados, como sistemas de almacenamiento y de comunicaciones. Suele tener suministro eléctrico redundante y de respaldo, comunicaciones redundantes, controles de ambiente (como aire acondicionado y protección contra el fuego) y dispositivos de seguridad. Un centro de datos puede ocupar una habitación, una o más plantas, incluso uno o varios edificios. Debe ser seguro para permitir que se ejecuten ininterrumpidamente grandes operaciones informatizadas.

La seguridad tiene dos vertientes (construcción que cumpla las normas y prácticas aplicables del sector y protección contra los daños, intrusiones, ataques, desastres naturales, etc.). Se consigue con controles físicos de acceso y controles de gestión del entorno del lugar de trabajo y de las instalaciones informáticas. Pueden incluir la monitorización y el control de acceso hacia o desde esas instalaciones (p.ej. puertas, cerraduras, climatización y aire acondicionado, alarmas de inundación, humo e incendio, sistemas de extinción, cámaras, barreras, guardas de seguridad, dispositivos antirrobo, etc.)

Las organizaciones pueden implantar controles operativos y de apoyo del centro de datos basados en políticas, procedimientos y prácticas de la organización y teniendo en cuenta los requisitos legales y de cumplimiento.

El objetivo del centro de datos es asegurar que todo el centro y sus componentes de apoyo operan de modo fiable para garantizar que los sistemas funcionen de modo eficaz, eficiente y seguro.

Los principales tipos de controles operativos y de apoyo del centro de datos son:

- controles del diseño y la infraestructura del centro de datos
- controles físicos de acceso a los centros de datos
- controles de gestión del *hardware*
- controles del plan de contingencia de TI y recuperación de desastres
- controles de monitorización y revisión
- medidas del desempeño operativo de la TI.

7.3 Controles del diseño y la infraestructura del centro de datos

El diseño de un centro de datos requiere que los responsables hagan una planificación cuidadosa de los controles, para garantizar que la instalación que alojará los recursos de procesamiento y de redes y el entorno en el cual operarán no afecte negativamente a la fiabilidad y la seguridad del centro de datos.

El diseñador de un centro de datos deberá tener como meta primordial la operación ininterrumpida de los servicios proporcionados por el centro de datos. Las posibles pérdidas y daños derivados de fallos u omisiones de cualquier clase podrían significar rápidamente importantes cantidades de dinero y disminuir el funcionamiento continuo de una organización.

Un tiempo prolongado de inactividad puede ser muy costoso, por la pérdida de producción o comercial, el daño a la imagen y a la buena voluntad.

Los controles de diseño e infraestructura de un centro de datos se implantan para proteger la instalación que aloja los recursos de sistemas, los propios recursos y las instalaciones y servicios usados para respaldar su funcionamiento. Haciéndolo así, pueden ayudar a prevenir la interrupción de servicios informáticos, daños físicos, divulgación no autorizada de información, pérdida del control sobre la integridad del sistema, etc.

Los controles detallados reales del diseño e infraestructura de un centro de datos desarrollárselos puede desarrollar el director de TI, a veces con ayuda externa, los puede revisar el comité de TI y ratificar el Consejo. Pueden utilizarse las listas de comprobación de auditoría del Párrafo 7.9 como apoyo para la revisión del diseño, implantación y postimplantación de estos controles en la organización.

Los principales controles en este ámbito son:

- Directrices para el diseño de centros de datos seguros
- Controles de gestión del entorno del centro de datos
- Plan de prueba y revisión de la infraestructura del centro de datos.

7.3.1 Directrices para el diseño de centros de datos seguros

La creación y protección de los centros de datos suele ser responsabilidad de un especialista con experiencia en diseño y creación de centros de datos, en la ejecución de operaciones informáticas y servicios electrónicos, en la implantación de medidas de seguridad y en el establecimiento de planes para la continuidad de las actividades.

Las directrices que se muestran a continuación están basadas en la experiencia en consultoría en varios sectores, y en las normas y directrices gubernamentales y técnicas.[70]

Ubicación física

El centro de procesamiento de datos suele construirse a cierta distancia de las instalaciones centrales de una organización, y a más de 300-500 m de cualquier carretera principal.

No debe estar cerca de refinerías, plantas o almacenes químicos, aeropuertos, plantas eléctricas, ríos, costas,

---

[70] Por ejemplo: (1) *EU Standards on Best Practices for Data Centres*, http://re.jrc.ec.europa.eu/energyefficiency/html/standby_initiative_data_centers.htm, (2) *The standards of the National Fire Protection Association*, www.nfpa.org, (3) www.constructionweblinks.com/Industry_Topics/Building_Codes_and_Regulations/building_codes_and_regulations.html, (4) The Design Guide of WBDG, www.wbdg.org/design/secure_safe.php, (5) *The standard for physical security of USA federal buildings*, www.dhs.gov/files/committees/gc_1194977813020.shtm, y (6) las guías recomendadas en el artículo www.csoonline.com/article/220665/19-ways-to-build-physical-security-into-a-data-center. Estas guías son un ejemplo. Antes de su consideración para cualquier posible uso, deben revisarse detalladamente, corregirse y adaptarse a las necesidades corporativas, requisitos de cumplimiento y condiciones operativas. Esto suele hacerse en la «investigación del diseño del centro».

presas hidráulicas, zonas de elevada sismicidad, terrenos arenosos, etc., ya que son zonas de riesgo.

Se puede usar el paisajismo para la protección: árboles, piedras o dispositivos de seguridad como vallas pueden ayudar a mantener los vehículos alejados.

Puede ser una buena práctica mantener una zona de seguridad de 100 a 200 metros alrededor del centro, usar barreras a prueba de choque para una protección adicional, no señalar «Centro de procesamiento de datos» en ningún lugar de la ruta, no dar información sobre su ubicación exacta en los informes de la empresa, folletos, etc. Instale y mantenga operativos sistemas de protección contra el fuego, el calor, la humedad y los contaminantes.

Servicios públicos

Puede considerarse emplear dos fuentes independientes para cada servicio público (como agua, electricidad, comunicaciones) para evitar cortes en el servicio.

Las fuentes de electricidad deben proceder de subestaciones separadas, deben llegar por cables soterrados y entrar al edificio por lugares diferentes a las entradas de agua u otras líneas. La capacidad eléctrica disponible debe ser el doble de la que necesita la carga operativa. Los directivos deben planear la instalación de elementos que garanticen una disponibilidad ininterrumpida de electricidad (baterías, generadores, etc.).

Las fuentes de agua deben proceder de subestaciones separadas, deben llegar por conductos soterrados y entrar al edificio por lugares diferentes a las entradas de otros servicios.

Paredes y ventanas

Según las necesidades de la organización y los códigos de edificación, se precisará que las paredes exteriores sean de hormigón, porque proporcionan una barrera eficaz contra explosivos y elementos de la naturaleza. Asegúrese de que las paredes interiores vayan ininterrumpidamente hasta el subsuelo, donde suele estar alojado el cableado especial. Para una mayor seguridad, use paredes revestidas con aislante y materiales resistentes a las bombas,[71] o construya paredes con altura adicional alrededor del centro de datos. Si se necesitan ventanas, ubíquelas sólo en la cafetería, el comedor o áreas administrativas. Siempre deben llevar vidrios laminados resistentes a las bombas.

Puntos de entrada y de salida

Use barreras plegables en los puntos de entrada de vehículos.

Controle el acceso al aparcamiento y al muelle de carga mediante una estación de seguridad con guardias, que use puertas o bolardos con apertura controlada.

Use mecanismos, como una puerta elevada y una luz verde, para dar indicaciones visuales de que los bolardos están retraídos y los conductores pueden entrar. Como medida adicional, tenga siempre las barreras cerradas, y ábralas sólo cuando haya alguien con permiso para entrar. Monitorice todas las entradas y salidas con cámaras de seguridad.

---

[71] Ver, por ejemplo, www.gaffco.com.

Para los centros de datos especialmente críticos o amenazados, haga que los guardias usen espejos para comprobar los bajos de los vehículos o suministre dispositivos o animales para detectar explosivos. Todos los vehículos, sin excepción, deben comprobarse, sin tener en cuenta a quién pertenecen: empleados, visitantes, proveedores correos, policía, etc.

Controle el acceso a los edificios por medio de una entrada principal y una adicional en el muelle de carga. Para las salidas exigidas por los sistemas de protección ante incidencias, instale puertas que no tengan picaportes ni barras de apertura en el exterior. Cuando se abra alguna de estas puertas, debe sonar una alarma y desencadenarse una respuesta en el centro de mando de seguridad.

Deberían instalarse cámaras de vigilancia[72] en todo el perímetro del edificio, en todas las entradas y salidas y en cualquier otro punto de acceso al edificio.

Puede usarse también una combinación de dispositivos de detección de movimiento, cámaras con visión en oscuridad, con capacidad de zoom o de enfoque fijo.

Todos los datos de vigilancia deben registrarse en formato digital y guardarse fuera del propio edificio.

Protección de la maquinaria

Procure que el área de equipos mecánicos esté siempre protegida.

---

[72] Ver, por ejemplo, www.video-surveillance-guide.com/surveillance-cameras.htm.

Los sistemas de acondicionamiento climático y las unidades de suministro ininterrumpido de electricidad deben estar fuera del edificio. Si se usan generadores, ubíquelos dentro de paredes de hormigón, para asegurar el área.

Procure que los contratistas externos y los equipos de mantenimiento de ambas áreas estén siempre acompañados por un empleado autorizado.

Calidad del aire

Procure que los sistemas de calefacción, ventilación y aire acondicionado usen aire recirculado, en vez de obtener constantemente aire del exterior (que podría no estar limpio).

Esto podría ayudar a proteger al personal del edificio de ataques químicos o biológicos o de humo o gases producido por incendios próximos.[73]

Coloque dispositivos para monitorizar el aire del interior y el que entra al edificio, para detectar contaminantes químicos, biológicos o radiactivos.

Varios niveles de seguridad

Use tarjetas de acceso estándar para entrar en las oficinas, pero emplee la biometría u otros medios avanzados de identificación para el acceso a áreas críticas de los centros de procesamiento de datos. Asegúrese de que todas las personas que entren en las zonas más seguras del centro de

---

[73] Ver, por ejemplo, *Occupational Safety & Health Administration Standards* del Gobierno de EE. UU.: www.osha.gov.

datos han sido autenticadas tantas veces como sea necesario y de que sus visitas queden registradas.

Restrinja el acceso a las salas de ordenadores, redes, cableado, telefonía, etc. de modo que sólo entre quien necesite entrar para controlar y monitorizar mejor el acceso.

Control de comida y humo

Informe a los empleados y a las visitas de que no tomen comida ni bebida en las áreas críticas, como las salas de redes, centros telefónicos, salas de ordenadores, etc. Lo mismo debe hacerse con el humo.

Proporcione zonas donde se pueda comer, beber y fumar, sin exponer equipos y máquinas a esos elementos.

Lavabos para los visitantes

Procure que haya lavabos que puedan utilizar los visitantes o repartidores, que no tengan acceso a partes seguras del edificio.

Sistema de monitorización

El personal de seguridad debería poder monitorizar y controlar el acceso a todas las áreas, dese un centro único y poder realizar monitorización remota desde fuera del centro de datos.

Todos los intentos de acceso, conseguidos o no, deben registrarse en el sistema.

Fallo de servicios públicos

Los sistemas y las personas que los operan necesitan un entorno controlado de operación. Los fallos de electricidad, agua, aire acondicionado, alcantarillas y otros servicios públicos pueden ocasionar la interrupción del funcionamiento y provocar daños en equipos. La empresa debe garantizar que esos servicios públicos funcionan adecuadamente.

Derrumbe del edificio

Las organizaciones deben tener en cuenta que cualquier edificio puede verse sometido a un esfuerzo mayor que el que puede soportar. Los terremotos, nevadas intensas, explosiones fuertes que dañan componentes estructurales o el fuego continuo, que debilita esas estructuras, pueden causar ese sobreesfuerzo.

Las medidas de protección suelen estar especificadas en los códigos de edificación y otras normas gubernamentales.[74]

Construcción de edificios con climatización ecológica

En el diseño y construcción de centros de datos, las empresas pueden tener en cuenta elementos como sistemas de calefacción solar, mecanismos para resguardar del calor del sol, colectores de energía, técnicas para iluminación natural, sistemas fotovoltaicos, uso del agua de lluvia,

---

[74] Ver, por ejemplo, el código para protección ante terremotos www.buildingsmartalliance.org/index.php/bssc.

reutilización del agua, equipos con alta eficiencia energética, tejados verdes, etc.[75]

7.3.2 Controles de gestión del entorno del centro de datos

El objetivo de estos controles es garantizar que el centro completo de datos y sus componentes de apoyo operan de modo fiable para que los sistemas informáticos funcionen de modo seguro, eficaz y eficiente.

Controles del entorno

Las áreas de ordenadores deben estar limpias y sin polvo. Las instalaciones y los equipos deben estar protegidos contra los efectos adversos del clima (sol, lluvia, nieve, viento, etc.), fugas de agua o goteras, o los efectos devastadores derivados del uso de un sistema contraincendios para controlar un fuego. Aunque las fugas de agua no son habituales, pueden producir trastornos serios. Una organización debería conocer la ubicación de las tuberías que podrían poner en peligro las máquinas y tomar los pasos necesarios para reducir el riesgo (p.ej. moviendo el *hardware* o las tuberías e identificando las llaves de corte).

---

[75] Para más información, ver: (1) 'Modeling energy efficiency of bioclimatic buildings', *Energy and Buildings*, Vol. 37, Issue 5, May 2005, Tzikopoulos AF et al (2005), (2) www.inbuilt.co.uk, (3) www.concept-bio.eu/bioclimatic-architecture-buildings.php, y (4) www.cres.gr.

Controles de seguridad contra el fuego

Los incendios de edificios son una importante amenaza porque pueden destruir completamente *hardware*, datos, poner en riesgo vidas humanas y generar daños por todo el edificio. El humo, los gases corrosivos de los incendios de aparatos eléctricos y la elevada humedad en un fuego localizado pueden dañar sistemas de todo el edificio o todo el centro de datos. Por ello, es importante evaluar las medidas de seguridad contra incendios de los edificios que alojan sistemas.

Los controles para reducir los daños causados por un incendio incluyen almacenamientos seguros (para documentos y medios de almacenamiento), que resistan como mínimo cuatro horas al fuego, medidas de protección de las instalaciones de ordenadores (paredes, suelos y techos deben resistir al menos dos horas al fuego), alarmas de incendio, dentro y fuera de las instalaciones, silos o cajas de seguridad a prueba del fuego (para documentos críticos y salvaguarda de copias de seguridad), detectores de humos y de iones, detectores de agua, dispositivos de apagado de fuegos con gases o materiales aprobados y medidas de los códigos de edificación (las instalaciones de ordenadores deben construirse con códigos de edificación y cableado aprobados).

Controles de prevención de radiación hacia el exterior

Los ordenadores, el cableado y las salas de ordenadores deben apantallarse para blindar la radiación electromagnética que emiten los ordenadores y evitar de este modo que un tercero pueda captar las comunicaciones y datos transmitidos fuera del centro de procesamiento de datos.

Existen otros controles y directrices de prevención de radiación proporcionados por organismos internacionales,[76] gobiernos y sistemas de prevención de radiación, proveedores, etc.

Controles de suministro de electricidad en caso de emergencia

Debería haber instalado un sistema UPS con baterías (suministro ininterrumpible de electricidad) que permitiera el funcionamiento ininterrumpido en caso de un fallo parcial o total del suministro eléctrico. Este dispositivo debe poder mantener la electricidad durante unos minutos o varias horas, según las necesidades de la organización. En muchos casos se debería instalar y mantener en buen estado operativo, además, un generador capaz de mantener en funcionamiento los sistemas críticos (bancos, hospitales, aeropuertos, etc.).

7.3.3 Plan de prueba y revisión de la infraestructura del centro de procesamiento de datos

Los fallos eléctricos de los sistemas de calefacción o aire acondicionado, agua, alcantarillado y otros servicios públicos pueden interrumpir el servicio y dañar el *hardware*. Las organizaciones deberían procurar que estos servicios públicos funcionen adecuadamente. Esto puede conseguirse con el siguiente plan:

---

[76] P.ej. www.ilo.org, www.ceessentials.net, etc.

Paso 1: Tenga recambios y tarjetas de circuitos para los componentes de las unidades de suministro ininterrumpible de electricidad.

Paso 2: Compruebe anualmente todos los circuitos eléctricos

Paso 3: No coloque equipos debajo de rociadores o tuberías de agua

Paso 4: Guarde placas base de repuesto para ordenadores, discos, controladores, otros dispositivos y piezas de recambio

Paso 5: Compruebe semestralmente el stock de combustible para los generadores autónomos

Paso 6: Pruebe anualmente los detectores de humo

Paso 7: Cambie las contraseñas de acceso a la sala de ordenadores, mensualmente (más o menos)

Paso 8: Pruebe los extintores anualmente

Paso 9: Mantenga cerradas las puertas de las salas de redes y telecomunicaciones

Paso 10: Registre todas las pruebas y acciones de mantenimiento

Estas directrices y controles pueden utilizarse, adaptarse, modificarse, etc. según la experiencia de gestión y otros factores de la organización. Normalmente son expertos externos los encargados de diseñar, revisar y crear los centros de datos, según las necesidades, costes y beneficios esperados del centro de datos de la organización por sus interesados y por la sociedad.

Las pruebas y revisiones descritas anteriormente o requeridas por la organización las pueden ejecutar equipos especialistas, según su experiencia, habilidades y conocimientos, y de acuerdo con las normas y códigos, del sector o gubernamentales, que sean de aplicación en la localización donde el centro de datos se encuentre ubicado.

7.4 Controles de acceso físico al centro de datos

El control de acceso físico es un proceso que permite al personal autorizado acceder a áreas restringidas en una oficina o instalación física (p.ej. centro de datos, sala de ordenadores, sala de redes, oficinas con acceso a sistemas de información y servicios informatizados, etc.). Este proceso puede verse como un segundo nivel en el campo de la seguridad de los sistemas y servicios informáticos, mientras que los controles de acceso lógicos (las políticas, procedimientos y controles técnicos usados en los sistemas informatizados) forman el primer nivel de seguridad de esos sistemas y servicios

Conseguir el control sobre el acceso es de vital importancia cuando se trata de garantizar un acceso seguro a la información crítica, confidencial o secreta, almacenada en sistemas informáticos, medios digitales y equipos.

Puede lograrse con personal (un guardia o un recepcionista), con medios mecánicos, como cerraduras y llaves, o con medios técnicos, como sistemas informatizados de control de acceso, sistemas biométricos, sistemas de monitorización de video, etc.

Los controles habituales sobre el acceso físico incluyen:

- Comité de dirección de seguridad física informática
- Política de control de acceso físico.

7.4.1 Comité de dirección de seguridad física informática

La seguridad física de un entorno de TI puede lograrse más fácilmente y con más y mejores resultados, en las compañías mejor organizadas, por medio de un comité de gestión y una política.

El comité de dirección de seguridad física informática tiene la responsabilidad de identificar e implantar todos los controles de acceso físicos aprobados para los edificios y oficinas de la organización. Para hacerlo, pueden emplear análisis de seguridad, evaluación de necesidades y otras técnicas, según crean necesario.

El proceso probablemente incluirá:

- Crear un equipo de seguridad física para conducir esta tarea
- Identificar todos los recursos físicos y de TI que deben protegerse
- Tener en cuenta todos los elementos relevantes de leyes, regulaciones, políticas, entorno político y social, etc.
- Realizar una evaluación de amenazas, clasificando los recursos críticos, los posibles objetivos, las posibles amenazas, etc.
- Estimar los riesgos de seguridad y su probabilidad
- Definir medidas de control concretas
- Implantar las medidas de control físicas aprobadas
- Formar y capacitar a todos los empleados
- Documentar los resultados y monitorizar la implantación.

7.4.2 Política de control de acceso físico

El objetivo de esta política es la implantación de medidas para prevenir el acceso físico no autorizado, los daños e interferencias a las instalaciones, la prevención de robos, pérdidas o la puesta en riesgo de cualquier recurso que contenga información, o la interrupción de las actividades normales de TI de la organización.

Política de control de acceso físico (ejemplo)

1 La organización puede usar y desplegar personal, métodos tradicionales de seguridad física, cerraduras, alarmas, sistemas de control de acceso, dispositivos biométricos, de vigilancia por medio de video, y cualquier otro sistema o método que considere apropiados en la cultura corporativa y el marco legal marco de referencia.[77]

2 Todos los empleados de la organización son responsables de sus acciones personales y no deberán realizar ninguna actividad fuera de las leyes aplicables o que incumpla las políticas, procedimientos, prácticas o códigos de conducta del trabajo definidos por la organización.

3 Los gestores autorizados tienen la responsabilidad de autorizar el acceso a los recursos de TI bajo su área de responsabilidad.

4 Todos los accesos que se efectúen a los recursos de TI, oficinas, salas, instalaciones, terminales, sistemas, etc. deberán autorizarse, registrarse y comunicarse.

5 Todos los directivos de la organización son responsables de la implantación y monitorización de esta política dentro de sus áreas de responsabilidad, y deben asegurar que todas las personas

[77] Como el *US Physical Security Standards for Federal Facilities*: www.dhs.gov.

de las cuales son responsables, incluidos los visitantes, consultores externos y contratistas de mantenimiento, conocen y cumplen esta política y las directrices correspondientes de control de acceso físico.

6 La gestión corporativa de la administración de seguridad es responsable de asegurar que todos los usuarios están adecuadamente formados, para que efectúen las medidas de seguridad física adecuadas cuando acceden a recursos de TI.

7 Todos los empleados deben comunicar al responsable corporativo de seguridad de la información cualquier infracción potencial o real.

8 Todos los directivos y gestores de la organización tienen la responsabilidad de notificar a Recursos Humanos qué empleados abandonan la empresa, para asegurar que devuelven todos los elementos de control de acceso físico (p.ej. llaves, tarjetas de acceso, etc.).

9 Un empleado autorizado coordinará la construcción de planes y calendarios operativos y aprobará el acceso de otras personas al edificio fuera de las horas normales de trabajo.

10 En caso de emergencia, todos los empleados deberán seguir los procedimientos documentados en el plan de continuidad del negocio o, si no existen o no están claros, contactar con sus jefes inmediatos para recibir instrucciones sobre el acceso a sus oficinas, edificios, etc.

11 Todos los empleados estarán formados en el uso de los sistemas de seguridad física de la organización.

12 Todos los equipamientos deben estar situados en ubicaciones seguras que, fuera de las horas normales de trabajo, deben estar cerradas.

13 El personal que trabaja en el centro de procesamiento de datos, y los visitantes autorizados, deberían ser identificados y registrarse su entrada en un registro de visitantes del centro.

14 Los visitantes deben estar siempre acompañados mientras se encuentren en las áreas sensibles. Lo mismo debería hacerse con el personal de mantenimiento (interno o externo). 15 Cualquier infracción de esta política se tratará rigurosamente y puede estar sujeta a procedimientos disciplinarios o legales, que pueden incluir el despido, etc.

El sector de los controles de acceso físicos y de la seguridad está en rápida transición. Están apareciendo nuevas especialidades, sistemas y métodos. Los directivos de las organizaciones pueden necesitar tener en cuenta estos métodos, tecnología y controles, en su esfuerzo por mejorar sus propios controles de acceso físicos a las áreas más sensibles.

7.5 Controles de gestión del *hardware*

El *hardware* comprende los ordenadores centrales, servidores, ordenadores personales, impresoras de ordenadores centrales, impresoras de red, equipos periféricos, etc.

Pueden estar ubicados en la sala principal de ordenadores, en la sala de redes o en oficinas de los usuarios finales.

El *hardware* necesita, para ser gestionado eficazmente, como los demás recursos de la organización, usar controles de gestión. El establecimiento de estos controles puede efectuarlo el director de TI, a veces con ayuda externa, supervisarlo el comité de TI, y ratificarlo el Consejo.

Pueden utilizarse las listas de comprobación de auditoría del Párrafo 7.9 como apoyo para la revisión del diseño, implantación y postimplantación de los controles sobre los ordenadores personales de la organización.

Los principales controles en este ámbito son:

- Controles del *hardware*
- Controles de los ordenadores personales.

7.5.1 Controles del hardware

Su objetivo es usar los propios componentes del *hardware* para proteger los sistemas de aplicación de interrupciones no deseadas, bruscas y no planificadas.

Estos controles pueden incluir:

Sistemas con tolerancia a fallos. Están construidos con componentes redundantes. Si uno de ellos falla, el otro puede proporcionar un servicio de menor calidad, pero eficaz, hasta que se pueda mejorar ese servicio o se efectúe un cierre ordenado del sistema.

Cerraduras. Pueden instalarse para proteger los discos de ordenadores personales y servidores.

Registro del inventario de *hardware*. Debe mantenerse para todos los ordenadores, equipos de redes y periféricos de la organización. Ver 'Formulario de recursos informáticos' en el Apéndice 4.

Controles sobre la comida y el tabaco. No se debe comer ni fumar cerca de ninguna clase de *hardware*.

Registro de inventario de consumibles. Debe mantenerse un inventario de todos los consumibles relacionados con ordenadores, impresoras y otros periféricos.

Controles de equipos de oficinas. Los equipos como destructoras de documentos, separadores de copias, impresoras, etc. deben colocarse fuera de la sala principal de ordenadores.

Registro de mantenimiento del *hardware*. Debería mantenerse un registro, con la siguiente información para cada unidad *hardware*: errores, tiempo disponible, tiempo productivo, tiempo no productivo a causa de los errores, tiempo planificado de inactividad, mantenimiento realizado.

Controles del mantenimiento del *hardware*. El mantenimiento debería efectuarlo sólo por personal (interno o externo) autorizado. Debe registrarse y seguirse su ejecución por medio de informes, formularios, etc. Si se efectúa un mantenimiento remoto (por medio de una línea de comunicación), ese método debería autorizarse, registrarse la actividad y exigirse un informe del trabajo efectuado a la persona que lo realizó, nada más acabar el trabajo.

7.5.2 Controles de ordenadores personales

Su propósito principal es gestionar esos ordenadores. Procure que los usuarios finales, sobre todo cuando usan las máquinas para sus trabajos diarios, están protegidos contra daños, perjuicios y errores.

Estos controles incluyen:

Integridad y seguridad de las copias de seguridad. Esas copias deben almacenarse en armarios a prueba de fuego y debe guardarse, en el registro de copias de seguridad, el inventario de las copias existentes.

Política de uso de ordenadores personales. La organización debería escribir y comunicar a todo el personal una política de uso de los ordenadores personales.

Política de uso de ordenadores personales (ejemplo)

Esta política especifica qué está permitido y que no lo está, con respecto a los ordenadores personales de la organización. El contenido de esta política puede incluir reglas y directrices para:

El uso aceptable en la organización de los ordenadores personales

Uso de ordenadores personales por motivos personales.

Acceso a sitios web ilegales o poco éticos

Acceso a redes sociales personales

Archivo de correos electrónicos

Uso de los *firewalls* personales en ordenadores personales individuales

Comunicación escrita con la organización por medio de mensajes de correo electrónico

Uso de contraseñas para el acceso diario a los ordenadores personales

Cambio de contraseñas, según pautas predeterminadas

Copias de seguridad y su almacenamiento en lugar seguro

Documentación de todos los archivos críticos que se guardan en ordenadores personales

Compra de ordenadores personales por una función organizativa centralizada (p.ej. departamento de compras corporativas) o con asistencia del departamento de TI, compra de un paquete de *software* sólo por una función central corporativa con la ayuda de la función de TI.

Cuidado de los ordenadores personales e impresoras: limpieza y eliminación del polvo, evitar comer o beber cerca del ordenador, almacenaje de los medios digitales en cajones limpios y armarios a prueba de fuego, etc.

Procedimiento seguro de operaciones con ordenadores personales. La organización debería redactar y remitir a todo el personal una lista para la operación segura de los ordenadores personales. Esta lista formaría parte de un procedimiento y puede incluir las siguientes recomendaciones y directrices:

- Apague el ordenador personal: Cuando no se use el ordenador, debe estar apagado. Es una práctica segura y respetuosa con el medio ambiente. Mientras una máquina está encendida y conectada a una red es un blanco, aunque no se esté usando. Además es una buena práctica reiniciar el ordenador de vez en cuando para liberar la memoria virtual usada previamente y no asignada con el nuevo arranque.
- No comparta ninguna contraseña: Recuerde que la contraseña es la llave de su ordenador personal. No la comparta con nadie y, si no tiene más remedio que hacerlo en un momento dado, cámbiela inmediatamente después de haberla utilizado.
- Mantenga actualizado su antivirus: su eficacia radica en los archivos de definición que les permiten identificar el *software* maligno. Si no se actualizan esas definiciones, las aplicaciones correspondientes de protección no serán capaces de reconocer las nuevas amenazas.
- Mantenga actualizado el sistema operativo (OS) y el *software* de aplicación: A medida que se detectan nuevas vulnerabilidades de seguridad, los fabricantes de sistemas operativos y de aplicaciones emiten parches

para corregirlas. Todos los sistemas operativos actuales (MS Windows, Apple OS, muchas distribuciones de LINUX y otros) y muchos proveedores de aplicaciones emiten parches para reparar las vulnerabilidades y los defectos del *software* (rendimiento, funciones, etc.).

- Proteja la cuenta del administrador del sistema: Siempre debería haber una contraseña segura en la cuenta del administrador del sistema o una cuenta raíz en su ordenador personal. Tenga cuidado con las cuentas de administrador por defecto sin contraseña o con contraseña predefinida. Necesitará reiniciar su ordenador en modo seguro para asignar una contraseña segura a esa cuenta.
- Bloquee su ordenador personal: si trabaja en una oficina, bloquee el ordenador cuando lo abandone momentáneamente y siga encendido. Debería usar un salvapantallas que lo bloquee automáticamente tras unos pocos minutos de inactividad.

Los gestores de TI pueden considerar el uso o la mejora de los controles presentados en este párrafo, o incluso adoptar otros diferentes, según sus necesidades, objetivos del control de seguridad y los aspectos de planificación corporativa de su organización.

7.6 Control del plan de contingencia de TI y recuperación de desastres

Todas las empresas, compañías, pequeños y grandes negocios, pueden sufrir un desastre, suceso o incidente que les impida continuar sus actividades comerciales habituales. Estos incidentes pueden ser muy diversos, como terremotos, inundaciones, fuegos, explosiones, huelgas, errores graves o mal funcionamiento de *hardware* y *software*, o incidentes de seguridad.

Las estadísticas sobre pérdidas comerciales como consecuencia de varios desastres, como fallos informáticos, son tremendos, según varias fuentes.[78]

Los directivos de la organización tienen la responsabilidad de recuperarse desde esos incidentes en el menor tiempo posible, con la mínima interrupción y el mínimo coste. Esto exige una cuidadosa planificación y preparación.

Con respecto a la TI, la prevención y la recuperación de los desastres es un proceso bien documentado de diseño, instalación y prueba de medidas específicas que posibiliten el funcionamiento ininterrumpido de una organización en el caso de un desastre o fallo natural o humano.

Puede incluir la planificación para llevar copias de seguridad a un lugar seguro fuera de las instalaciones de procesamiento, ubicar *hardware* redundante en otras instalaciones exteriores y una política y procedimientos eficaces para proteger y restaurar la información empresarial crítica.

El propósito de los controles en el área del plan de contingencia de TI y recuperación de desastres es asegurar que los recursos críticos de TI, como las instalaciones del centro de datos, los ordenadores, el sistema operativo y el sistema de gestión de bases de datos, las líneas de comunicaciones, los sistemas de aplicación (*software* y datos), etc. pueden recuperarse en un período de tiempo

[78] www.infoworld.com, www.computerworld.com, www.cio.com, www.fema.com, http://news.zdnet.com.

predeterminado para proseguir con las operaciones críticas del negocio, tras un desastre.

El establecimiento de la planificación real de los controles detallados de contingencias de TI y recuperación de desastres, puede desarrollarlo el director de TI, a veces con ayuda externa, revisarlo el comité de TI y ratificarlo el Consejo. La auditoría del Párrafo 7.9 puede usarse como apoyo para la revisión del diseño, implantación y postimplantación del plan de contingencia de TI y los controles de recuperación de desastres de la organización.

Estos controles incluyen:

- Metodología del plan de contingencia de TI
- Plan de recuperación de la TI en caso de desastres
- Procedimiento de copias de seguridad
- Procedimientos de empaquetado de registros vitales
- Controles de instalaciones fuera del centro.

7.6.1 Metodología del plan de contingencia de TI

La definición estándar de «metodología» es «un grupo de métodos, procedimientos, normas y técnicas empleadas por una disciplina, para ejecutar una tarea».

Con respecto al plan de contingencia de TI, la metodología que se presenta a continuación está diseñada para usarse para el único objetivo de crear un plan de recuperación de la TI en caso de desastres.

Esta metodología suele incluir los siguientes pasos:

Paso 1. Asegurar el compromiso de los directivos: Un plan eficaz de contingencia y recuperación de desastres requiere el apoyo de todos los niveles de dirección y gestión.

Paso 2. Realizar el análisis de impacto empresarial: Este análisis, si está bien hecho, identifica las funciones comerciales fundamentales de la organización, los plazos de tiempo de recuperación de cada una de ellas, las alternativas para la recuperación, los costes y los beneficios de cada alternativa, etc.

Paso 3. Realizar el análisis de las aplicaciones informáticas: Deberían identificarse las aplicaciones críticas que respaldan las operaciones comerciales fundamentales.

Paso 4. Realizar el análisis de un desastre en el centro de datos: Deberían describirse, analizarse y compararse (costes y beneficios, requisitos de los recursos, riesgos, factores de dificultad, etc.) las diferentes alternativas de recuperación de un centro de procesamiento de datos, en caso de desastre, como pueden ser *hot sites*, *cold sites*, *warm sites*, centro de procesamiento de datos dual, etc. Un *hot site* es un centro completamente operativo y totalmente dotado con *hardware*, *software*, comunicaciones y asistencia de personal técnico en el propio centro. Es una alternativa a la contingencia, que puede usarse, según las necesidades y los requisitos de la organización para reanudar sus operaciones informáticas. Un *cold site* es una alternativa a la contingencia para recuperarse de un desastre, según las necesidades de la organización. Las instalaciones ya están cableadas y configuradas para utilizar ordenadores y periféricos proporcionados por la organización que está recuperando sus sistemas informáticos. Un *warm site* es una alternativa a la contingencia para facilitar el procesamiento remoto de los sistemas informáticos de la organización en recuperación, en las instalaciones de recuperación. Un centro dual de procesamiento de datos es una alternativa de recuperación con un centro establecido para disponer siempre de un centro completamente funcional a una distancia segura[79] del centro primario de procesamiento de datos.

Paso 5. Desarrollar un plan bien documentado: Para detallar las funciones empresariales críticas y vitales de la organización, los recursos esenciales (sistemas, dinero, personal, etc.) y para listar los procedimientos concretos para la recuperación de desastres.

Paso 6. Organizar un paquete con los registros vitales: Identificar todo lo que sea crítico para el funcionamiento de la organización.

Paso 7. Notificarlo a las compañías aseguradoras: La mayoría de ellas ofrecen menores primas para asegurar los activos informáticos si saben que la organización concreta mantiene un plan de contingencia y recuperación de desastres.

Paso 8. Crear un plan de prueba: Establecer los procedimientos para probar el plan de recuperación de desastres. Describa los períodos temporales, capacitación y recursos necesarios.

[79] NT: que garantice que el desastre que afectó al centro primario no afecte también al de respaldo.

7.6.2 Plan de recuperación de la TI en caso de desastres

El plan de recuperación de desastres es el resultado de la metodología del plan de contingencia presentada anteriormente.

Documento de plan de recuperación de contingencias de TI (ejemplo)

Este documento describe qué debe hacerse para recuperarse después de un fallo previamente definido y reanudar el funcionamiento de un sistema de información.

El contenido de este plan debería ser:

1 Resumen ejecutivo: Visión general y resumen ejecutivo del documento, incluyendo un resumen de costes y beneficios, las funciones empresariales críticas y las aplicaciones informáticas críticas cubiertas en este plan.

2 Recursos necesarios: Condiciones y recursos necesarios en la organización interna (legales, gestión de la TI, usuarios, edificios e instalaciones, administración, contabilidad, seguridad), recursos necesarios de organizaciones externas (aseguradoras, proveedores, personal de procesamiento alternativo del negocio, telecomunicaciones, autoridades públicas, etc.).

3 Cuestiones de la seguridad: Definición detallada de las cuestiones relativas a la recuperación de desastres informáticos y cómo deberían implantarse para facilitar el proceso de recuperación.

4 Riesgos cubiertos: Definición detallada de los riesgos cubiertos, ya sean naturales y de otra clase, como lluvia, fuego, tormentas, terremotos, etc.

5 Análisis de soluciones: Definición detallada de las soluciones de recuperación cubiertas por el documento, para la recuperación

de los datos, del centro de procesamiento de datos, de la red, de las operaciones de los usuarios finales y de las funciones empresariales.

6 Solución para la recuperación: Definición detallada de la solución que deberá implantarse, como: *hot site*, *warm site*, centro paralelo de procesamiento de datos, etc. Para la solución que se implantará, deberán documentarse, además, todos los requisitos y especificaciones de *hardware* y *software*.

7 Listas de recuperación de aplicaciones: Un resumen de cada aplicación fundamental que deba recuperarse, de acuerdo con la solución de recuperación.

8 Procedimiento de copias de seguridad: Un resumen de los procedimientos ejecutados, de acuerdo con el plan de procedimiento de copias de seguridad, y el conjunto de los soportes de copias de seguridad necesarias para la recuperación de cada aplicación crítica que de deba tener en cuenta.

9 Proceso de invocación de la recuperación: Definición detallada de las condiciones para desencadenar el proceso de recuperación, como el período de tiempo, el impacto del daño potencial o real, los errores de producción del sistema de aplicación, etc.

10 Organización de la recuperación: Definición detallada del personal básico requerido, la estructura organizativa para los procesos de recuperación, sus detalles completos (nombres y apellidos, teléfonos, etc.) y la capacitación que deben tener.

11 Asistencia externa: Definición detallada de todos los contratistas externos, sus compromisos contractuales y sus datos (nombres, ubicaciones, teléfonos, etc.) necesarios para el arranque y la conclusión del proceso de recuperación.

12 Estrategia de prueba de la recuperación: Definición detallada de la estrategia de prueba de todos los elementos y recursos del proceso de recuperación.

13 Procedimientos de vuelta a la situación normal: Descripción detallada de los procedimientos que deben efectuarse para volver

a la situación normal del centro principal de procesamiento de datos de la organización después de realizar la recuperación en la ubicación correspondiente de recuperación.

14 Seguros: Los detalles de la cobertura del seguro deberían documentar qué está cubierto (sobre todo los costes de movimiento de datos y de operación en el modo alternativo de funcionamiento) y qué no lo está, así como los formularios y procedimientos de reclamación de seguros que deban ejecutarse.

15 Procedimiento de mantenimiento del plan: Descripción detallada del procedimiento para mantener este plan, incluyendo todos los formularios necesarios, como el registro de historial de cambios, los planes de prueba, el formulario de autorización de cambio, etc.

16 Apéndice: Puede contener contratos de soporte externo para el proceso de recuperación, contratos de seguros, formularios para la reclamación de seguros y cualquier otro documento necesario para que se pueda concluir el proceso de recuperación (p.ej. lista de distribución, formulario de comentarios de los usuarios, glosario de términos de recuperación, lista inventario de los registros vitales, lista de la configuración del *software* de sistemas y bases de datos, lista de vehículos para el soporte logístico, los datos (nombres y teléfonos) de los máximos responsables de las copias de seguridad, que deberán presentarse para autorizar las operaciones críticas si el personal de gestión de la recuperación está ausente, etc.).

7.6.3 Política y procedimientos de copias de seguridad

La recuperación sólo podrá hacerse si se han realizado las copias de seguridad adecuadas en los intervalos de tiempo determinados, según una serie de políticas y procedimientos de copias de seguridad.

Suele ser tarea y responsabilidad de los directivos de TI establecer la política y los procedimientos asociados de copias de seguridad y restauración.

El propósito de la política de copias de seguridad y restauración es normalizar el modo de efectuar las copias de seguridad y recuperar los archivos informáticos. Esta política contiene descripciones pertenecientes a las siguientes áreas de TI: copias de seguridad diarias de datos, mensuales, etc., copias de seguridad de servidores de red y de aplicaciones, planes de rotación cinta/otros medios, plan de entrega de cintas y otros medios a lugares de custodia fuera del centro y planificación de trabajos.

Las siguientes directrices muestran un ejemplo de lo que podría contener la política y los procedimientos de copias de seguridad de una organización.

1 Deberían realizarse, sobre un modelo predefinido (diario, semanal, mensual, anual, etc.), copias de seguridad del *software* de sistemas operativos, de bases de datos, de arquitectura empresarial y de los datos y de todas las bases de datos y archivos. Esas copias deben almacenarse en el propio centro y fuera de él.
2 Las cintas y otros medios de soporte de copias de seguridad deben almacenarse en entorno seguro, con cerradura de combinación y a prueba de fuego, en las oficinas corporativas de la compañía.
3 Sólo el responsable de asistencia de TI u otra persona autorizada puede almacenar o sacar las cintas y otros soportes de las copias de seguridad.
4 Los soportes de las copias de seguridad se almacenan también en una caja de seguridad de un banco. Los entrega en mano semanalmente el responsable de asistencia de TI, que firma en el banco, para entrar a la

zona de cajas de seguridad. Si ese responsable no está disponible, otra persona autorizada entregará y llevará las copias de seguridad al banco.

5 Las copias de seguridad deberán probarse, como se indica en el plan de prueba de la recuperación.
6 Debe mantenerse un registro de todas las copias de seguridad efectuadas y de su ubicación.
7 Todos los movimientos de soportes de copias de seguridad deberían estar autorizados y registrados en el registro correspondiente de almacenamiento.
8 Los soportes que deben trasladarse de un lugar a otro de almacenamiento fuera del centro deberían estar almacenados de modo seguro hasta llegar a su destino. Debe mantenerse también un registro de almacenamiento fuera del centro.
9 Los directivos corporativos, de la empresa y de TI deberían formar un equipo para examinar el contenido del paquete de registros vitales y adoptar las medidas apropiadas para ejecutar acciones precisas para su completa implantación.
10 Los directivos de TI deberían seguir y monitorizar estos procedimientos.

7.6.4 Procedimiento de paquete de registros vitales

Los procedimientos de plan de contingencia de TI y de recuperación de desastres, así como la alternativa de centro para la recuperación, serán inútiles si la organización no ha adoptado medidas para garantizar la existencia de una copia de sus registros vitales (el paquete de registros vitales) en una ubicación segura fuera del centro, para permitir la completa recuperación de desastres.

Suele ser tarea y responsabilidad de los directivos corporativos y de TI establecer procedimientos para garantizar que ese paquete existe y se encuentra operativo.

El paquete suele contener copias de:

- todos los programas de aplicación, *software* de sistemas (incluido el de redes y de sistema de gestión de bases de datos), y componentes de la arquitectura empresarial (incluido el repositorio de la arquitectura empresarial)
- datos recientes de las aplicaciones
- documentación de todas las aplicaciones y la información del marco de arquitectura empresarial
- contratos (compras, mantenimiento)
- licencias
- un pequeño stock de papel preimpreso
- manuales del *software* de sistemas
- un pequeño stock de soportes de almacenamiento digital (discos flash, disquetes, DVD, CD-ROM, cintas, cartuchos de impresora, etc.)
- una lista del personal esencial y sus datos (direcciones, teléfonos, etc.), documentación de las políticas corporativas, procedimientos y normas
- contratos laborales de los empleados fundamentales (directivos y gestores, personal de TI, del área financiera, etc.)
- informes impresos del desempeño corporativo de los últimos años, según el marco regulatorio, como balances, listados de transacciones, presupuestos, etc.
- contraseñas en custodia (contraseñas escritas y almacenadas en un lugar seguro, como una caja fuerte, utilizadas por el personal de emergencia cuando la persona que tiene esa contraseña no está disponible)

- transacciones financieras de los últimos años, en soportes digitales (correspondientes a los informes de desempeño corporativo de los últimos años).

El paquete de registros vitales debería llevarse a un lugar seguro fuera del centro, según los planes y autorizaciones señalados en los procedimientos de respaldo y recuperación.

7.6.5 Procedimiento de revisión de almacenamiento fuera del centro

El plan de contingencia de TI, el paquete de registros vitales, los procedimientos de recuperación de desastres y el centro alternativo para desastres no servirán excepto si la organización ha adoptado medidas para asegurarse de que la ubicación del almacenamiento fuera del centro se mantiene adecuadamente.

Suele ser tarea y responsabilidad de los directivos corporativos y de TI, con la ayuda de la auditoría interna (en algunas organizaciones) el establecimiento y la ejecución de estos controles.

Para un uso óptimo y más eficaz de las instalaciones para el almacenamiento fuera del centro, se pueden diseñar e implantar los siguientes controles en esas instalaciones:

- Revisar el sistema de detección y alarma de incendios
- Revisar el sistema de monitorización de temperatura y humedad
- Revisar los procedimientos de seguridad física
- Revisar la ubicación física para comprobar que no hay amenaza de inundación, terremotos o fluctuaciones de la electricidad

- Revisar las instalaciones de respaldo del suministro eléctrico
- Revisar el espacio de almacenamiento acorazado de datos.

Los directivos de TI podrían considerar el uso de los controles de contingencia mostrados en este párrafo, o cambiar o adoptar otros controles de contingencia distintos, según sus necesidades de TI, los requisitos del Consejo, los objetivos de control de seguridad y los aspectos de la planificación de la continuidad de las actividades de la organización.

7.7 Controles de monitorización y revisión

La monitorización, según COSO (*www.coso.org*), se aplica a todos los componentes de los controles internos de las organizaciones, evaluación del riesgo, entorno de control, actividades de control, información y comunicaciones. Los controles, corporativos y de TI, que no se monitoricen ni revisen, no se mejoran y, con el tiempo, se deterioran.

El propósito de los controles de monitorización y revisión, en el ámbito de los controles operativos y de soporte del centro de procesamiento de datos, es garantizar que los controles de TI diseñados e implantados en este ámbito sirven a los propósitos de la organización y de la función de TI.

El establecimiento de los controles específicos y detallados de monitorización y revisión en este ámbito puede efectuarlo el comité oficial de TI, o los directivos de TI y sus ejecutivos o algún otro grupo corporativo, o una combinación de estos. La práctica ha mostrado que sería útil que estos controles fueran aprobados por el Consejo o el más alto comité ejecutivo de la organización. Todos los programas de auditoría y listas de comprobación del Párrafo 7.9 pueden usarse para dar respaldar la formulación y la ejecución de estos controles de monitorización y revisión.

Los controles típicos en este ámbito son:

- Controles de procesamiento de operaciones
- Controles diarios de revisión de las actividades
- Controles de vigilancia y detección de interceptación de comunicaciones.

Estos controles pueden también facilitarse siguiendo el plan de gestión de las actividades de monitorización y revisión, y todos los datos sobre el desempeño incluidos en el informe de gestión de TI (*véase capítulo 1*).

7.7.1 Controles de procesamiento de operaciones informáticas

Para el funcionamiento eficaz y eficiente de los sistemas y servicios informáticos en un centro de procesamiento de datos, los directivos del departamento de operaciones necesitarán ejecutar varias acciones e implantar controles del procesamiento:

1 Deben seguirse estrictamente los manuales de funcionamiento de las aplicaciones informáticas del centro de procesamiento de datos.
2 Todos los trabajos ejecutados por el personal de operaciones deberían registrarse en la bitácora de procesamiento de trabajos.
3 Los registros de las consolas, que registran todos los mensajes del sistema y las instrucciones de los

operadores, deberían guardarse en formato impreso y en soporte digital durante un período concreto (al menos 6 meses).

4 Todas las altas y bajas de equipos en las salas de ordenadores y de redes deberían autorizarse y registrarse en el registro de equipos.

7.7.2 Controles diarios de revisión de las actividades

Es de importancia capital que los directivos de TI monitoricen y revisen la implantación de todos los controles del centro de procesamiento de datos. Efectuar diariamente este proceso de revisión incluye lo siguiente:

- Revisar el registro de visitantes (registro de entrada y salida de visitantes cada día)
- Revisar las actividades diarias de trabajo (registro de operaciones procesadas, consultas atendidas, clientes atendidos, unidades producidas, etc.)
- Revisar el registro de problemas (problemas resueltos por fecha, descripción del problema, descripción de la solución, quién lo resolvió, quién probó la solución del problema, etc.)
- Revisión de los indicadores relevantes del desempeño (*véase párrafo 7.8*)
- Realizar análisis periódicos de la vulnerabilidad del sistema de control de acceso y revisión de los informes con todos los niveles relevantes de gestión.
- Comprobar con el personal de seguridad que se monitorizan, documentan y revisan todas las entradas y salidas del centro de procesamiento de datos

- Revisar los planes de ejecución de trabajos de ordenador (registro de trabajos de procesamiento de datos ejecutados por día de operación, etc.).

Estos registros y planes deben monitorizarse y revisarse en el nivel apropiado de dirección. Los directivos de TI pueden producir y revisar[80] otros informes de registro de Internet.

En el Apéndice 4 se incluyen ejemplos de varios diarios y registros de TI, y otros formularios de TI que pueden usarse para el control de la gestión, la monitorización del desarrollo de sistemas de la seguridad y otros propósitos de monitorización de la calidad.

7.7.3 Controles de detección de vigilancia e interceptación de datos

Dependiendo del tipo de datos que procesan los sistemas informáticos, puede haber un riesgo significativo de que esos datos sean interceptados. Las organizaciones, los directivos de la corporación y de TI y los especialistas en seguridad deberían conocer que hay tres clases de interceptación de datos:

- observación directa
- interceptación de las transmisiones de datos por dispositivos de escucha localizados en las instalaciones de la organización
- interceptación electromagnética (por medios remotos).

---

[80] Ver ejemplos de informes de registros de SANS www.sans.org, 'SANS Top 5 Essential Log Reports'.

Los controles de seguridad física pueden proteger contra la interceptación de datos por observación directa (*véase párrafo 7.4*). La protección contra la interceptación electromagnética se puede conseguir a través de otros medios que no se tratan en este libro (p.ej. apantallado TEMPEST, aplicaciones especiales, como RINT, cifrado de los datos, etc.).

La interceptación de la transmisión de datos por dispositivos de escucha puede controlarse por varios procedimientos, uno de los cuales se describe más adelante en este párrafo.[81]

La interceptación de la transmisión de datos por dispositivos de escucha situados en las instalaciones de la organización puede prevenirse o eliminarse (posiblemente) siguiendo los pasos del proceso siguiente: (Proceso de Detección de Interceptación Electrónica (EID):

Paso 1. Organizar y nombrar un Comité de EID, con un presidente y empleados corporativos, responsabilidades concretas, misión y presupuesto.

Paso 2. Contratar expertos externos y seleccionar personal técnico para formar un equipo de Revisión de las Contramedidas de Escucha (SCR).

Paso 3. Firmar un acuerdo de confidencialidad con todos los expertos externos, como parte de su contrato de trabajo.

---

[81] Ver (1) 'When competitors really bug you (industrial espionage)', *Security Management*, pp. 44–47, Jones P (1990); (2) 'Clear the air with TSCM (technical surveillance countermeasures survey)', *Security Management*, pp. 54–59, Calhoun J (1992); (3) 'Espionage 101and much more', *Security Management*, pp. 106–114, Murray KD (1995); (4) 'Countering the threat of espionage', *Security Management*, pp. 35–37, O'Connell EP (1994); y (5) 'Developing a counterintelligence mind-set', *Security Management*, pp. 54–56, Pavucek L (1992).

Paso 4. Nombrar un gestor del proyecto de SCR.

Paso 5. Proporcionar toda la información relevante de planos y esquemas de la organización, como planos de planta, diagramas de cableado de comunicaciones, manuales de los proveedores de calefacción, ventilación, protección contra incendios, aire acondicionado, etc.

Paso 6. Revisar y aprobar la lista de dispositivos que se utilizarán en el EID. Debe ser del más avanzado existente.

Paso 7. Asegúrese de que muy pocas personas conozcan el EID planeado.

Paso 8. Ejecute el EID en horarios que no interfieran con las operaciones cotidianas.

Paso 9. Revise los resultados del EID y tome las medidas apropiadas.

Paso 10. Documente los resultados del proyecto EID y cierre el proyecto.

7.8 Medidas del desempeño operativo de la TI

Toda la serie de controles integrados de los servicios operativos y de asistencia del centro de procesamiento de datos puede evaluarse y mejorarse estableciendo y recogiendo datos sobre el desempeño, por medio del uso de programas de auditoría y listas de comprobación (*véase párrafo 7.9*).

En la Tabla 9 se muestran las medidas habituales del desempeño operativo que pueden usarse.

Tabla 9: Medidas del desempeño operativo de la TI

Número	Medida del Desempeño
1	Tiempo de respuesta *online*
2	Cantidad de páginas impresas
3	Cantidad de horas de funcionamiento
4	Cantidad de horas sin funcionamiento
5	Cantidad transacciones procesadas
6	Cantidad de errores de procesamiento
7	Tiempo medio de copias de seguridad
8	Tiempo medio de recuperación
9	Tiempo medio de corrección de errores
10	Disponibilidad media (%) de las aplicaciones
11	Disponibilidad media (%) del *hardware*/comunicaciones/*software*
12	Políticas y procedimientos del centro de datos no respetadas

Estas medidas del desempeño podrían basarse en un sistema mixto con dos componentes: El Componente 1 podría ser un sistema de medición del BSC (Balanced Scorecard) de TI, descrito en el Capítulo 4, y el Componente 2 podría ser un sistema de monitorización del cumplimiento de las políticas, procedimientos y asuntos relacionados (p.ej. no se han realizado los procedimientos del centro de datos, no se ha respetado el presupuesto, etc.)

Los directivos de TI de la compañía pueden, según varios aspectos de la organización, analizar la información de la monitorización del desempeño y del cumplimiento, para revisar, evaluar y mejorar los elementos del centro de datos operativo y de asistencia de la organización.

7.9 Herramientas y técnicas de revisión y auditoría

Para garantizar que los controles operativos y de asistencia del centro de datos están organizados de un modo adecuado y eficaz para satisfacer las necesidades de control de la entidad corporativa, pueden ser necesarias directrices y otras herramientas que ayuden a los directivos y otros profesionales (auditor, personal de desarrollo de sistemas, personal de seguridad de TI, responsables del cumplimiento, etc.) a realizar adecuadamente sus tareas. Es posible utilizar listas de comprobación para la revisión de: controles de seguridad física, cuestiones ambientales, cuestiones del entorno de producción, gestión del centro de datos, copias de seguridad y recuperación, recuperación de desastres de TI y ordenadores personales.

Adicionalmente, se detallan otras directrices y herramientas en el Apéndice 3 (Lista de comprobación de la monitorización de los controles de TI), Apéndice 4 (Ejemplos de formularios de TI), Apéndice 5 (Metodología de auditoría de TI), Apéndice 6 (Áreas de auditoría de TI) y Apéndice 7 (Ejemplo de informe de auditoría interna).

Las listas de comprobación y los programas de auditoría presentados no pretenden ser una guía exhaustiva de la revisión de la gestión o de la auditoría de TI. Los directivos de TI y otros profesionales pueden optar por usar sólo algunos de los componentes de las listas de comprobación y de los programas de auditoría, según el tamaño, complejidad, necesidades y demandas comerciales, expectativas y necesidades de madurez de la TI, y los niveles de despliegue y uso de sistemas informáticos.

7.9.1 Lista de comprobación de controles de seguridad física

Su objetivo es respaldar el proceso de creación, revisión, evaluación y mejora de los controles de gestión ambiental del centro de datos mencionados en este capítulo.

1 ¿Tiene el centro una valla perimetral?
2 ¿Está controlado y monitorizado el acceso al centro? Tenga en cuenta: garita de entrada, guardas las 24 horas del día o sólo en horario laboral, patrullas, CCTV, uso de tarjetas identificativas.
3 ¿Está prohibido aparcar vehículos, de empleados o visitantes, cerca de las salas de ordenadores? Tenga en cuenta: control de acceso a visitantes y proveedores, parking asignado a personal permanente.
4 ¿Es apropiada la seguridad del edificio para las actividades de la organización? Tenga en cuenta: presencia de guardias de seguridad, patrullas regulares de seguridad, guardas 24 horas diarias o sólo en horario laboral, alarmas antirrobo, CCTV, cerraduras en las ventanas, uso de tarjetas identificativas.
5 ¿Se mantiene un registro de todos los visitantes?
6 ¿Hay puntos de acceso no vigilados? Tenga en cuenta: entradas de mercancías, entradas traseras, salidas de incendios.
7 ¿Hay procedimientos de control para evitar el acceso desde los puntos no vigilados?

8 ¿Hay medidas de control para asegurar que sólo los miembros del personal o los visitantes autorizados están en las instalaciones? Tenga en cuenta: el personal y los visitantes deben llevar tarjetas identificativas en un lugar visible, procedimientos para controlar las cuestiones de pases o tarjetas identificativas de los visitantes, obligación de acompañar a los visitantes con un miembro permanente del personal, concienciación de los empleados sobre la seguridad, p.ej. para dar el alto a visitantes no acompañados.

9 ¿Se exige una autorización concreta para que los empleados puedan sacar máquinas o soportes de datos fuera del edificio?

10 ¿Está el acceso a las salas de ordenadores sólo permitido a las personas autorizadas? Tenga en cuenta: registro de visitantes (incluidos los técnicos, personal de limpieza, etc.), uso de dispositivos de control de acceso (p.ej. tarjetas de entrada), controles para evitar el uso indebido del sistema de tarjetas de acceso, diferentes niveles de acceso, asignación de tarjetas, registro e investigación de las infracciones, restricciones de acceso a diferentes áreas, obligación de acompañar a los visitantes.

11 ¿Está restringido el acceso a las zonas particularmente más sensibles (p.ej. áreas de comunicaciones)? Tenga en cuenta: procedimientos de autorización de acceso, registro de accesos, revisión del registro de accesos.

12 ¿Hay controles de procedimiento para restringir o monitorizar el acceso a las áreas sensibles?

13 ¿Están protegidas las ventanas del área de ordenadores? Tenga en cuenta: vidrio de seguridad, vidrio opaco, cortinas, pantallas, etc. alarmas de intrusión, cerraduras para las ventanas.

14 ¿Se puede localizar fácilmente (p.ej. por medio de la observación) el área de ordenadores?
15 ¿Están las consolas maestras y otros terminales críticos (p.ej. los terminales SWIFT) ubicados en el área de ordenadores? Tenga en cuenta: restricción del acceso.
16 ¿Está permitido el acceso al suministro de electricidad sólo al personal autorizado?
17 ¿Hay un suministro alternativo de electricidad? Tenga en cuenta: suministro ininterrumpible, generadores autónomos, acceso permitido sólo al personal autorizado.
18 ¿Hay controles para prevenir la pérdida o la interrupción de las comunicaciones (p.ej. canalizaciones seguras de cables, cuarto de PABX cerrado)?
19 ¿Está controlado el acceso a los cables de subida, tableros de distribución, salas de PABX, etc.?
20 ¿Están planificadas, autorizadas y, si es posible, monitorizadas las visitas del servicio de mantenimiento?
21 ¿Deben firmar la entrada y la salida del edificio las personas de limpieza, servicio y del área de ordenadores?
22 ¿Están las personas de limpieza acompañadas mientras se encuentran en las áreas de ordenadores?

7.9.2 Listas de comprobación de cuestiones ambientales

Su objetivo es respaldar el proceso de creación, revisión, evaluación y mejora de los controles de gestión ambiental del centro de procesamiento de datos mencionados en este capítulo.

1 ¿Se han implantado los controles ambientales apropiados en el edificio y en el área de ordenadores? Tenga en

cuenta: sistemas de prevención y detección del fuego, aire acondicionado, controles de humedad, falso suelo.

2 ¿Hay precauciones contra incendios e instrucciones en todos los departamentos sobre cómo actuar en caso de incendio?

3 ¿Se hacen regularmente simulacros de incendio? (Anote la fecha del último.)

4 ¿Se mantiene regularmente el equipo contra incendios? (Anote la fecha del último mantenimiento.)

5 ¿Está el personal capacitado en el uso del equipo contra incendios?

6 ¿Hay equipo contra incendios para prevenir incendios eléctricos o por papel?

7 ¿Están todas las instalaciones de cafetería, restaurante o cocina fuera de la sala de ordenadores para reducir el riesgo de que el agua o el fuego puedan causar pérdidas o interrupciones del servicio informático o de los datos?

8 ¿Están los datos, los soportes y la documentación adecuadamente protegidos? Tenga en cuenta: almacenamiento a prueba de incendio para los soportes magnéticos, almacenamiento fuera del edificio, restricción del acceso, controles físicos de acceso.

7.9.3 Lista de comprobación de cuestiones sobre el entorno de producción

Su objetivo es respaldar el proceso de construcción, revisión, evaluación y mejora de los controles de monitorización y revisión mencionados en este capítulo.

1 ¿Están autorizadas específicamente por directivos o responsables todas las actualizaciones a programas en el entorno de producción? Tenga en cuenta: formularios de aprobación a cambios en programas.

2 ¿Hay medios para impedir que el personal de desarrollo pueda implantar nuevas versiones de programas en el entorno de producción?
3 ¿Existe algún medio o *software* que determine si se han hecho cambios no autorizados en programas operativos? Tenga en cuenta: *software* para comparar programas en formato ejecutable, revisión por responsables, registro de los cambios.
4 ¿Se usa un control automatizado de control de cambios? Tenga en cuenta: cobertura de todos los cambios a programas, responsabilidad para dar soporte a este *software*.
5 ¿Existe algún procedimiento para asegurar que las versiones anteriores de *software* están inactivas y que sólo están operativas las versiones actuales?
6 ¿Se han establecido procedimientos para controlar cualquier cambio de emergencia realizado por el personal de desarrollo de sistemas? Tenga en cuenta: aprobación por el adecuado nivel de responsabilidad operativa de TI, registro de los cambios, pruebas, aprobación posterior por directivos o por el responsable de seguridad.
7 ¿Hay bibliotecas separadas para las actividades de desarrollo, pruebas y producción?
8 ¿Se exige una firma (usuarios finales, directivos de TI, etc.) después de la prueba de sistemas y antes de pasar el *software* de aplicación a producción? Tenga en cuenta: aprobación por el nivel apropiado de usuario final y gestor de TI, registro de todas las actividades de cambios, pruebas, revisión a posteriori por auditoría de TI y responsable de seguridad.
9 ¿Se hacen pruebas de regresión una vez corregidos los fallos de producción?

7.9.4 Lista de comprobación de la gestión del centro de datos

Su objetivo es respaldar el proceso de creación, revisión, evaluación y mejora de la planificación de contingencias de TI y controles de recuperación de desastres mencionados en este capítulo.

1 ¿Existe un inventario de *hardware*, *software*, y equipo periférico? Tenga en cuenta: marca, modelo y ubicación de todo el *hardware*, redes de comunicaciones, versiones de *software*.
2 ¿Hay requisitos especiales de procesamiento? Tenga en cuenta: uso de material especial de papelería y stock necesario.
3 ¿Hay contratos de mantenimiento de los ordenadores? Tenga en cuenta: tiempos de respuesta contratados.
4 ¿Existen las medidas adecuadas de seguridad física para prevenir daños accidentales o deliberados a los equipos informáticos?
5 ¿Se han implantado controles ambientales para minimizar los daños derivados de, por ejemplo, incendios o inundaciones? Tenga en cuenta: equipo de detección de incendios, de extinción, aire acondicionado, localización de las instalaciones de cafeterías y restaurantes, etc. y control de la humedad.
6 ¿Hay suministro alternativo de electricidad? Tenga en cuenta: suministro ininterrumpible, generadores autónomos.
7 ¿Se han definido y se cumplen los requisitos de acceso a los sistemas informáticos? Tenga en cuenta: clasificación de datos, sistemas de control de acceso, uso de *software* de control de acceso, procedimientos para crear o borrar usuarios o contraseñas.

7.9.5 Lista de comprobación de copias de seguridad y recuperación

Su objetivo es respaldar el proceso de construcción, revisión, evaluación y mejora del plan de contingencia de TI y los controles de recuperación de desastres mencionados en este capítulo.

1 ¿Se hacen regularmente copias de seguridad de archivos de datos, *software* de sistemas y programas de aplicación? (Anote la periodicidad del ciclo de copias de seguridad.) Tenga en cuenta: datos al fin de cada día, semana, mes, año, copias de programas tomadas en cuanto se han hecho modificaciones sobre él.

2 ¿Se mantienen las copias de seguridad en una ubicación segura lejos del centro de ordenadores? Tenga en cuenta: archivos de datos, programas, *software* de sistemas, documentación de los sistemas, procedimientos operativos, procedimientos de usuario, plan de recuperación de desastres, seguridad ambiental o física.

3 ¿Se llevan regularmente copias de seguridad fuera de las instalaciones de ordenadores?

4 ¿Se ha probado el almacenamiento fuera del centro para asegurar que la copia de seguridad de los datos puede usarse? Tenga en cuenta: registros mantenidos sobre la ubicación física de las cintas, otros soportes digitales, discos y sus contenidos, copias, fuera del centro, de la documentación de los sistemas, eficacia de los procedimientos de copias de seguridad, puntualidad en la recepción de las cintas, etc. desde el almacenamiento fuera del centro, experiencia práctica de solicitar y usar las copias de seguridad desde el almacenamiento externo.

5 ¿Está el acceso a las copias de seguridad limitado a personas concretas con responsabilidad sobre ellas? (Anote quiénes son.)
6 ¿Está el acceso a las copias de seguridad disponible en cualquier momento del día? Tenga en cuenta: requisitos de autorización.
7 ¿Se aplican controles similares a las copias de seguridad de los datos almacenados en microordenadores (PC, servidores, etc.) p.ej. en disquetes u otros soportes digitales?
8 ¿Se hace regularmente una copia de seguridad de las bases de datos?
9 ¿Se almacenan copias de seguridad de las bases de datos fuera del centro?
10 ¿Están completamente documentados los procedimientos de copia de seguridad y restauración de las bases de datos?
11 ¿Se prueban regularmente los procedimientos de copias de seguridad y restauración?

7.9.6 Lista de comprobación de la recuperación de la TI tras desastres

Su objetivo es respaldar el proceso de construcción, revisión, evaluación y mejora del plan de contingencia de TI y los controles de recuperación de desastres mencionados en este capítulo.

1 ¿Cuál es el riesgo de que el negocio no pueda reanudar la operación (en un tiempo razonable) en caso de que no estén disponibles las instalaciones de procesamiento de su TI (sistemas, comunicaciones, infraestructura, etc.)? Tenga en cuenta: política y procedimiento de gestión del riesgo (corporativo y de TI).

2 ¿Se ha efectuado un análisis del riesgo, como parte de un ejercicio para prevenir desastres, para minimizar la probabilidad de que suceda un grave trastorno para el negocio? Tenga en cuenta: alcance de la revisión, fecha de la última revisión.

3 ¿Se han identificado los sistemas críticos de la organización? Tenga en cuenta: ¿Cuánto tiempo podría operar eficazmente la organización sin sus sistemas informáticos críticos (p.ej. horas, días, etc.)?

4 ¿Se han probado y aprobado todos los sistemas de aplicación antes de ponerse en producción?

5 ¿Hay procedimientos para impedir modificaciones no autorizadas en aplicaciones y *software* de sistemas?

6 ¿Está completamente soportada por el vendedor o el proveedor la versión instalada de *software* de sistemas (incluido sistema operativo, bases de datos y comunicaciones)?

7 ¿Se ha preservado y protegido totalmente la documentación del sistema?

8 ¿Se han documentado y protegido los procedimientos de procesamiento de trabajos?

9 ¿Se han documentado y protegido totalmente los procedimientos administrativos?

10 ¿Se han documentado totalmente y se encuentran en modo operativo los procedimientos de copias de seguridad?

11 ¿Se ha desarrollado, documentado y probado un plan de recuperación de desastres? Tenga en cuenta: adecuación del plan para asegurar que, en caso de pérdida o interrupción, se podrá conseguir la recuperación con la mínima interrupción del negocio, revisión periódica y actualización del plan (anote la última actualización hecha), pruebas periódicas (anote la última).

12 ¿Han especificado los usuarios sus requisitos de recuperación? Tenga en cuenta: niveles de interrupción (p.ej. una hora, medio día, etc.), recuperación exclusivamente de las aplicaciones críticas o de todas las aplicaciones, procedimientos administrativos alternativos, si es adecuado, intervalo de tiempo que durarán los mecanismos alternativos de procesamiento, etc.

13 ¿Han desarrollado los usuarios prácticas alternativas de trabajo (como parte de sus procedimientos de recuperación) para que se ejecuten en caso de interrupción del procesamiento normal?

14 ¿Hay un contrato formal con una compañía especializada en recuperación de desastres? Tenga en cuenta: condiciones del contrato, detalles de las pruebas ejecutadas.

15 ¿Hay otras áreas del negocio, además de la de TI, que necesitan el desarrollo de acuerdos de recuperación? (Anote los detalles).

16 ¿Se han hecho planes o acuerdos de recuperación para todas las áreas críticas del negocio?

17 ¿Se cumplen todas las obligaciones contractuales con terceros? Tenga en cuenta: licencias de *software*, uso de micro *software*, registro de todas las licencias.

7.9.7 Lista de comprobación de controles de ordenadores personales

Su objetivo es respaldar el proceso de creación, revisión, evaluación y mejora de los controles de gestión del *hardware* mencionados en este capítulo.

1 ¿Existen los controles adecuados sobre la seguridad de la información, en el uso por usuarios finales de PC,

terminales, impresoras o estaciones de trabajo? Tenga en cuenta: política para uso de ordenadores por usuarios finales, guías y responsabilidades sobre la seguridad, reglas de autorización, etc.

2 ¿Se han desarrollado y comunicado directrices para los usuarios finales? Tenga en cuenta: requisitos de seguridad, *software* autorizado, *hardware* autorizado, requisitos de programación, pruebas y documentación.

3 ¿Hay procedimientos para comprar e introducir nuevo *software* o *hardware*? Tenga en cuenta: evaluación del nuevo *hardware* o *software* antes de autorizarse, evaluación de la compatibilidad entre *hardware* y *software* para asegurar su funcionamiento combinado.

4 ¿Se registran las compras de *hardware* y *software*?

5 ¿Está controlado el movimiento o la eliminación de *hardware* o *software*?

6 ¿Se han instalado programas o servicios antivirus?

7 ¿Hay procedimientos para informar a los usuarios de las acciones que se deben ejecutar si su ordenador personal resulta infectado?

8 ¿Se han clasificado la información y los datos de modo que se pueda restringir el acceso y el modo de acceso a ellos?

9 ¿Existe un *software* de control de acceso a la información confidencial?

10 ¿Se controla y monitoriza el acceso a la información confidencial?

11 ¿Existen procedimientos para asegurar que se eliminan apropiadamente los datos confidenciales en papel antes de desecharlos?

12 ¿Se registra la información personal de acuerdo con la legislación aplicable (p.ej. leyes nacionales sobre protección de datos)?

13 ¿Se hacen copias de seguridad periódicas de los archivos en el ordenador o en estaciones de trabajo?
14 ¿Se aplican a los datos almacenados en microordenadores controles similares a los almacenados en ordenadores centrales (p.ej. control de disquetes y medios similares)?
15 ¿Es personal apropiado y cualificado el encargado de instalar el nuevo *software*?
16 ¿Se mantiene un registro de errores de *hardware* y *software* y de las medidas adoptadas para corregirlos?
17 ¿Existe un *software* de control de acceso para impedir el acceso no autorizado al ordenador, terminal o puesto de trabajo?
18 ¿Cumple el formato y longitud de las contraseñas las normas aceptadas del sector y con los requisitos de la organización?
19 ¿Se descarga información desde los ordenadores centrales? Tenga en cuenta: identificación de los datos, derechos de acceso.
20 ¿Se envían datos a los ordenadores centrales? Tenga en cuenta: identificación de los datos, derechos de acceso.
21 ¿Existen controles que garanticen que no se puede acceder a datos y programas de producción sin autorización?
22 ¿Existen controles sobre los archivos y programas que prohíban su actualización no autorizada?

7.9.8 Lista de comprobación de la gestión de los ordenadores personales

Su objetivo es respaldar el proceso de creación, revisión, evaluación y mejora de los controles de gestión del *hardware* mencionados en este capítulo.

1 ¿Tiene la unidad de TI responsabilidad sobre la gestión de los PC?
2 ¿Hay procedimientos para la aprobación de requisitos y existe una relación entre las necesidades de los ordenadores personales y la estrategia de TI?
3 ¿Se mantiene una lista de *hardware* y de *software*?
4 ¿Están autorizadas todas las aplicaciones desarrolladas para ordenadores personales y se han documentado adecuadamente?
5 ¿Hay procedimientos para proteger los ordenadores personales de robo, daños y amenazas ambientales?
6 ¿Existen los controles apropiados para impedir el robo o la copia de *software* y datos sin autorización?
7 ¿Se han eliminado las disqueteras?
8 ¿Se ha instalado un antivirus?
9 ¿Se monitorizan las cuestiones de la seguridad?
10 ¿Se han especificado niveles de seguridad?
11 ¿Existen procedimientos de asistencia técnica para los problemas de *hardware*, *software* y de usuarios?
12 ¿Existen descripciones de puestos de trabajo de personal que ofrezcan asistencia sobre el uso de PC?
13 ¿Es adecuada la formación proporcionada a los usuarios de TI?
14 ¿Se preservan todos los soportes de forma segura?
15 ¿Hay un registro de todos los problemas?
16 ¿Está adecuadamente protegido el *software* desarrollado por usuarios finales?
17 ¿Existe una lista actualizada de aplicaciones, con la asistencia de TI, sobre los puntos siguientes?:

- o ¿Procesamiento de textos?
- o ¿Hojas de cálculo?
- o ¿*Hardware* de ordenadores personales?
- o ¿Sistemas de bases de datos?

- o ¿Correo electrónico?
- o ¿Paquetes de compatibilidad de PC?
- o ¿Enlaces PC-Fax?
- o ¿Télex?
- o ¿Edición electrónica?
- o ¿Sistemas de planificación del tiempo?
- o ¿Gestión de proyectos?
- o ¿Sistemas de representación gráfica?
- o ¿Herramientas de diseño?
- o ¿Acceso a bases de datos externas?
- o ¿Acceso a Internet?

18 ¿Existe un registro e informes de gestión de los problemas de los usuarios?

19 ¿Se hacen copias de seguridad periódicamente?

20 ¿Están las copias de seguridad almacenadas en un lugar seguro?

21 ¿Hay una lista actualizada de soportes de copias de seguridad?

7.10 Conclusión

Las operaciones de TI son un aspecto crucial en la mayor parte de las organizaciones. Una de sus preocupaciones es la continuidad de sus actividades: las organizaciones cada vez dependen más de sus sistemas informáticos y de su TI para ejecutar sus operaciones. Si estos dejan de estar disponibles, las actividades habituales de la empresa pueden sufrir un grave impacto, verse perjudicadas o interrumpirse completamente.

Se necesita, por ello, suministrar una infraestructura fiable para las operaciones de TI, con el fin de minimizar cualquier posibilidad de interrupción. La seguridad de la información es también una gran preocupación y, por ello, un centro de procesamiento de datos debe ofrecer un entorno seguro que minimice las posibilidades de una infracción de la seguridad.

Un centro de procesamiento de datos debe, pues, mantener estándares de rendimiento cada vez más altos para garantizar la integridad y la funcionalidad del entorno que aloja sus ordenadores.

Uno de los elementos esenciales de las operaciones del centro de datos, además de la defensa de los sistemas informáticos y la infraestructura contra intrusiones y ataques internos o externos, es la prevención de modificaciones y alteraciones de datos, de modo que en caso de ataque a un sistema informático o sus servicios, la organización aún contará con *software* y datos para restaurar los sistemas, servicios e instalaciones y conseguir un completo funcionamiento productivo y un uso empresarial adecuado.

Hay estudios que demuestran que la mitad de las empresas afectadas por desastres con pérdida de datos no logran recobrarse y la mayoría de ellas han tenido que suspender sus actividades en corto tiempo, excepto si han contado con excelentes estrategias de recuperación y copias de seguridad y un plan eficaz para el tratamiento de los desastres.

En la lucha por mantener operaciones informáticas eficaces y eficientes en los centros de datos, tenemos que hacer algunas concesiones. Debemos tomar las mejores decisiones para nuestras organizaciones y lograr un equilibrio entre las ventajas de una seguridad de TI elevada y un centro de datos con muy alta disponibilidad, y las desventajas que las rigurosas medidas de seguridad pueden ocasionar en los procedimientos del centro de datos.

Si estamos concienciados con los riesgos de las operaciones informáticas en los centros de procesamiento de datos y conocemos las medidas apropiadas que pueden adoptarse para prevenir que esos riesgos ocasionen daños reales, entonces podremos asegurar que el centro de procesamiento de datos continuará operando normalmente y se recuperará de las contingencias.

Los controles operativos y de apoyo del centro de procesamiento de datos presentados en este capítulo pueden ser el instrumento para conseguir las metas y los objetivos significativos, estrategias, procedimientos, políticas y resultados de las operaciones del centro de procesamiento de datos. Estos controles se pueden revisar, cambiar, ampliar, borrar, adaptar, etc. y deben operarse con diligencia y de modo continuo. Los controles pueden incluir políticas, prácticas, procedimientos, estructuras organizativas y herramientas especializadas.

Estos controles deben establecerse para asegurar que pueden conseguirse los servicios operativos y de soporte del centro de procesamiento de datos.

Además, los principales controles operativos y de soporte del centro de procesamiento de datos, los programas de auditoría y revisión y las listas de comprobación mencionadas y descritas en este capítulo, convenientemente adaptadas, facilitan el marco de la gestión del conocimiento (*descrito en el Capítulo 1*), al tiempo que respaldan el alojamiento de los componentes de infraestructura y el funcionamiento de los sistemas y servicios informáticos, savia vital de las organizaciones y del marco de la gestión del conocimiento.

Cuando estos controles de TI se ejecutan del mejor modo, las organizaciones realizan sus operaciones informáticas eficaz y eficientemente, son más rentables y beneficiosas para sus interesados, para la sociedad y para la economía nacional e internacional.

7.11 Preguntas de repaso

Este grupo de preguntas empleárselas pueden emplear aquellos que utilizan los controles descritos en este libro para evaluar y comprobar la comprensión de los conceptos y el conocimiento práctico de este capítulo.

1. ¿Qué garantizan los controles operativos y de soporte del centro de procesamiento de datos'?

Referencia: Párrafo 7.1. 'Alcance'.

2. ¿Cuál es el propósito de los controles operativos y de soporte del centro de procesamiento de datos?

Referencia: Párrafo 7.2 'Propósito y principales tipos de controles operativos y de apoyo del centro de datos'.

3. ¿Cuáles son los principales tipos de controles operativos y de soporte del centro de procesamiento de datos?

Referencia: Párrafo 7.2 'Propósito y principales tipos de controles operativos y de apoyo del centro de datos'.

4. ¿Cuáles son los principales controles del centro de datos?

Referencia: Párrafo 7.3 'Controles del diseño y la infraestructura del centro de datos'.

5. ¿Cuál es la razón de los controles para prevención de la radiación de los ordenadores, del cableado y de las salas de ordenadores?

Referencia: Párrafo 7.3 'Controles del diseño y la infraestructura del centro de datos'.

6. ¿Qué clases de fallos de servicios públicos puedan causar la interrupción del servicio?

Referencia: Párrafo 7.3 'Controles del diseño y la infraestructura del centro de datos'.

7. ¿Qué elementos y acciones suelen estar incluidas en los controles de infraestructura del centro de procesamiento de datos?

Referencia: Párrafo 7.3 'Controles del diseño y la infraestructura del centro de datos'.

8. ¿Cuáles son las tres vías de interceptación de datos?

Referencia: Párrafo 7.7 'Controles de monitorización y revisión'.

9. ¿Cuáles son los principales controles de las actividades diarias?

Referencia: Párrafo 7.7 'Controles de monitorización y revisión'.

10. ¿Qué debería incluirse en el registro de visitantes a la unidad de TI?

Referencia: Párrafo 7.7 'Controles de monitorización y revisión'.

11. ¿Cuál es el objetivo de los controles del *hardware*?

Referencia: Párrafo 7.5 'Controles de gestión del *hardware*'.

12. ¿Cuál es el propósito de los controles en el área de planificación de contingencias de TI?

Referencia: Párrafo 7.6 'Control del plan de contingencia de TI y recuperación de desastres'.

13. ¿Cuál es la definición de «desastre» en el sector informático?

Referencia: Párrafo 7.6 'Control del plan de contingencia de TI y recuperación de desastre'.

14. ¿Qué es un *hot site* en el ámbito de recuperación de desastres?

Referencia: Párrafo 7.6 'Control del plan de contingencia de TI y recuperación de desastre'.

15. ¿Qué es un *cold site* en el ámbito de recuperación de desastres?

Referencia: Párrafo 7.6 'Control del plan de contingencia de TI y recuperación de desastre'.

16. ¿Qué es un *warm site* en el ámbito de recuperación de desastres?

Referencia: Párrafo 7.6 'Control del plan de contingencia de TI y recuperación de desastre'.

17. ¿Cuál es la definición de «centro dual de procesamiento de datos» cuando se considera la recuperación de desastres?

Referencia: Párrafo 7.6 'Control del plan de contingencia de TI y recuperación de desastre'.

18. Mencione algunos de los contenidos de una política sobre ordenadores personales.

Referencia: Párrafo 7.5 'Controles de gestión del *hardware*'.

19. Mencione algunas de las recomendaciones para la operación segura de ordenadores personales

Referencia: Párrafo 7.5 'Controles de gestión del *hardware*'.

20. Mencione algunas de las medidas habituales del desempeño operativo.

Referencia: Párrafo 7.8 'Medidas del desempeño operativo de la TI'.

CAPÍTULO 8: CONTROLES DEL SOFTWARE DE SISTEMAS

Un ratón mordió a un toro en el hocico y se escondió en un agujero de la pared antes de que el toro reaccionara. El toro embistió la pared una y otra vez, sin resultados, hasta que se cansó. El ratón salió como una flecha y volvió a morder al toro en el hocico. El toro no pudo hacer nada más que enfurecerse. «No siempre ganáis los grandes» chilló el ratón desde su agujero. «A veces los pequeños somos los mejores».

(No siempre ganan los más fuertes).

Esopo (siglo VI a. C.)

8.1 Alcance

Los sistemas informatizados de aplicación, desarrollados en la propia empresa o adquiridos a un tercero, normalmente se ejecutan en un centro seguro de procesamiento de datos.

Los sistemas tienen *software* de aplicación que no puede funcionar por sí solo: debe haber un *software* de sistemas del que dependen para ejecutar sus tareas.

El *software* de sistemas, como el de gestión de bases de datos, el de redes y comunicaciones, etc., debe instalarse, configurarse adecuadamente y controlarse. Estos controles garantizan que el sistema operativo, el *software* de bases de datos y el de redes, permanecen en buen estado de funcionamiento y que la infraestructura y los sistemas operan en un entorno seguro para satisfacer los propósitos comerciales de la organización.

En este capítulo se presenta una serie de controles sobre el *software* de sistemas, como: controles del entorno operativo de los sistemas, controles de las bases de datos, controles de las comunicaciones de datos, controles de registros de auditoría y controles de monitorización y revisión. Se muestran también ejemplos de varios procedimientos, medidas y formularios. Por último, se proporciona al personal de desarrollo, auditores informáticos, auditores internos y externos, consultores de TI, responsables del cumplimiento, etc. Una serie de programas de auditoría y listas de comprobación que les permitirá ejecutar y mejorar sus tareas y responsabilidades.

8.2 Propósito y principales tipos de controles del *software* de sistemas

El *software* de sistemas está diseñado para operar el ordenador y el *hardware* de redes y proporcionar y posibilitar el uso, el soporte y el mantenimiento de una plataforma de *software* de aplicación. Suele incluir herramientas de diagnosis, compiladores, servidores, sistemas de interfaz gráfica de usuario, utilidades, traductores de lenguajes, programas de gestión de datos, *software* de sistemas de gestión de bases de datos y más. Su propósito es aislar, cuanto sea posible, al programador de aplicaciones de los detalles de un ordenador concreto y de la plataforma de red que se esté usando.

Para asegurar el funcionamiento seguro, eficaz y eficiente de los sistemas y servicios de TI hay que implantar varios controles en el ámbito del *software* de sistemas.

El propósito esencial de estos controles es garantizar que se gestionan de modo riguroso el sistema operativo y los principales componentes necesarios para el funcionamiento seguro del centro de datos y de las aplicaciones informáticas que funcionan en él, con el fin de respaldar las operaciones informáticas más beneficiosas para la organización.

Los principales tipos de controles del *software* de sistemas son:

- Controles del entorno operativo del *software* de sistemas
- Controles de las bases de datos
- Controles de las comunicaciones de datos
- Controles del archivo de registro de los registros de auditoría
- Controles de monitorización y revisión.

Estos controles pueden utilizarse, adaptarse, modificarse etc., según la experiencia de la organización y de la función de TI, y otros costes, beneficios, cultura y recursos de la organización.

8.3 Controles del entorno operativo del *software* de sistemas

El *software* de sistemas y las aplicaciones que dependen de él deben funcionar en un entorno seguro y adecuadamente controlado para que operen de modo eficaz y eficiente.

El propósito principal de los controles del entorno operativo de los sistemas es garantizar el correcto funcionamiento del sistema operativo y de sus componentes esenciales (núcleo, kernel, shell, etc.), el *software* de comunicaciones de datos, el sistema de gestión de bases de datos *software*, las utilidades del sistema operativo, las bibliotecas que contienen *software* de sistemas, de aplicación, de bases de datos o de redes, los archivos de seguridad y los diversos archivos de control, y cualquier otro elemento necesario para el funcionamiento seguro del centro de procesamiento de datos y las aplicaciones informáticas.

Los controles del entorno del *software* existente pueden desarrollarlos e implantarlos el director de TI, a veces con ayuda externa, los debe supervisar el comité de TI y ratificarlos el Consejo. Pueden utilizarse los programas de auditoría y listas de comprobación del Párrafo 8.9 como apoyo en la revisión del diseño, implantación y postimplantación de los controles del entorno del *software* de sistemas de la organización.

Los principales controles en este ámbito son:

- Controles del entorno de producción (informática)
- Controles de la gestión de cambios del *software* de sistemas
- Controles de la descripción de puestos de trabajo del *software* de sistemas.

8.3.1 Controles del entorno de producción

El entorno de producción de una sala de ordenadores, de cualquier tamaño, en un centro de procesamiento de datos, está compuesto por *hardware* de ordenadores y redes, datos de producción y de pruebas y bibliotecas de *software*. Todo ello lo gestiona, administra y mantiene el personal de operaciones informáticas, personal de soporte de *software* de sistemas y personal de mantenimiento.

Los principales controles en este ámbito son:

Controles de acceso a datos y bibliotecas de producción

El acceso a los datos de producción, almacenados en cualquier clase de archivo (convencional, bases de datos, etc.) y a los programas almacenados en las bibliotecas de programas de producción, no debería estar permitido a los empleados de *software* de sistemas sin el permiso por escrito del director de TI y del usuario gestor de los datos de aplicación. Todos estos accesos autorizados deberían documentarlos apropiadamente los programadores de sistemas inmediatamente después de haber terminado sus tareas asignadas.

Controles de acceso a la sala de ordenadores

El personal de programación de sistemas no debería tener acceso libre a las consola de sistemas ni a ejecutar tareas de prueba sin autorización escrita y justificada. Todas las acciones que ejecute deberían ser también documentadas apropiadamente.

Procedimientos de mantenimiento por proveedores de software

Los proveedores de *software* (sistema operativo, bases de datos, paquetes de *software* de aplicación, etc.) realizan pequeñas o importantes modificaciones en el *software* suministrado, de un modo regular, por lo que es muy importante que esos cambios se controlen adecuadamente.

El mecanismo para las pequeñas modificaciones es el procedimiento de mantenimiento de los proveedores. Debe contener lo siguiente:

- Autorización de cada modificación en el *software* de sistemas
- Documentación de todas las modificaciones (*véase Apéndice 4* 'Formulario de pequeñas modificaciones de proveedores de *software*')
- Prueba de todos las modificaciones antes de su paso a producción
- Registro de todos las modificaciones
- Copia de seguridad del *software* completo del sistema antes de que se implanten los cambios
- Preparación de un plan de recuperación por si los cambios implantados ocasionan errores o problemas cuando pasan al entorno de producción.

Véase párrafo 8.3.2 'Controles de la gestión de modificaciones en el *software* de sistemas' para las modificaciones importantes.

Se pueden utilizan varios formularios de TI para el control de gestión, desarrollo de sistemas y monitorización de la seguridad y otros propósitos de monitorización de la calidad y que se incluyen en el Apéndice 4.

Delimitación de tareas

Ningún programador de sistemas debería poder, él solo, diseñar, probar e implantar cambios en los sistemas de producción. Estas tareas designarse a varias personas y, si no es posible, todo el trabajo debería estar planeado cuidadosamente, ejecutado con gran cuidado y supervisado por los gestores de TI en todas las fases del trabajo. El personal de programación de aplicaciones debería revisar todos los cambios realizados en el *software* de sistemas, antes de su implantación.

Controles de la documentación

Todas las modificaciones realizadas en el *software* de sistemas por el personal de programación de sistemas, debería estar adecuadamente autorizado, registrado por medio de formularios específicos, revisado por todos los interesados y almacenado en un archivo de cambios realizados en el *software*.

Estos formularios son:

- Formulario de instalación de cambios en el *software* de sistemas
- Formulario de autorización de cambios en el *software* de sistemas
- Formulario de control del procedimiento de revisión del *software* de sistemas
- Formulario de actualización de emergencia del *software* de sistemas.

Además, todas las modificaciones deberían ir acompañadas de una descripción técnica de todos los cambios efectuados por el personal de programación de sistemas.

En el apéndice 4 encontrará el 'Formulario de modificaciones realizadas por el personal de sistemas', que puede ser adaptado por cada organización.

8.3.2 Controles de gestión de modificaciones en el software de sistemas

Las modificaciones importantes en el *software* de sistemas (sistema operativo, bases de datos, paquetes de *software* de aplicación, etc.), pueden gestionarse y controlarse más eficazmente por medio del siguiente proceso.

El propósito del proceso y de los controles correspondientes es describir los procedimientos que deben ejecutarse para: la solicitud, aprobación, iniciación, implantación y prueba de los grandes cambios en el *software* de sistemas, sistema de gestión de bases de datos y *software* de comunicaciones de datos de la organización.

Cada modificación importante realizada debería documentarse, aprobarse y gestionarse como un proyecto, con fases que afectan a personal de TI y a usuarios finales.

Proceso de gestión del software de sistemas

Fase de iniciación del proyecto: El propósito de esta fase es definir y documentar la naturaleza y el alcance de los cambios, para confirmar y desarrollar, entre todas las partes interesadas, un entendimiento común del alcance del proyecto y cómo este proyecto se relaciona con otros proyectos dentro del programa de inversión facilitados por TI. La definición debe ser aprobada formalmente por los directivos pertinentes, antes de la iniciación del proyecto.

Fase de análisis de requisitos: Si es necesario, los requisitos del negocio y el plan inicial deberían documentarse y enviarse al director de TI, quien debería identificar la factibilidad del cambio sobre la infraestructura existente, su impacto sobre el presupuesto de TI y las inversiones de la compañía y realizar una evaluación del riesgo, tras la aprobación inicial del plan, para identificar el impacto del sistema o aplicación modificado sobre la infraestructura existente.

Fase de diseño del sistema: El director de TI remite el plan al personal de asistencia técnica para su revisión y precisiones. El plan detallado del sistema que se elabora incluye información como objetivos, recursos necesarios, personal y horas de trabajo requeridas.

El responsable de seguridad debería verificar, con el dirctor de TI, si están conformes con la evaluación del riesgo realizada y las políticas de seguridad de la organización.

Fase de implantación del sistema: Incluye los siguientes procedimientos: instalación de la aplicación o sistema modificado en el entorno de pruebas de la organización, y desarrollo de los escenarios y guiones de pruebas, en cooperación con los proveedores, para comprobar la conformidad con los requisitos empresariales de la organización.

Fase de prueba y aprobación del sistema: Deberían realizarla los usuarios empresariales que han solicitado y aprobado el cambio (sobre todo en el caso de un paquete de *software*). Los resultados de la prueba de aceptación del usuario deberían ser documentados formalmente y enviados al director de TI, quien tendrá la responsabilidad última sobre la migración de la aplicación o del sistema al entorno de producción.

Puede usarse también el 'Formulario para modificaciones importantes en el *software* de sistemas' (*véase Apéndice 4*).

En el Apéndice 4 se incluyen otros formularios que pueden usarse para el control de gestión, desarrollo de sistemas y monitorización de la seguridad, y otros propósitos de monitorización de la calidad.

8.3.3 Controles de la descripción de puestos de trabajo del software de sistemas

Como ya se ha mencionado, el entorno de pruebas y el de producción de cualquier organización suelen estar respaldados por el personal de *software* de sistemas y por contratistas de mantenimiento. Algunos controles de administración de TI y del personal ya se han descrito en el *Capítulo 2* y en los párrafos anteriores.

Todos estos controles, sin embargo, sólo pueden implantarse adecuadamente mediante la herramienta «descripción de trabajo» p.ej. la asignación formal de tareas y responsabilidades al personal de TI. Las siguientes descripciones de puestos de trabajo pueden actuar como controles necesarios en el ámbito del *software* de sistemas.

Programador de sistemas

Sus principales responsabilidades suelen incluir el respaldo del *software* de sistemas, que hace posible que el *software* de aplicación y los servicios de TI puedan desarrollarse en un entorno seguro.

Más detalladamente, un programador de sistemas tiene las siguientes responsabilidades:

- Respaldar los sistemas multiusuario (sistema operativo, bases de datos y *software* de comunicaciones de datos, *hardware* y herramientas de *software*) incluida su instalación, configuración, monitorización, mantenimiento y soporte
- Identificar alternativas para optimizar los recursos de ordenadores y redes

- Recoger información para analizar y evaluar el *software* de sistemas existente o propuesto
- Investigar, planificar, instalar, configurar, resolver problemas, mantener y actualizar los sistemas operativos, redes y *software* de bases de datos
- Investigar, planear, instalar, configurar, resolver los problemas, mantener y actualizar la vinculación del *hardware* y *software* con el sistema operativo
- Analizar y evaluar los procedimientos comerciales actuales o propuestos y sus problemas, para definir las necesidades de procesamiento y de servicios de TI
- Preparar diagramas de flujo detallados que describan las capacidades y procesos del sistema
- Investigar y recomendar *hardware* y desarrollo, compra y uso de *software*
- Analizar los problemas y resolver aquellos relacionados con la conectividad, incluido el acceso de usuarios y la configuración de los componentes
- Registrar y mantener inventarios de *hardware* y *software*, licencias por centros y por servidores, y la seguridad y el acceso de los usuarios
- Redactar y mantener la documentación del *software*
- Investigar sobre las actualizaciones del *software* de sistemas para determinar su factibilidad, coste, tiempo necesario y compatibilidad con el sistema actual
- Documentar los problemas y soluciones del *software* de sistemas, para usos futuros.

Los conocimientos, habilidades y capacidades de un programador de sistemas incluyen:

- Conocimiento y experiencia práctica en varios lenguajes de programación (p.ej. Fortran, COBOL, PL/1, Assembler, Java, C, etc.), tecnología web y herramientas, sobre todo los lenguajes y plataforma web usados en la función de TI de la organización

- Conocimientos del uso y de los límites del equipo de procesamiento y comunicaciones
- Conocimiento y experiencia del diseño, ejecución y funcionamiento del *software* de sistema, como sistemas operativos, sistemas de gestión de bases de datos y de comunicaciones
- Capacidad para aprender los lenguajes de programación usados en los sistemas operativos o paquetes de *software*
- Capacidad para evaluar las propuestas técnicas y comunicarse eficazmente con el personal del usuario y otros interesados, sobre temas técnicos, de forma hablada y de forma escrita.

Las cualificaciones mínimas de un programador de sistemas son: título universitario en Informática; experiencia adicional de 4 años como programador y dos o más como programador de sistemas; formación o certificación en el *software* de sistemas utilizando en el centro de procesamiento de datos de la organización; y un título profesional acreditativo de una asociación profesional internacional válida.

Desarrollador de aplicaciones web

Sus principales responsabilidades suelen incluir el soporte del desarrollo de aplicaciones web.

Más detalladamente, tiene las siguientes responsabilidades:

- Diseñar, crear, producir y mantener páginas web, usando el paquete de *software* correspondiente
- Discutir las ideas con los usuarios finales para lograr una clara comprensión de sus requisitos

- Desarrollar el contenido web de la organización
- Gestionar la imagen y la propiedad intelectual de la organización en Internet
- Desarrollar programas personalizados para ampliar las funciones del sitio web de la organización
- Mantener el sitio web, tras su finalización, añadiendo nuevo contenido, iconos, ilustraciones o funciones y coordinarse con otras personas, como programadores y analistas.

Los conocimientos, habilidades y capacidades de un desarrollador de aplicaciones web incluyen:

- Conocimiento de varios lenguajes de programación de ordenadores (p.ej. Fortran, COBOL, PL/1, Assembler, Java, C, etc.), tecnología y herramientas web, y sobre todo los lenguajes y las plataformas web usadas en la función de TI de la organización
- Conocimiento y experiencia en el diseño, ejecución y operación de aplicaciones y servicios web
- Capacidad para aprender los lenguajes y herramientas de programación usados en el centro de procesamiento de datos de la organización
- Capacidad para evaluar las propuestas técnicas y comunicarse eficazmente (oralmente y por escrito) con el personal del usuario y otros, sobre las cuestiones técnicas referentes a la web.

Las cualificaciones mínimas de un desarrollador de aplicaciones web son: título universitario en Informática; experiencia adicional de 4 años como programador y dos o más como programador web; formación o certificación en la plataforma web y el *software* utilizado en el centro de procesamiento de datos de la organización; y un título profesional acreditativo de una asociación profesional internacional válida.

Analista de soporte de redes

Sus principales responsabilidades suelen incluir el soporte del entorno de red de la organización.

Más detalladamente, un analista de soporte de redes tiene las siguientes responsabilidades:

- Planear, diseñar, analizar y proporcionar asistencia técnica para la red de comunicaciones de datos de la organización
- Investigar y evaluar la tecnología de red y recomendar compras de equipos
- Consultar con los usuarios y evaluar sus requisitos, recomendar diseños, hacer análisis de costes, planificar proyectos y coordinar las tareas para la instalación de las redes.
- Analizar y resolver los problemas técnicos de las redes establecidas
- Planear, probar, recomendar e implantar *hardware* y *software* de redes, servidores de archivos, ordenadores centrales y de puestos de trabajo
- Proporcionar documentación, capacitación y ayuda sobre la red a los clientes del sistema y a los programadores
- Servir como especialista técnico y resolver problemas y emergencias de las redes
- Recomendar soluciones de red para propósitos estratégicos
- Instalar, actualizar y configurar las impresoras de red, estructuras de directorio, accesos de usuarios, seguridad, *software* y servicios de archivos

- Establecer perfiles de usuarios, entornos de usuarios directorios y seguridad en las redes que se están instalando
- Trabajar como un miembro del equipo con otro personal técnico, para garantizar la conectividad y la compatibilidad entre los sistemas
- Documentar los problemas de las redes, y sus soluciones, para uso posterior.

Los conocimientos, habilidades y capacidades de un analista de soporte de redes incluyen:

- Conocimiento de varios lenguajes de programación de ordenadores (p.ej. Fortran, COBOL, PL/1, Assembler, Java, C, etc.), tecnología y herramientas de web y de redes, sobre todo las plataformas que están en uso en la función de TI de la organización
- Conocimiento y experiencia práctica en el diseño, ejecución y funcionamiento de aplicaciones y servicios de redes
- Capacidad para evaluar propuestas técnicas y comunicarse eficazmente con el personal de los usuarios y otros sobre las cuestiones técnicas de la red.

Las cualificaciones mínimas de un programador de sistemas son: título universitario en Informática; experiencia adicional de 4 a 6 años en soporte técnico de redes; formación o certificación en la plataforma y *software* de red utilizado en el centro de procesamiento de datos de la organización; y un título profesional acreditativo de una asociación profesional internacional válida.

8.4 Controles de las bases de datos

Una base de datos es un conjunto organizado de datos para uno más usos. Una forma de clasificar las bases de datos es teniendo en cuenta el tipo de modelo de datos o arquitectura de datos usado para organizar, almacenar y recuperar los datos. El más común es el modelo relacional. Otras usan modelos jerárquicos, en red y orientados a objetos. Un sistema de gestión de bases de datos (DBMS) es un *software* que organiza el almacenamiento de datos, controla la creación, mantenimiento y uso de las estructuras de almacenamiento de las bases de datos de los sistemas de aplicación y sus usuarios. Permite que la organización ponga el control del desarrollo de bases de datos corporativas en manos de especialistas, como el administrador de bases de datos (DBA) y los analistas de datos.

La mayoría de los DBMS comerciales ejecutan sus funciones (creación de la base de datos, desarrollo de aplicaciones, interrogación, mantenimiento de bases de datos, etc.) por medio de unos componentes, como los controladores de interfaz, *software* para organizar y almacenar los datos, *software* para el procesamiento de operaciones y búsqueda de datos, gestión de los metadatos, etc.

El establecimiento, diseño, implantación y uso de las bases de datos suele requerir conocimientos especializados, métodos y una gestión rigurosa. Todos estos elementos definen un conjunto de controles necesarios para gestionar el entorno de bases de datos de modo más eficaz y eficiente.

El objetivo de los controles de las bases de datos es proteger todos los recursos de los sistemas de bases de datos (*software* de aplicación, *software* de sistemas de gestión de bases de datos, diccionario de datos, bases de datos y usuarios) de cualquier posible daño o perjuicio y mantenerlos en un estado operativo excelente y con la máxima calidad.

Los controles reales detallados de las bases de los puede desarrollar el director de TI, a veces con ayuda externa, los puede revisar por el comité de TI y ratificar el Consejo. Puede utilizarse las listas de comprobación de auditoría 'Lista de comprobación de gestión de datos', 'Lista de comprobación de bases de datos y comunicaciones de datos' y 'Lista de comprobación de sistemas de gestión de bases de datos (*véase párrafo 8.9*) como apoyo en la revisión del diseño, implantación y postimplantación de los controles de las bases de datos de la organización.

Los principales controles en este ámbito incluyen: custodio de datos, propietario de datos, responsable de la privacidad de datos, administración de bases de datos, analista de bases de datos, controles del diccionario de datos, comprobación de la integridad de las bases de datos, registros de auditoría, controles de pruebas de bases de datos, controles de ocultación de datos, purga de bases y controles del depósito de datos.

Custodio de los datos

La función de custodio de todos o para parte de los datos de una organización debe asignarse a una persona (o personas) concreta de la organización. Esta persona (normalmente perteneciente al departamento de TI, pero podría ser un usuario final) garantiza que los datos se gestionan adecuadamente, que se obtienen, archivan, purgan, etc., copias de seguridad regularmente a partir de una política. En algunas instalaciones, esta función la ejerce el administrador de bases de datos. Deben tenerse en cuenta también los datos almacenados en ordenadores personales, fuera del control de TI.

Propietario de datos

Todos los datos de la organización, informatizados o no, deberían tener un propietario. El personal de TI debería implantar controles de acceso a los datos informatizados cuando esos accesos estén autorizados por sus propietarios. Los datos de la organización pertenecen a las unidades de negocio, no a la función de TI. El comité de TI debería asegurar que está función está definida, asignada y se ejerce siempre.

Responsable de la privacidad de datos

Algunas grandes organizaciones establecen un puesto de responsable de la privacidad de los datos (*Chief Privacy Officer* o CPO). Las responsabilidades de este puesto podrían, en algunos casos, estar especificadas por leyes y directrices nacionales e internacionales.

Sus responsabilidad esencial y habitual es la de garantizar la protección, en cualquier situación, de la confidencialidad de los datos de la organización. Existen otras responsabilidades definidas por leyes, reglamentos y directrices emitidas por gobiernos y parlamentos.

Algunas responsabilidades detalladas incluyen:

- Proporciona directrices de desarrollo y ayuda en la identificación, implantación y mantenimiento de las

políticas de privacidad de la información en la organización
- Realiza evaluaciones iniciales y periódicas del riesgo de la confidencialidad de la información y conduce actividades relacionadas con la monitorización continua del cumplimiento, de modo coordinado con otras funciones de evaluación operativa y del cumplimiento de la organización
- Trabaja con los asesores legales y los directivos de todos los departamentos y comités, para asegurar que la organización tiene y mantiene las políticas y procedimientos adecuados sobre la privacidad
- Dirige o garantiza que se dé, a todos los empleados, capacitación y orientación sobre la privacidad
- Establece, con los directivos, un mecanismo para monitorizar el acceso a la información protegida de la corporación, dentro del marco de referencia de la organización y cumpliendo los requisitos legales
- Establece y gestiona el proceso de recepción, documentación, rastreo, investigación y acción sobre todas las quejas recibidas sobre las políticas de privacidad de la organización
- Asegura el cumplimiento de las prácticas de privacidad y la aplicación de sanciones por las infracciones o fallos de las políticas de privacidad, para todas las personas que trabajan en la organización.

Administración de bases de datos

La base o bases de datos de una organización concreta suele mantener datos comunes a varios usuarios. Que diferentes departamentos usen los mismos datos puede causar problemas «políticos» y técnicos en la organización. Por ello, es importante que se cree una función de administración de bases datos en el departamento de TI.

Un administrador de bases de datos (DBA) es, esencialmente, responsable del correcto funcionamiento, integridad y seguridad de la base de datos corporativa. Otros requisitos del puesto de trabajo, probablemente incluyen la planificación, desarrollo y resolución de problemas.

Adicionalmente, su función puede incluir algunas de las siguientes responsabilidades adicionales:

- Formulación de las necesidades de los usuarios corporativos y la monitorización de los usuarios finales y de la seguridad de las bases de datos
- Monitorización y revisión del rendimiento de las bases de datos
- Gestión de los parámetros de rendimiento, para mejorar el de las bases de datos
- Definición de los diseños lógico y físico de las bases de datos
- Reorganización de las bases de datos
- Instalación y prueba de las nuevas versiones del sistema de gestión de bases de datos (DBMS)
- Mantenimiento de las normas de datos, incluida las leyes de protección de datos aplicables en su nación
- Mantenimiento de la documentación de las bases de datos, incluidas las normas de datos, procedimientos y definiciones del diccionario de datos
- Control de los permisos de acceso a bases de datos
- Desarrollo y pruebas de las copias de seguridad de las bases de datos y de los planes de recuperación

- Cooperación eficaz con los jefes de proyectos de desarrollo, programadores de bases de datos y desarrolladores de aplicaciones web
- Comunicación continua con el personal técnico, de desarrollo de sistemas de aplicaciones y operativo, para asegurar la integridad y la seguridad de las bases de datos
- Control de los subesquemas (vistas lógicas) de las bases de datos
- Implantación de controles de acceso a los programas que actualizan las bases de datos
- Mantenimiento de la integridad del entorno de bases de datos
- Implantación de los procedimientos de propiedad y eliminación de los datos, sobre todo en los datos comunes
- Monitorización de las normas de documentación de datos, creación y mantenimiento del diccionario de datos, creación de las normas de copia de seguridad y recuperación de los datos.

Analista de bases de datos

Esencialmente, es responsable de la gestión y la organización de los requisitos de usuario finales para un sistema de aplicación de bases de datos.

Adicionalmente, su función puede incluir algunas de las siguientes responsabilidades adicionales:

- Uso de herramientas y técnicas especializadas para el mantenimiento del modelo de datos
- Consejo y apoyo en el análisis de datos y aplicaciones
- Formación y educación de los usuarios

- Recomendaciones sobre la administración de datos a los programadores de aplicaciones
- Implantación de soluciones, métodos y normas de administración de datos
- Definición de las reglas de acceso a los datos y metadatos
- Gestión de las políticas, seguridad y normas sobre los datos, en toda la organización
- Experiencia en los proyectos de múltiples bases de datos
- Apoyo en nuevas técnicas y herramientas de administración de datos.

Controles del diccionario de datos

En un sistema de bases de datos, el diccionario de datos[82] suele formar parte del *software* de DBMS y contiene información normalizada sobre los datos elementales y los programas de aplicación que actualizan las bases de datos, y los programas que actualizan y controlan el diccionario de datos. Por ello, el diccionario también debería estar controlado.

Algunos de los controles concretos son:

- El acceso al diccionario de datos debería estar monitorizado
- Las normas de validación de datos de los programas de aplicación que actualizan las bases de datos añadidas o actualizadas en el diccionario de datos deberían estar bien documentadas

[82] Ver además 'Why Use a Data Dictionary/Directory', *Guide Conference Proceedings*, June 5–8, 1984, Kyriazoglou J, London, England, pp. 281–284.

- El diccionario de datos debería tener un procedimiento de copias de seguridad con las mismas normas que los programas de aplicación de las bases de datos
- Cualquier cambio al diccionario de datos debería autorizarse y documentarse en el registro de cambios.

Comprobación de la integridad de las bases de datos

Periódicamente debería hacerse una lectura secuencial y una comprobación de los registros y claves, como la cuenta de registros o la totalización de campos numéricos. Esos valores deben compararse con los totales de control que se mantienen en las propias bases de datos (suponiendo que esos totales de control existan). Todas las bases de datos deben comprobarse para ver si hay «ruido», ya que esto implicaría que se ha realizado una modificación legítima o ilegítima de los campos de la base datos sin afectar su estructura agregada. La base de datos debe corregirse y regenerarse su contenido original.[83]

Registros de auditoría

En bases de datos muy sensibles, como los sistemas de bases de datos financieras, deberían usarse registros de auditoría para registrar los contenidos de las bases de datos antes y después de cada actualización. En caso de errores o posibles fraudes, se pueden investigar los registros de auditoría para comprobar que no hubo fraude y recuperar

---

[83] Para más información sobre la comprobación de la integridad de las bases de datos, ver (a) *Principles of Database Management*, Martin J, Prentice-Hall (1976) y (b) *Concurrency Control and Recovery in Database Systems*, Bernstein P et al (2008), www.database-books.us.

los errores. En el Párrafo 8.6 encontrará más detalles sobre los controles de los registros de auditoría.

Controles de pruebas en bases de datos

La prueba de sistemas y aplicaciones que contienen bases de datos es crítica para el éxito de cualquier esfuerzo de desarrollo. Para lograr la correcta implantación de los sistemas, deben revisarse todos los aspectos de la fase de prueba para incorporar en ella, no sólo el *software*, sino los demás elementos técnicos, como las bases de datos. La prueba de las bases de datos de cualquier sistema debería realizarse en el proceso de desarrollo de sistemas, a partir de normas y metodología de pruebas, un plan de prueba de la aplicación y una serie de herramientas de prueba. Estos controles se describen detalladamente en el Capítulo 4.

Controles de ocultación de datos

Estos controles implican el uso de un sistema de ocultación con el que la confidencialidad de los datos y la información confidencial se garantiza ocultando los datos y la información e intercalándola con datos irrelevantes.

Purga de bases de datos

Deben implantarse controles para asegurar que se ejecuta apropiadamente la eliminación de información obsoleta de las bases de datos de los sistemas informatizados, de los dispositivos de almacenamiento o de los periféricos con almacenamiento, cuando alcanzan su período de caducidad o fin de procesamiento. Todas las operaciones de purga deben autorizarlas los propietarios de los datos, comunicarse al Consejo, registrarse formalmente y efectuarse las medidas pertinentes de copias de seguridad antes de la operación de purga.

Controles del depósito de datos

Un depósito de datos (DW) es una colección sistematizada de datos operativos integrados (actuales e históricos) de la organización. Suelen estar almacenados en bases de datos corporativas y otras fuentes y se envían, por medio de un proceso del propio DW al DW corporativo.

Los datos del DW no se actualizan. El DW está diseñado para respaldar la toma de decisiones y las funciones de resolución de problemas. Puede contener información actual muy detallada y datos históricos resumidos, relativos a varias categorías, sujetos, temas, transacciones o áreas, según se haya organizado el DW.

Los requisitos de seguridad e integridad de un entorno de DW no son diferentes a los de las demás aplicaciones de bases de datos. Por ello, tener un proceso eficaz de control para reforzar la confidencialidad, integridad y disponibilidad de los datos en un entorno de DW es de capital importancia.

Este proceso puede incluir los pasos siguientes:

Paso 1: Identificación de los datos
Paso 2: Clasificación de los datos
Paso 3: Valoración de los datos
Paso 4: Evaluación del riesgo de la seguridad de los datos
Paso 5: Análisis de rentabilidad de la seguridad de los datos
Paso 6: Selección e implantación de controles de seguridad
Paso 7: Revisión y evaluación de la eficacia del proceso completo.

8.5 Controles de las comunicaciones de datos

Estos controles técnicos[84] se refieren a la configuración del ordenador, parámetros del *software* y de las aplicaciones específicas de seguridad en funcionamiento, para hacer menos vulnerable su sistema de comunicaciones de datos y de información. El objetivo de estos controles es proteger todos los recursos *online* (servidores y *software* de red, *software* de aplicación, *software* de comunicaciones de datos, datos transmitidos y usuarios de la red) de posibles daños y perjuicios, y mantener esos recursos en un modo operativo excelente y con la máxima calidad.

El establecimiento, diseño, implantación y uso de las comunicaciones de datos en las organizaciones requiere, normalmente, habilidades especiales, métodos y gestión rigurosa. Estos requisitos definen una serie de controles necesarios para gestionar el entorno de comunicaciones de datos de modo más eficaz y eficiente.

Los controles reales detallados de las comunicaciones de datos los puede desarrollar el director de TI, a veces con ayuda externa, puede revisarlos el comité de TI y ratificarlos el Consejo. Pueden utilizarse los elementos 'Programa de auditoría de comunicaciones de datos', 'Lista de comprobación de bases de datos y comunicaciones de datos', y 'Lista de comprobación de comunicaciones de datos' (*véase párrafo 8.9*) como apoyo para la revisión del diseño, implantación y postimplantación de los controles de las comunicaciones de datos de la organización.

---

[84] Ver también (a) *Principles of Voice and Data Communications*, Bates RJ y Bates M, McGraw-Hill (2006), y (b) *Understanding Data Communications* (2nd Edition), Friend GE; Fike JL, Charles Baker H, Bellamy JC, Howard W. Sams & Company, Indianapolis (1988).

Los principales controles en esta área incluyen: plan de gestión de comunicaciones de datos, controles de seguridad de comunicaciones de datos, controles del personal de comunicaciones de datos, sistema de detección de intrusión, controles EDI y aplicaciones especializadas de seguridad.

8.5.1 Plan de gestión de comunicaciones de datos

Es un documento formal y aprobado que define cómo se ejecuta, monitoriza y controla el proyecto de comunicaciones de datos. El objetivo de este plan es definir el método usado por el equipo del proyecto para producir el ámbito de gestión del proyecto de comunicaciones de datos.

Puede formularse, normalmente, antes de adoptar decisiones sobre las cuestiones relativas a las comunicaciones de datos. Las actividades típicas de este plan de gestión son:

1 Establecer un proyecto de comunicaciones de datos, con recursos y un responsable del proyecto
2 Efectuar el análisis de las necesidades de comunicaciones de datos de la organización
3 Efectuar la planificación del centro de procesamiento de datos y redes
4 Buscar compañías proveedoras de servicios de red y asistencia técnica
5 Decidir el equipo de red y elementos relacionados (políticas, procedimientos, transacciones EDI, estaciones de trabajo, servidores, conexiones, *routers*, *bridges*, tipos de cableado, criptografía, etc.)
6 Decidir la topología y protocolos de red (p.ej. redes inalámbricas, etc.)

7 Decidir el sistema operativo, comunicaciones de datos y *software* de aplicación que debe obtenerse
8 Estudiar y decidir todas las opciones de seguridad de red y de comunicaciones de datos
9 Conseguir líneas de comunicaciones de los proveedores elegidos
10 Obtener todos los componentes de red (*hardware*, *software*, *firewalls*, sistemas de detección de intrusión, etc.)
11 Construir los centros de procesamiento de datos y redes
12 Tender los cables a todas las ubicaciones precisas
13 Instalar todos los componentes de red
14 Probar el sistema de comunicaciones de datos con un proyecto piloto
15 Desplegar y gestionar la red de comunicaciones de datos con los apropiados métodos, políticas, procedimientos y personal (administradores de web, arquitectos, etc.).

Este plan suele realizarlo un equipo de proyecto, con varias actividades de compra y construcción, y aplicando los siguientes controles.

8.5.2 Controles de seguridad de comunicaciones de datos

Deben diseñarse e implantarse para mejorar la seguridad y los aspectos de control de gestión de las comunicaciones de datos. Estos controles suelen contener: controles criptográficos de la red, controles de líneas y transmisiones, *firewalls*, controles de redes inalámbricas, controles de interceptación, controles de inicio de sesión, pruebas de penetración y separación de redes.

Controles criptográficos de la red

Su objetivo es garantizar, hasta el nivel adecuado, la confidencialidad, integridad y autenticidad de la información digital que se transmite, a la vez que proporciona servicios de no repudio por parte del emisor. Estos controles incluyen:

- Encriptación: diseñada para asegurar la confidencialidad de los datos transmitidos
- *Hashing*: su objetivo principal es garantizar que los datos transmitidos al destinatario no se han modificado ni interceptado (total o parcialmente). Se consigue por medio de fórmulas matemáticas que usan como entrada el mensaje y crean un bloque de control, llamado resumen del mensaje. Estos resúmenes los comprueba el destinatario para estar comprobar que se han recibido los datos apropiados
- Firmas y certificados digitales: aseguran la autenticidad de las transmisiones y el no-repudio de las transmisiones por parte de sus creadores.

Controles de línea y transmisiones

Deberían establecerse controles de seguridad de las comunicaciones para prevenir que alguien pueda escuchar, modificar o interceptar la transmisión de datos. Estos controles incluyen:

- Seguridad de las líneas (acceso restringido a las líneas de comunicaciones que conectan varias partes del sistema informático)
- Criptoseguridad (la seguridad de la protección resultante del uso apropiado de sistemas de criptografía técnicamente sólidos)

- Seguridad de la transmisión (prevenir la interceptación no autorizada de las comunicaciones)
- Seguridad de la emisión (prevenir la interceptación, sin cables, de las ondas de radio por personas no autorizadas)
- Seguridad física de la información y el material de seguridad de las comunicaciones
- Módems con seguridad (módems con contraseña y capacidad de devolución de la llamada).

Firewalls

Un *firewall* es una pieza de *hardware*, *software* o ambos, que examina el tráfico de entrada de la red, y a veces el de salida, y a partir de un conjunto de reglas y técnicas configurables (p.ej. filtros de paquetes, *gateways*, servidores proxy, etc.), decidirá si deja pasar el tráfico o lo bloquea.

Puede ser una aplicación instalada en un ordenador personal o en un servidor, o puede ser un dispositivo *hardware* dedicado para proteger la red entera de una empresa. Si se usan varios niveles de *firewalls*, se puede ampliar la protección, sobre todo contra los usuarios de Internet, ya que ellos no deberían tener acceso directo a datos confidenciales de clientes y otros datos corporativos, sino a información públicamente accesible.

Controles de redes inalámbricas

Los puntos de acceso inalámbrico (AP) y los adaptadores de redes inalámbricas son cada vez más baratos y más habituales, por lo que muchas organizaciones permiten que sus usuarios accedan a sus sistemas de modo inalámbrico.

Estos sistemas y dispositivos son muy prácticos, pero también plantean un riesgo significativo de seguridad. Muchos puntos de acceso o *routers* no están configurados en modo seguro por defecto, con lo que el tráfico de la red y los ordenadores son vulnerables a una variedad de ataques. Puede ser necesario un sistema de control inalámbrico, con *software* y *hardware* especializados para dar protección adicional a la organización contra posibles intrusos. Algunos controles adicionales pueden ser:

1 Cambiar el identificador por defecto del fabricante en el *router*
2 Cambiar la contraseña de administración por defecto a una propia y segura (*véase capítulo 6* para más detalles)
3 Use *software* antivirus, *antispyware*, contra intrusión, y un *firewall*
4 Use *software* y técnicas de encriptación para proteger las comunicaciones en la red
5 Configure los *routers* para que no publiquen su nombre cuando no se esté monitorizando la red
6 Permita que sólo ordenadores concretos puedan acceder a la red inalámbrica. Sobre todo, los puntos de acceso públicos pueden no tener activados controles de seguridad, por lo que es mejor evitar la recepción o el envío de información desde esos puntos por la red.

Controles de interceptación

Hay varios métodos de interceptación, que permiten que intrusos puedan acceder remotamente a los datos. Si no están encriptados, cualquiera que tenga el *software* apropiado puede capturar y leer las transmisiones a medida que fluyen. Pueden hacerlo desde la recepción, el parking, el edificio próximo, etc. Un método puede ser la esteganografía, que consiste en ocultar un archivo sensible como parte de otro archivo, aparentemente irrelevante. A pesar de poder interceptar el archivo que alberga al oculto, éste no puede leerse sin conocer el protocolo correcto para descifrarlo.

Controles de inicio de sesión (login)

Después de tres intentos incorrectos, el usuario debería quedar bloqueado por el sistema, y sólo podría reactivarlo el administrador del sistema de seguridad lógica de la organización.

Pruebas de penetración

El departamento de TI debería efectuar periódicamente (mensual, trimestralmente, etc. según las necesidades de la organización) análisis de la vulnerabilidad de sus sitios web, para comprobar que no existan vulnerabilidades conocidas. Además, puede llegar a un acuerdo con un proveedor o consultor externo reputado, para que realice análisis independientes de las vulnerabilidades y pruebas de penetración, cada 6 ó 12 meses. Las pruebas pueden realizarse por etapas, ejecutando cada trimestre una de las pruebas (vulnerabilidad o penetración). El análisis de vulnerabilidades busca vulnerabilidades conocidas. La prueba de penetración la realizan un grupo de empleados altamente capacitados del equipo de seguridad de redes, para intentar poner en peligro el sitio web.

Separación de redes

Pueden hacerse más seguras las redes separándolas, añadiendo capas de *firewalls*, dispositivos de distracción (*honeypots*) y mecanismos para atrapar intrusos, etc., para proteger los datos críticos de la organización. Los *honeypots* y *honeynets* son mecanismos (*hardware, software*) que crean un entorno donde se pueden observar y analizar las herramientas y el comportamiento de los llamados '*blackhats*' (los *hackers* más peligrosos).[85]

8.5.3 Controles del personal de comunicaciones de datos

La red de comunicaciones de datos debe gestionarla el equipo adecuado de especialistas en web, como los que se muestran a continuación:

Administrador web

Sólo estos profesionales (o los administradores de comunicaciones de datos) deberían poder gestionar, asignar, monitorizar y controlar los recursos web específicos.

Un administrador de web necesita tener:

- Conocimientos generales y comprensión de las infraestructuras de red, incluida Internet, redes de área local o de área extendida, y tecnología de redes, plataformas y protocolos

[85] Para más información sobre *honeypots* y *honeynets*, ver (a) www.cert.org, (b) www.honeypots.net, (c) The Honeynet Project (http://project.honeynet.org), y (d) *Honeypots, Tracking Hackers*, Spitzner L, Addison-Wesley (2003).

- Conocimientos técnicos, habilidades y capacidades de gestión de tecnología de red y web
- Conocimiento minucioso de la arquitectura técnica de web y cliente/servidor
- Conocimiento general de la tecnología de *software* y *hardware* de escritorio
- Experto en procesos y herramientas de desarrollo de aplicaciones
- Conocimientos especializados en tecnología de bases de datos.

Ingeniero de sistemas web

Las responsabilidades (en resumen) de este puesto suelen incluir:

- Establecer la arquitectura, implantación y administración de una gran red, según las necesidades de la organización
- Recomendar tecnología y métodos avanzados para integrar los sistemas web en los sistemas corporativos existentes
- Posibilitar la creación de nuevos servicios web para ampliar los negocios existentes en el área del comercio electrónico
- Conducir la actualización de plataformas y tecnología (p.ej. Linux, Windows, servidores web, etc.)
- Planificar, diseñar y desarrollar todos los elementos necesarios de la arquitectura web
- Planificar, diseñar, implantar y respaldar la infraestructura de la red para actividades comerciales en constante crecimiento de la organización

- Gestionar, configurar y calibrar los elementos de la infraestructura de red, incluyendo *firewalls*, *routers*, conmutadores, equilibradores de carga, etc.

8.5.4 Sistema de detección de intrusión

Además de los controles mencionados sobre las comunicaciones de datos, un sistema de detección de intrusión (IDS) puede mejorar más aún los aspectos de seguridad de la red de comunicaciones de datos de la organización.

Un IDS es un sistema (*hardware* y *software*) que monitoriza las redes de datos y el tráfico, para descubrir el uso potencial o real de actividades malintencionadas, mensajes y transmisiones de archivos irregulares, operaciones excepcionales e infracciones de políticas, y que produce informes a un sistema de gestión de informes (terminal, archivo, aplicación, etc.)

La monitorización del tráfico es un aspecto del control; la actuación sobre lo que se ha informado es la otra cara. Esta actuación suele hacerse por medio de un plan de acción, que incluye (por ejemplo) los siguientes pasos:

Paso 1: Identificar y comprender el problema.

Paso 2: Documentar el problema, recogiendo todas las evidencias.

Paso 3: Limitar o detener inmediatamente los daños.

Paso 4: Activar el equipo corporativo de crisis, si es necesario.

Paso 5: Confirmar la diagnosis del problema y determinar los demás efectos provocados por el daño informado.

Paso 6: Restaurar el sistema al estado seguro previo al daño.

Paso 7: Adoptar, si es preciso, medidas legales o disciplinarias.

Paso 8: Solucionar las causas (para evitar que vuelva a producirse esa clase de daños) y adoptar medidas de protección adicionales.

Paso 9: Adquirir nuevos sistemas, o actualizar los existentes, para implantar políticas, procedimientos y controles de monitorización complementarios.

Paso 10: Reevaluar y formar al personal en las nuevas técnicas de monitorización.

8.5.5 Controles EDI

Las organizaciones pueden usar las redes para transacciones de intercambio electrónico de datos (EDI). Los sistemas EDI son aplicaciones llave en mano que permiten la captura, almacenamiento, recuperación y presentación de imágenes, documentos, formularios, etc. de objetos reales o simulados. Los sistemas EDI suelen basarse en sistemas de procesamiento de imágenes.

Cuando las organizaciones usan tecnología y sistemas EDI para intercomunicarse y transmitir, por medio de ordenadores y redes, datos empresariales, documentos y transacciones (facturas, pedidos, órdenes de transferencia de fondos, pagos, trabajo de desarrollo e investigación, etc.) necesitan un conjunto de controles específicos, necesarios para mejorar la exactitud, reducir los errores, evitar posibles fraudes y abusos y evitar problemas legales.

Estos controles son administrativos e informáticos. Ejemplos de los controles informáticos son: firmas digitales, encriptación de los datos, medidas de seguridad de TI, contraseñas, sistemas expertos para definir perfiles de clientes, *firewalls*, etc.

Los controles administrativos tratan sobre si se recibieron correctamente los datos, documentos o transacciones enviados, quién tiene la responsabilidad de la integridad de la información, quién debe implantar mecanismos de seguridad, cómo se corrigen los errores, qué sanciones existen por los incumplimientos, etc.

Estos tipos de cuestiones suelen abordarse mediante acuerdos legales, que deben autorizar, acordar y ratificar los consejos de administración de todas las partes afectadas, y deben ponerse en funcionamiento según esos términos acordados. Un ejemplo de las cláusulas normales de un contrato EDI[86] es: Propósito y área de aplicación, Definiciones, Aplicación del contrato, Acuse de recepción de mensajes EDI como evidencias, Procesamiento y confirmación de mensajes EDI, Seguridad de mensajes EDI, Confidencialidad y protección de los datos privados, Registro y almacenamiento de los mensajes EDI, Requisitos operativos, Requisitos y especificaciones técnicas, Responsabilidad de las partes, Resolución de discrepancias, Leyes aplicables, Período de validez del contrato, modificaciones y aplicabilidad de las cláusulas.

---

[86] Según la norma UN EDIFACT y varias directrices EU (86/361, 87/372, 88/301, 90/387, 90/388, 90/544, 91/250, 92/100, 93/98, 94/820, 200/1999, etc.

8.5.6 Aplicaciones especializadas para la seguridad

Además de los controles antes indicados, puede comprarse y ponerse en producción una aplicación separada, llave en mano, para gestionar y controlar el acceso a varias entidades de la organización, como los datos y operaciones financieras críticas, corporativas y de clientes, la programación *online*, el *software* residente y los archivos de datos, las transacciones importantes, otro *software* relevante y varias facilidades y utilidades del sistema. Una aplicación especializada en seguridad protege por defecto todas estas entidades por medio de varios métodos que se especifican en la aplicación concreta de seguridad, comprada y desplegada en la organización.

8.6 Controles del archivo de registros de auditoría

Estos archivos registran los incidentes que tienen lugar al ejecutar el *software* de sistemas (sistema operativo, sistema de gestión de bases de datos o de comunicaciones de datos, etc.). Pueden definirse como registros de auditoría y su función es mantener un registro de la actividad de un sistema (sistema operativo, sistema de gestión de bases de datos, sistema de comunicaciones de datos, *firewall*, IDS, WEB, etc.), por sistema, por proceso de aplicación o por actividad de usuario.

Usando los registros de auditoría conjuntamente con mecanismos, procedimientos y herramientas de *software* adecuados, los registros de auditoría pueden proporcionar un medio para ayudar a cumplir varios objetivos relativos a la seguridad y a la prevención de los fraudes, incluyendo la responsabilidad del personal, la reconstrucción de situaciones o incidentes, la detección de intrusiones y la identificación de problemas.

Un registro de auditoría debe incluir información suficiente para establecer qué sucedió y quién o qué lo causó. El alcance y los contenidos de los registros de auditoría deberán equilibrar las necesidades de seguridad con las de buen funcionamiento, privacidad y costes.

Como mínimo, el registro de auditoría debe contener: tipo de incidente u operación, momento (día y hora) del incidente u operación, identificación de usuario asociado al incidente u operación, programa u orden usado para iniciar el incidente u operación, copia de la operación, y copia del registro de bases de datos antes y después del procesamiento.

Un conjunto indicativo de controles detallados de auditoría incluye:

Responsabilidad individual de usuarios: Los registros de auditoría deberían permitir este control rastreando las acciones de cada usuario. Los usuarios pueden usar los recursos a los cuales tienen autorización de acceso legítimo y el análisis de los registros de auditoría puede utilizarse para examinar sus acciones.

Reconstrucción de sucesos históricos y análisis de problemas: Los registros de auditoría deberían ayudar a efectuar investigaciones a posteriori sobre cómo, cuándo, y por qué se interrumpieron las operaciones normales. También podrían usarse como herramientas *online* de detección, para identificar otros problemas, además de intrusiones, a medida que están ocurriendo. Esto se denomina auditoría en tiempo real o monitorización continua.

Detección de intrusión: La organización debería diseñar e implantar sus registros de auditoría para registrar la información adecuada y facilitar la detección de intrusiones. Puede hacerse en tiempo real, examinando registros de auditoría, al tiempo que se están creando, o inmediatamente después del hecho, revisando los registros de auditoría en procesos por lotes.

Seguridad de los registros de auditoría: La organización debería proteger los registros del acceso no autorizado, controlando el acceso *online* a los registros de auditoría, delimitando las tareas entre el personal de seguridad, que administra la función de control de acceso y quienes administran los registros de auditoría, y realizando revisiones de auditoría.

8.7 Controles de monitorización y revisión

Después de establecer los mecanismos de protección del *software* de sistemas, es posible que desee comprobar que esos mecanismos funcionan realmente. Para ello, necesitará observar cualquier indicación de mala conducta u otros problemas. Este proceso se llama monitorización y revisión.

Los controles reales detallados de monitorización y revisión los puede desarrollar el director de TI, a veces con ayuda externa, los puede revisar el comité de TI y ratificar el Consejo. Pueden utilizarse los elementos 'Programa de auditoría de gestión del *software* de sistemas', 'Lista de comprobación de la adquisición del *software* de sistemas', y 'Lista de comprobación de la operación del *software* de sistemas' (*véase párrafo 8.9*) como apoyo para la revisión del diseño, implantación y postimplantación de los controles del *software* de sistemas de la organización.

Tres de los controles más comunes de monitorización y revisión en este ámbito son las comprobaciones de integridad de archivos, la revisión de los archivos de registro del sistema y la revisión de los registros de auditoría por la auditoría interna.

Comprobación de la integridad de los archivos: Existen tres métodos para detectar cambios en los archivos. En el primero se utilizan copias de comparación de los datos que se van a monitorizar y se realiza una comprobación cruzada de su contenido. El segundo se efectúa monitorizando los metadatos de los elementos que se quieren proteger. Esto incluye la monitorización del momento de modificación de las entradas que almacena el sistema operativo y la monitorización de los registros y los registros de auditoría que muestran alteraciones en los archivos. El tercer método consiste en emplear algún tipo de signatura (información para comprobación) de los datos monitorizados y recalcular y comparar periódicamente la signatura con un valor almacenado.

Revisión de los archivos de registro del sistema: Este proceso incluye la revisión de los registros de:

- usuarios que se conectan a horas extrañas
- reinicios inexplicados y cambios inexplicados en el reloj del sistema
- mensajes inusuales de error de redes, sistema, servidores o bases de datos
- intentos incorrectos de inicio de sesión, con contraseñas incorrectas
- usuarios que inician la sesión desde lugares desconocidos en la red
- cambios en los archivos de acceso de redes o arranque
- cambios en los archivos de configuración

- archivos o directorios ocultos o desconocidos
- nuevos servicios de red.

Revisión de los registros de auditoría: Puede efectuarse mediante auditoría interna, según el programa de auditoría, directrices y calendarios de revisión (al menos anualmente, excepto si se ha comunicado o detectado un posible fraude). Deberían emplearse herramientas de búsqueda automatizada para ejecutar las revisiones de los registros de auditoría.

Pueden también facilitarse siguiendo el plan de gestión de las actividades de monitorización y revisión y todos los datos incluidos en el informe de gestión de TI (*véase capítulo 1*).

8.8 Medidas del desempeño técnico de TI

El conjunto integrado de componentes de los controles del *software* de sistemas descrito en los párrafos anteriores puede evaluarse y mejorarse estableciendo y recogiendo datos sobre el desempeño y usando los programas de auditoría y listas de comprobación (*véase párrafo 8.9*).

Las medidas habituales del desempeño técnico de la TI que pueden usarse para este propósito se muestran en la Tabla 10.

Estas medidas del desempeño podrían basarse en un sistema mixto con dos componentes: El Componente 1 podría ser un sistema de medición del BSC (Balanced Scorecard) de TI, descrito en el Capítulo 4, y el Componente 2 podría ser un sistema de monitorización del cumplimiento de las políticas, procedimientos y asuntos relacionados (p.ej. presupuestos).

Tabla 10: Medidas del desempeño técnico de la TI

Número	Medida del Desempeño
1	Tiempo medio entre reparaciones (MTBR)
2	No se sigue el control de cambios
3	Sistema operativo, sistema de gestión de bases de datos o *software* de comunicaciones no actualizado
4	No se cumplen los controles de seguridad para el sistema operativo, sistema de gestión de bases de datos o *software* de comunicaciones
5	No se cumplen los controles de la documentación para el sistema operativo, sistema de gestión de bases de datos o *software* de comunicaciones
6	No se cumplen los controles de autorizaciones del sistema operativo, sistema de gestión de bases de datos o *software* de comunicaciones
7	No se mantienen los controles de registros de auditoría
8	Disponibilidad media del sistema operativo, sistema de gestión de bases de datos y *software* de comunicaciones

Los directivos de TI de la compañía pueden, según varios aspectos de la organización, analizar la información de la monitorización del desempeño y del cumplimiento, para revisar, evaluar y mejorar los elementos del *software* de sistemas de la función de TI de la organización.

8.9 Herramientas y técnicas de revisión y auditoría

Para garantizar que los controles del *software* de sistemas están adecuada y efectivamente organizados y satisfacen las necesidades de control de la entidad corporativa, se necesitan directrices y otras herramientas que ayuden a directivos y otros profesionales (auditor, responsable de cumplimiento, etc.) a cumplir con sus responsabilidades.

Estas directrices y herramientas se describen en el Apéndice 3 (Lista de comprobación de la monitorización de los controles de TI), Apéndice 4 (Ejemplos de formularios de TI), Apéndice 5 (Metodología de auditoría de TI), Apéndice 6 (Áreas de auditoría de TI) y Apéndice 7 (Ejemplo de informe de auditoría interna).

También pueden utilizarse los siguientes programas de auditoría y listas de comprobación: programa de auditoría de gestión del *software* de sistemas, lista de comprobación de adquisición del *software* de sistemas, lista de comprobación de las operaciones del *software* de sistemas, lista de comprobación de gestión de datos, bases de datos y comunicaciones de datos, lista de comprobación de los sistema de gestión de bases de datos, programa de auditoría de comunicaciones de datos, y lista de comprobación de comunicaciones de datos.

8.9.1 Programa de auditoría del software de sistemas

Su objetivo es respaldar el proceso de creación, revisión, evaluación y mejora de los controles del *software* de sistemas mencionados en este capítulo.

Este programa de auditoría trata las siguientes cuestiones: revisión del inventario de recursos de *software*, revisión de contratos de mantenimiento, mantenimiento de la biblioteca de programas, reparación de problemas, revisión de la seguridad, revisión de la documentación del sistema, evaluación de la delimitación de tareas, monitorización del desempeño y gestión de cambios.

Revisión del inventario de recursos de software

1 Consiga copias de todos los contratos originales de compras, facturas y de los contratos de mantenimiento de todo el *software* de sistemas adquirido o usado (sistema operativo, bases de datos, utilidades, paquetes de seguridad, redes, etc.).
2 Consiga una copia de la documentación del sistema de los productos y licencias de *software.*
3 Obtenga un informe (directamente del ordenador) del *software* instalado.
4 Compruebe que están documentados todos los cambios.

Revisión de contratos de mantenimiento

5 Revise todos los contratos de proveedores de mantenimiento.
6 Acceda a la función de soporte (administrativo) del proveedor.
7 Revise todos los soportes, licencias y documentos para comprobar su compatibilidad.

Mantenimiento de la biblioteca de programas

8 Revise el proceso de control de gestión de los cambios y revisiones del *software* de sistemas.

Reparación de problemas

9 Revise el registro del sistema, mantenido por el gestor de ese sistema, de los problemas del *software*, cómo se han reparado y cómo se han comunicado y controlado.

Revisión de la seguridad

10 Compruebe que sólo está permitido el acceso a los programadores de sistemas.

11 Asegúrese de que se han probado completamente todos los cambios en los sistemas antes de su instalación o modificación.

12 Intente acceder a las bibliotecas de *software* de sistemas usando las contraseñas de los programadores, operadores, usuarios y usuarios privilegiados (superusuarios) y personal de los proveedores (p.ej. mantenimiento remoto).

Revisión de la documentación del sistema

13 Consiga una copia de la documentación para la gestión del sistema.

14 Asegúrese de que la documentación contiene: diagrama del sistema, contenido de almacenamiento en discos, cuentas de usuarios, procedimiento de copias de seguridad, procedimiento de recuperación, procedimiento de reorganización, gestión de colas, gestión de la seguridad y gestión de las redes.

Evaluación de la delimitación de tareas

15 Revise las funciones, las responsabilidades y la descripción del puesto de trabajo de los programadores del sistema, para asegurar la delimitación de tareas.
16 Compruebe la formación recibida por los programadores del sistema, para asegurar su adecuación.

Monitorización del desempeño

17 Revise los procedimientos y actividades de los programadores del sistema para la monitorización del desempeño y planificación de la capacidad.
18 Compruebe que la monitorización del desempeño se ejecuta y reporta regularmente.

Gestión de cambios

19 Revise las actividades y procedimientos de los programadores de sistemas relativos a la gestión de cambios.
20 Compruebe que se han aprobado todos los cambios antes de su prueba e implantación.

8.9.2 Lista de comprobación de la adquisición del software de sistemas

Su objetivo es respaldar proceso de creación, revisión, evaluación y mejora de los controles del *software* de sistemas mencionados en este capítulo.

1 ¿Se han probado y autorizado todas las actualizaciones del *software* de sistemas antes de su implantación?

Tenga en cuenta: evaluación del impacto, extensión de las pruebas y coordinación de la actualización.

2 ¿Está preparada adecuadamente la documentación del sistema teniendo en cuenta el diseño y el contenido del *software* de sistemas? Tenga en cuenta: procedimientos de mantenimiento, actualidad, integridad y copias fuera de las instalaciones.

3 ¿Se usan las versiones apropiadas del *software*? Tenga en cuenta: actualidad de las versiones en curso, asistencia del proveedor o contrato de mantenimiento del proveedor, formación y experiencia del personal y uso de modificaciones.

4 ¿Se mantiene un registro apropiado del *software* de sistemas instalado y en funcionamiento? Tenga en cuenta: todo el *software* instalado, todas las modificaciones o extensiones generadas internamente y todos los problemas encontrados en el *software* de sistemas.

5 ¿Están adecuadamente protegidos todos los programas y archivos de datos (compiladores, ensambladores, bibliotecas fuente, etc.) usados para construir y mantener el *software* de sistemas? Tenga en cuenta: identificación de los archivos protegidos, uso de *software* de control de acceso y procedimientos de autorización de actualizaciones.

6 ¿Se realiza el adecuado control sobre los programas de utilidad de sistemas? Tenga en cuenta: acceso de usuarios, informe de los accesos (archivos accedidos, cambios realizados) y seguridad sobre los propios archivos de programas de utilidad del sistema.

8.9.3 Lista de comprobación del funcionamiento del software de sistemas

Su objetivo es respaldar el proceso de creación, revisión, evaluación y mejora de los controles del *software* de sistemas mencionados en este capítulo.

1 ¿Está controlada la integridad del *software* de sistemas por medio de modificaciones autorizadas?
2 ¿Está adecuadamente asegurado el *software* de sistemas por medio de copias de seguridad?
3 ¿Existe una función especializada para mantener el *software* de sistemas? Tenga en cuenta: estructura organizativa, delimitación de tareas, descripciones de puestos de trabajo.
4 ¿Están claramente definidos los requisitos de seguridad? Tenga en cuenta: política de seguridad de TI, clasificación, revisión independiente y control de calidad de los sistemas sensibles.
5 ¿Se han implantado los controles adecuados, operativos y de control de acceso, para restringir el acceso al sistema operativo? Tenga en cuenta: gestión de cambios, manejo de problemas, control de acceso sobre archivos específicos, actualizaciones del *software* de sistemas.
6 ¿Se ha identificado y especificado la necesidad de proteger varias clases de recursos, operaciones y archivos? (p.ej. archivos importantes, entre ellos los que contienen el sistema operativo).
7 ¿Cuáles son las bibliotecas y funciones sensibles del *software* de sistemas y cómo se controlan? Tenga en cuenta: protección de bibliotecas, control de las *exits* de usuario, parámetros de inicialización del sistema.
8 ¿Hay un plan de mantenimiento del software de sistemas?

9 ¿Se mantiene un registro de todas las actualizaciones del *software* de sistemas? Tenga en cuenta: actualizaciones de los proveedores y modificaciones realizadas internamente.

10 ¿Se han probado todas las actualizaciones del *software* de sistemas antes de aplicarse?

11 ¿Están adecuadamente autorizadas todas las actualizaciones del *software* de sistemas?

12 ¿Se ha preparado adecuadamente la documentación del sistema referente a diseño y contenido? Tenga en cuenta: procedimientos de mantenimiento, actualidad, integridad, copias de seguridad fuera del centro.

13 ¿Están adecuadamente protegidos todos los programas y archivos de datos (compiladores, ensambladores, editores de montaje, bibliotecas de macros y de fuentes, etc.) usados para crear y mantener el *software* de sistemas? Tenga en cuenta: identificación de los archivos protegidos, uso de *software* de control de acceso, procedimientos de autorización de actualizaciones.

14 ¿Están usándose versiones actuales del *software* de sistemas? Tenga en cuenta: contacto de mantenimiento del proveedor o vendedor, formación y contratación del personal.

15 ¿Se mantiene un registro de todo el *software* de sistemas instalado?

16 ¿Se mantiene un registro de todas las modificaciones o extensiones generadas internamente en el *software* de sistemas?

17 ¿Se mantiene un registro de todos los problemas encontrados en el *software* de sistemas?

18 ¿Hay programas del sistema con autorizaciones o privilegios especiales? (Anote sus nombres).

19 ¿Existen componentes críticos del sistema operativo? (Anótelos). Identifique y localice las bibliotecas en las que se almacena *software* sensible (p.ej. llamadas al supervisor) y determine el nivel de control de acceso que tienen y sus funciones.
20 ¿Se usan las facilidades de registro del sistema? Tenga en cuenta: producción de registros impresos, política de retención de registros, registro del sistema (registros de auditoría), registro de ejecución (contabilidad de trabajos en el ordenador), registro de mantenimiento (desempeño o rendimiento del sistema como un componente).
21 ¿Se controla el uso de programas de utilidad del sistema?
22 ¿Se revisan las copias de seguridad? Tenga en cuenta: frecuencia, integridad, almacenamiento fuera del centro.
23 ¿Permite el grado de integración de los sistemas de comunicaciones que el *software* de sistemas y las aplicaciones se ejecuten de modo aislado, si es preciso?
24 ¿En una situación de recuperación de desastres, hay un paquete único de *software* de sistemas (p.ej. una versión de arranque)?
25 ¿Se realizan revisiones de la monitorización del sistema para asegurar que sus recursos se usan del modo más eficaz?

8.9.4 Lista de comprobación de la gestión de los datos

Su objetivo es respaldar el proceso de creación, revisión, evaluación y mejora de los controles de las bases de datos mencionados en este capítulo.

A. Revisión de la gestión y el modelado de datos

1 ¿Es la modelización de datos una parte de la planificación estratégica?
2 ¿Existen metadatos (sobre todo en los almacenes de datos)?
3 ¿Se incluyen normas de integridad en las definiciones de los metadatos?
4 ¿Se han realizado entrevistas a los usuarios para conocer cuáles son los datos críticos para las operaciones y la toma de decisiones?
5 ¿Se ha acordado con los directivos usuarios el modelo corporativo de datos?
6 ¿Se ha planificado la capacidad a partir de los modelos de datos?
7 ¿Se han acordado los derechos de acceso a las bases de datos con los propietarios de los datos?
8 ¿Hay un administrador experimentado de bases de datos?
9 ¿Tiene el sistema de gestión de bases de datos un mecanismo de comprobación de integridad?
10 ¿Están autorizados adecuadamente todos los cambios en los sistemas de gestión de bases de datos?
11 ¿Se registra el tiempo total de indisponibilidad de las bases de datos?
12 ¿Se hacen copias de seguridad de todas las bases de datos?
13 ¿Están los usuarios adecuadamente capacitados?
14 ¿Hay un registro de DBMS y registros de auditoría (auditoría y recuperación)?
15 ¿Se comprueban siempre los registros en busca de inconsistencias?
16 ¿Está adecuadamente controlado el diccionario de datos?
17 ¿Se monitoriza el rendimiento de las bases de datos?

B. Revisión de los procedimientos de bases de datos

18 ¿Existen procedimientos (formales o informales) de administración de datos que cubran las siguientes áreas: copias de seguridad, recuperación, gestión del espacio (reorganización), retención de los datos, crecimiento, integridad de los datos (normas de edición y de validación), diccionario de datos, seguridad, normas sobre nombres?

C. Evaluación de la seguridad

19 ¿Se aplican eficazmente mecanismos de seguridad para la protección de:

- *software* de bases de datos
- datos en los archivos
- separación de la información para los datos críticos (si es necesaria)?

8.9.5 Lista de comprobación de bases de datos y comunicaciones de datos

Su objetivo respaldar el proceso de creación, revisión, evaluación y mejora de los controles de bases de datos y de comunicaciones de datos mencionados en este capítulo.

1 ¿Están adecuadamente documentados los procedimientos operativos de bases de datos y de comunicaciones de datos? Tenga en cuenta:

- o Requisitos de procesamiento/calendario y planes
- o Procedimientos de recuperación o reinicio
- o Cambios de emergencia
- o Informe de incidencias
- o Tareas de mantenimiento

- o Interdependencias de los programas.

2 ¿Están adecuadamente supervisadas las operaciones de bases de datos y comunicaciones de datos? Tenga en cuenta:
- o Procedimientos de supervisión
- o Experiencia
- o Formación y capacitación
- o Documentación de los procedimientos operativos
- o Revisión de los registros de procesamiento
- o Actividades de operación efectuadas por usuarios.

3 ¿Existen los procedimientos adecuados para la fiabilidad y la continuidad de las redes de comunicaciones? Tenga en cuenta:
- o Capacidad de la red y monitorización del desempeño
- o Seguridad de la red
- o Enrutamiento alternativo
- o Seguridad física de los componentes de las redes
- o Documentación de las redes físicas y lógicas.

4 ¿Están adecuadamente documentados los procedimientos de procesamiento? Tenga en cuenta:
- o Planificación de trabajos
- o Procedimientos de autorización
- o Requisitos de procesamiento *online*
- o Requisitos de procesamiento por lotes
- o Procedimientos de copias de seguridad, reinicio y recuperación
- o Cambios en la planificación normal y cambios de emergencia
- o Mantenimiento doméstico
- o Distribución de información de salida.

5 ¿Se monitorizan eficazmente las operaciones de bases de datos y de comunicaciones de datos? Tenga en cuenta:
- o Análisis de problemas y errores
- o Revisión de la capacidad
- o Monitorización del desempeño
- o Revisión de cuellos de botella
- o Revisión de la capacidad de la red.

8.9.6 Lista de comprobación del sistema de gestión de bases de datos

Su objetivo es respaldar el proceso de creación, revisión, evaluación y mejora de los controles de las bases de datos mencionados en este capítulo.

1 ¿Se mantienen adecuadamente las bases de datos (confidencialidad, integridad y disponibilidad)?

2 ¿Se utiliza un sistema de gestión de bases de datos? (Anote cuál). Tenga en cuenta: modelo relacional, jerárquico, de objetos, centralizado o distribuido, cuándo (hace cuántos años) se adquirieron las bases de datos y si hay planes de sustitución.

3 ¿Hay controles para garantizar la coherencia de las bases de datos distribuidas?

4 ¿Hay una función de administración de bases de datos (DBA)?

5 ¿Está separada la función de DBA de la de programación de aplicaciones

6 ¿Están escritas las tareas y responsabilidades de la DBA?

7 ¿Mantiene la DBA registros, por ejemplo, de personas y programas, que tienen acceso a las bases de datos, tiempo de respuesta y datos cuantitativos históricos del desempeño?

8 ¿Están todas las reparaciones del *software* de bases de datos registradas y revisadas por la DBA?
9 ¿Cubren las normas del diccionario de datos el desarrollo y el mantenimiento?
10 ¿Se almacena una copia del diccionario de datos en un lugar seguro fuera del centro?
11 ¿Es la DBA responsable de la clasificación de seguridad de los elementos individuales de datos?
12 ¿Revisa la DBA periódicamente el diccionario para comprobar que los programas de aplicación acceden sólo a los elementos de datos que realmente necesitan?
13 ¿Se ha restringido el acceso a funciones de los programas de aplicación, p.ej. por medio de menús específicos para usuarios o grupos de usuarios concretos?
14 ¿Es efectivo el uso del *software* de control de acceso, integrado en las propias bases de datos, para restringir esos accesos?
15 ¿Se usa *software* de control de acceso para restringir el acceso a las bases de datos?
16 ¿Produce y revisa, la DBA o la administración de seguridad, los informes de infracciones de acceso?
17 ¿Se permite el acceso al área de las bases de datos donde residen las contraseñas únicamente a la DBA?
18 ¿Se han corregido los daños conocidos en los datos y han comprobado y autorizado las correcciones los usuarios?
19 ¿Existe un *software* de usuario para verificar la integridad de datos y de registros? Anote qué es y con qué frecuencia se ejecuta.
20 ¿Existe un *software* para la comprobación de la integridad de las bases de datos adquiridas? Anote cuál es y con qué frecuencia se ejecuta.

21 ¿Existe un *software* no basado en transacciones para reparar los datos dañados? Tenga en cuenta: autorización y registro del uso.

22 ¿Está protegido con contraseña el *software* de reparación de las bases de datos?

23 ¿Se hacen regularmente copias de seguridad completas de las bases de datos? Tenga en cuenta: frecuencia (diaria, mensual, etc.), copias incrementales, copias espejo de los discos (sencillas o dobles), registros de operaciones, almacenamiento de copias fuera del centro, documentación y pruebas de los procedimientos de restauración, procedimiento para informar a los usuarios de los problemas con las bases de datos, etc.

8.9.7 Programa de auditoría de comunicaciones de datos

El objetivo de este programa de auditoría es respaldar el proceso de creación, revisión, evaluación y mejora de los controles de las comunicaciones de datos mencionados en este capítulo.

Este programa de auditoría trata las siguientes cuestiones: revisión del diseño de la red, revisión de contratos de mantenimiento y asistencia y resolución de problemas.

Revisión del diseño de la red

1 Obtenga un diagrama de la red (de voz y datos).

2 Obtenga un diagrama de la infraestructura del cableado físico de la red del edificio (vertical, horizontal) (con un plano de planta, si procede).

3 Asegúrese de que todas las compras relativas a la red estén sujetas a los procedimientos de evaluación comercial y técnica.

Revisión de los contratos de mantenimiento

4 Obtenga una copia del contrato de mantenimiento de la red de voz para los edificios examinados.
5 Obtenga una copia del contrato de mantenimiento de la red de datos para los edificios examinados.
6 Compruebe que se usan cláusulas estándar sobre *hardware* y *software*.
7 Evalúe cualquier ramificación móvil, radio, télex, satélite o microondas.

Asistencia y resolución de problemas

8 Asegúrese de que las instalaciones de red están cubiertas en el plan de contingencia.
9 Compruebe que se registra la siguiente información en el registro de problemas: problemas de voz, problemas de datos, movilidad y otros problemas, problemas de cableado.
10 Revise la asistencia proporcionada por los proveedores externos y por la TI con respecto a las redes de voz y de datos .
11 Compruebe que se dispone de documentación sobre las facilidades de red para los usuarios.

8.9.8 Lista de comprobación de las comunicaciones de datos

Su objetivo es respaldar el proceso de creación, revisión, evaluación y mejora de los controles de las comunicaciones de datos mencionados en este capítulo.

1 ¿Es adecuada la seguridad de las comunicaciones de datos? Tenga en cuenta: confidencialidad, integridad y disponibilidad.
2 ¿Está documentado todo el plan de redes? Tenga en cuenta: redes de área local, redes de área extendida, redes inalámbricas, datos que se transmiten.
3 ¿Está asignada la responsabilidad de la gestión y del control de la red? (Nombre y cargo de cada persona). Tenga en cuenta: integración de la planificación y desarrollo de la red, control y monitorización del uso, desempeño y seguridad.
4 ¿Se ha efectuado una revisión de la red y se han identificado y evaluado los posibles riesgos? Tenga en cuenta: tiempo que puede sobrevivir la organización, sin comunicaciones, p.ej. una hora, un día, un mes, plan de contingencia, fecha de la última revisión.
5 ¿Existen los procedimientos adecuados para la recuperación de enlaces de comunicaciones perdidos? Tenga en cuenta: implicación de la auditoría interna, pasos tomados para minimizar los riesgos resaltados en la revisión.
6 ¿Están encriptados los datos importantes que se transmiten, para asegurar su integridad y su confidencialidad? Tenga en cuenta: tipo de clave de encriptación (p.ej. DES) o clave pública, autenticación del emisor, protección de los datos contra acceso no autorizado, detección de errores (p.ej. control de suma), gestión de las claves usadas (p.ej. generación y distribución).
7 ¿Cuentan los módems conectados al ordenador con facilidades de seguridad, como encriptación o devolución de llamada, para verificar la localización de quien llama?

8 ¿Existen controles de acceso adecuados sobre lo que hacen los usuarios de la red? Tenga en cuenta: tarjetas con microchip para la identificación y autenticación de los usuarios de la red, limitación de los accesos de usuarios a datos y otros recursos, autorización de transacciones, uso de firmas digitales, verificación de las transacciones, etc.

9 ¿Se ha minimizado el riesgo de acceso no controlado por terceros? Tenga en cuenta: procesador de comunicaciones, red X25, módems – capacidad de marcación, total de líneas externas, facilidades de control de la red.

10 ¿Está restringido el acceso al centro de comunicaciones?

11 ¿Está seguro todo el equipo de comunicaciones dentro del centro correspondiente? Tenga en cuenta: restricciones de acceso a los equipos (p.ej. analizadores de línea), restricción del acceso a la documentación de control.

12 ¿Existen procedimientos alternativos en caso de interrupción de la red? Tenga en cuenta: almacenamiento de datos para procesamiento por lotes, líneas alternativas, acuerdos con proveedores para suministrar nuevos controladores o equipos, PABX.

13 ¿Existe una red alternativa?

14 ¿Incluye el plan de recuperación de desastres procedimientos para contingencias de red? Tenga en cuenta: actualización para mejoras de la red y pruebas periódicas.

15 ¿Existen procedimientos y políticas de seguridad de la red? Tenga en cuenta: la política de seguridad de datos debería proteger todos los datos que se transmiten o se usan para validar o iniciar intercambios, asegurar que la seguridad sobre los mensajes, desde la iniciación hasta la

adopción de medidas es adecuada, teniendo en cuenta las características disponibles en: seguridad del sistema y de la aplicación, medios de comunicación (tipo de servicio, p.ej. marcación o devolución de llamada), protocolo de comunicaciones, facilidades de seguridad EDI en las normas de mensajes, incluyendo los controles proporcionados por los proveedores de servicios EDI, declaración de los usuarios con respecto a la confidencialidad, el uso inapropiado de los ordenadores y las responsabilidades.

16 ¿Existen facilidades adecuadas para la realización de copias de seguridad, recuperación y reinicio, con el fin de garantizar la continuidad de la red y del sistema en caso de un fallo interno en el centro o en la red?

8.10 Conclusión

Hay muchos requisitos legales y de gobernanza corporativa que exigen el funcionamiento adecuado y seguro de los sistemas y servicios informáticos.

Para ello es crucial el funcionamiento efectivo e ininterrumpido de los componentes del *software* de sistemas del que dependen los sistemas y servicios informáticos.

Cualquier interrupción del entorno del *software* de sistemas impactará o dañará, tal vez de un modo devastador, el funcionamiento de los sistemas y servicios informáticos.

Recientemente, las organizaciones necesitan, cada vez más, proteger sus sistemas e infraestructura contra nuevos tipos de fraudes (p.ej. fraude electrónico, suplantación electrónica de la personalidad, etc.), omisiones, invasión de la privacidad, errores del procesamiento e intrusiones.

Cada vez aparecen más métodos y técnicas (p.ej. la informática forense) que tendrán que tenerse en cuenta antes de aplicarse. La gestión del *software* de sistemas exige mejores controles.

Estos controles del *software* de sistemas pueden ser revisados, cambiados, ampliados, borrados, adaptados, etc. para satisfacer las necesidades, demandas y modo operativo de la TI de una organización concreta, y deben ejecutarse con diligencia. Pueden incluir, como hemos visto, políticas, procedimientos, prácticas, estructuras organizativas y herramientas especializadas para poder alcanzar los objetivos concretos del *software* de sistemas de la organización.

Además, los principales controles del *software* de sistemas, los programas de auditoría y revisión y las listas de comprobación identificados y presentado en este capítulo, adecuadamente adaptados y mejorados, pueden permitir y facilitar el marco de la gestión del conocimiento de las organizaciones (*descrito en el Capítulo 1*) ya que pueden proporcionar una infraestructura técnica más segura y gestionable para el desarrollo y la ejecución de los sistemas y servicios informáticos, la savia vital de las organizaciones y de sus marcos de la gestión del conocimiento.

Cuando los controles se implantan, ejercen y ejecutan del mejor modo, las organizaciones emplean de manera más eficaz y eficiente sus sistemas informáticos con bases de datos y comunicaciones de datos y, en definitiva, de un modo más beneficioso para alcanzar sus objetivos estratégicos.

8.11 Preguntas de repaso

Este grupo de preguntas empleárselas pueden emplear aquellos que utilizan los controles descritos en este libro para evaluar y comprobar la comprensión de los conceptos y del conocimiento práctico de este capítulo.

1. ¿Qué componentes suelen formar parte de una aplicación típica web (Internet)?

Referencia: Párrafo 8.2 'Propósito y principales tipos de controles del *software* de sistemas'.

2. ¿Qué garantizan los controles del *software* de sistemas?

Referencia: Párrafo 8.2 'Propósito y principales tipos de controles del *software* de sistemas'.

3. ¿Cuáles son los principales tipos de controles del *software* de sistemas?

Referencia: Párrafo 8.2 'Propósito y principales tipos de controles del *software* de sistemas'.

4. ¿Cuál es el propósito principal de los controles del *software* de sistemas?

Referencia: Párrafo 8.2 'Propósito y principales tipos de controles del *software* de sistemas'.

5. ¿Qué acciones se requieren para gestionar los cambios en el *software* de sistemas proporcionados por los proveedores de ese *software*?

Referencia: Párrafo 8.3 'Controles del entorno operativo del *software* de sistemas'.

6. ¿Qué formularios se usan para documentar los cambios en el *software* de sistemas realizados por el personal de programación de sistemas?

Referencia: Párrafo 8.3 'Controles del entorno operativo del *software* de sistemas'.

7. ¿Cuál es el objetivo de los controles en el área de las bases de datos?

Referencia: Párrafo 8.4 'Controles de las bases de datos'.

8. ¿Cuáles son los principales controles de las bases de datos?

Referencia: Párrafo 8.4 'Controles de las bases de datos'.

9. ¿Cuál es la responsabilidad de un administrador de bases de datos?

Referencia: Párrafo 8.4 'Controles de las bases de datos'.

10. ¿Cuáles son las principales acciones de una purga de bases de datos?

Referencia: Párrafo 8.4 'Controles de las bases de datos'.

11. ¿Cuál es el objetivo de los controles de las comunicaciones de datos?

Referencia: Párrafo 8.5 'Controles de las comunicaciones de datos'.

12. ¿Cuáles son los principales controles de las comunicaciones de datos?

Referencia: Párrafo 8.5 'Controles de las comunicaciones de datos'.

13. ¿Cuáles son los principales controles criptográficos de la red?

Referencia: Párrafo 8.5 'Controles de las comunicaciones de datos'.

14. ¿Qué es un *firewall*?

Referencia: Párrafo 8.5 'Controles de las comunicaciones de datos'.

15. ¿Cómo se separan las redes?

Referencia: Párrafo 8.5 'Controles de las comunicaciones de datos'.

16. ¿Para qué sirven los registros de auditoría?

Referencia: Párrafo 8.6 'Controles del archivo de registros de auditoría'.

17. ¿Cuáles son los contenidos mínimos de los registros de auditoría?

Referencia: Párrafo 8.6 'Controles del archivo de registros de auditoría'.

18. ¿Cuál es el propósito de los controles de gestión de cambios?

Referencia: Párrafo 8.3 'Controles del entorno operativo del *software* de sistemas'.

19. ¿Qué implica la fase de prueba y aprobación del sistema de los controles de gestión de cambios?

Referencia: Párrafo 8.3 'Controles del entorno operativo del *software* de sistemas'.

20. ¿Cuáles son las medidas habituales del desempeño técnico de TI?

Referencia: Párrafo 8.8 'Medidas del desempeño técnico de TI'.

CAPÍTULO 9: CONTROLES DE APLICACIONES INFORMÁTICAS

El viento del norte y el Sol discutían quién era el más fuerte. Al ver a un viajero acordaron que una prueba podría ser ver quién conseguía quitar el abrigo al hombre. Primero sopló el viento, pero cuanto más soplaba más se envolvía el hombre en su abrigo y más fuerte lo agarraba. Cuando le llegó el turno al Sol, iluminó al hombre, que al sentir sus rayos, aflojó el abrigo. El Sol brilló más fuerte y el propio hombre se quitó el abrigo

(La persuasión es mejor que la fuerza).

Esopo (Grecia Antigua: Siglo VI a. C.)

9.1 Alcance

Los sistemas de aplicación informática están compuestos por programas que reciben datos de las transacciones comerciales, comprueban sus errores, las procesan y almacenan en archivos informatizados, y suministran informes y resultados a los usuarios autorizados de estos sistemas. Los programas deben cumplir su tarea con el máximo grado de exactitud, calidad y seguridad, por lo que es necesario realizar controles de gestión.

Estos controles garantizan que los programas de una aplicación informática concreta procesan las transacciones comerciales según una serie de normas predefinidas y almacenan los datos procesados en archivos y bases de datos, de modo seguro. En este capítulo se muestra una serie de los principales controles de aplicaciones informáticas, como: controles de entrada, de procesamiento, de salida, de las bases de datos, de cambios, etc. También se muestran ejemplos de varios procedimientos, medidas y formularios. Además, se muestra una serie de programas de auditoría y listas de comprobación cuyo propósito es ayudar al CIO, al personal de desarrollo, auditores informáticos, auditores internos y externos, consultores de TI, responsables del cumplimiento, etc.) a ejecutar y mejorar sus tareas y responsabilidades.

9.2 Propósito y principales tipos de controles de aplicaciones informáticas

En casi todos los tipos de organización, privadas o públicas, los controles corporativos corresponden al conjunto de políticas, procedimientos, técnicas, métodos y prácticas para gestionar y controlar sus operaciones de negocio.

En este marco de gobernanza de los controles corporativos de TI existen acciones concretas, que normalmente se muestran mediante políticas, procedimientos, prácticas, etc., realizadas por personas, *hardware* o *software* con el objetivo principal de asegurar que se cumplen los objetivos concretos de la empresa.

Uno de los objetivos principales de los controles de TI está relacionado con el procesamiento seguro, con la confidencialidad, integridad y disponibilidad de los datos y con la gestión general de la función de TI de la organización.

Los controles de TI se describen, según varias fuentes[87], dentro de dos categorías: controles generales de TI y controles de aplicaciones informáticas.

[87] www.isaca.org, www.theiia.org, www.itpi.org.

Los controles generales de TI (*ver Capítulos 1 a 8*) son aplicables a todas las actividades de la TI (sistemas, servicios, cuestiones y problemas, procesos, operaciones, etc.) y a los datos de una organización concreta o al entorno de sistemas informáticos. Incluyen controles sobre áreas como la estrategia de la TI, el desarrollo de sistemas, las operaciones del centro de datos, la infraestructura de bases de datos y de comunicaciones, el soporte y mantenimiento del *software* de sistemas, la seguridad informática, la adquisición, el desarrollo y el mantenimiento de sistemas llave en mano.

Los controles de aplicaciones informáticas son apropiados para el procesamiento de transacciones por subsistemas concretos, como contabilidad, administración de personal, ventas, control de inventario, nóminas, cuentas a pagar, etc. y programas aislados de ordenador.

Se refieren al procesamiento y almacenamiento de los datos en archivos informatizados por medio de aplicaciones individuales y programas. Ayudan a garantizar que se autorizan, registran, almacenan, procesan y comunican correcta e íntegramente las operaciones comerciales.

Los controles de aplicaciones informáticas se encuentran incorporados principalmente en el *software* de cada aplicación específica para prevenir y disuadir el posible delito o fraude y minimizar, o eliminar si es posible, los errores. También se aplican fuera de la aplicación, en los puntos de entrada y de salida del sistema.

Los controles reales de las aplicaciones informáticas los puede desarrollar e implantar el responsable de desarrollo, a veces con ayuda externa, los puede supervisar un directivo de TI y el comité de TI y los puede ratificar el Consejo. Pueden utilizarse los programas de auditoría 'Programa de auditoría de controles de aplicación informática', 'Programa de auditoría de la calidad de la aplicación informática', 'Programa de auditoría de la aplicación informática', y 'Programa de revisión postimplantación' (*véase párrafo 9.8*) para facilitar la revisión del diseño, implantación y postimplantación de los controles de aplicaciones informáticas de la organización.

Los principales tipos de controles de aplicaciones informáticas suelen incluir:

- Controles de entrada, procesamiento y salida
- Controles de bases de datos de las aplicaciones, de la operación, cambios y pruebas
- Controles de operación en usuarios finales
- Controles de monitorización y revisión.

9.3 Controles de entrada, procesamiento y salida

9.3.1 Controles de entrada

Su principal objetivo es prevenir la entrada de datos erróneos, incompletos o de cualquier clase inapropiada, en el sistema informático. También garantizan que todas las operaciones se autorizan y procesan correctamente y sin duplicaciones.

Esto se debe a que la entrada de datos es un área de importantes riesgos de abuso, delito y errores. Estos controles deben, pues, asegurar la exactitud de los datos y la integridad y validación de la entrada.

Exactitud de los datos: Para asegurar la exactitud de los datos, los sistemas de información deberían:

- Diseñar los documentos y pantallas para minimizar la cantidad de errores que podría cometer el personal de entrada de datos, sobre todo cuando los datos se introducen al sistema a partir de documentos.
- Incluir dígitos de autoverificación para identificar que se hayan escrito los valores correctos de códigos y otras entidades de datos.
- Mostrar mensajes en las pantallas al personal de entrada de datos de sistemas *online*, recordando que todas las operaciones de entrada deben estar autorizadas (p.ej. debe comprobarse el documento original). Para los sistemas por lotes, la comprobación de la autorización debería ser visual.

Integridad de la entrada: los desarrolladores deberían proporcionar instrucciones y programación para que:

- En los sistemas por lotes, deben compararse todas las operaciones que se introducen en el sistema con los totales de comprobación producidos por los programas.
- Para los sistemas *online* deberían crearse lotes lógicos para cada operador de entrada, en períodos temporales (por ejemplo, cada hora o cada día) de modo que se pueda comprobar que el total de las operaciones introducidas cuadran con los totales producidos por los sistemas de aplicación informática.
- Para sistemas *online* o por lotes, puede usarse el método de «lectura doble», sobre todo para los sistemas financieros críticos y otras operaciones. Los datos se introducen dos veces, por personas diferentes, y sólo se aceptan los datos de entrada cuando ambos datos son iguales.

Validación de la entrada: Los desarrolladores deberían codificar el *software* para realizar varias comprobaciones, como:

- Formatos: Para comprobar si tiene los tipos de caracteres válidos (minúsculas, mayúsculas, números), etc. Por ejemplo, si el nombre de cliente contiene números o caracteres especiales (como símbolos o caracteres de puntuación ([};'. !$=), el formato podría ser incorrecto.
- Verosimilitud: Se comparan los datos de entrada con rangos de valores correctos o las relaciones correctas entre varias clases de datos. Por ejemplo, las horas semanales de trabajo de un empleado podrían considerarse incorrectas si exceden de 80. Otro ejemplo podría ser la fecha de nacimiento que nunca debe ser mayor que la fecha de entrada en el sistema.
- Códigos: El sistema puede comparar el escrito con los códigos válidos existentes en las bases de datos.

El resultado de todas las validaciones es un archivo de entradas con errores, otro de operaciones válidas y un informe de los errores para su posterior inspección y corrección.

Los controles de entrada pueden emplear las reglas empresariales almacenadas y mantenidas en el repositorio de la arquitectura empresarial (*véase capítulo 3*) o las reglas documentadas en los manuales de procedimientos y políticas corporativas.

9.3.2 Controles de procesamiento

Su objetivo principal es garantizar que las operaciones introducidas en la aplicación informática son válidas y correctas, que no se pierden ni alteran datos externos, y que las operaciones no válidas se reprocesan correctamente.

Incluyen:

- Controles cruzados de coherencia. Consiste en la comparación de datos obtenidos por sistemas independientes. Por ejemplo, en un programa de procesamiento de nóminas, se pueden calcular totales para salario neto, deducciones y salario bruto, de todo el personal. Al final del procesamiento, el total de salarios netos debe cuadrar con el de salarios brutos menos el total de deducciones.
- Controles de verosimilitud: Consiste en comparar los datos procesados con conjuntos de valores límites superiores o inferiores, antes de actualizar las bases de datos. Por ejemplo, puede existir una regla que diga que las deducciones no pueden exceder el 50% del salario bruto.
- Comprobaciones funcionales: Garantizan que no se emitan facturas por importes cero o negativos (suponiendo que los negativos no sean válidos). No se efectúan transferencias de cuentas de clientes por importes superiores a un límite definido por el propio cliente o por la organización.
- Comprobaciones del redondeo: Pueden evitar el fraude consistente en quitar una cantidad muy baja (por ejemplo, un céntimo o el redondeo a céntimo, redondeando siempre a la baja) de muchas operaciones, y añadir la suma de esas cantidades a la cuenta del defraudador que puede sumar, al cabo de un año, miles de euros.
- Comprobaciones de paridad: Se añade un bit de paridad (p.ej. para conseguir que la cantidad de bits «1» en cada

operación sea par o impar) para asegurar que no se pierden o alteran bits en un procesamiento o transmisión, y prevenir que se corrompan los datos.

- Comprobaciones de secuencia: Permiten ver si se saltan, se cambian de orden o se duplican elementos en una serie de operación.

Los controles de procesamiento pueden emplear las reglas empresariales almacenadas y mantenidas en el repositorio de la arquitectura empresarial (*véase capítulo 3*) o las reglas documentadas en los manuales de procedimientos y políticas corporativas.

9.3.3 Controles de salida

Su principal objetivo es la autenticación de los controles previos (entrada, procesamiento), por ejemplo, para garantizar que sólo se han procesado operaciones autorizadas y que los informes, pantallas de salida y otros medios (p.ej. magnéticos) de salida tienen la máxima calidad, están completos y únicamente disponibles para las personas autorizadas.

Incluyen:

- Comprobaciones de planificación: Aseguran que los informes, medios y documentos se producen e imprimen según los planes y tiempos previstos.
- Comprobaciones de distribución: Aseguran que todas las salidas impresas se distribuyen de acuerdo con las reglas de seguridad (p.ej. para los cheques o los documentos de nómina), y que las salidas digitales se envían también a los destinatarios autorizados.
- Comprobaciones de cuadre: Confirman que las cifras de salida se corresponden con las entradas de las cuales se

derivan. Es obligatorio comprobar la verosimilitud de las cifras financieras y realizar una serie de comprobaciones sobre la información impresa (p.ej. revisar los cheques impresos para verificar que no se hayan emitido los que sobrepasan los límites de importes, que haya sólo un cheque por empleado, que las fechas sean válidas, etc.) Comprobación de la calidad de informes impresos: Asegurar que se emiten cuando es debido (de modo que estén disponibles cuando sea necesario), que están completos (satisfacen las necesidades de los usuarios), son concisos (sólo contienen la información necesaria), relevantes (interesantes en la situación concreta), correctos (no tienen errores), precisos (ofrecen información exacta y cuantitativa), con formato apropiado (grado apropiado de detalle, formato tabular o gráfico, etc., según esté definido en las directrices de la calidad del informe concreto).

- Registro de salida: Se usa para registrar manualmente todas las salidas producidas, impresas y distribuidas. Puede servir como evidencia histórica, sobre todo cuando haya conflictos, o a fines de auditoría.

Los controles de salida pueden utilizan las reglas de negocio almacenadas en el repositorio de la arquitectura empresarial (*véase capítulo 3*) o las reglas documentadas en los manuales de procedimientos y políticas corporativas.

9.4 Controles de bases de datos, cambios y pruebas de aplicaciones informáticas

9.4.1 Controles de las bases de datos de aplicaciones informáticas

El propósito principal de estos controles es asegurar que los archivos del sistema y las bases de datos están protegidos contra la destrucción y acceso o modificación indebidos.

Pueden incluir: informe de archivos actualizados, informe de operaciones críticas, autorizaciones de acceso y copias de seguridad y recuperación específicas de la aplicación, comprobación del buen estado de las bases de datos y registros de auditoría de la aplicación.

Informe de archivos actualizados

Se puede preparar un informe mostrando un resumen del archivo maestro antes y después de cada actualización. Para los sistemas *online*, sobre todo si funcionan ininterrumpidamente, los informes pueden emitirse diariamente, etc.

Informe de transacciones críticas

Puede producirse un informe automático y enviarse a una lista de personas autorizadas (gestores, directivos, auditores, etc.) sobre las operaciones de alto valor para la organización (p.ej. movimientos de millones de dólares, informes financieros, etc.)

Autorización de acceso específica de una aplicación

En algunos sistemas extremadamente críticos (p.ej. proceso de impuestos, actualizaciones de nóminas, etc. se puede necesitar un cierto nivel de control de seguridad. Este control de seguridad específico para una aplicación puede incluir: reglas de autorización usuario a usuario y por clase de datos, encriptación, firmas digitales, comprobación de límites máximos de los datos financieros por usuarios concretos, etc.

Copia de seguridad y recuperación específica para aplicaciones

Su objetivo principal es poder recuperar un archivo o base de datos de una aplicación informática concreta en caso de fallo del sistema u otro fallo. Esto se consigue con una política de copias de seguridad y recuperación en toda la organización (todos los sistemas informáticos) y para la aplicación concreta.

Por ejemplo, para una aplicación concreta, se puede usar una versión del archivo o bases de datos de un momento anterior y un registro de operaciones (cambios en los archivos y bases de datos) desde ese momento para recuperar uno o todos los archivos y bases de datos.

En un sistema por lotes, el archivo maestro anterior al archivo de operaciones que se está procesando, sirve como una excelente copia de seguridad. En un sistema *online* es necesario volcar (por ejemplo, copia a cinta) las bases de datos periódicamente, para crear el archivo de copia de seguridad.

Para recuperar un fallo de las bases de datos (por ejemplo, como resultado de la avería de un disco), se pasan las operaciones registradas frente a la versión anterior o el archivo volcado. Suele ser común que las organizaciones mantengan múltiples versiones de copias de seguridad de sus bases de datos, con los correspondientes archivos de operaciones, algunas de ellas en lugares remotos y muy seguros (por ejemplo, cámaras acorazadas de bancos).

Comprobación del buen estado de las bases de datos

Implican escribir y ejecutar el código del *software* para leer todos los registros de la aplicación, en archivos clásicos y en bases de datos, recorrer todas las rutas del árbol o estructura de las bases de datos, e imprimir un informe resumido con datos sobre los registros, datos y cifras encontrados en los archivos y bases de datos.

Registros de auditoría de la aplicación

La seguridad de los programas de aplicación puede definirse como el sistema, las políticas, los métodos, las herramientas y los procedimientos que protegen un programa de aplicación de actividades indebidas. Los programas de aplicación suelen implantar la seguridad a través de las plataformas y capacidades del *software* de sistemas, del sistema de gestión de bases de datos y del de comunicaciones de datos.

Pueden usarse registros de auditoría específicos para mejorar la seguridad de aplicaciones muy confidenciales. Estos registros de auditoría mantienen un registro de la actividad de la aplicación, por proceso de la aplicación, por operación y por la actividad de usuario.

Registran los eventos y operaciones que interaccionan con la aplicación concreta, y pueden usarse para reconstruir sucesos, resolver y detectar posibles problemas y fraudes.

Los registros de auditoría de una aplicación deberían incluir información suficiente para establecer qué y cuándo ocurrió, y qué o quién la originó. El alcance y contenido de los registros de auditoría debe equilibrar las necesidades de seguridad con las de desempeño, rendimiento, privacidad y costes.

Como mínimo, los registros de auditoría de una aplicación deben contener:

- tipo de suceso
- momento en que ocurrió la operación (día y hora)
- identificación de usuario asociada al suceso o a la operación
- programa u orden empleado para iniciar el suceso o la operación
- copia de la operación
- copia del registro de bases de datos antes y después del procesamiento.

Los registros de auditoría deberían respaldar la responsabilidad, proporcionando un rastro de las acciones de los usuarios. Aunque no sea posible limitar el uso de aquellos recursos a los que los usuarios tienen acceso, puede emplearse el análisis de los registros de auditoría para examinar sus acciones.

Los registros de auditoría podrían también respaldar las investigaciones a posteriori de cómo, cuándo y por qué se detuvieron las operaciones normales. Los registros de auditoría deberían usarse como herramientas de detección *online* que ayuden a identificar problemas e intrusiones.

Los registros de auditoría pueden revisarse más fácilmente si es posible consultarlos por identificación de usuario, dispositivo, nombre de aplicación, fecha y hora, o algún otro juego de parámetros para ejecutar informes de la información seleccionada.

Las directrices de revisión deberían desarrollarlas los propietarios (de la aplicación o de los datos de negocio), los administradores del sistema y el departamento de auditoría interna. También deberían definir la amplitud de la revisión del registro de auditoría y el tiempo que debe emplearse en estas actividades, según la importancia de las actividades no autorizadas identificadas.

Los controles de aplicación de las bases de datos pueden también utilizar las reglas empresariales almacenadas en el repositorio de arquitectura empresarial (*véase capítulo 3*) o las reglas documentadas en manuales de procedimientos y políticas corporativas.

9.4.2 Controles del funcionamiento de las aplicaciones informáticas

El principal propósito de los controles del funcionamiento de las aplicaciones es asegurar la adecuación de los controles, manuales y automatizados, de la entrada de datos, validación y edición, y que los procedimientos de gestión de los errores posibilitan y facilitan el reproceso a tiempo y exacto de todos los datos corregidos.

Estos controles suelen incluir:

- Control de las operaciones del usuario final
- Control de las operaciones informáticas
- Control de la revisión de las salidas

- Control de las reglas, políticas, procedimientos y formularios de la aplicación.

Controles de las operaciones del usuario final

Estos controles los emplean los mismos usuarios finales para comprobar que la aplicación informática, mediante procesamiento en tiempo real o por lotes, ha procesado correcta y completamente, y en el momento apropiado, sus operaciones comerciales.

Los controles de las operaciones del usuario final pueden incluir:

- Los procedimientos documentados deben especificar el método de gestión de cualquier dato erróneo que ha entrado en la aplicación. Estos procedimientos deberían incluir cómo identificar, corregir y reprocesar los datos rechazados.
- Los documentos iniciales deberían ser comprobados por medio de algún cuadre, como la cuenta de registros, procesamiento por lotes, totales de control u otros tipos de registro.
- Todos los documentos de entrada que tengan datos apropiados para la aplicación deben ser aprobados por usuarios finales autorizados, a nivel de supervisión de los gestores o directivos. Los niveles de autorización de los responsables de la aprobación deben revisarse periódicamente para comprobar que son razonables.
- Deben usarse contraseñas para controlar el acceso de los usuarios a la aplicación informática. Debe haber una política que especifique que las contraseñas han de cambiarse cada cierto tiempo. Las contraseñas deben eliminarse cuando los usuarios, empleados y otras partes

autorizadas dejen de prestar sus servicios en la organización o ya no necesitan acceder a la aplicación.

- Debe cumplirse la delimitación de tareas en lo que afecta a la aplicación. Los gestores deberán asegurarse de que nadie, por sí solo, ejecute más de una de las siguientes operaciones, sin revisión y aprobación explícita de los gestores: creación de datos, entrada de datos en la aplicación, procesamiento de datos, distribución de resultados o salidas y reporte de datos procesados y almacenados.

Controles de las operaciones informáticas

Se usan para asegurar la exactitud, integridad y puntualidad de los datos procesados, en tiempo real o por lotes, por la aplicación.

Pueden incluir los siguientes controles:

- Debe existir documentación de la aplicación. Ésta debe explicar el procesamiento de los datos realizado por la aplicación concreta, con diagramas y descripciones técnicas sobre cómo la aplicación procesa los datos, diagramas de flujo, una explicación del sistema informático, los mensajes de la aplicación y los errores, etc. Para un ejemplo de la documentación de una aplicación informática, véase el capítulo 5.
- La planificación de los trabajos informáticos debería estar documentada para la ejecución de la aplicación. Debe especificar si la aplicación se ejecuta regularmente, qué días de la semana, o del mes, las funciones que debe cumplir (procesar los datos, actualizar los almacenes de datos, elaborar informes, validez de los archivos, etc.), reglas de arranque (automática o por un envío manual),

duración y resultados, etc. Han de estar documentados los controles que deben realizarse.

- Todas las ejecuciones de las aplicaciones informáticas deberían registrarse en un archivo de trabajos informáticos. Este registro debería usarse para documentar los errores o problemas hallados durante cada ejecución de la aplicación. Su información incluye descripciones de los errores encontrados, fechas y horas, cualquier código o mensaje asociado a la entrada de las operaciones, validaciones o errores de archivo y almacenamiento, posibles acciones efectuadas, con la fecha y hora de las correcciones, etc. En el Apéndice 4 encontrará ejemplos de registros.
- Los registros de auditoría de la aplicación (*véase párrafo 9.4.1*) deberían generarse durante la fase de procesamiento de una aplicación. Estos registros de auditoría de la aplicación deberían contener la información necesaria sobre cada operación. Por ejemplo, deberían incluirse datos sobre: quién inició la operación, fecha y hora de la misma, ubicación del origen de la transacción, nombre del usuario, programa de aplicación, etc.

Controles de la revisión de las salidas

Se usan para asegurar la calidad y la integridad de las salidas y la distribución oportuna y correcta de cualquier salida producida por la aplicación. La salida puede ser impresa, digital, un archivo utilizado como entrada a otros sistemas, o información disponible para su visión online.

Estos controles pueden ejecutarlos informáticos, usuarios o ambos, según el modo de procesamiento (por lotes, *online*, mixto, etc.), y otras condiciones de la organización.

Los controles de la revisión de las salidas pueden incluir:

- Compensación o compaginación entre entradas y salidas y corrección inmediata de los errores encontrados en las salidas, tras cada fase del procesamiento. Debe hacerse de acuerdo con las instrucciones del manual de usuario de la aplicación u otra documentación. Los gestores deben comprobar que se cumple la delimitación de tareas en el procedimiento de compensación o compaginación.
- Las salidas impresas deben revisarse para comprobar que son aceptables, tienen calidad, son correctas y están completas, incluidos algunos totales de control producidos por la aplicación. La salida en archivos digitales debería examinarse para comprobar que los archivos producidos pueden abrirse y leerse correctamente, etc.
- Todos los errores encontrados en las salidas deberían registrarse en el registro apropiado, que podría contener datos como: descripción de los problemas y errores, fecha y hora de identificación, medidas correctivas realizadas, etc. Encontrará ejemplos de registros en el Apéndice 4.
- Todos los archivos de salida (informes, medios digitales, archivos electrónicos, etc.) deben cumplir la política y los procedimientos de copias de seguridad y recuperación de la organización. El almacenamiento o la eliminación de estos archivos deberá seguir las directrices y procedimientos corporativos aplicables para estos recursos de la organización.

Controles de normas, políticas, procedimientos y formularios de las aplicaciones informáticas

Sirven de apoyo al resto de controles de entrada, procesamiento y salida, y son fundamentales para su buen funcionamiento.

En términos corporativos, la redacción e implantación de las políticas, procedimientos y formularios de una organización debería basarse en reglas empresariales y regulaciones externas, y debe controlarlo (por razones de gestión y de eficiencia) una función central corporativa de administración.

Los aspectos generales de administración de las políticas, procedimientos y formularios están descritos en el Capítulo 2.

Todas estas normas, políticas, procedimientos y formularios suelen almacenarse en el repositorio de la arquitectura empresarial (*véase capítulo 3*).

Sin embargo, para lograr un mejor funcionamiento de una aplicación concreta, las normas, políticas, procedimientos y formularios relevantes para la ejecución de los controles de cada aplicación informática pueden almacenarse en un archivo digital aparte para emplearse en la ejecución y el control de la aplicación.

Puede también existir una copia impresa de estas normas, políticas, procedimientos y formularios, que puede utilizarse como apoyo en el proceso de gestión de los errores de funcionamiento de las aplicaciones.

Debería gestionarse y controlarse rigurosamente el stock de impresos confidenciales (o de valor) preimpresos (p.ej. cheques, facturas, etc.) usados por la aplicación.

9.4.3 Controles de cambios en la aplicación

Su principal objetivo es salvaguardar la integridad del sistema de aplicación, estableciendo procedimientos normalizados para modificar el sistema. Estas normas deberían aplicarse a todos los sistemas informáticos de la organización.

Todas las modificaciones de las aplicaciones deberían registrarse a partir de la solicitud de modificación. Cada solicitud de modificación podría necesitar pasar por un proceso de análisis de problemas en el que se documentaran los cambios requeridos para resolver el problema.

Este proceso podría incluir los siguientes pasos:

1 Identificación del problema.
2 Definición y representación del problema.
3 Examen de las diversas estrategias alternativas para la solución del problema, como análisis estructurado, método de análisis inverso (del efecto a la causa), análisis de los factores críticos de éxito, etc.
4 Uso de todas las herramientas requeridas (p.ej. mapas mentales) para preparar una solución del problema, como los diagramas causa-efecto (Ishikawa), el método de «los cinco porqués», árbol de decisión, análisis de campos de fuerza, técnicas de análisis de requisitos, Delphi, intercambio de ideas, mapas mentales, pensar en las oportunidades del problema, razonamiento abductivo e inductivo, inversión de supuestos, pensamiento lateral (Edward de Bono), análisis de la causa raíz, etc.
5 Ejecutar el plan de acción para solucionar el problema.
6 Revisar y evaluar los resultados reales.
7 Documentar los resultados de cada problema resuelto.

Tras el análisis del problema, deberían registrarse los cambios a implantar que deban aplicarse en aplicaciones concretas.

Encontrará un ejemplo de un formulario de registro de cambios en el Apéndice 4 'Formulario de solicitud de modificación de una aplicación'.

9.4.4 Controles de pruebas de aplicaciones informáticas

Garantizan la confianza en el sistema de aplicación, antes de que el sistema entre en estado de producción real. La estrategia de los controles de prueba está definida en las normas generales de pruebas para los sistemas de información de la organización.

Las pruebas de todas las aplicaciones informáticas deberían adaptarse y diseñarse para aplicarse al entorno específico de la aplicación en prueba, a partir de sus propios datos de aplicación, archivos, copias de las bases de datos de producción, de la serie de normas de seguridad que deben aplicarse, de la documentación de la aplicación, etc.

Los principales controles en este ámbito son:

- Metodología de pruebas
- Plan de prueba
- Estructura organizativa de la prueba del *software* de aplicación.

En el Apéndice 4 se incluyen varios formularios que pueden usarse para el control de la gestión, desarrollo de sistemas y monitorización de la seguridad y otros propósitos de monitorización de la calidad.

Metodología de pruebas (ejemplo)

La metodología de pruebas debería tener los siguientes pasos:

Paso 1: Organización del proyecto de prueba.

Exige crear un plan de prueba del sistema, un calendario y método de prueba y pedir y asignar los recursos.

Paso 2: Diseño y elaboración de las pruebas del sistema.

Exige identificar los ciclos de prueba, los casos, los criterios de entrada y salida, los resultados esperados, etc. En general, las condiciones de prueba y los resultados esperados los identificará el equipo de pruebas, junto con el analista del negocio o el experto del negocio en el proyecto. A continuación, el equipo de pruebas identificará los casos de prueba y los datos necesarios. Las condiciones de prueba se derivan del diseño del negocio y de los documentos de requisitos de las operaciones.

Paso 3: Diseño y elaboración de los procedimientos de prueba.

Incluye la creación de los procedimientos, como los sistemas de gestión de errores y de informe del estado, y la creación y carga de las tablas de bases de datos de pruebas.

Paso 4: Ejecución de las pruebas.

Deben ejecutarse las pruebas unitarias, de subsistemas, de integración del sistema y de aceptación de operaciones tal como se describe en el plan de prueba.

Paso 5: Aprobación.

Es la obtención de la aprobación de los usuarios, a partir de las pruebas ejecutadas anteriormente.

Plan de prueba (ejemplo)

El contenido de un plan de prueba debería ser:

Objetivos y alcance

Funciones y responsabilidades

Escenarios y casos de prueba

Criterios de aceptación

Resultados de la prueba

Aprobación de la prueba

Formularios de prueba de software de aplicación

En el Apéndice 4 se incluyen ejemplos de formularios para ejecutar y documentar las pruebas.

Estructura organizativa para la prueba del software de aplicación

Para respaldar las actividades de prueba del *software* de aplicación, la estructura organizativa de las pruebas debería incluir las siguientes funciones y responsabilidades:

Director del proyecto de pruebas: Responsabilidad general de las pruebas, en sus aspectos de gestión, organización, obtención, coordinación y asignación de los recursos necesarios, orientación técnica, ejecución de las revisiones e inspecciones de la calidad, gestión de los riesgos y mantenimiento de la biblioteca de pruebas.

Diseñador de pruebas: Produce, clasifica y archiva escenarios de pruebas.

Probador: Ejecuta los escenarios de pruebas, documenta los resultados y los cambios que se requieran.

Administrador del sistema de pruebas: Establece y mantiene el entorno técnico necesario para la prueba de aplicaciones.

Conclusión

El producto final de todos estos controles (entrada, procesamiento, salida, bases de datos, pruebas, etc.) es una aplicación informática totalmente probada y gestionada, lista para la próxima fase en el proceso de desarrollo de sistemas.

Las aplicaciones suelen ser desarrolladas y desplegadas por la función de TI clásica, con la posible ayuda y apoyo de empresas externas.

Recientemente, con las herramientas de ofimática disponibles (como las bases de datos, hojas de cálculo, etc.), los usuarios finales tienen la oportunidad, que muchas veces usan, de desarrollar ellos mismos sus aplicaciones informáticas de oficina.

Los controles, pues, son necesarios para prevenir y evitar errores en la toma de decisiones, posibles fraudes, errores de presentación de información y otros errores de cálculos en datos cuantitativos.

9.5 Controles de informática de usuario final

La informática de usuario final está cambiando la naturaleza esencial de las aplicaciones de oficina y el modo de desarrollo y uso de esas aplicaciones en distintos entornos de negocio.

Ya que es posible que los usuarios finales no comprendan bien los riesgos de la entrada al sistema de información incorrecta y de que estas aplicaciones procesen y muestren dicha información, suelen desarrollarse e implantarse diversos controles para minimizar o evitar estos riesgos.

Los controles de la informática de usuario final pueden incluir una política de informática de usuario final y controles del desarrollo de aplicaciones ofimáticas.

9.5.1 Política de informática de usuario final

Puede incluir directrices para tratar las siguientes cuestiones:

- Definición de qué se puede hacer y qué está prohibido
- Delimitación de tareas y control de acceso
- Documentación exigida
- Exactitud del procesamiento de información (p.ej. integridad de los datos)
- Control de entrada/salida
- Salvaguarda de los registros (p.ej. hojas de cálculo y bases de datos críticas, monitorización de los controles, etc.)
- Normas para el desarrollo, adquisición, documentación, seguridad, mantenimiento y funcionamiento de las aplicaciones de usuario final
- Directrices de seguridad para el *software* y el *hardware* autorizado, requisitos de programación, prueba y documentación

- Evaluación del nuevo *software* antes de incluirse en la lista de *software* autorizado, y evaluación del *software* para garantizar la compatibilidad entre distintos paquetes de *software*.

9.5.2 Controles del desarrollo de aplicaciones ofimáticas de usuario final

Las aplicaciones ofimáticas, como las hojas de cálculo y las bases de datos, basadas en ordenadores personales y desarrolladas por usuarios finales (p.ej. empleados profesionales, trabajadores del conocimiento, analistas, expertos, etc. se usan frecuentemente para realizar varias tareas de gestión y comunicación.

El resultado de estas tareas sirve para proporcionar datos o cálculos críticos relacionados con los informes financieros, varias áreas del riesgo, estudios de simulación, etc. con una importante flexibilidad y resultados inmediatos para diversos problemas de gestión.

Pero, con la flexibilidad y la potencia, llega el riesgo de los errores, una mayor probabilidad de fraude y el posible abuso de hojas de cálculo y bases de datos, en áreas críticas, al no cumplir el habitual ciclo de vida del desarrollo del *software* (p.ej. diseño, construcción, prueba, implantación).

Para gestionar y controlar estas aplicaciones, las organizaciones pueden aplicar controles como:

- Documentación obligatoria, que incluye las fórmulas de cálculo, datos usados, flujos de información, pruebas realizadas, administración de los errores de los procesos o toma de decisiones corporativas a los que estas aplicaciones contribuyen.

- Todos los accesos a estas aplicaciones deben realizarse usando contraseñas de usuario.
- Cada aplicación debe tener un propietario, una persona que la mantiene, y un directivo de mayor nivel, que aprueba el acceso, los cambios y la distribución de los resultados de la aplicación.
- Todas las aplicaciones deben contar con el respaldo de la función de TI de la organización.
- Los usuarios finales y la función de TI deben cumplir la política de copias de seguridad y recuperación.
- Cada aplicación desarrollada debe realizar el proceso presupuestario.
- Debe darse la formación adecuada a todos los usuarios de las aplicaciones.
- Todas las ejecuciones y sus resultados deben almacenarse en un registro.

La responsabilidad del control de gestión sobre las aplicaciones ofimáticas suele estar compartida entre los propios usuarios finales y la función de TI. La última suele encargarse de proporcionar un entorno seguro para almacenar, en ordenadores personales, los datos de las hojas de cálculo, bases de datos, etc. y para las copias de seguridad. Los usuarios finales son responsables del resto de las actividades.

9.6 Controles de monitorización y revisión

El establecimiento de controles informáticos de monitorización y revisión en este ámbito puede conseguirse con el informe de gestión de TI, las medidas del desempeño de las aplicaciones y las herramientas y técnicas de la revisión de auditoría descritas en este capítulo.

Puede también facilitarse siguiendo el plan de gestión de las actividades de monitorización y revisión y todos los datos incluidos en el informe de gestión de TI (*véase capítulo 1*).

En el informe de gestión de TI pueden monitorizarse, revisarse e incluirse los siguientes elementos:

- No se realizan controles de entrada de las aplicaciones
- No se realizan controles de procesamiento de las aplicaciones
- No se realizan controles de salida de las aplicaciones
- No se realizan controles de bases de datos de las aplicaciones
- No se usan controles de registros de auditoría
- No se usan controles de cambios en las aplicaciones
- No se usan controles de autorización para el *software* de aplicación
- No se actualiza el *software* de aplicación
- No se siguen los controles de seguridad del *software* de aplicación
- No se siguen los controles de documentación del *software* de aplicación.

Es parte del trabajo del CIO comprobar que el mecanismo de notificación de TI recibe datos relevantes sobre el cumplimiento y el desempeño en este ámbito.

9.7 Medidas de desempeño de aplicaciones informáticas

El conjunto completo e integrado de componentes de los controles de aplicaciones informáticas puede evaluarse y mejorarse estableciendo y obteniendo datos sobre el desempeño y usando los programas de auditoría y listas de comprobación (*véase párrafo 9.8*).

En la Tabla 11 se muestran las medidas habituales del desempeño de las aplicaciones informáticas que pueden usarse para este propósito.

Estas medidas del desempeño podrían basarse en un sistema mixto con dos componentes: El Componente 1 podría ser un sistema de medición del BSC (Balanced Scorecard) de TI, descrito en el Capítulo 4, y el Componente 2 podría ser un sistema de monitorización del cumplimiento de las políticas, procedimientos y asuntos relacionados (p.ej. no están redactadas las normas de documentación, no se siguen los planes de pruebas, etc.).

Los directivos de TI de la compañía pueden, según varios aspectos de la organización, analizar la información de la monitorización del desempeño y del cumplimiento, para revisar, evaluar y mejorar los elementos operativos de las aplicaciones de la función de TI de la organización.

Tabla 11: Medidas del desempeño de una aplicación

Número	Medida del desempeño
1	Tiempo medio entre fallos de las aplicaciones
2	% de cambios en las aplicaciones implantados correctamente
3	% de errores de aplicaciones resueltos en los límites de tiempo y presupuesto
4	% de usuarios finales satisfechos con una aplicación concreta
5	% de aplicaciones de usuario final funcionando sin errores

6	% de aplicaciones sin defectos de calidad notificados
7	% de aplicaciones con registros de auditoría implantadas
8	Disponibilidad media de las aplicaciones
9	% de aplicaciones sin aceptación del usuario
10	Cantidad de cambios pendientes
11	Procedimientos de prueba de aplicaciones no cumplidos
12	Entradas, procesos o salidas no documentadas

9.8 Herramientas y técnicas de revisión y auditoría

Para garantizar que los controles de aplicaciones informáticas están organizados de modo adecuado y eficaz para satisfacer las necesidades de control de una aplicación corporativa concreta, se necesitan directrices y otras herramientas que ayuden al responsable y a otros profesionales (auditor, responsables del cumplimiento, etc.) a realizar adecuadamente sus tareas.

Estas directrices y otras herramientas se describen en el Apéndice 3 (Lista de comprobación de la monitorización de los controles de TI), Apéndice 4 (Ejemplos de formularios de TI), Apéndice 5 (Metodología de auditoría de TI), Apéndice 6 (Áreas de auditoría de TI) y Apéndice 7 (Ejemplo de informe de auditoría interna).

Pueden usarse los siguientes programas de auditoría y listas de comprobación: programa de auditoría de los controles de las aplicaciones informáticas, programa de auditoría de la calidad de las aplicaciones informáticas, programa de auditoría de aplicaciones informáticas, programa de auditoría y revisión postimplantación, lista de comprobación de seguridad de usuarios finales, lista de comprobación del desarrollo y funcionamiento de las aplicaciones de usuario final, lista de comprobación de las aplicaciones web, y lista de comprobación de la monitorización de los controles de las aplicaciones.

Las listas de comprobación y los programas de auditoría presentados no pretenden ser una guía completa de la revisión de la gestión o de la auditoría de TI. Los directivos de TI y otros profesionales pueden optar por utilizar únicamente algunos de los componentes de las listas de comprobación y de los programas de auditoría, dependiendo del tamaño, complejidad, necesidades y demandas del negocio, las expectativas y necesidades de madurez de la TI, y los niveles de despliegue y uso de sistemas informáticos.

9.8.1 Programa de auditoría de los controles de las aplicaciones informáticas

El objetivo de este programa de auditoría es respaldar el proceso de creación, revisión, evaluación y mejora de los controles de aplicaciones mencionados en este capítulo.

Este programa de auditoría trata las siguientes cuestiones: preparación de datos, diseño y control del documento origen, procedimientos administrativos, diseño de pantallas, validez de archivos, pruebas, conexión, etc.

1 Revisar la preparación de datos:
- o Identificar los documentos usados para cada clase de entrada.
- o Comprobar que cada documento origen tiene datos válidos de entrada.
- o Identificar al personal responsable de la preparación de la entrada, revisión de los documentos origen y autorización de la entrada.
- o Evaluar las funciones de control de la preparación de datos realizadas antes de enviar datos para su procesamiento.

2 Revisar el diseño de los documentos origen:
- o Determinar si los documentos origen están prenumerados.
- o Determinar si, para cada tipo de operación, el documento origen proporciona un código o identificador único.
- o Determinar si los documentos origen están diseñados para guiar la grabación inicial de los datos con un formato uniforme.
- o Determinar si los documentos origen incluyen una referencia cruzada a las operaciones empleadas por el sistema informático.

3 Revisar los controles de los documentos origen:
- o ¿Están guardados en un lugar seguro?
- o ¿Se entregan con dos firmas?
- o ¿Se retienen el tiempo necesario para permitir su reconstrucción?
- o ¿Se destruyen los documentos fuente de acuerdo con un procedimiento de seguridad?
- o ¿Está escrito el período de retención en cada documento origen?

- ¿Hay una única persona responsable de la creación, autorización y control de cada documento origen?

4 Revisar los procedimientos administrativos para comprobar que todos los documentos de entrada están marcados para evitar entradas duplicadas, que todos los elementos rechazados están adecuadamente controlados y que todos los documentos de entrada están adjuntos a los correspondientes listados impresos de ordenador.

5 Revisar la verificación de la entrada *online* y determinar si las comprobaciones de datos de los programas son adecuadas (por transacción y por campo de datos) y que contiene los siguientes controles: dígitos de control, comprobaciones de formato, verosimilitud, límites, secuencia, valores de un campo que depende de otro campo, comprobaciones de fechas (no puede ser mayor que la del día en curso u otro valor dado, etc.), comprobaciones de las actualizaciones parciales de archivos o bases de datos y cualquier comprobación creada de transacciones automáticas.

6 Revisar el diseño de pantallas e informes de cada programa de aplicación y comprobar que todos ellos incluyen: identificación (de pantalla o de informe), nombre de la empresa, nombre de la aplicación, fecha y hora, identificación del programa, menú de ayuda, línea de mensajes o errores y línea de totales.

7 Revisar la validez de los archivos. Por cada archivo, tenga en cuenta: ¿Están adecuadamente preparados?

- ¿Inicialmente (cuenta de registros, comprobaciones de conversión)?
- ¿Comprobaciones de secuencia (no hay registros duplicados, clasificados)?
- ¿Retención (período especificado)?

- o ¿Comprobaciones entre ejecuciones (hay cantidades de control para verificar las acciones efectuadas, sobre todo en procesos por lotes, etc.)?

8 Revisar la estrategia de pruebas del sistema y determinar si se han probado las funciones críticas de la aplicación y si el resultado y la estrategia de pruebas están bien documentados.

9 Revisar la documentación del código fuente. Para cada programa comprobar que: el código fuente está bien documentado y es legible; comprobar si hay bombas lógicas, si existen comentarios y si hay bucles lógicos.

10 Revisar la gestión de las salidas. ¿Hay procedimientos de retención y de seguridad para la gestión de los informes y salidas críticas (impresas y en soportes digitales)?

11 Revisar el uso de las utilidades de manipulación de datos:

- o ¿Están los usuarios autorizados a estas utilidades? Si lo están, ¿por qué razón y para qué uso (actualización de bases de datos, extracción de datos)?
- o ¿Está adecuadamente autorizado y controlado el uso?
- o ¿Existe un registro de estas actividades?
- o ¿Se guarda el registro?
- o ¿Están autorizados los programadores y personas de soporte de sistemas a usar las utilidades de extracción y manipulación de datos? ¿Por qué razón y para qué uso (actualización de bases de datos, extracción de datos)?
- o ¿Está adecuadamente autorizado y controlado el uso?
- o ¿Existe un registro de estas actividades?
- o ¿Se guarda el registro?

12 Revisar los procesos por lotes de las bases de datos y recursos y evaluar qué programas de aplicación por lotes

se ejecutan con bases de datos *online* (¿Por qué?, ¿Bajo qué controles? ¿Por quién (personal de TI, usuarios)?).

13 Revisar el diccionario de datos y comprobar que incluya: nombres de datos/sinónimos, longitud/descripción de los campos, descripción de los datos, origen de los datos para cada campo, derechos de acceso y actualización a bases de datos, normas de edición, relación con otros datos y registro de cambios.

14 Revisar el buen estado de las bases de datos. Tenga en cuenta: Acceda a todas las estructuras y tablas de bases de datos para comprobar que todas las rutas de acceso son correctas y que todos los datos están bien almacenados.

15 Revisar los registros de auditoría:

- ¿Se remontan las operaciones al mismo documento?
- Revise los tipos disponibles de registro (p.ej. registro del sistema, registro de bases de datos, registro de aplicación, registros del sistema operativo).
- ¿Se guardan los siguientes registros: nombre de usuario, fecha/hora, datos antes de la actualización, datos después de la actualización, nombre de la base de datos, número del programa, número de terminal, identificación de la operación, ubicación del punto de red?

16 Para los paquetes de *software* llave en mano, revisar la continuidad de la aplicación y determinar: estabilidad financiera del vendedor, contrato de asistencia, cuenta de depósito del código fuente, personal de asistencia del proveedor adecuadamente capacitado y personal de asistencia para llamadas.

17 Revisar la calidad del *software* y determinar si el paquete de *software* tiene las características siguientes: mantenibilidad, demostrabilidad, portabilidad, fiabilidad,

precisión de los resultados y los datos, eficiencia y facilidad de uso.

9.8.2 Programa de auditoría de la calidad de las aplicaciones informáticas

Su objetivo es respaldar el proceso de creación, revisión, evaluación y mejora de los controles de aplicación mencionados en este capítulo.

Este programa de auditoría trata las siguientes cuestiones: diseño, mantenimiento y funcionamiento de la aplicación.

A. Diseño de la aplicación

1 Controles de entrada y salida de datos: Determinar si hay controles adecuados para ambos casos. Tenga en cuenta:
   - ¿Qué controles existen (ninguno, uno o dos pequeños controles, tres a cinco controles, una serie de más de cinco controles, una serie completa de controles lógicos, demasiados controles)?
   - ¿Qué espera la organización?
   - ¿Cuál es su importancia para la organización?

2 Exactitud de los resultados: Determinar los resultados correctos producidos por la aplicación. Tenga en cuenta:
   - ¿Qué grado de precisión tienen? (0% a 3% de error, 4% a 6%, 7% a 10%, 11% a 50%, más del 50%).
   - ¿Qué espera la organización?
   - ¿Cuál es su importancia para la organización?

3 Cumplimientos de las normas y procedimientos en materia de calidad: Determinar si la aplicación cumple con las normas de desarrollo de la organización en materia de calidad. Tenga en cuenta:

- ¿Qué grado de cumplimiento tiene la aplicación? (nulo, hasta el 20%, hasta el 50%, hasta el 80%, completo).
- ¿Qué espera la organización?
- ¿Cuál es su importancia para la organización?

4 Seguridad de los datos: Determinar si la aplicación contiene mecanismos eficaces de seguridad para evitar el fraude, las omisiones y el acceso ilegal a elementos confidenciales de la aplicación. Tenga en cuenta:

- Si existen esos mecanismos (ninguno, sólo un número reducido, algunos mecanismos escasos y en parte efectivos, una cantidad mayor de mecanismos y en parte efectivos, una cantidad importante de mecanismos efectivos, una cantidad satisfactoria de controles efectivos, una cantidad muy satisfactoria de controles efectivos.
- ¿Qué espera la organización?
- ¿Cuál es su importancia para la organización?

5 Capacidad de interconexión: Determinar si la aplicación tiene mecanismos adecuados de interconexión con otras aplicaciones. Tenga en cuenta:

- Si existen esos mecanismos (ninguno, casi imposibles, sólo en condiciones muy concretas, muy fáciles, extremadamente fáciles).
- ¿Qué espera la organización?
- ¿Cuál es su importancia para la organización?

6 Respuesta: Determinar si la aplicación responde satisfactoriamente a las solicitudes de sus usuarios. Tenga en cuenta:

- Si la aplicación tiene un tiempo de respuesta adecuado (lento, rápido, muy rápido).
- ¿Qué espera la organización?

- ¿Cuál es su importancia para la organización?

7 Disponibilidad: Tenga en cuenta:
- ¿Cuál es en el período de tiempo programado para su funcionamiento? (nula, hasta el 20%, hasta el 50%, hasta el 80%, disponibilidad total).
- ¿Qué espera la organización?
- ¿Cuál es su importancia para la organización?

8 Facilidad de uso: Determinar si es fácil para los usuarios finales. Tenga en cuenta:
- Evalúe la facilidad de uso (ergonomía, hay línea de ayuda, hay documentación) de la aplicación durante su tiempo de funcionamiento programado y para su función (nula, fácil para el 20% de las funciones, para el 50%, para el 80%, para todas sus funciones).
- ¿Qué espera la organización?
- ¿Cuál es su importancia para la organización?

9 Adecuación de la aplicación a las funciones de negocio: Determinar se ajusta a los procesos de negocio de la organización. Tenga en cuenta:
- ¿Cuál es el porcentaje de adecuación? (menor del 20%, hasta el 30%, hasta el 50%, hasta el 80%, 100%).
- ¿Qué espera la organización?
- ¿Cuál es su importancia para la organización?

10 Comprensión de los resultados producidos: Determinar si los usuarios del negocio entienden los resultados producidos. Tenga en cuenta:
- ¿Qué porcentaje de los resultados es comprensible para los usuarios del negocio? (menor que 20%, hasta 30%, hasta 50%, hasta 80%, hasta 100%).
- ¿Qué espera la organización?
- ¿Cuál es su importancia para la organización?

B. Mantenimiento de la aplicación

11 El análisis es comprensible: Determinar si la aplicación incluye documentación y herramientas eficaces para que pueda comprenderse su lógica. Tenga en cuenta:

- Si es fácil comprender la lógica, encontrar errores, resolverlos y leer la documentación del análisis (en absoluto, casi imposible, sólo comprensible en algunos casos, muy fácil, extremadamente fácil).
- ¿Qué espera la organización?
- ¿Cuál es su importancia para la organización?

12 Mantenimiento de cambios: Determinar si es fácil efectuarlos.

- La realización y el mantenimiento de los cambios es (imposible, no es fácil, fácil en algunos casos, muy fácil, extremadamente fácil).
- ¿Qué espera la organización?
- ¿Cuál es su importancia para la organización?

13 Datos para las pruebas de la aplicación: Determinar si se proporcionaron datos eficaces para realizar pruebas efectivas. Tenga en cuenta:

- Fueron apropiados (no se proporcionaron datos, algunos datos pero con baja calidad, algunos datos con buena calidad, bastantes datos con buena calidad, bastantes datos con calidad excelente).
- ¿Qué espera la organización?
- ¿Cuál es su importancia para la organización?

14 Metodología de pruebas usada en la aplicación: Determinar si se usó una apropiada. Tenga en cuenta:

- Se usó una metodología apropiada (no hubo metodología, se usó una estándar hasta en el 20% de las pruebas, hasta en el 50%, hasta en el 80%, más del 80%, en la totalidad de las pruebas).

- o ¿Qué espera la organización?
- o ¿Cuál es su importancia para la organización?

15 Coste del mantenimiento de la aplicación. Tenga en cuenta:

- o Si se registraron y facturaron los recursos usados.
- o Si los costes son muy altos, medios o bajos, para un intervalo de tiempo dado.
- o ¿Qué espera la organización?
- o ¿Cuál es su importancia para la organización?

C. Funcionamiento de la aplicación

16 Facilidad de la operación: Determinar si puede ejecutarse fácilmente. Tenga en cuenta:

- o Si se puede ejecutar fácilmente sin la intervención de los desarrolladores (no puede ejecutarse, fácil de ejecutar en algunos casos, muy fácil de ejecutar, extremadamente fácil).
- o ¿Qué espera la organización?
- o ¿Cuál es su importancia para la organización?

17 Fiabilidad operativa: Determinar si la aplicación es fiable. Tenga en cuenta:

- o La aplicación es fiable y funciona sin problemas (en absoluto fiable, sólo fiable en algunos casos, muy fiable, extremadamente fiable).
- o Registrar los factores críticos que influyen en su fiabilidad (*hardware*, *software*, red, controles, etc.).
- o ¿Qué espera la organización?
- o ¿Cuál es su importancia para la organización?

18 Fiabilidad del proveedor de la aplicación: Determinar si el proveedor es fiable. Tenga en cuenta:

- o Si el proveedor es fiable y tiene estabilidad financiera (en absoluto, no hay datos suficientes para su evaluación, algo fiable, muy fiable y con finanzas estables).
- o Registrar los factores críticos que influyen en su fiabilidad (asistencia, beneficios, red, *hardware*, *software*, formación, resolución de problemas, etc.).
- o ¿Qué espera la organización?
- o ¿Cuál es su importancia para la organización?

9.8.3 Programa de auditoría de aplicaciones informáticas

Su objetivo es respaldar el proceso de creación, revisión, evaluación y mejora de los controles de aplicaciones descritos en este capítulo.

1 Obtener la documentación de la aplicación informática.
2 Estudiar y revisar la documentación.
3 Revisar el diseño y la arquitectura técnica, con los desarrolladores de la aplicación.
4 Estudiar las funciones esenciales del *software*, monitorizando las operaciones comerciales reales a las que la aplicación da soporte.
5 Preparar escenarios y ejecuciones de prueba.
6 Ejecutar las diversas características, menús y opciones de la aplicación, por medio de un sistema de prueba.
7 Registrar todas las pruebas, errores y casos de no conformidad con las normas y prácticas comerciales.
8 Validar todas las entradas al sistema, contra los criterios aplicables (p.ej. validaciones numéricas, comprobaciones de fecha, de rangos, de límites superiores e inferiores, etc.).
9 Verificar los controles de acceso en el *software* de aplicación.

10 Verificar cómo se gestionan los errores y las excepciones.
11 Evaluar el entorno de producción de la aplicación realizando una revisión de la seguridad del *software* de sistemas operativo y de las bases de datos.
12 Ejecutar, si es posible, una prueba de penetración.
13 Revisar las pruebas y resultados con el personal de TI y con los usuarios.
14 Preparar el informe borrador de la auditoría.
15 Revisar el informe borrador con los usuarios y los responsables de TI.
16 Incorporar los comentarios del personal de TI y de los usuarios en el informe de la auditoría.
17 Finalizar y remitir el informe de la auditoría al personal autorizado de TI, usuarios y directivos.

9.8.4 Programa de auditoría y revisión postimplantación

Su objetivo es respaldar el proceso de creación, revisión, evaluación y mejora de los controles de aplicaciones descritos en este capítulo.

Trata las cuestiones sobre los temas siguientes: comité de dirección de TI, funcionalidades de la aplicación, expectativas de los usuarios, capacitación y asistencia, documentación, administración y control de cambios, estabilidad de la aplicación y contratos de mantenimiento.

Cuestiones del comité de dirección de TI

1 Revisar las actas o resúmenes del comité de dirección de TI y otra información relevante de la documentación de la aplicación, para comprobar que el comité revisó todas

las cuestiones críticas relativas a todos los aspectos de la aplicación (factibilidad, análisis, diseño, etc.).

2 Revisar toda la documentación para comprobar que el comité proporcionó directrices e instrucciones sobre las cuestiones aplicables, antes de la entrada en funcionamiento de la aplicación.

Funcionalidad de la aplicación

3 Revisar la justificación comercial, el estudio de la factibilidad y la documentación de inicio del proyecto, y determinar si la aplicación, tal como está instalada e implantada, difiere de la propuesta inicial y del alcance del trabajo (con un cuestionario, grupo de discusión, análisis de los factores críticos de éxito y entrevista individual —según proceda—, con el patrocinador de mayor nivel del proyecto —miembro del Consejo o de un comité ejecutivo— , con los usuarios finales y el personal de desarrollo de TI).

4 Revisar la documentación de control de cambios para comprobar el nivel y el alcance de los cambios frente a las especificaciones iniciales de necesidades y requisitos.

Expectativas de los usuarios

5 Revisar y determinar con los usuarios finales si se han cumplido sus expectativas y hasta qué grado.

6 Revisar y determinar con el personal de desarrollo de TI si se han cumplido sus expectativas y hasta qué grado.

7 Revisar y determinar con el patrocinador de mayor nivel del proyecto (Consejo o comité ejecutivo) si se han cumplido sus expectativas y hasta qué grado.

8 Revisar y determinar con los interesados del proyecto si se han cumplido sus expectativas y hasta qué grado.

Formación, capacitación y asistencia

9 Revisar y determinar si los usuarios recibieron formación y capacitación, de manera oportuna y adecuada, y si recibieron material para llevarse al trabajo y cuadernos de ejercicios.

10 Revisar y determinar si el personal de TI y los administradores del sistema recibieron formación y capacitación, de manera oportuna y adecuada, y si recibieron material para llevarse al trabajo y cuadernos de ejercicios.

11 Revisar y determinar si hay procesos eficaces para identificar las deficiencias en la formación y capacitación (p.ej. llamadas constantes de los usuarios y de los administradores del sistema para preguntar cómo realizar funciones básicas).

Documentación

12 Revisar y determinar si los usuarios finales tienen guías de usuario, si están disponibles para todos ellos, son adecuadas y se mantienen actualizadas.

13 Revisar y determinar si los administradores del sistema tienen guías técnicas, si están disponibles para todos ellos, son adecuadas y se mantienen actualizadas.

14 Revisar y determinar si el personal de desarrollo de TI tiene guías técnicas, si están disponibles para todos ellos, son adecuadas y se mantienen actualizadas.

Cuestiones sobre la administración y el control de cambios

15 Revisar y determinar si se guardan registros apropiados sobre el tiempo de indisponibilidad, problemas, errores y cuestiones de la aplicación, del mantenimiento de los perfiles de usuarios, cambios en la documentación, cambios en autorizaciones de acceso, otros datos cuantitativos sobre el desempeño, etc.

16 Determinar si se han registrado y autorizado todos los cambios sobre la especificación original.

Estabilidad de la aplicación

17 Revisar y determinar si:

- La aplicación ha demostrado ser sólida.
- El tiempo de indisponibilidad ha sido mínimo.
- Los usuarios han expresado preocupaciones sobre el sistema (rapidez, solidez, malos resultados, etc.).
- Hay cuestiones pendientes con los proveedores.
- Hay problemas continuos con el mantenimiento del sistema (*software*/*hardware*/periféricos).
- Se han suministrado las actualizaciones de acuerdo con las obligaciones contractuales.

Contrato de mantenimiento

18 Revisar y determinar si:

- Hay un contrato con un proveedor externo.
- Se han cumplido los niveles de servicio de la asistencia y mantenimiento.
- El contrato ha sido satisfactorio y adecuado.

9.8.5 Lista de comprobación de la seguridad de usuarios finales

Su objetivo es respaldar el proceso de creación, revisión, evaluación y mejora de los controles de usuario final de la aplicación descritos en este capítulo.

1 ¿Está asignada la responsabilidad de la seguridad de la informática de usuario final a una persona con la autoridad y autorización necesaria?
2 ¿Se ha instalado un *software* para la detección o prevención de virus?
3 ¿Hay procedimientos para informar a los usuarios sobre qué deben hacer si su ordenador resulta infectado por un virus?
4 ¿Se han clasificado los datos para impedir el acceso a empleados no autorizados?
5 ¿Hay un *software* de seguridad o de control de acceso para controlar el acceso a la información confidencial?
6 ¿Está monitorizado y controlado eficazmente el acceso a los datos confidenciales?
7 ¿Hay controles y procedimientos que garanticen que se eliminan adecuadamente los datos confidenciales que están en soportes digitales, video, película o papel?
8 ¿Está protegida la información de carácter personal de acuerdo con la legislación nacional aplicable?
9 ¿Hay un *software* de control de acceso que impida el acceso no autorizado a los ordenadores, puestos de trabajo o terminales?
10 ¿Son seguras las contraseñas, de acuerdo con la política de contraseñas de la organización?

9.8.6 Lista de comprobación del desarrollo y funcionamiento de las aplicaciones de usuario final

Su objetivo es respaldar el proceso de creación, revisión, evaluación y mejora de los controles de aplicación de usuario final descritos en este capítulo.

1 ¿Existen normas que controlen la implantación de nuevo *software*?
2 ¿Se hacen copias periódicas de seguridad de los ordenadores o puestos de trabajo? Tenga en cuenta: se hacen copias periódicas de los datos y modelos esenciales, y se mantiene un registro de las copias de seguridad.
3 ¿El nuevo *software* es instalado por personal adecuado, capacitado en TI?
4 ¿Se mantiene un registro de todos los errores de *hardware* y *software* y de las medidas adoptadas para su corrección?
5 ¿Hay controles para monitorizar y autorizar el desarrollo de hojas de cálculo, bases de datos y aplicaciones?
6 ¿Es adecuada la documentación de programas, hojas de cálculo y modelos? Tenga en cuenta: directrices centralizadas, control de la calidad, revisiones entre iguales, codificación de las fórmulas, etc.
7 ¿Está controlado el acceso a los lenguajes y herramientas de programación?
8 ¿Están autorizados y controlados los programas, modelos, etc.?
9 ¿Están suficientemente probados los modelos y programas antes de entrar en producción?
10 ¿Hay procedimientos para crear modelos seguros?
11 ¿Pueden los diversos modelos, hojas de cálculo, bases de datos, etc. interaccionar satisfactoriamente con otro *software* para evitar tener que reescribir los datos?

12 ¿Hay procedimientos para controlar la migración de programas desde su desarrollo en los ordenadores de los usuarios finales a producción?

13 ¿Se transfieren de modo seguro los datos desde/hacia los sistemas de ordenadores centrales a los ordenadores personales? Tenga en cuenta: identificación de los datos, derechos de acceso, controles de archivos para garantizar que no pueda accederse sin autorización a programas, datos y archivos, controles de archivo para impedir la actualización de archivos o programas en producción, excepto en condiciones controladas, se registran todas las transferencias de datos, hay controles de cuadre, etc.

9.8.7 Lista de comprobación de aplicaciones web

Su objetivo es respaldar el proceso de creación, revisión, evaluación y mejora de los controles de aplicaciones descritos en este capítulo.

Esta lista de comprobación trata de las siguientes cuestiones: procesamiento de entrada, seguridad de la aplicación, *software* de servidor web, *host* de web, entorno de red y gestión de sitios web.

Procesamiento de entrada

1 ¿Se impide la divulgación innecesaria de información? Tenga en cuenta:

- Revisar el código fuente HTML, JavaScript y otros lenguajes de script del lado cliente para comprobar que no contengan información innecesaria que pueda ser observada y explotada por posibles atacantes, como: nombres y otros detalles del personal de desarrollo, funciones desactivadas, detalles sobre

funciones y parámetros de la interfaz CGI, herramientas de terceros en uso, etc.
  - Revisar los mensajes de error que devuelve la aplicación web, para comprobar que no revelan información no deseable.

2 ¿Se ha implantado un proceso fiable de inicio de sesión?
3 ¿Se rastrean adecuadamente las sesiones?
4 ¿Se han implantado controles de tiempo de inactividad?
5 ¿Están cuidadosamente implantadas las operaciones GET/POST?
6 ¿Están restringidos los formularios ocultos?
7 ¿Están cuidadosamente controladas las *cookies*?
8 ¿Se valida adecuadamente todas las entradas de usuarios?
9 ¿Se construyen cuidadosamente los scripts?
10 ¿Registran los scripts CGI todas sus acciones?

Seguridad de la aplicación

11 ¿Se ha comprobado la seguridad de la aplicación, del servidor web y del *host* de web, antes de su puesta en funcionamiento?
12 ¿Es segura la arquitectura de la aplicación?
13 ¿Impide la conexión back-end a bases de datos el uso de usuarios privilegiados?
14 ¿Impide la conexión a bases de datos el uso de contraseñas contenidas en los programas?
15 ¿Están las contraseñas contenidas en los programas escondidas en lugares difíciles de encontrar?
16 ¿Están las contraseñas contenidas en los programas en un formato críptico y tienen una longitud apropiada?
17 ¿Están las contraseñas contenidas en los programas mantenidas en archivos protegidos adecuadamente?

18 ¿Evita la conexión back-end a una base de datos el uso de la identificación de usuarios privilegiados?
19 ¿Está encriptada la información confidencial de los clientes (p.ej. cuenta bancaria, datos de tarjeta de crédito, etc.)?

Software del servidor web

20 ¿Se ejecutan los servidores web que contienen páginas confidenciales en puertos diferentes y su acceso está restringido por el filtro de paquetes?
21 ¿Se ha eliminado cualquier información confidencial de los servidores públicos?
22 ¿Están protegidas por contraseña o listas de acceso las páginas confidenciales?
23 ¿Se han eliminado los defectos conocidos?
24 ¿Se autentican apropiadamente los usuarios?
25 ¿Están cuidadosamente implantados los servicios FTP?
26 ¿Está activado el inicio de sesión a las páginas web y se revisan sus registros?

Host de web

27 ¿Se ha dimensionado adecuadamente el *hardware*?
28 ¿Se monitoriza el uso real de los recursos a lo largo del tiempo?
29 ¿Se ha implantado la capacidad de recuperación integrada?
30 ¿Es adecuada la seguridad física?
31 ¿Se han eliminado todas las cuentas de usuario, excepto las del servidor web, del administrador web y las de los administradores autorizados?

32 ¿Hay directorios raíz diferentes para el servidor web y para el servidor de documentos que se use?
33 ¿Se han instalado filtros de paquetes para permitir sólo las conexiones de los *hosts* y servicios conocidos y se registran las solicitudes entrantes de servicios?
34 ¿Se ha protegido el acceso a todos los archivos confidenciales a través de la web?
35 ¿Se han implantado prácticas adecuadas y sólidas de administración de servidores?
36 ¿Se monitorizan las operaciones de administración concluidas con fallo o con éxito, los inicios de sesión, cambios a la configuración de seguridad, inicializaciones y caídas de los servidores?

Entorno de red

37 ¿Se han estimado los requisitos de ancho de banda?
38 ¿Están restringidos los servicios de red?
39 ¿Se han configurado cuidadosamente las redes?

Gestión de los sitios web

40 ¿Se ha implantado un proceso de monitorización de la capacidad?
41 ¿Se han identificado los posibles problemas de seguridad?
42 ¿Hay un proceso fiable y eficaz para controlar los cambios, con registro de eventos y procedimiento de documentación y notificación, para garantizar que las actualizaciones se hacen de modo oportuno y seguro?
43 ¿Se gestionan eficazmente los cambios (*hardware*, *software* y contenido)?
44 ¿Está monitorizada la seguridad?

45 ¿Hay un proceso eficaz de inicio de sesión?
46 ¿Se ha implantado la detección de intrusión?
47 ¿Se ha implantado eficazmente la gestión de incidencias?
48 ¿Se han tenido en cuenta todas las cuestiones sobre la externalización antes de decidir sobre esa alternativa? Tenga en cuenta:
- establecimiento de objetivos de seguridad y relación con una política de riesgo y recompensa
- identificación del modo de ejecutar y notificar la monitorización de la seguridad
- evaluación de la seguridad de la arquitectura del tercero
- evaluación de las prácticas y cultura de la seguridad de la organización del tercero
- identificación de la capacidad del tercero para responder ante las nuevas vulnerabilidades
- identificación de la capacidad del tercero para responder ante incidencias de seguridad
- identificación de los requisitos de copias de seguridad de datos y recuperación de desastres
- implantación de mecanismos seguros para la actualización remota del contenido del sitio web
- establecimiento del derecho a realizar revisiones y pruebas de la seguridad.

9.8.8 Lista de comprobación de la monitorización de los controles de las aplicaciones

Su objetivo es respaldar el proceso de creación, revisión, evaluación y mejora de los controles de aplicaciones descritos en este capítulo.

1 ¿Describe el plan estratégico de TI todas las aplicaciones que dan servicio a la organización?
2 ¿Hay un mecanismo para que las comunidades del negocio puedan plantear nuevas situaciones (transacciones, nuevas ubicaciones, etc.) y para que la TI pueda planificarlas adecuadamente?
3 ¿Se desarrollan, aprueban y mantienen de modo centralizado los procesos y sistemas de aplicación esenciales?
4 ¿Se revisan, al menos anualmente, las políticas y procedimientos?
5 ¿Se usan las medidas del desempeño (incluido el presupuesto de TI) para monitorizar la salida y el comportamiento del sistema?
6 ¿Se usa una política aceptable sobre los recursos informáticos, que todos los empleados deben aceptar?
7 ¿Comprende completamente todo el personal de TI las cuestiones relativas al cumplimiento?
8 ¿Parece estar adecuadamente dotada de personal la función de TI?
9 ¿Hay un mecanismo para monitorizar la productividad del personal de TI?
10 ¿Está obligado el personal de TI a tener cierta formación y capacitación u obtener cualificaciones concretas?
11 ¿Cuál es el tiempo medio de permanencia en el trabajo del personal de TI?
12 ¿Hay políticas que prohíben expresamente usar los recursos informáticos de la empresa para otros propósitos que no sean los del trabajo?
13 ¿Están adecuadamente gestionados y monitorizados todos los servicios de terceros?
14 ¿Está adecuadamente gestionado el inventario de recursos informáticos y sus elementos monitorizados?

9.9 Conclusión

Siguen aumentando constantemente las expectativas de las autoridades regulatorias, directivos corporativos y de TI, profesionales informáticos, auditores internos y externos, clientes y otros interesados, sobre la protección de los datos corporativos frente a los errores de procesamiento, seguridad, invasión de la privacidad, fraude, sabotaje, decisiones erróneas, etc.

Estas inquietudes se aplican al centro de procesamiento de datos y al ámbito de usuarios finales.

El gasto en controles de TI y en las mejoras prácticas sigue creciendo, pero los directivos de TI quieren ver una justificación comercial bien desarrollada para invertir en actividades de auditoría de TI y en actividades de control de la TI, según el IT Process Institute.[88]

El innovador estudio de las mejores compañías realizado por ITPI muestra que las actividades relacionadas con la auditoría y los controles de la informática no son un coste, sino que mejoran el desempeño operativo.

Los controles de aplicaciones informáticas están integrados, sobre todo, en el *software* de la aplicación concreta, para prevenir y disuadir a los posibles criminales y defraudadores y minimizar o eliminar los errores. También están implantados fuera de la aplicación, en los puntos de entrada y de salida del sistema.

El coste de los errores, según en qué momento se producen, es diferente. Si se implantan los controles después de la fase de especificaciones, el coste de los errores es cuatro veces

---

[88] www.itpi.org/, 4/2010.

superior a si se hubieran implantado los controles durante la fase citada. Si se implantan después de la fase de programación, su coste es ocho veces superior, 12 veces superior tras la fase de pruebas y 16 veces mayor tras la fase de implantación.

Los controles de los programas o aplicaciones presentados en este capítulo los ejecutan automáticamente los sistemas y manualmente los usuarios finales y la TI. Estos controles están diseñados para garantizar el procesamiento completo y correcto de los datos, desde la entrada, pasando por el procesamiento, hasta la salida, el almacenamiento y la notificación.

Estos son controles de tipo general de las aplicaciones informáticas y necesitarán ser adaptados según, entre otras cosas, las necesidades de la organización, las normas de TI sobre el desarrollo y la seguridad de los sistemas, el modelo operativo del negocio, los requisitos de cumplimiento, las expectativas de los reguladores y los niveles de madurez de los controles del negocio.

Además, los principales controles de las aplicaciones informáticas y los programas de auditoría y revisión y las listas de comprobación presentadas en este capítulo, modificadas y adaptadas para la organización concreta, contribuyen a un mejor funcionamiento del marco de gestión del conocimiento y a mejorar la calidad y la fiabilidad de los datos procesados y de la información notificada de este marco de referencia, para los propósitos de la organización.

9.10 Preguntas de repaso

Este grupo de preguntas las puede emplear aquellos que utilizan los controles descritos en este libro para evaluar y comprobar la comprensión de los conceptos y del conocimiento práctico de este capítulo.

1. ¿Cuál es el propósito principal de los controles de aplicaciones informáticas?

Referencia: Párrafo 9.2 'Propósito y principales tipos de controles de aplicaciones informáticas'.

2. ¿Cuáles son los principales tipos de controles de aplicaciones informáticas?

Referencia: Párrafo 9.2 'Propósito y principales tipos de controles de aplicaciones informáticas'.

3. ¿Por qué hay controles de aplicaciones informáticas integrados en el *software* de la aplicación específica?

Referencia: Párrafo 9.2 'Propósito y principales tipos de controles de aplicaciones informáticas'.

4. ¿Qué garantizan los controles de entrada de las aplicaciones informáticas?

Referencia: Párrafo 9.3.1 'Controles de entrada'.

5. Mencione alguna de las comprobaciones escritas en el *software* para garantizar la validación de la entrada

Referencia: Párrafo 9.3.1 'Controles de entrada'.

6. Mencione algunas de las comprobaciones y pruebas incluidas en los controles de procesamiento

Referencia: Párrafo 9.3.2 'Controles de procesamiento'.

7. ¿Para qué sirven las comprobaciones de verosimilitud?

Referencia: Párrafo 9.3.2 'Controles de procesamiento'.

8. ¿Cuál es el objetivo principal de los controles de salida?

Referencia: Párrafo 9.3.3 'Controles de salida'.

9. ¿Que incluyen los controles de salida?

Referencia: Párrafo 9.3.3 'Controles de salida'.

10. ¿Qué garantizan las comprobaciones de la calidad de los informes y cómo lo hacen?

Referencia: Párrafo 9.3.3 'Controles de salida'.

11. ¿Qué incluyen los controles de las bases de datos?

Referencia: Párrafo 9.4.1 'Controles de las bases de datos de aplicaciones informáticas'.

12. ¿Qué implica comprobar el buen estado de las bases de datos?

Referencia: Párrafo 9.4.1 'Controles de las bases de datos de aplicaciones informáticas'.

13. ¿Cuál es el objetivo principal de los controles de cambios?

Referencia: Párrafo 9.4.3 'Controles de cambios en la aplicación'.

14. ¿Cuáles son los principales controles de pruebas?

Referencia: Párrafo 9.4.4 'Controles de pruebas de aplicaciones informáticas'.

15. ¿Qué debería contener un plan de pruebas?

Referencia: Párrafo 9.4.4 'Controles de pruebas de aplicaciones informáticas'.

16. ¿Cuál es la responsabilidad de un director del proyecto de pruebas?

Referencia: Párrafo 9.4.4 'Controles de pruebas de aplicaciones informáticas'.

17. Mencione algunas de las medidas habituales de desempeño de una aplicación informática

Referencia: Párrafo 9.7 'Medidas de desempeño de aplicaciones informáticas'.

18. ¿Qué debería hacerse para revisar el diseño de los documentos origen?

Referencia: Párrafo 9.8 'Herramientas y técnicas de revisión y auditoría'.

19. ¿Qué debería hacerse para revisar el código fuente?

Referencia: Párrafo 9.8 'Herramientas y técnicas de revisión y auditoría'.

20. ¿Cómo se determina la estabilidad de la aplicación?

Referencia: Párrafo 9.8 'Herramientas y técnicas de revisión y auditoría'.

CAPÍTULO 10: USO DE CONTROLES DE TI EN AUDITORÍA Y CONSULTORÍA

Si quieres que tu conducta sea buena y librarte del mal, resiste a la avaricia. Es un parásito que no puede conducir a ningún avance.

De Las Enseñanzas de Ptahhotep: El libro más antiguo del mundo. Publicado alrededor del año 2388 a. C.

10.1 Alcance

Los controles estratégicos y operacionales de la TI descritos en los capítulos anteriores, se han aplicado en el establecimiento y en la revisión de los controles de TI, y en la auditoría y evaluación de los controles de los sistemas de aplicaciones informáticas, redes e infraestructura, de varias organizaciones (públicas y privadas), en diferentes naciones y entornos culturales corporativos.

10.2 Propósito

El propósito de este capítulo es proporcionar al lector una idea sobre cómo se han utilizado los controles anteriores en la práctica real. Para ello, presentaremos tres casos prácticos, un encargo de auditoría de TI y un encargo de revisión de políticas y procedimientos de TI.

Por razones de confidencialidad, no se desvelará la identidad de estas organizaciones públicas y privadas, ni sus datos operativos y otras características del sector económico o industrial al que pertenecen. Cualquier parecido con los nombres de las aplicaciones, los problemas encontrados en las auditorías y revisiones, así como del entorno informático es una coincidencia.

10.3 Comercio al por menor: caso práctico sobre la estrategia de TI

Este caso estudia principalmente los controles de TI (políticas, procedimientos, prácticas, métodos, etc.), programas de auditoría y listas de comprobación descritos en los Capítulos 1 (Organización de la TI), 3 (Arquitectura empresarial), 4 (Estrategia de TI), 5 (Desarrollo de sistemas) y 7 (Controles operativos y de apoyo del centro de dato) y Apéndice 3 (Lista de comprobación de la monitorización de los controles de TI) para proporcionar una solución práctica a las preocupaciones fundamentales sobre las actividades de TI propuestas por el Consejo de administración de una empresa de venta al por menor.

Además, se usarán los programas de auditoría y listas de comprobación del capítulo 1 del Apéndice.

Antecedentes

«ABCXXX» (entidad ficticia) es una empresa europea de venta al por menor con más de 700 empleados. El Consejo de administración decidió que quería más estructura y rigor en sus operaciones y prácticas de TI, porque existían problemas en el momento actual.

Hasta ahora, los diversos departamentos empresariales, como: administración, personal, gestión de nóminas, ventas, operaciones al por menor, logística, control del inventario, servicios de producción o servicios a clientes, han podido adquirir por sí mismos *hardware* y aplicaciones informáticas para sus propósitos específicos.

El mantenimiento de estas aplicaciones era responsabilidad de los proveedores del *software*, o de la función central de TI o de ambos, según la prioridad del problema de producción y los aspectos temporales de la solicitud.

El departamento central de TI, con muy poco personal, desarrollaba y gestionaba los sistemas financieros en el ordenador central de la compañía.

Todas estas aplicaciones no estaban interconectadas en absoluto.

Muchas veces, los informes críticos y datos detallados corporativos elaborados por estos sistemas de aplicación se enviaban a la alta dirección para su uso estratégico y cuestiones de cumplimiento y no coincidían unos con otros.

El resultado eran decisiones erróneas y otras situaciones molestas.

Un estudio anterior realizado por el comité financiero corporativo, no corrigió la situación, ya que recomendó una situación de externalización completa de la TI, pero el Consejo lo consideró inadecuado porque no había analizado en profundidad los costes, beneficios, necesidades y expectativas de los interesados.

Por ello, se contrató un consultor externo, al que se le encargó conseguir rápidamente un marco de referencia para resolver la situación provocada por la descoordinación de los sistemas informáticos.

Resultado de la contratación del consultor externo

El nuevo consultor, por medio de herramientas de análisis estratégico, como la técnica de análisis de los factores críticos de éxito, análisis GAP, etc. (*véase capítulo 4*) planteó las siguientes cuestiones a cada directivo y a cada usuario de las aplicaciones informáticas desplegadas en la organización.

Cuestión 1: ¿Cuáles son los objetivos empresariales, a corto plazo y a largo plazo, desde el punto de vista del Consejo?

Cuestión 2: ¿Cómo percibe y qué espera el Consejo de la función, contribución y soporte de los sistemas y servicios informáticos de los objetivos empresariales de la organización, a corto y a largo plazo?

Cuestión 3: ¿De qué forma ayudan y facilitan los actuales sistemas y servicios informáticos la consecución de los productos y servicios de la organización, según su modelo operativo actual?

Cuestión 4: ¿Hay iniciativas o planes futuros para cambiar el actual modelo operativo de la organización?

Cuestión 5: ¿De qué forma contribuyen los actuales sistemas y servicios informáticos a la toma de decisiones corporativas?

Cuestión 6: ¿Cuánto cuestan los sistemas y servicios informáticos actuales, a cada función de negocio y a la organización entera?

Cuestión 7: ¿Cuáles son los objetivos de la organización, a corto y a largo plazo, desde el punto de vista empresarial?

Cuestión 8: ¿Cómo perciben y qué esperan las funciones del negocio de la función de los sistemas y servicios informáticos con respecto a los objetivos a corto y largo plazo de su función?

Cuestión 9: ¿De qué forma ayudan los actuales sistemas y servicios informáticos a proporcionar productos y servicios según el modelo operativo de la organización?

Cuestión 10: ¿Hay iniciativas o planes futuros para cambiar el actual modelo operativo de la función?

Cuestión 11: ¿De qué forma contribuyen los actuales sistemas y servicios informáticos a la toma de decisiones corporativas de la función?

Cuestión 12: ¿Cuáles son las restricciones y los factores facilitadores que impulsan las operaciones de la organización, desde los puntos de vista de las autoridades regulatorias, del sector, de los clientes, de la sociedad y del mercado?

El consultor de administración, a partir los datos recogidos durante el proceso anterior, y por medio de la revisión de los controles actuales de TI de la organización, de todos los departamentos de negocio y de sus futuras demandas de la TI, recomendó que la compañía solucionara la cuestión sobre las prácticas de TI, mejorara y planificara el futuro, implantando las acciones siguientes:

1 **Establecer un proceso de implantación**: Es necesario para la gestión eficaz de todas las acciones recomendadas en esta iniciativa (acciones 2 a 7). Para ello, se creará un equipo de proyecto, con los recursos adecuados (responsable, empleados, usuarios, etc.), dinero y prácticas. El Consejo y el comité de TI necesitarán patrocinar, supervisar, ratificar, revisar, monitorizar y mejorar todas las actividades relacionadas con la iniciativa de implantación.

2 **Mejorar la función de TI**: Por medio de personal con conocimientos y habilidades actuales, capacidades técnicas y conocimiento empresarial de las funciones de la organización. Los directivos de TI deberán desarrollar políticas, normas y procedimientos y obtener la aprobación de la alta dirección para conseguir su implantación.

3 **Crear una estrategia eficaz de TI**: Para el *hardware*, *software* de sistemas, aplicaciones, plataformas técnicas, etc., con el fin de proporcionar flexibilidad a corto plazo y adaptarse a las necesidades operativas y estratégicas, a largo plazo, de la organización.

4 **Construir un centro de procesamiento de datos**: Diseñar y construir una nueva instalación para el centro de datos, con la capacidad adecuada para albergar y gestionar, desde un punto centralizado, las aplicaciones y servicios actuales y futuros de la organización. Esto implica obtener e instalar el nuevo *hardware*, *software* de sistemas y plataformas técnicas, redes, etc. de los que dependerán todas las aplicaciones y servicios. El centro de datos lo gestionará la función de TI, y los usuarios finales accederán a sus aplicaciones a partir de esquemas de autoridad.

5 **Mejorar las aplicaciones**: Por medio de:

- el diseño de un nuevo plan de arquitectura de la información, integrado con una completa funcionalidad comercial
- el traspaso de todas las aplicaciones de las funciones de negocio de la organización al centro de datos, o la modificación y posiblemente el desmantelamiento de algunas de ellas, según los posibles problemas y consideraciones operativas y técnicas

  - o el desarrollo, compra o licencia de uso de nuevas aplicaciones que respalden las necesidades existentes o nuevas
  - o la interrelación de todas estas aplicaciones a partir del nuevo plan de arquitectura de la información.
  - o debe crearse y ejecutarse un plan separado de acción, según los problemas del traslado de las aplicaciones al nuevo centro de datos, los problemas originados por la obtención o desarrollo de las nuevas aplicaciones, etc.

6 **Prepararse para un posible desastre informático**: Diseño de una estrategia de contingencia de TI, un plan, procedimientos, recursos y un equipo para la gestión de desastres. Esta planificación debería basarse en el plan de continuidad del negocio de la organización, formando parte de él.

7 **Gestionar los cambios**: Diseño y ejecución de un programa de gestión de cambios, para posibilitar que los directivos, usuarios del negocio, proveedores externos y de TI, etc. interaccionen y manejen eficaz y eficientemente en el nuevo entorno facilitado por la TI.

Conclusión

Este plan se implantó con eficacia, con pequeños cambios. Los resultados de este proceso fueron revisados y evaluados mensualmente por el Consejo y por el consultor de dirección que lo redactó, realizando los ajustes necesarios a medida que se implantaba el proyecto.

10.4 Empresa comercial: caso práctico sobre controles de aplicaciones informáticas

En este caso se utilizan principalmente los controles de TI (políticas, procedimientos, prácticas, métodos, etc.), los programas de auditoría y listas de comprobación descritos en los capítulos 3 (Arquitectura empresarial), 4 (Estrategia de TI), 5 (Desarrollo de sistemas) 7 (Controles operativos y de apoyo del centro de datos), 8 (*Software* de sistemas), 9 (Controles de aplicación) para ofrecer una solución práctica a una preocupación fundamental en lo que respecta a las cuestiones de calidad de la información planteadas por el Consejo de administración de una empresa comercial.

Además, se utilizan los programas de auditoría y las listas de comprobación de los Apéndices.

Antecedentes

«ABCDEF» (organización ficticia) es una empresa comercial con más de 300 empleados, y varios sistemas de aplicación a gran escala funcionando en un centro de procesamiento de datos. El Consejo de administración decidió que quería profundizar en la estructura de sus aplicaciones informáticas y aplicar más controles y métodos rigurosos debido a la presencia de varios errores en los datos de informes de gestión que recibían. Esos informes de gestión eran emitidos por aplicaciones informáticas centralizadas y por usuarios finales que usaban aplicaciones sobre hojas de cálculo.

Hasta ahora, los diversos departamentos recomendaban las comprobaciones que debían incluirse en los sistemas de aplicación diseñados y desarrollados por la función de TI para sus actividades operativas, según las normas aplicadas a su función empresarial. Las aplicaciones sobre hojas de cálculo no estaban documentadas, ya que no existían normas sobre estas cuestiones.

Las normas empresariales se entregaban a la función de TI por escrito, en entrevistas, o incluso verbalmente.

La sección de desarrollo de sistemas de la función de TI no mantenía un archivo informatizado aparte con estas normas empresariales. Las correspondientes comprobaciones y validaciones estaban incluidas en los propios programas de aplicación.

Se contrató a un consultor externo para lograr rápidamente un método que proporcionara un marco de referencia de los controles de aplicación necesarios para resolver esta situación eficaz y eficientemente.

Resultado de la contratación del consultor externo

El nuevo consultor, una vez analizada la situación, recomendó la implantación del siguiente conjunto de controles al entorno de aplicaciones informáticas.

1 Diseñar, desarrollar y usar de modo intensivo un sistema que registre y mantenga las normas empresariales relevantes para cada una de las aplicaciones del centro de procesamiento de datos, en un repositorio informatizado, como un diccionario de datos, el repositorio de la arquitectura empresarial, etc.
2 Crear una política para el desarrollo de aplicaciones de usuario final sobre hojas de cálculo. Esta política debería definir qué pueden y qué no pueden hacer los usuarios finales, procedimientos de autorización para usar estas aplicaciones, procedimientos de documentación de todas las hojas de cálculo, la asistencia prestada por la función

de TI para todas las aplicaciones desarrolladas por usuarios finales, la prueba de las aplicaciones desarrolladas por usuarios finales, con varias series de datos, de un modo riguroso, y el mantenimiento de un inventario de todo este *software* por parte de la TI.

3 Diseñar y aplicar un plan de control de las aplicaciones informáticas, para simplificar y gestionar mejor los controles específicos de los programas de aplicación. Este plan podría contener, para cada aplicación, los objetivos de control de la aplicación y, para cada objetivo, los correspondientes controles de aplicaciones informáticas. Los objetivos de control podrían ser:
   - o validez de la entrada
   - o integridad de las entradas y actualizaciones de archivos
   - o exactitud de las entradas y actualizaciones
   - o eficacia de las operaciones
   - o seguridad de los recursos.

4 **Los controles informáticos para la validez de las entradas** podrían ser: (a) encriptación, (b) certificados digitales, (c) esquemas de codificación de datos, (d) capacitación para la corrección de los errores, y (e) otros controles descritos en el Capítulo 9.

5 **Los controles informáticos para la integridad de las entradas y actualizaciones de archivos,** podrían ser: (a) entrada de datos cerca de su origen, (b) comprobaciones inmediatas interactivas, (c) procedimientos de rechazo de actualizaciones, (d) procedimientos sobre la calidad de los datos, (e) rutinas de comprobación del buen estado del archivo, (f) registros de auditoría, y (g) otros controles descritos en el Capítulo 9.

6 **Los controles informáticos para la exactitud de las entradas y actualizaciones,** podrían ser: (a) entrada de datos cerca de su origen, (b) esquemas de codificación de datos, (c) pantallas y formularios preformateados, (d) realización inmediata, (e) comprobaciones programadas de edición y lógicas, (e) rutinas de comprobación del buen estado del archivo, (f) balances de comprobación, (g) monitorización de registros de auditoría, y (h) otros controles descritos en el Capítulo 9.

7 **Los controles informáticos para la eficacia de las operaciones** podrían ser: (a) entrada de datos cerca de su origen, (b) pantallas y formularios preformateados, (c) realización inmediata, (d) comprobaciones programadas de edición y lógicas, y (e) otros controles descritos en el Capítulo 9.

8 **Los controles informáticos para la seguridad de los recursos,** podrían ser: (a) controles lógicos de acceso (identificación de usuario, contraseñas seguras, etc.), (b) firmas digitales, (c) monitorización de registros de auditoría y registros de operaciones, (d) sistema de prevención de intrusiones, y (e) otros controles identificados en el Capítulo 9.

Conclusión

Estos controles se implantaron en la empresa mediante un plan anual. Los resultados de este proceso fueron revisados y evaluados trimestralmente por el Consejo y por el consultor de administración que lo redactó, realizando los ajustes necesarios a medida que se implantaba el proyecto.

10.5 Organización pública: caso práctico sobre seguridad de TI

En este caso se utilizan los controles de TI descritos en todos los capítulos del libro para ofrecer una solución práctica a las preocupaciones fundamentales sobre la seguridad de TI planteadas por el comité ejecutivo de una organización pública.

Además, se utilizan los programas de auditoría y listas de comprobación de los capítulos 1 y 7 del Apéndice.

Antecedentes

El comité ejecutivo de la organización, ante varias cuestiones y preocupaciones sobre la seguridad, contrató a un asesor de seguridad de alto nivel para que estudiara la situación y ofreciera orientación. Esta persona recomendó varios controles técnicos para proteger los siguientes ámbitos de la seguridad de los recursos de TI:

- disponibilidad
- integridad
- confidencialidad
- propiedad
- autenticidad
- utilidad
- calidad.

La implantación de los controles técnicos recomendados la llevó a cabo la propia organización (equipo de TI). Esta implantación no resolvió la situación, ya que los problemas de seguridad identificados no se resolvieron satisfactoriamente.

Por ello se contrató un asesor externo al que se le encargó la búsqueda de un método rápido que proporcionara un marco de referencia de los controles informáticos que se necesitaban para resolver la situación.

Resultado de la contratación del asesor externo

El nuevo asesor, tras revisar la situación, recomendó la implantación de los siguientes controles informáticos, clasificados según los ámbitos de la seguridad identificados por el anterior asesor.

1 **Controles de TI para la disponibilidad**: (a) prueba integrada de comercio electrónico, (b) prueba de penetración, (c) procedimientos de copias de seguridad, (d) protección con *firewalls* y antivirus, y (e) registros de auditoría.
2 **Controles de TI para la integridad**: (a) desarrollo de sistemas con controles de seguridad, (b) controles de aplicación dentro de los propios programas de la aplicación, (c) implantación de las políticas de ética corporativa y de seguridad informática, (d) trato justo a los empleados y contratistas externos, (e) operación de un sistema de detección de intrusiones, (f) análisis del tráfico y de las transacciones mediante los registros, (g) registros de auditoría, y (h) revisión del código fuente para detectar bombas lógicas.
3 **Controles de TI para la confidencialidad**: (a) controles de acceso físico a las instalaciones, oficinas, soporte digital, copias de seguridad, (b) controles de acceso lógico para el *software*, usuarios finales, aplicaciones y datos, (c) criptografía y, (d) capacitación para evitar las técnicas de ingeniería social, y (e) registros de auditoría.

4 **Controles de TI para la propiedad**: (a) controles de acceso físico a las instalaciones, oficinas, soporte digital, copias de seguridad, (b) controles de acceso lógico para el *software*, usuarios finales, aplicaciones y datos, (c) criptografía, (d) inclusión de una mención de los derechos de autor en los programas desarrollados, de acuerdo con la legislación pertinente en materia de derechos de autor, (e) delimitación de tareas, (f) procedimientos de archivo y eliminación, (g) asignación de los derechos de propiedad a cada aplicación, (h) registro en el inventario, y (i) gestión de la configuración.
5 **Controles de TI para la autenticidad**: (a) controles del personal (delimitación de tareas, política de vacaciones, rotación de tareas, etc.), (b) controles de aplicaciones informáticas, (c) certificados digitales, (d) controles de contraseñas, y (e) licencias del *software*.
6 **Controles de TI para la utilidad**: (a) controles de aplicaciones informáticas, (b) auditoría de TI, y (c) encuestas de satisfacción a los clientes.
7 **Controles de TI para la calidad**: (a) desarrollo de aplicaciones a partir de una metodología de desarrollo de sistemas, (b) prueba de aceptación por usuarios finales, (c) pruebas de seguridad, (d) documentación técnica y de usuario final, y (e) proceso de gestión de la calidad de datos.

Conclusión

La organización implantó estos controles mediante un plan de dos años. Los resultados de este proceso fueron revisados y evaluados trimestralmente por el Consejo y por el consultor de administración que lo redactó, realizando los ajustes necesarios a medida que se implantaba el proyecto.

10.6 Contrato de auditoría de TI para la organización «ABCXYZ»

«ABCXYZ» es una empresa europea que opera en muchos países. Se trata de su informe de auditoría, resultado de un encargo de auditoría de TI de sus operaciones centrales de TI. La metodología de auditoría de TI utilizada se describe en el Apéndice 5.

Las áreas auditadas fueron:

- Organización de TI: El objetivo general de la auditoría con respecto a la revisión del área de organización de TI era determinar la calidad y la eficacia de la gestión de la TI en la organización. Se usaron los programas de auditoría de TI y las listas de comprobación descritas en el Capítulo 1.
- Administración de TI: El objetivo general de la auditoría con respecto a la revisión del área de administración de TI era determinar la calidad y la eficacia de la gestión del soporte administrativo de la TI. Se usaron los programas de auditoría de TI y las listas de comprobación descritas en el Capítulo 2.
- Estrategia de TI: El objetivo general de la auditoría con respecto a la revisión del área de estrategia de TI era determinar la calidad y la eficacia de la gestión del soporte estratégico de la TI. Se usaron los programas de auditoría de TI y las listas de comprobación descritas en el Capítulo 4.
- Desarrollo de sistemas: El objetivo general de la auditoría con respecto a la revisión del área de desarrollo

de sistemas era determinar la calidad y la eficacia de la gestión del proceso de desarrollo de sistemas en el diseño, desarrollo y despliegue de los sistemas de información. Se usaron los programas de auditoría de TI y las listas de comprobación descritas en el Capítulo 5.

- Seguridad de TI: El objetivo general de la auditoría con respecto a la revisión del área de seguridad de TI era determinar la calidad y la eficacia de la gestión de las políticas, procedimientos y prácticas de la seguridad de TI en el diseño, desarrollo y despliegue de los sistemas de información y servicios. Se usaron los programas de auditoría de TI y las listas de comprobación descritas en el Capítulo 6.
- Servicios operativos y de apoyo del centro de datos: El objetivo general de la auditoría con respecto a la revisión de este área a era determinar la calidad y la eficacia de la gestión de las operaciones de centro de datos, y de las políticas, procedimientos y prácticas empleadas para ejecutar sistemas de información y servicios. Se usaron los programas de auditoría de TI y las listas de comprobación descritas en el Capítulo 7.
- *Software* de sistemas: El objetivo general de la auditoría con respecto a la revisión del área de *software* de sistemas era determinar la calidad y la eficacia del proceso de gestión del *software* de sistemas. Se usaron los programas de auditoría de TI y las listas de comprobación descritas en el Capítulo 8.

En el Apéndice encontrará otros programas y listas de comprobación de utilidad.

El siguiente informe presenta los resultados de una auditoría detallada de las políticas y procedimientos de TI de esta compañía ficticia. Describe las deficiencias y omisiones encontradas durante el proceso de revisión de la auditoría. Propone varias recomendaciones para solucionar estos problemas y una hoja de ruta priorizada para resolverlos. Cualquier parecido con una compañía real o un entorno informático, es una coincidencia.

INFORME DE AUDITORÍA DE TI PARA «ABCXYZ» (ejemplo)

1 Alcance de la auditoría de TI

Durante esta auditoría de TI, según el plan anual de auditoría interna y el acuerdo con el comité de auditoría, revisamos y evaluamos los controles de las siguientes áreas de actividad informática de la compañía «ABCXYZ».

- Organización de TI
- Administración de TI
- Estrategia de TI
- Desarrollo de sistemas
- Seguridad de TI
- Servicios operativos y de apoyo del centro de datos (sala de ordenadores, plan de contingencia de TI y recuperación de desastres, copias de seguridad y ordenadores personales)
- *Software* de sistemas.

No se examinará ámbito de la arquitectura empresarial ni las aplicaciones específicas del centro de datos ni de los ordenadores personales de usuarios finales. Tampoco se efectuarán pruebas en un entorno, con operaciones reales o simuladas. No se rastreará la instalación buscando dispositivos de interceptación ni se harán pruebas de penetración.

A continuación, se muestran los problemas encontrados y las recomendaciones de la auditoría para cada área auditada, en formato resumido y en formato detallado.

2 Resumen de problemas encontrados y recomendaciones de la auditoría

Nuestras recomendaciones se presentan según un esquema de prioridad de auditoría. En primer lugar, deberían tenerse en cuenta para su implantación aquellas recomendaciones con prioridad «alta», ya que su impacto es de máxima importancia para las actividades concretas de TI. Las de prioridad «media» serían las siguientes en implantarse, por ser su importancia menor que las anteriores. Finalmente las de prioridad «baja» no deberían descartarse, sino que son las que deben implantarse en el último paso.

Los directivos de TI y otros directivos corporativos (p.ej. el CEO, el responsable de cumplimiento, el responsable del área de riesgos, el responsable financiero, etc.) pueden cambiar la prioridad, si así lo desean. Lo esencial es fijar las prioridades y hacer lo correcto para rectificar y mejorar la situación.

Recomendaciones de «alta» prioridad

En la siguiente lista encontrará 11 recomendaciones de alta prioridad. Cada número de la lista corresponde al número de recomendación identificada en la sección «Análisis detallado de recomendaciones» de este informe.

Nº. 1: Se necesita un Comité de dirección de tecnología informática formalizado.

Nº. 2: Se necesita crear el puesto de CIO.

Nº. 6: Es necesario mejorar la delimitación de tareas del personal de TI.

Nº. 7: Es necesario un plan estratégico de TI formalizado.

Nº. 8: Se necesitan normas de desarrollo de aplicaciones.

Nº. 11: Se necesita una política de seguridad de TI y los procedimientos relacionados con ella.

Nº. 12: Deben mejorarse los controles de acceso del personal de TI a los elementos de producción.

Nº. 13: Debe mejorarse el control de contraseñas.

Nº. 14: Deben mejorarse los controles de acceso a la sala de ordenadores.

Nº. 16: Se necesita un plan de contingencia y de recuperación de desastres de TI.

Nº. 19: Debe mejorarse el control de algunos formularios críticos.

Recomendaciones de prioridad «media»

En la siguiente lista encontrará 5 recomendaciones de prioridad media. Cada número de la lista corresponde al número de recomendación identificada en la sección de 'Recomendaciones detalladas' de este informe.

Nº. 9: Se necesitan procedimientos formales de prueba de aplicaciones.

Nº. 10: Debe mejorarse la documentación de usuario final.

Nº. 15: Deben guardarse copias de seguridad fuera de las instalaciones del centro.

Nº. 17: Se necesitan políticas y procedimientos sobre los ordenadores personales.

Nº. 18: Debe mejorarse el control sobre los cambios en el *software* de sistemas.

Recomendaciones de «baja» prioridad

En la siguiente lista encontrará 4 recomendaciones de baja prioridad. Cada número de la lista corresponde al número de recomendación identificada en la sección de 'Recomendaciones detalladas' de este informe.

Nº. 3: Deben formalizarse las descripciones de puestos de trabajo.

Nº. 4: Debe hacerse obligatoria la política sobre vacaciones.

Nº. 5: Es necesario mejorar la formación y capacitación del personal de TI.

Nº. 20: La revisión de los registros puede ayudar a resolver problemas.

3 Análisis detallado de los problemas encontrados y las recomendaciones de la auditoría

Se presentan por área de TI auditada.

3.1 Área de organización de TI: problemas encontrados y recomendaciones de la auditoría

Durante el proceso de auditoría, se revisaron los siguientes tipos de controles organizativos de TI para conocer su uso y su eficacia potencial en la organización: controles de descripción funcional del departamento de TI, controles organizativos de TI, definición de la visión, misión y valores de TI, marcos de referencia de control de TI, controles de monitorización y revisión.

Los problemas encontrados y las recomendaciones de la auditoría para resolverlos son:

- Recomendación 1: Se necesita un Comité de dirección de tecnología informática formalizado
- Recomendación 2: Se necesita crear el puesto de CIO.

Recomendación 1: Se necesita un Comité de dirección de tecnología informática formalizado

Título del área revisada: Comité de dirección de TI.

Problemas encontrados por la auditoría: Las tareas, responsabilidades y directrices del Comité de dirección de TI, necesarias para gestionar la función de TI de un modo continuo y eficaz, no han sido adecuadamente definidas por el Consejo.

Evaluación de la auditoría: Esto ha ocasionado que no se hayan cumplido los objetivos corporativos aprobados o que se hayan excedido ampliamente los presupuestos y plazos estimados. El actual Comité de dirección de TI no formalizado está constituido por directivos de alto nivel que no pueden asumir responsabilidades en los niveles operacional y estratégico o monitorizar la responsabilidad y los resultados de TI.

Recomendación de la auditoría: Recomendamos que se definan claramente las tareas y responsabilidades del Comité de dirección de TI en un organigrama formal en el que se incluya la revisión y la aprobación de: cambios importantes en el *hardware* o *software*, los resultados del análisis de rentabilidad de cualquier proyecto de TI, las decisiones de desarrollo o adquisición de *software* de aplicaciones, las prioridades de los proyectos de TI, los procedimientos de emergencia, contingencia y planes de seguridad física, los presupuestos y planes pertenecientes a la función de TI, etc.

Respuesta de la gestión: Los directivos llevarán la recomendación al Consejo, para que establezca una solución permanente.

Recomendación 2: Se necesita crear el puesto de CIO

Título del área revisada: Gestión de TI.

Problemas encontrados por la auditoría: No hay una definición formal del puesto de CIO en la actual estructura organizativa. El Director Financiero (CFO) actualmente gestiona las operaciones de TI, al tiempo que las propias de su cargo.

Evaluación de la auditoría: Un puesto específico de CIO para la gestión de las operaciones de TI mejorará la responsabilidad de la función de TI y proporcionará un sistema más eficaz de control interno.

Recomendación de la auditoría: Recomendamos que el Consejo considere y cree, lo antes posible, un puesto de CIO a tiempo completo. Hasta la creación de ese puesto, recomendamos que los controles que incluye la doble función del actual CFO sean monitorizados por el Consejo, de una forma más rigurosa.

Respuesta de la gestión: Los miembros del Comité de auditoría y el CFO llevarán la propuesta al Consejo para que establezca una solución permanente.

3.2 Área de administración de TI: problemas encontrados y recomendaciones de la auditoría

Durante el proceso de auditoría, se revisaron los siguientes tipos de controles administrativos de TI para conocer su uso y su eficacia potencial en la organización: normas, políticas y procedimientos de TI, presupuesto, controles de los recursos, controles de gestión del personal de TI, descripciones de puestos de trabajo del personal de TI, controles de adquisiciones, controles de monitorización y revisión, y medidas del desempeño de la administración de TI.

Los problemas encontrados y las recomendaciones de la auditoría para resolverlos, son:

- Recomendación 3: Deben formalizarse las descripciones de puestos de trabajo
- Recomendación 4: Debe hacerse obligatoria la política sobre vacaciones
- Recomendación 5: Es necesario mejorar la formación y capacitación del personal de TI
- Recomendación 6: Es necesario mejorar la delimitación de tareas del personal de TI.

Recomendación 3: Deben formalizarse las descripciones de los puestos de trabajo

Título del área revisada: Descripciones de los puestos de trabajo de TI.

Problemas encontrados por la auditoría: La mayoría de las descripciones de puestos de trabajo no existen o las existentes no contienen las responsabilidades necesarias para un control interno eficaz.

Evaluación de la auditoría: Las descripciones de los puestos de trabajo son mecanismos útiles para comunicar las responsabilidades sobre tareas y resultados y definir las líneas jerárquicas de autoridad. También proporcionan un método objetivo para medir el desempeño del trabajo, ya que los empleados de TI deben conocer qué se espera de ellos para trabajar adecuadamente y según las normas de la organización.

Recomendación de la auditoría: Recomendamos que se establezcan y comuniquen a todo el personal de TI todas las descripciones de los puestos de trabajo. Estas descripciones deberían ser aceptadas y firmadas por los directivos corporativos y por el personal de TI. Esta norma debería mantenerse a lo largo de todo el ciclo de empleo de cada miembro del equipo de TI.

Respuesta de la gestión: Los directivos de TI revisarán la situación y adoptarán las medidas adecuadas con la ayuda del departamento de recursos humanos.

Recomendación 4: Debe hacerse obligatoria la política sobre vacaciones

Título del área revisada: Política de vacaciones en TI.

Problemas encontrados por la auditoría: La organización no tiene una política de vacaciones obligatorias para el personal de TI.

Evaluación de la auditoría: Obligar a los empleados que ocupan puestos sensibles de TI a disfrutar de sus vacaciones anuales puede reducir el riesgo de que un empleado inicie y desarrolle un esquema de fraude y sea capaz de ocultarlo durante un largo período de tiempo.

Recomendación de la auditoría: Recomendamos que se tenga en cuenta el establecimiento de una política de vacaciones que exija que todos los empleados de TI disfruten de sus vacaciones durante el año correspondiente y, si es posible, de una sola vez. Las excepciones debería aprobarlas el CIO y el directivo ejecutivo de recursos humanos y deberían documentarse apropiadamente.

Respuesta de la gestión: Los directivos de TI, con la ayuda de recursos humanos, analizarán la recomendación y adoptarán las medidas apropiadas.

Recomendación 5: Es necesario mejorar la formación y la capacitación del personal de TI

Título del área revisada: Formación y capacitación de TI.

Problemas encontrados por la auditoría: Los empleados de TI no han sido capacitados adecuadamente en las últimas novedades relacionadas con las TIC, teniendo en cuenta la tecnología informática que se utiliza en la actualidad, como muestra la revisión del presupuesto (planeado y real) de TI en el último año.

Evaluación de la auditoría: Una capacitación adecuada puede mejorar las prácticas de programación y producir menos errores, tiempos más cortos de implantación de los sistemas, menores costes de desarrollo y menores costes operativos y otros costes laborales.

Recomendación de la auditoría: Recomendamos que se desarrolle un programa de capacitación oficial para cada empleado, que tratará sobre los métodos y técnicas necesarias para mejorar el uso de la tecnología en la organización y para adaptar el desempeño del personal de TI a los objetivos operativos y estratégicos corporativos.

Respuesta de la gestión: Los directivos de TI lo analizarán, teniendo en cuenta las restricciones del presupuesto y adoptarán las medidas pertinentes.

Recomendación 6: Es necesario mejorar la delimitación de tareas del personal de TI

Título del área revisada: Delimitación de tareas en TI.

Problemas encontrados por la auditoría: El Director Financiero (CFO) (actuando como CIO), los directivos de secciones de TI y la mayoría de los programadores y analistas tienen libre acceso a los programas y a los datos de las aplicaciones corporativas en producción. Además, no hay controles de gestión que eviten o detecten los cambios no autorizados en la biblioteca de programas en producción.

Evaluación de la auditoría: La combinación de estas tareas posibilita la aparición de errores y su no detección durante largos períodos de tiempo. Con este entorno, cualquier persona puede emprender acciones posiblemente irregulares sin que se detecten a tiempo.

Recomendación de la auditoría: Recomendamos que se ponga en práctica la delimitación de tareas para todas las actividades críticas de TI. Por ejemplo, el CIO, una vez nombrado, debería centrarse en la gestión del centro de procesamiento de datos, la revisión de todos los cambios en los programas y el control de la biblioteca de programas en producción. Los programadores deberían centrarse en las responsabilidades de programación; no deberían trabajar como respaldo de los operadores y nunca deben tener acceso a la librería de programas de producción sin autorización previa del CIO (sólo en caso de emergencia).

Respuesta de la gestión: Los directivos de TI revisarán la situación y tomarán las acciones adecuadas.

3.3 Área de estrategia de TI: Problemas encontrados y recomendaciones de la auditoría

Durante el proceso de auditoría, se revisaron los siguientes tipos de controles estratégicos de TI para conocer su uso y su eficacia potencial en la organización: controles del proceso de estrategia de TI, controles de la implantación y monitorización de la estrategia de TI y controles estratégicos de la gestión del desempeño.

Los problemas encontrados y las recomendaciones de la auditoría para resolverlos son:

Recomendación 7: Es necesario un plan estratégico de TI formalizado

Título del área revisada: Estrategia de TI.

Problemas encontrados por la auditoría: Durante la revisión, hemos observado que no se ha desarrollado un plan estratégico, a largo plazo, de TI. El horizonte actual de planificación es anual y sólo se examinan las cuestiones del próximo año. Los sistemas de aplicaciones han evolucionado del mismo modo con el tiempo y no están integrados en absoluto. No se ha consultado a los máximos directivos de la comunidad de usuarios finales sobre sus objetivos y metas estratégicas y los futuros requisitos de usuario para los productos y servicios de TI.

Evaluación de la auditoría: La planificación eficaz a largo y a corto plazo es esencial para la función de TI de la organización, ya que garantiza que sus recursos informáticos puedan respaldar los objetivos estratégicos establecidos en el negocio y los objetivos operativos.

Recomendación de la auditoría: Recomendamos que la organización desarrolle, por escrito, un plan estratégico de TI, con un horizonte de 3 a 5 años, basado en el plan estratégico corporativo a largo plazo o plan de negocio. Este plan debería ser un documento de trabajo que trate las cuestiones esenciales, como: requisitos del *hardware*, requisitos del *software* de sistemas, comunicaciones, desarrollo de aplicaciones, procedimientos de emergencia y planes de contingencia, revisión de las relaciones con los proveedores externos, etc.

Respuesta de la gestión: Los directivos de TI revisarán la situación y adoptarán las medidas adecuadas.

3.4 Área del desarrollo de sistemas: problemas encontrados y recomendaciones de la auditoría

Durante el proceso de auditoría, se revisaron los siguientes tipos de controles estratégicos de TI para conocer su uso y su eficacia potencial en la organización: controles del desarrollo de aplicaciones, metodología de prueba de sistemas informáticos, controles del desarrollo de aplicaciones de usuario final, registros de auditoría, controles de paquetes de *software* y controles de la calidad del desarrollo de sistemas.

Los problemas encontrados y las recomendaciones de la auditoría para resolverlos son:

- Recomendación 8: Se necesitan normas de desarrollo de aplicaciones

- Recomendación 9: Se necesitan procedimientos formales de prueba de aplicaciones
- Recomendación 10: Debe mejorarse la documentación de usuario final.

Recomendación 8: Se necesitan normas de desarrollo de aplicaciones

Título del área revisada: Desarrollo de sistemas de aplicación.

Problemas encontrados por la auditoría: Hemos observado, durante nuestra revisión, que las normas de desarrollo de aplicaciones, incluyendo las de documentación, no están formalizadas ni ratificadas por el comité de dirección de TI u otro órgano ejecutivo de la organización.

Evaluación de la auditoría: El uso de normas formales de desarrollo de sistemas de aplicación, si están adecuadamente adaptadas e implantadas por el personal de TI de la organización garantiza, hasta donde es posible, que: (a) los controles dentro de cada sistema de aplicación y de todos sus programas estén adecuadamente diseñados y mantenidos, (b) el desarrollo de sistemas de aplicación y los cambios en programas relacionados satisfagan los objetivos de gestión, (c) los controles implantados funcionen de acuerdo con las especificaciones del marco corporativo interno de controles, (d) los sistemas de aplicación y los cambios en programas relacionados se prueben adecuadamente, y (e) los posibles errores en producción se corrijan antes de que lleguen a ocurrir.

Recomendación de la auditoría: Recomendamos que la función de TI elija una metodología de desarrollo de sistemas estándar, la adapte para que se adapte a las necesidades de la organización y la emplee para desarrollar sus propios sistemas.

Respuesta de la gestión: Los directivos de TI revisarán la situación y adoptarán las medidas adecuadas.

Recomendación 9: Se necesitan procedimientos formales de prueba de aplicaciones

Título del área revisada: Procedimientos de prueba de aplicaciones.

Problemas encontrados por la auditoría: Hemos observado, durante nuestra revisión, que la organización no tiene normas formales que regulen la prueba de las nuevas aplicaciones, ni en el plano general del sistema ni en el plano de los programas individuales. Los programadores prueban los sistemas de aplicación y los programas concretos en la medida que consideran necesario. No se requiere la participación de los usuarios finales en las pruebas. Además, no se documentan los procedimientos ni los resultados del proceso de pruebas.

Evaluación de la auditoría: Existe un riesgo para la organización porque los nuevos sistemas de aplicación y los programas revisados pueden no funcionar como se diseñaron inicialmente y puede que no satisfagan las necesidades de información y los requisitos funcionales del negocio de los usuarios finales.

Recomendación de la auditoría: Recomendamos que, para lograr el máximo beneficio de los procedimientos de prueba de las aplicaciones, los usuarios finales participen en el proceso completo de prueba de los sistemas de aplicación. Los procedimientos de prueba de sistemas y datos deberían estar diseñados para simular todas las posibles condiciones de procesamiento. Los cambios en los programas y en los nuevos programas deberían ser probados de acuerdo con un plan de prueba del sistema aprobado previamente por los usuarios y con normas de pruebas. La documentación de los procedimientos de prueba de los sistemas de aplicación debería incluir: objetivos concretos de la prueba del sistema, tipos de operaciones que deberían probarse, datos de prueba, resultados esperados, resultados reales, errores notificados y comparación con los resultados esperados, etc.

Respuesta de la gestión: Los directivos de TI revisarán la situación y adoptarán las medidas adecuadas.

Recomendación 10: Debe mejorarse la documentación de usuario final

Título del área revisada: Documentación de usuario final.

Problemas encontrados por la auditoría: No se actualizan los manuales de usuario final de la mayoría de los sistemas de aplicación. Los sistemas X,Y,Z tienen documentación muy escasa. Muchas secciones de la documentación de los sistemas A y B son incorrectas o están incompletas y otras secciones no existen.

Evaluación de la auditoría: Los manuales de usuario final de una aplicación suelen contener información suficiente para que los usuarios puedan comprender, interaccionar, controlar y manejar dicha aplicación. Si el manual está incompleto, incorrecto o redactado de modo que los usuarios no comprendan cómo interaccionar con el sistema, los usuarios trabajarán con un «método» de prueba y error. Los procedimientos habituales desarrollados de esta forma, probablemente ignorarán a largo plazo algunas funciones de la aplicación y podrán generar información incompleta e incorrecta en los archivos informáticos de los sistemas de aplicación.

Recomendación de la auditoría: Recomendamos que se actualicen todos los manuales de usuario final de las aplicaciones. Su documentación mínima puede incluir: descripción del sistema, características y restricciones de su funcionamiento, explicación de los campos de entrada, muestras de todas las pantallas y formularios, fórmulas y códigos relacionados con los usuarios finales, muestras de informes, descripciones de esos informes definiendo la procedencia y los cálculos asociados a sus campos, procedimientos de cuadre, explicación de los mensajes de errores de datos, otros controles, etc.

Respuesta de la gestión: Los directivos de TI revisarán la situación y adoptarán las medidas adecuadas.

3.5 Área de seguridad de TI: problemas encontrados y recomendaciones de la auditoría

Durante el proceso de auditoría, se revisaron los siguientes tipos de controles de seguridad de TI para conocer su uso y su eficacia potencial en la organización: directrices, normas y marcos legales de seguridad de TI, planes, políticas y procedimientos de seguridad de TI, controles de gestión de la seguridad del personal, controles técnicos especializados de protección, etc.

Los problemas encontrados y las recomendaciones de la auditoría para resolverlos son:

- Recomendación 11: Se necesita una política de seguridad de TI y los procedimientos relacionados con ella

- Recomendación 12: Deben mejorarse los controles de acceso del personal de TI a los elementos de producción
- Recomendación 13: Debe mejorarse el control de contraseñas.

Recomendación 11: Se necesita una política de seguridad de TI y los procedimientos relacionados con ella

Título del área revisada: Seguridad de TI.

Problemas encontrados por la auditoría: La organización no ha publicado una política de seguridad de TI para todos sus empleados y directivos, en la cual se definan las responsabilidades de los usuarios finales en el mantenimiento de la confidencialidad e integridad de todos los datos de la compañía. Tampoco los directivos ni el resto de los empleados firman, cuando entran en la compañía y una vez más cada año, una declaración de no divulgación y confidencialidad que defina sus responsabilidades con la compañía, los datos que mantiene y otras consideraciones sobre la seguridad. Además, tampoco se han documentado procedimientos sobre todas las cuestiones de seguridad de TI (como la administración de contraseñas, etc.) que deberían haber sido tratadas en la política de seguridad.

Evaluación de la auditoría: Sin normas formales de seguridad de TI, ni una política y sus procedimientos asociados, el personal de la organización no tiene directrices ni instrucciones claras sobre esas cuestiones.

Recomendación de la auditoría: Recomendamos que el Consejo asigne la tarea de desarrollar las normas y una política de seguridad de TI a un comité corporativo (p.ej. Comité de Dirección de TI). Los procedimientos de seguridad deberían documentarse para orientar al personal en la gestión de sus funciones y para garantizar que las responsabilidades sobre la seguridad están definidas para todos los usuarios de sistemas de TI.

Respuesta de la gestión: Los directivos de TI revisarán la situación y adoptarán las medidas adecuadas.

Recomendación 12: Deben mejorarse los controles de acceso del personal de TI a los elementos de producción

Título del área revisada: Controles de acceso lógico.

Problemas encontrados por la auditoría: Hemos observado, durante nuestra revisión, que los programadores (de aplicación y de sistemas) y los analistas de sistemas tienen acceso ilimitado a todos los sistemas de información en producción. Esto puede ocasionar conflictos con sus funciones sobre los sistemas de información concretos.

Evaluación de la auditoría: Si se adoptan controles de acceso efectivos a los programas y archivos en producción, sus cambios se realizan de modo controlado, evitando así errores accidentales o deliberados. La situación opuesta, que es la observada, ocasiona abusos de recursos críticos en tiempo y fuerza de trabajo para encontrar y corregir los errores, y puede aumentar los costes y reducir el grado de desempeño de la función entera de TI.

Recomendación de la auditoría: Recomendamos que todo el personal de TI (programadores, analistas, programadores de sistemas) sólo tenga acceso a los recursos del sistema, sistemas de información y datos en producción que necesite para efectuar su trabajo de modo eficaz y eficiente. Con ello se debería minimizar el riesgo de acceso no autorizado o fraudulento a sistemas de información y datos corporativos sensibles.

Respuesta de gestión: Los directivos de TI revisarán la situación y adoptarán las medidas adecuadas.

Recomendación 13: Deben mejorarse el control de contraseñas

Título del área revisada: Control de las contraseñas.

Problemas encontrados por la auditoría: Hemos observado, durante nuestra revisión, que los usuarios finales de todos los sistemas de información y el personal que mantiene esos sistemas y su entorno, no están obligados a cambiar las contraseñas periódicamente. Ningún responsable monitoriza el acceso de los empleados, ni siquiera cuando cambian de puesto en la organización y trabajan en lugares donde no necesitan tener acceso a sistemas de información. Además no existe ninguna política, sistema, procedimiento, ni controles manuales para monitorizar los cambios de contraseñas, establecer guías u obligar a los usuarios a cambiar realmente sus contraseñas de modo regular.

Evaluación de la auditoría: La ausencia de monitorización y el no cambiar periódicamente las contraseñas puede permitir iniciar actos fraudulentos, abusos con los datos, errores en el procesamiento de la información y facilitar la intrusión de elementos no autorizados, de dentro o de fuera de la organización.

Recomendación de la auditoría: Recomendamos que los directivos de TI creen e implanten una política y los procedimientos correspondientes, para obligar a cambiar periódicamente las contraseñas a todos los usuarios y proceder adecuadamente cuando algún empleado deje de trabajar en la empresa o cambien sus tareas y responsabilidades.

Respuesta de la gestión: Los directivos de TI revisarán la situación y adoptarán las medidas adecuadas.

3.6 Operaciones del centro de datos: problemas encontrados y recomendaciones de la auditoría

Durante el proceso de auditoría, se revisaron los siguientes tipos de controles operativos y de apoyo para conocer su uso y su eficacia potencial en la organización: controles de diseño e infraestructura del centro de datos, controles de acceso físico al centro de datos, controles de gestión del *hardware*, control del plan de contingencia y recuperación de desastres de TI, etc.

Los problemas encontrados y las recomendaciones de la auditoría para resolverlos son:

- Recomendación 14: Deben mejorarse los controles de acceso a la sala de ordenadores
- Recomendación 15: Deben guardarse copias de seguridad fuera de las instalaciones del centro
- Recomendación 16: Se necesita un plan de contingencia y de recuperación de desastres de TI.

Recomendación 14: Deben mejorarse los controles de acceso a la sala de ordenadores

Título del área revisada: Acceso a la sala de ordenadores.

Problemas encontrados por la auditoría: Hemos observado, durante nuestra revisión, que todos los empleados de la organización, fueran o no usuarios de los sistemas de información, entraban en la sala de ordenadores usando sus tarjetas de empleado, sin ningún otro control. El personal externo de mantenimiento y otros visitantes entraban en la sala llamando a los operadores o a la puerta de la sala.

Evaluación de la auditoría: Un acceso casi libre a la sala de ordenadores muy probablemente ocasionará daños, pérdidas, robos, mal funcionamiento o uso indebido del *hardware*, informes, soportes digitales, cintas, documentación, consumibles, formularios preimpresos (p.ej. facturas o cheques), etc.

Recomendación de la auditoría: Sólo el personal de operaciones informáticas y otras personas autorizadas expresamente por razón de su función (p.ej. directivos o gestores que deban entrar en la sala) deberían tener acceso a la sala de ordenadores. Cualquier otro visitante, sin excepción, sólo debería poder entrar con la autorización específica de un gestor con autoridad para ello y acompañado durante su estancia en la sala. La visita debería anotarse en el registro de visitas a la sala de ordenadores.

Respuesta de la gestión: Los directivos de TI revisarán la situación y adoptarán las medidas adecuadas.

Recomendación 15: Deben guardarse copias de seguridad fuera de las instalaciones del centro

Título del área revisada: Recuperación de desastres de TI.

Problemas encontrados por la auditoría: Hemos observado, durante nuestra revisión, que no hay documentación sobre las copias de seguridad de las aplicaciones, y que el *software* y las copias de seguridad de los datos no están guardadas en un almacenamiento seguro fuera del edificio.

Evaluación de la auditoría: Las copias de seguridad del *software*, datos y documentación de TI son críticas para las operaciones de TI y deberían estar guardadas en un lugar seguro fuera del edificio, para poder ser usadas si las copias primarias no estuvieran disponibles.

Recomendación de la auditoría: Para asegurar la integridad y la completitud de los sistemas corporativos de información de la organización, recomendamos que se obtenga una ubicación segura, fuera de las instalaciones de procesamiento de datos, donde guardar las copias de seguridad de la documentación del sistema, del *software* y de los datos. Estos procedimientos mejorarán la capacidad de reconstruir los sistemas informáticos en caso de un desastre u otros daños.

Respuesta de la gestión: Los directivos de TI revisarán la situación y adoptarán las medidas adecuadas.

Recomendación 16: Se necesita un plan de contingencia y de recuperación de desastres de TI

Título del área revisada: Recuperación de desastres de TI.

Problemas encontrados por la auditoría: Hemos observado, durante nuestra revisión, que la compañía no tiene un plan oficial de contingencia de TI y recuperación de desastres, para documentar cómo debería recuperarse la organización en caso de interrupción de los servicios de procesamiento informático proporcionados por el centro de datos.

Evaluación de la auditoría: Es crucial que exista un plan oficial de contingencia de TI y recuperación de desastres, que garantice la continuidad del procesamiento de servicios y aplicaciones críticas, y minimizar, así, el posible impacto financiero de una posible interrupción, ocasionada por un desastre. Aunque conocemos las preocupaciones del Consejo por los costes, creemos que el beneficio de un plan de estas características sobrepasa ampliamente los costes de su desarrollo.

Recomendación de la auditoría: Recomendamos que se desarrolle, documente y pruebe periódicamente un plan de contingencia exhaustivo que garantice la continuidad de los servicios de procesamiento de datos, hasta el grado que se necesite, en caso de desastre. El plan debería describir, como mínimo:

- objetivos y alcance del plan
- supuestos y estrategias de recuperación, incluyendo una evaluación del impacto de la interrupción del negocio y análisis de las aplicaciones críticas
- plazos de recuperación
- procedimientos para la evaluación de daños
- procedimientos para la activación del plan
- procedimientos de notificación
- roles y responsabilidades del equipo de recuperación de emergencia
- cobertura de seguros
- contratos y acuerdos escritos con proveedores
- instalaciones alternativas para el procesamiento
- procedimiento de almacenamiento fuera del centro principal
- procedimientos de funcionamiento alternativo y procedimientos de recuperación de datos
- lista de contacto con los proveedores
- inventario de formularios impresos, etc.
- procedimientos de prueba
- responsabilidades sobre el mantenimiento del plan, etc.

Respuesta de la gestión: Los directivos de TI revisarán la situación y adoptarán las medidas adecuadas.

3.7 Ordenadores personales: problemas encontrados y recomendaciones de la auditoría

Los problemas encontrados y las recomendaciones de la auditoría para resolverlos son:

Recomendación 17: Se necesitan políticas y procedimientos sobre los ordenadores personales

Título del área revisada: Entorno de ordenadores personales.

Problemas encontrados por la auditoría: Hemos observado, durante nuestra revisión, que la organización usa cada vez más ordenadores personales en casi todas las áreas de negocio. Los usuarios finales desarrollan varias aplicaciones sobre hojas de cálculo y las usan ampliamente, sin ningún control. No se han desarrollado por escrito políticas y procedimientos que controlen el uso de ordenadores personales y el desarrollo, por parte de usuarios finales, de aplicaciones sobre hojas de cálculo.

Evaluación de la auditoría: Las políticas y procedimientos exhaustivos sobre el uso de los ordenadores personales y el desarrollo de aplicaciones sobre hojas de cálculo por los usuarios finales garantizarían un mejor control del entorno y la exactitud de los resultados obtenidos con los datos introducidos en estas aplicaciones.

Recomendación de la auditoría: Recomendamos que la organización desarrolle políticas y procedimientos formales para el control de los ordenadores personales y el desarrollo de aplicaciones por parte de los usuarios finales.

Respuesta de la gestión: Los directivos de TI revisarán la situación y adoptarán las medidas adecuadas.

3.8 Área del software de sistemas: problemas encontrados y recomendaciones de la auditoría

Durante el proceso de auditoría, se revisaron los siguientes tipos de controles del *software* de sistemas para conocer su uso y su eficacia potencial en la organización: controles del entorno operativo de los sistemas, controles de las bases de datos, controles de las comunicaciones de datos, controles de los registros de auditoría y controles de monitorización y revisión.

Los problemas encontrados y las recomendaciones de la auditoría para solucionarlos son:

Recomendación 18: Hay que mejorar el control sobre los cambios en el *software* de sistemas

Título del área revisada: Control del software de sistemas.

Problemas encontrados por la auditoría: Hemos observado, durante nuestra revisión, que no hay un procedimiento formal para el control de los cambios en el *software* de sistemas (sistema operativo, *software* de red, sistema de gestión de bases de datos, etc.). Los cambios se implantan sin autorización de los directivos y no se mantiene un registro de los cambios realizados.

Evaluación de la auditoría: Es necesario un procedimiento formal para la autorización, implantación, aprobación y documentación de los cambios en el *software* de sistemas y para evitar que los cambios no autorizados dañen el funcionamiento del sistema y ocasionen, posiblemente, paradas y reinicios innecesarios y problemas operativos en los sistemas de aplicación de la organización.

Recomendación de la auditoría: Recomendamos que se implante, con un plan de plazos adecuado, una serie de políticas y procedimientos para controlar los cambios en el *software* de sistemas y que se aplique de modo coherente en todas las ocasiones.

Respuesta de la gestión: Los directivos de TI adoptarán las medidas adecuadas.

3.9 Funcionamiento de las aplicaciones: problemas encontrados y recomendaciones de la auditoría

El área del funcionamiento de las aplicaciones no está dentro del alcance acordado de esta auditoría y, por ello, no se han realizado revisiones completas sobre los controles relativos al funcionamiento de las aplicaciones informáticas en el centro de datos de la organización.

Sin embargo, se observaron algunos problemas, para los que proponemos las recomendaciones siguientes:

Recomendación 19: Debe mejorarse el control de algunos formularios críticos

Título del área revisada: Control de formularios.

Problemas encontrados por la auditoría: Hemos observado, durante nuestra revisión, que algunos formularios críticos, como facturas, cheques de cuentas a pagar, pedidos, etc. no están adecuadamente controlados (p.ej. no están en un área cerrada con llave, se entregan sin necesidad de autorización, etc.).

Evaluación de la auditoría: El riesgo de que un posible fraude pase inadvertido es muy alto. El riesgo de que actividades críticas del negocio sufran retrasos es notable.

Recomendación de la auditoría: Recomendamos que todos los formularios críticos estén bajo el control de un responsable y que se entreguen sólo a personas autorizadas.

Respuesta de la gestión: Los directivos de TI adoptarán las medidas adecuadas.

Recomendación 20: La revisión de los registros puede ayudar a resolver problemas

Título del área revisada: Control de los registros.

Problemas encontrados por la auditoría: Hemos observado, durante nuestra revisión, que los diversos registros de operaciones informáticas no son examinados por el directivo responsable de la ejecución de los trabajos en el centro de datos.

Evaluación de la auditoría: La revisión periódica de los registros puede detectar problemas o un uso indebido de los sistemas de aplicación, archivos y utilidades.

Recomendación de la auditoría: Recomendamos que el responsable de las operaciones informáticas revise periódicamente todos los registros de aplicaciones para identificar posibles problemas de la producción y brechas o infracciones de seguridad.

Respuesta de la gestión: Los directivos de TI adoptarán las medidas adecuadas.

10.7 Revisión de las políticas y procedimientos de TI de la compañía «ABCXXYX»

«ABCXXYX» es una gran compañía manufacturera con operaciones en muchos países. Este es el informe de problemas encontrados, derivado de la revisión de las políticas y procedimientos de su TI. La compañía había adquirido varias aplicaciones llave en mano para la mayoría de sus funciones empresariales (administración, finanzas, nóminas, ventas, marketing, ingeniería, investigación y desarrollo, plantas de fabricación, etc.) y tenía pequeños grupos informales de TI en los departamentos de negocio, para dar servicio a esos departamentos y a sus aplicaciones.

Se acordó la revisión de las políticas y procedimientos de las siguientes áreas: sistema de control interno, organización de TI, estrategia de TI, sistemas de aplicación, procedimientos de respaldo de TI, seguridad de TI, recuperación de desastres de TI, legislación de TI y asistencia de los proveedores de TI.

Se usaron los programas de auditoría y listas de comprobación descritos en el Capítulo 1 del Apéndice y en los capítulos 1, 4, 5, 6, 7, 8 y 9 de este libro.

El siguiente informe siguiente presenta los resultados de una revisión detallada de las políticas y procedimientos de TI de esta compañía ficticia. Describe las deficiencias y omisiones encontradas durante el proceso de revisión. No hace recomendaciones para resolver estos problemas, ya que no se encontraba en el alcance del trabajo, por varias razones. Por el mismo motivo, no propone un esquema priorizado para tratar los problemas del proceso de revisión. Cualquier parecido con una compañía real o entorno de procesamiento, es una coincidencia.

INFORME DE REVISIÓN DE TI DE «ABCXXX» (ejemplo)

1 Alcance de la revisión de TI

Durante este proceso de revisión, y de conformidad con el acuerdo entre un consultor externo en gestión de la TI y el Consejo de la compañía, revisamos y evaluamos los controles de las siguientes áreas de actividad de la compañía «ABCXXX».

- Sistema de controles internos
- Estrategia de TI
- Organización de TI
- Sistemas de aplicación
- Procedimientos de copia de seguridad
- Seguridad de TI
- Recuperación de TI tras desastres
- Legislación sobre TI
- Asistencia de proveedores de TI.

Puede examinarse el funcionamiento de aplicaciones informáticas concretas en el centro de datos o en ordenadores personales de usuarios finales, pero no se realizarán pruebas de las aplicaciones en entornos reales o de prueba, con operaciones reales o ficticias, ni se buscará la posibilidad de espionaje por medio de dispositivos de escucha, ni se realizarán pruebas de intrusión.

Al preparar nuestro informe dependemos de la veracidad e integridad de la información proporcionada por los directivos y gestores de la compañía. No podemos garantizar que esta información sea correcta o completa, ya que no efectuamos pruebas sobre las políticas y procedimientos ni sobre los sistemas informatizados de aplicación en las oficinas e instalaciones de la compañía cliente.

2 Problemas encontrados durante la revisión

2.1 Problemas encontrados durante la revisión del sistema de controles internos

Antecedentes: El Consejo de administración de la compañía tiene la responsabilidad de garantizar la existencia y el uso eficaz de un sistema de gestión con políticas, procedimientos y controles adecuados, para gestionar todas las operaciones y funciones de la compañía, por el bien de sus accionistas, empleados y otros interesados. Este marco integral de referencia suele denominarse «gobernanza corporativa». La gobernanza corporativa se ejerce, sobre toda la compañía, por medio de un sistema de controles internos. Este sistema suele estar compuesto de políticas, procedimientos, técnicas, métodos, prácticas, organización, personal y mecanismos de control, y su principal propósito es el control de todas las funciones, sistemas y operaciones, del modo más apropiado. Esto es crucial porque: (a) asegura al Consejo que todas las funciones, actividades y operaciones se gestionan adecuadamente, (b) todos los recursos están protegidos, (c) se minimizan los riesgos operativos y financieros, y (d) hay controles eficaces para evitar la apropiación o el uso indebido.

Revisión de los problemas encontrados: la compañía no ha establecido formalmente ninguna clase de sistema de control interno. La función de auditoría interna debería realizar este servicio, según varios directivos de alto nivel, pero no es ni su tarea, ni su responsabilidad, por lo que el equipo de auditoría interna no acepta esa responsabilidad.

Observaciones de la revisión: El riesgo de no disponer de un sistema formalizado de controles internos que controlen y orienten las operaciones de la compañía es muy elevado. La falta de un conjunto integrado de controles de gestión puede ocasionar graves problemas de gestión, crisis, ineficacia operativa y posibles pérdidas de ingresos.

2.2 Problemas encontrados durante la revisión de la organización de TI

Antecedentes: La función de TI suele establecerse para respaldar las necesidades de la empresa. La esencia de la unidad de TI es asegurar que los sistemas y la infraestructura se gestionan adecuadamente y se controlan del modo más apropiado. La unidad de TI puede estar estructurada para dar servicio a la compañía y a sus divisiones: como una división aparte, formando parte de una división, relacionándose con una entidad de externalización, como un servicio compartido entre varios departamentos, una combinación de las anteriores, etc. La cobertura técnica que podría proporcionar puede tener todos o algunos de los siguientes elementos: plataformas de *hardware* de *mainframe* y microordenadores, sistemas operativos, sistemas de gestión de bases de datos, sistemas de información, centros de procesamiento de datos, ordenadores personales, sistemas y aplicaciones ofimáticos, Internet, redes (cables, *hubs*, WAN, LAN, intranet), transmisiones de datos con el exterior usando diversos protocolos, voz, datos, etc.

Revisión de los problemas encontrados: La compañía no tiene una ubicación formal y centralizada de la función de TI. No hay políticas ni procedimientos formalizados ni desarrollados. Cada grupo de TI hace lo que le dicta su experiencia y como mejor le parece.

Observaciones de la revisión: La inexistencia una función bien establecida de TI ocasiona un riesgo muy alto de que no se puedan respaldar las operaciones de la compañía, sobre todo en los próximos años, en los que se espera un crecimiento de los productos y servicios de la compañía. La gestión de los sistemas de TI por grupos reducidos en las áreas de usuarios finales, y bajo la influencia directa de estos últimos, puede ocasionar una grave crisis de gestión, la toma de decisiones equivocadas, ineficiencia operativa, y posibles pérdidas de ingresos. Algunos de los problemas que pueden aparecer son: (a) introducción y mantenimiento de datos incorrectos en los sistemas de aplicación, (b) errores en datos y procedimientos, (c) informes erróneos, (d) imposibilidad de diseñar, implantar y mantener nuevas funciones en los sistemas de aplicación, (e) problemas de *hardware* y red sin resolución, (f) problemas de seguridad con los niveles de acceso, etc.

2.3 Problemas encontrados durante la revisión de la estrategia de TI

Antecedentes: La planificación estratégica de TI no trata sólo sobre TI, sino sobre las actividades del negocio de la compañía y sobre cómo posibilitar y facilitar esas actividades por medio de los sistemas y servicios de la TI. La esencia de la planificación estratégica de TI está en asegurar que: (a) los sistemas y los servicios de redes producen soluciones apropiadas para los requisitos y problemas formulados a todos los niveles de gestión y operación, (b) la TI proporciona ventaja competitiva a la compañía, (c) la TI trata adecuadamente los factores críticos de éxito para conseguir que la compañía tenga éxito a largo plazo, y (d) la TI posibilita que la compañía alcance sus objetivos corporativos estratégicos, tácticos y operativos, del modo más eficaz. La planificación a largo plazo de los sistemas de información se logra por medio de la elaboración de una estrategia de TI.

Se trata de un plan para satisfacer las necesidades de información de la compañía durante los próximos cinco años, por medio del desarrollo de sistemas de aplicación y servicios relacionados, como la automatización, servicios de redes, acceso *online* de clientes, etc. La estrategia de TI incluye un plan para el *hardware* y para el desarrollo de sistemas de aplicación, además de las cuestiones que deben resolverse para respaldar los procesos esenciales del negocio por medio de la TI. La gobernanza corporativa implica que haya una estrategia eficaz de TI, coordinada con las metas y las directrices estratégicas del plan de negocio de la compañía.

Revisión de los problemas encontrados: la compañía no tiene una estrategia formalizada de TI. Se ha debatido alguna vez, pero sin un objetivo ni plazo concreto. El modelo de negocio de la compañía, que forma parte del proceso de planificación estratégica de la compañía, está a punto de concluir en el momento de la revisión.

Observaciones de la revisión: El riesgo de no tener una estrategia de TI conveniente para las operaciones de la compañía es muy alto, sobre todo en el plazo de 1 a 5 años. La falta de compromisos estratégicos y de recursos (dinero, personal, métodos, dirección estratégica, etc.) y la existencia de sistemas antiguos, inadecuados e ineficaces para los nuevos requisitos del negocio pueden ocasionar una grave crisis de gestión, ineficacia operativa y posible pérdida de ingresos.

2.4 Problemas encontrados durante la revisión de sistemas de aplicación

Antecedentes: Los sistemas de aplicación son la savia de la TI. Su existencia garantiza la entrega de información correcta, con calidad y a tiempo, a todos los niveles de gestión y a los usuarios, el descubrimiento y desarrollo de soluciones apropiadas para los requisitos y problemas del negocio y la consecución de los objetivos operativos y estratégicos con la rentabilidad óptima. La gobernanza corporativa implica que haya una estrategia eficaz de TI, coordinada con las metas y las directrices estratégicas del plan de negocio de la compañía.

Revisión de los problemas encontrados: hay aplicaciones para facturación, cuentas a pagar, contabilidad general, nóminas, producción, logística y asistencia a clientes. Estos sistemas los suministran diferentes empresas externas. Los contratos de mantenimiento tienen condiciones y cláusulas diferentes, según cada empresa. No hay procedimientos de negocio escritos para ninguna de las funciones servidas por estos sistemas de aplicación.

Observaciones de la revisión: El riesgo de no contar con información actualizada, proporcionada por sistemas de aplicación eficaces y de que la estrategia de TI no sea capaz de adecuarse a las operaciones de la compañía, sobre todo en el plazo de 1 a 5 años, es muy alto.

La falta de contratos de mantenimiento estándar provocará sistemas ineficaces y problemas de sobrecoste. Como esos contratos no están gestionados por una función central, el departamento de TI sufrirá probablemente una grave crisis de gestión, la ineficacia de las aplicaciones y de las operaciones del negocio y posibles pérdidas de ingresos corporativos.

2.5 Problemas encontrados durante la revisión de procedimientos de copias de seguridad de TI

Antecedentes: El proceso de copias de seguridad consisten en la copia, almacenamiento y recuperación de datos y *software* (sistema operativo, sistema de gestión de bases de datos, redes, aplicaciones ofimáticas, aplicaciones del negocio, utilidades, etc.). Las copias de seguridad de los datos pueden servir para: recuperación de desastres, retención de datos históricos por motivos legales, mantenimiento de las operaciones cotidianas, su análisis o solicitud, y recuperación en caso de errores. Las copias de seguridad del *software* (sistema operativo, sistema de gestión de bases de datos, redes, aplicaciones ofimáticas, aplicaciones del negocio, utilidades, etc.), pueden servir para: recuperación de desastres (reconstruir el entorno operativo), gestión de versiones de *software*, manteniendo las anteriores para permitir volver a una versión previa estable si la actual tiene problemas, mantenimiento y respaldo del entorno de desarrollo, análisis, solicitud y recuperación de versiones concretas de *software*, y restauración de puntos de proceso en caso de errores del *software*.

Revisión de los problemas encontrados: El personal de la compañía, al ejecutar las aplicaciones, efectúa regularmente procesos de copias de seguridad para cada aplicación de los departamentos usuarios. Los medios de soporte de esas copias se guardan cerrados en armarios para medios de soporte, en un lugar y, en otro lugar diferente, se guardan varias copias más. No hay una política escrita, formalizada y aprobada por el Consejo, sobre las copias de seguridad. Ningún usuario mantiene una documentación de registro de los respaldos, con los datos de detalle necesarios, ni tampoco se mantiene en un lugar centralizado, donde podría efectuarse su control y gestión. No hay armarios a prueba de fuego dedicados a esta función, en un entorno seguro y controlado. Las copias de seguridad no se custodian en un lugar apropiado (por ejemplo, una cámara de seguridad). No se pudo comprobar el procedimiento de recuperación de cada aplicación y su sistema operativo relacionado. Las copias de las llaves de los armarios en los que se guardan las copias no se guardan en una oficina definida, para su adecuado control.

Observaciones de la revisión: El riesgo de permitir a los usuarios finales ejecutar las copias de seguridad bajo su propia autoridad y no contar con un elemento organizativo de TI responsable de gestionar, supervisar y controlar los procesos de copias de seguridad y de mantener la recuperabilidad del sistema existente es muy alto. La gestión de las copias por los propios usuarios puede ocasionar graves pérdidas de datos y *software*, la imposibilidad de recuperar información o *software*, decisiones erróneas, ineficacia en las operaciones y posibles pérdidas de ingresos.

2.6 Problemas encontrados durante la revisión de seguridad de TI

Antecedentes: el propósito de la seguridad informática es la protección de los valiosos recursos de la organización, —como información, datos, instalaciones, edificios, *hardware*, infraestructura y *software*— de una amplia gama de amenazas, para asegurar la continuidad del negocio, minimizar los posibles daños ocasionados al negocio y optimizar la rentabilidad y las oportunidades de negocio. Seleccionando y aplicando las medidas de protección apropiadas, la seguridad ayuda a cumplir la misión de la organización, ya que protege sus recursos físicos y financieros, reputación, posición legal, empleados y otros activos tangibles e intangibles. La seguridad de TI se logra implantando el conjunto de controles apropiado, que pueden incluir políticas, prácticas, procedimientos, mecanismos de cumplimiento y recompensas, estructuras organizativas, funciones de *software* y procesos de control de acceso. Es necesario establecer estos controles para garantizar la consecución de los objetivos concretos de seguridad de la organización. Los controles de seguridad de TI serán mucho más baratos y eficaces si se incorporan en la etapa de especificación y diseño de requisitos. La gobernanza corporativa implica además la absoluta necesidad de una seguridad de TI eficaz, para que las metas y directrices estratégicas del plan de negocio de la compañía se puedan realizar.

Revisión de los problemas encontrados: la compañía no cuenta con un marco de referencia formal de seguridad de TI. No existe una política formal escrita y aprobada por el Consejo y no se estaba elaborando ninguna. Se usan contraseñas muy sencillas para acceder y mantener las aplicaciones; además, no se cambian regularmente y no hay una política que indique que se deban cambiar. No hay controles de acceso físico a las oficinas de los usuarios finales, donde se ejecutan aplicaciones informáticas para las operaciones de la compañía. Las copias de las llaves de las cabinas de almacenamiento, que contienen copias de seguridad y otros materiales, no se guardan en una oficina de algún directivo, de modo que no se gestiona su control.

Observaciones de la revisión: Puede ser muy nocivo para la compañía la inexistencia de un marco de referencia de seguridad de TI operativo, que gestione y controle el personal autorizado de TI y audite la función de auditoría interna (que tampoco existe). Este marco permitiría que la compañía se enfrentara adecuadamente a los riesgos operacionales derivados de la TI. La ausencia de coordinación y compromiso de los directivos con la seguridad de TI puede ocasionar posibles pérdidas de ingresos y que queden inoperativos recursos importantes, que se desencadenen crisis de control de la gestión y la pérdida de *software* y de datos. Sin un sistema formalizado de seguridad de TI, con normas, política y procedimientos relacionados, los directivos y empleados de la organización no cuentan con directrices ni instrucciones claras sobre qué debe hacerse en materia de seguridad informática.

2.7 Problemas encontrados durante la revisión de recuperación de desastres de TI

Antecedentes: La planificación de la recuperación de desastres de TI se refiere a las políticas, planes y procedimientos para prevenir un tiempo prolongado de indisponibilidad del centro de procesamiento de datos (donde suelen operar las aplicaciones informáticas más importantes) o en ubicaciones críticas de usuarios en las cuales se da soporte a aplicaciones informáticas esenciales para el negocio de la compañía. El propósito de la planificación de desastres de TI es asegurar que los valiosos recursos de la organización, como información, datos, instalaciones, recursos, *hardware*, componentes de infraestructura, sistemas y *software*, puedan recobrar el modo operativo, en el mínimo período de tiempo, tras una catástrofe. La planificación de desastres de TI deberá ajustarse y coordinarse con los procesos de recuperación de desastres y de planificación de la continuidad del negocio, para garantizar la continuidad, minimizar el daño sobre el negocio y maximizar la rentabilidad y las oportunidades del negocio.

Revisión de los problemas encontrados: No hay un plan formal de recuperación de desastres de TI. La empresa no tiene un marco de referencia para la recuperación de desastres y la continuidad del negocio.

Observaciones de la revisión: El riesgo derivado de la falta de un plan de recuperación de desastres de TI, que debería activarse si ocurriera una catástrofe en las operaciones e instalaciones de TI de la compañía, es muy alto. La falta del necesario plan de gestión, compromiso y recursos (dinero, personas, métodos, dirección estratégica, etc.) para crear y probar tal plan, puede ocasionar grandes interrupciones operativas y graves pérdidas de ingresos en la compañía.

2.8 Problemas encontrados durante la revisión de las cuestiones de legislación de TI

Antecedentes: El propósito de la legislación de TI es proteger los valiosos recursos de TI de la organización, como información, datos, instalaciones, facilidades, recursos, *hardware*, componentes de infraestructura, *software* y personal, de un amplio abanico de amenazas legales (p.ej. cumplimiento de las leyes de copyright, privacidad de datos, piratería de *hardware* y *software*, daños resultantes, etc.). Es responsabilidad de los directivos procurar que la compañía cumpla con todas las leyes y regulaciones relevantes.

Revisión de los problemas encontrados: La revisión de las cuestiones sobre la legislación de TI identificó varios problemas, como (a) declaración de privacidad de los datos: no se ha solicitado ni gestionado la información pertinente sobre los datos que se mantienen y otra información obligatoria, de acuerdo con la Ley de privacidad, ni se ha enviado a la autoridad nacional relevante, y (b) se han perdido licencias del *software* comprado.

Observaciones de la revisión: El riesgo de que la compañía no controle el proceso de adquisiciones de un modo formalizado y de que no gestione completamente todas las cuestiones relacionadas con el cumplimiento de la legislación relevante sobre la TI es muy alto y puede ocasionar sanciones y mala imagen para los planes de venta de la compañía.

2.9 Problemas encontrados durante la revisión de la asistencia de los proveedores de TI

Antecedentes: El propósito de la asistencia de los proveedores de TI es asegurar que las instalaciones informáticas de la compañía, el *hardware* y los sistemas de *software* están activos y operativos, y que los defectos se corrigen rápida y eficazmente, para asegurar la continuidad y minimizar el posible daño al negocio, con lo cual se maximiza la rentabilidad en TI. La asistencia de los vendedores de TI se consigue implantando un conjunto adecuado de controles, que pueden incluir políticas, prácticas, procedimientos y contratos de mantenimiento.

Revisión de los problemas encontrados: Hay contratos de mantenimiento en vigor de todos los sistemas de aplicación de los departamentos usuarios. Estos no han notificado problemas con la calidad de la asistencia recibida. Sin embargo, la revisión de los contratos de mantenimiento ha identificado varios problemas, como: (a) el contrato de mantenimiento del paquete «ABX» no tiene una cláusula de confidencialidad, no se han proporcionado actualizaciones del *software* en los últimos 5 años, y no pueden proporcionar ni documentación (de usuario o técnica) ni capacitación, (b) el contrato de mantenimiento del paquete «ABCX» no tiene una cláusula de confidencialidad para el acceso remoto, y (c) la cláusula de terminación del paquete «TTTXX» permite que el proveedor cancele sus servicios con un aviso previo de 2 meses y no hay un depósito del código fuente del proveedor para los sistemas de aplicación adquiridos por la compañía.

Observaciones de la revisión: El riesgo de dejar la gestión de los proveedores de TI en manos de los usuarios finales, bajo su propia autoridad, y de no tener una unidad de TI para su gestión, supervisión y control y para mantener la recuperabilidad de los sistemas existentes, según las operaciones de la compañía, es muy alto. La gestión de los proveedores de los sistemas por los propios usuarios puede originar graves crisis de gestión, decisiones erróneas, ineficacia operativa y posibles pagos adicionales por mantenimiento innecesario o no realizado adecuadamente por los proveedores.

3 Recomendaciones

A continuación, mostramos nuestras recomendaciones inmediatas, a partir de los comentarios de la revisión. Esta lista no impone ninguna prioridad (alta, media, baja) a cada recomendación, ya que estos problemas deberán ser revisados por el Consejo y los directivos de la compañía antes de que se diseñe e implante el plan de acción.

1. Diseñar, desarrollar e implantar un sistema de control interno.
2. Establecer una organización central de TI.
3. Crear una estrategia de TI a largo plazo (5 a 10 años).
4. Nombrar un equipo para elaborar los procedimientos del negocio y relacionarlos con las aplicaciones de TI.
5. Formalizar los procedimientos de copias de seguridad de datos y *software*, y asignar su responsabilidad a la TI.
6. Establecer e implantar un marco formal de referencia de seguridad de TI (plan, políticas, procedimientos, prácticas, personas, estructura organizativa, etc.).
7. Diseñar y mantener un plan formal de recuperación de desastres de TI.
8. Enviar la declaración sobre privacidad de datos a las autoridades correspondientes.
9. Conseguir las licencias del *software* adquirido de los proveedores originales.
10. Revisar y normalizar los contratos de mantenimiento de todas las aplicaciones, y asignar su responsabilidad a la TI.

Otras cuestiones, como la de crear un centro de procesamiento de datos, contratar y capacitar personal adicional para TI, mejorar las aplicaciones sobre la base de la nueva estrategia de TI, etc. exigen un posterior análisis de rentabilidad entes de hacer recomendaciones concretas.

10.8 Conclusión final

El principal propósito de los controles de TI es garantizar el funcionamiento seguro de los sistemas de información y la protección de los recursos de TI y de los datos de la organización mantenidos por esos sistemas frente a posibles daños y perjuicios. Estos objetivos se consiguen mediante una serie de políticas, procedimientos, prácticas, métodos, técnicas y medidas de actuación, llamadas colectivamente «controles».

Los controles de sistemas e infraestructuras se clasifican en controles generales de TI (p.ej. los controles que se aplican a toda la actividad de los Sistemas de Información de una organización) y controles de aplicaciones informáticas, que son específicos para una aplicación concreta, como procesamiento de nóminas, contabilidad general, cuentas a cobrar, etc. Ambos tipos de controles, en cualquier marco organizativo, deben operar dentro del marco de gobernanza corporativa y del sistema de controles internos para satisfacer al máximo sus propósitos.

A veces, la frontera entre estos tipos de controles es muy arbitraria, sobre todo en los modelos cliente/servidor, la computación basada en web y aplicaciones en la nube, muchas de cuyas aplicaciones se ejecutan en varios ordenadores.

Es importante y crucial, para los directivos de TI, los profesionales del desarrollo de sistemas y otros interesados (auditores, investigadores del fraude, etc.) reconozcan que se necesita una eficaz y exhaustiva combinación de ambas clases de controles para garantizar, en la medida de lo posible, un entorno de procesamiento adecuadamente seguro. Necesitamos ser proactivos, planificar y prepararnos nosotros y nuestras organizaciones para afrontar posibles ataques, fraudes y errores sobre los sistemas de información, desastres a las instalaciones de TI y sucesos no usuales.

Deberíamos resaltar que en la actualidad, los intrusos en los sistemas y redes de TI no publican sus herramientas, sus ataques, fracasados o fructuosos, ni sus beneficios. Actúan desde el anonimato, silenciosamente, paso a paso, desde dentro y fuera de las organizaciones, en todo el planeta, y suelen ocultar sus rastros.

«Los jugadores incluyen ahora terroristas, empleados delincuentes, *hackers*, programas de código libre. La comunidad clandestina del cibercrimen está tratando de hacerlo mejor que nosotros. Antes (1998) alguien podría vender identificaciones y contraseñas de usuarios. Ahora, el menú incluye los historiales laborales, las tarjetas de crédito y de débito, con sus números secretos y los buzones completos de correo electrónico. Le enviarán la información a cualquier parte del mundo, a cambio de dinero».[89]

Hay un ejército de ellos, con nuevas habilidades y capacidades:

- *mappers*
- *scanners*
- *hackers*
- *crackers*
- buscadores de contraseñas
- lectores a distancia de las pantallas por medio de la radiación emitida (herramientas de van Eck)

---

[89] Ver Computer Crime Research Center:www.crime-research.org, March 31, 2010.

- programadores que escriben *software* para entrar en los sistemas y redes sin dejar rastro
- empleados actuando como topos dentro de una organización, para facilitar su ataque
- proveedores de *software* y *hardware* inapropiados
- ingenieros sociales, que obtienen contraseñas y otra información confidencial por diversos medios, etc.

Ese ejército debe ser contrarrestado por la sociedad, la acción de las leyes, normas, códigos éticos, etc. y por las organizaciones que diseñen e implanten controles corporativos generales y detallados sobre la TI.

Los controles corporativos y los de TI son muy complejos y pueden incluirse en las preocupaciones estratégicas y operativas corporativas y del negocio, como tales. Los controles detallados de TI exigen mucho más que los últimos métodos, prácticas y herramientas de *software* o tecnología. Las organizaciones deben comprender claramente qué entidades, datos, soportes, sistemas, servicios y otros recursos intentan proteger y por qué, antes de elegir soluciones generales o específicas de TI.

Los directivos de TI, sus profesionales, auditores informáticos, auditores internos, expertos en el fraude y la sociedad en general, deben estar siempre alertas para proteger sus organizaciones, los datos almacenados y los notificados por sus sistemas informáticos, usando, implantando y mejorando los controles y métodos de TI del modo más eficaz y eficiente.

Un informe internacional reciente[90] lo indicó claramente: «Los defectos en la privacidad y protección de los datos pueden causar daños irreparables en los balances de las compañías, en sus marcas, su credibilidad, la confianza de sus clientes y otros daños relacionados».

Los controles de TI, dentro del marco más amplio de prácticas de la gobernanza de la TI, pueden crear valor en la organización.[91]

Además, los desastres de TI[92] más recientes demuestran sobradamente que los controles de TI deben establecerse, revisarse y mejorarse.

Hacerlo es nuestra misión, nuestro deber moral, nuestra responsabilidad y nuestro trabajo. Los sistemas de aplicación informática son la savia de las organizaciones. La rápida difusión de la información correcta y oportuna impulsa, posibilita y facilita las economías nacionales y globales, beneficiando a todo el mundo.

Debemos trabajar intensamente para lograr controles de TI eficientes y útiles. Necesitamos planificar y actuar. Debemos ser persistentes para alcanzar nuestros objetivos y debemos ser rigurosos en muestro método.

---

[90] Ver 'How Global Organisations Approach the Challenge of Protecting Personal Data', Accenture, 2009: www.accenture.com.

[91] Ver 'How IT Governance Drives Improved Performance', IT Process Institute, 2009: www.itpi.org.

[92] El fallo del Metro de Londres, debido a problemas de TI, en www.computerworld.com, Abril 7, 2010, el desastre de $170 millones del ERP de McDonald's, en www.infoworld.com, EDS y problemas de UK Child Support, en http://news.zdnet.com, etc.

APÉNDICES: EJEMPLOS DE POLÍTICAS, DIRECTRICES, FORMULARIOS Y METODOLOGÍAS

La ciencia es el conocimiento organizado

Herbert Spencer (1820–1903)

Apéndice 1: Ejemplos de políticas de seguridad de TI

Este apéndice incluye las siguientes políticas (como ejemplos genéricos):

- Política general de seguridad de TI
- Política sobre la privacidad de la información
- Política sobre la sensibilidad de la información.

Política general de seguridad de TI

Introducción

La política corporativa de seguridad de la información de la «Corporación ABCX» (nombre ficticio) contiene las declaraciones generales que describen los objetivos generales de la compañía con respecto al control, la protección y la seguridad de sus recursos de información fundamentales, como sistemas de información, tecnología, *software* de aplicación, sistemas operativos, *software* de sistemas de gestión de bases de datos, edificios, salas de ordenadores, cableado, instalaciones de redes y ordenadores, otras instalaciones relacionadas e infraestructuras técnicas, datos, archivos de respaldo e históricos y recursos de información de cualquier clase.

Definiciones básicas

El término «sistema» se referirá a todos los sistemas informatizados y sus bases de datos, archivos clásicos, archivos digitales y medios procesados y almacenados por el sistema, el *software* de las aplicaciones y de los sistemas operativos y las operaciones informáticas de la organización, incluyendo, como ejemplo no exhaustivo, ordenadores centrales, sistemas de gama media, minis, redes de área local y extendida, ordenadores personales, portátiles, estaciones de trabajo, servidores, telecomunicaciones (*router*, *bridges*, etc.) cualquier elemento técnico nuevo, actualmente en desarrollo, y cualquier ordenador especializado que se encuentre en áreas funcionales (del negocio), donde le información se transmite, distribuye o procesa a través de medios electrónicos, telecomunicaciones, satélite, microondas u otros medios. Todos ellos y todos los datos que contienen son propiedad de la compañía y como tales deben ser protegidos por todos los miembros del personal.

Propósito y objetivos

El propósito de esta política es proporcionar las directrices y controles para un funcionamiento seguro, eficaz y efectivo de la recogida y tratamiento de la información, el procesamiento de transacciones electrónicas, los servicios de información de gestión y notificación y las capacidades pertinentes para gestión de la información de clientes para que los directivos y el Consejo de Administración puedan administrar y gestionar la compañía.

Los objetivos de esta política son: gestionar el riesgo, asegurar la continuidad (desde el punto de vista del negocio) del entorno informático de la compañía, la definición de responsabilidades, expectativas y conductas aceptables, la ejecución apropiada de las tareas financieras y de cumplimiento de los requisitos legales, la protección de la compañía frente a sus responsabilidades exigibles y garantizar la integridad y confidencialidad de la información.

Responsabilidad de los directivos

Es responsabilidad de los directivos de la compañía (altos ejecutivos, Consejo de Administración, comités de directivos, comité de TI, etc.) gestionar los sistemas informáticos y de comunicaciones de la compañía. El presidente (o un gerente autorizado por el consejo) establecerá una estructura operativa que funcione de modo efectivo y optimice las capacidades y los recursos de información de la compañía de modo coherente con prácticas bien fundadas del negocio, del sector y de la regulación.

Los diversos sistemas y componentes de las infraestructuras de TI serán monitorizados continuamente, para garantizar que funcionan adecuadamente y son capaces de satisfacer las necesidades y requisitos actuales y futuros de la compañía. Las personas autorizadas, de entre los directivos y gestores, serán responsables de los estudios de viabilidad sobre la adquisición de soluciones informáticas y del desarrollo, implantación, conversión de datos y sistemas existentes, revisión del sistema implantado, funcionamiento y formación del personal para todos los sistemas de la compañía.

Es también responsabilidad de directivos y gestores procurar que haya procedimientos que permitan que estos sistemas puedan funcionar en caso de contingencia.

Adquisición de soluciones informáticas y desarrollo de sistemas

Los directivos autorizados de la compañía y las personas u órganos asignados serán los responsables de gestionar la adquisición de soluciones informáticas y el desarrollo/funcionamiento de los sistemas, los servicios de mantenimiento, sistemas de aplicación, servicios de consultoría, formación en TI, etc. Pueden seguirse los pasos mostrados más adelante para lograr una buena gestión.

Los sistemas de computación y comunicaciones de la compañía deberán estar monitorizados continuamente y, si se identificara una necesidad de cambio o modificación en el futuro, la compañía debería volver a realizar el ciclo de vida del desarrollo de sistemas (SDLC): análisis de las necesidades del negocio, análisis de requisitos, estudio de viabilidad, revisión de soluciones alternativas, análisis y diseño del sistema, desarrollo, pruebas, conversiones de datos y del sistema anterior, operación y revisión tras la implantación.

Equipos, software y otras instalaciones

La dirección de la compañía está autorizada a instalar todos los equipos y programas informáticos necesarios (servidores, terminales, impresoras, módems, *routers*, *bridges*, etc.) y a supervisar el diseño y la terminación de todas las instalaciones físicas (edificios, cableados, salas de ordenadores, salas de redes, etc.) que puedan requerir los sistemas de computación y comunicaciones de la compañía. Los usuarios de estos sistemas no están autorizados a instalar más dispositivos ni *software* alguno en los ordenadores personales o puestos de trabajo que les asigne la compañía. Tampoco se permite la transferencia de ninguno de los archivos o datos de la compañía, de ningún modo, hacia o desde las instalaciones o sistemas de la compañía.

Controles generales de TI y de sistemas de aplicación

El establecimiento, desarrollo, mantenimiento y revisión de un programa completo de seguridad, que trate los sistemas de computación y comunicaciones y las infraestructuras relacionadas, es responsabilidad del presidente u otro puesto equivalente o un directivo autorizado. Los sistemas, componentes de infraestructura y la información relacionada se salvaguardarán, protegerán y procesarán en un entorno operativo seguro. Deben establecerse los siguientes controles y seguridad:

- Controles administrativos: Su objetivo es garantizar el establecimiento del marco completo de referencia, su respaldo continuo por parte de los directivos y su cumplimiento por medio de: una política publicada sobre los controles, normas y procedimientos de desarrollo de sistemas, contratos laborales y cláusulas de confidencialidad, investigación del historial de los empleados, supervisión continua del personal, delimitación de funciones y planificación de la recuperación de desastres para los sistemas informáticos y de comunicaciones.

- Protección física de los centros de datos: Deben garantizarse las condiciones normales de funcionamiento por medio de controles ambientales (aire acondicionado, etc.), protección contra fuego e inundación, suministro eléctrico de emergencia, apantallado de radiaciones, etc.
- Controles de funcionamiento: La compañía establecerá controles de funcionamiento (políticas, procedimientos y tecnología) para garantizar que los centros de datos se operan de modo fiable. Estos controles incluyen: controles sobre el acceso del personal al centro de datos, control sobre el personal de operaciones, sobre el mantenimiento de ordenadores y equipos de comunicaciones, sobre los soportes de archivo e instalaciones de almacenamiento, etc.
- Seguridad de la información y de la comunicación: la compañía mantendrá controles sobre la integridad y la seguridad para la protección de todos los sistemas informáticos y de comunicaciones y de la información. Estos controles pretenden hacer frente a los riesgos derivados del posible uso indebido de los recursos de los sistemas informáticos y de comunicaciones. El establecimiento de estos controles incluirá, entre otros: controles de acceso lógico (sistema operativo, sistemas de bases de datos, *software* de aplicación), seguridad de acceso local y por redes, identificación y autenticación de usuarios, *firewalls*, controles criptográficos (encriptación, *hashing*, etc.), controles de transmisión de mensajes (correo electrónico, comunicaciones, etc.), clasificación de los recursos de información, retención y eliminación de la información, monitorización de los

incidentes de seguridad y mecanismos para su resolución.

- Controles del desarrollo y mantenimiento de sistemas: Los directivos de la compañía garantizarán la aplicación y uso continuo de los procedimientos de auditoría para comprobar que todos los sistemas se desarrollan y mantienen a través de la metodología de ciclo de vida, descrita en este documento y en las normas de TI de la compañía. Estas auditorías deberían también garantizar que sólo el personal autorizado puede realizar los cambios aprobados y mejoras en los sistemas, que los controles administrativos también están en vigor (delimitación de tareas, investigación de historial y supervisión del personal, etc.) y que hay mecanismos de auditoría para la revisión periódica del código fuente de las aplicaciones en custodia.
- Controles de aplicación: los gestores autorizados de la compañía garantizarán, por medio de varios mecanismos (p.ej. la auditoría de TI), el desarrollo y funcionamiento de todos los sistemas de aplicación con los siguientes controles indicativos con el fin de garantizar la exactitud de la información: controles de entrada, controles de procesamiento, controles de las bases de datos, de comunicaciones y de salidas.
- Controles del centro de datos: Será responsabilidad de los directivos autorizados de la compañía (p.ej. el director de la unidad de TI) garantizar la aplicación de procedimientos operativos como los mostrados a continuación: biometría para permitir el acceso a las instalaciones, procedimientos de copias de seguridad y recuperación, monitorización del desempeño de los sistemas (operativo, bases de datos, redes), gestión y resolución de problemas, procedimientos de control de la

integridad y del buen estado de las aplicaciones, procedimientos para el almacenamiento fuera de las instalaciones, procedimientos para la prueba del plan de desastres y procedimientos para la monitorización y notificación de los incidentes de seguridad.

Continuidad de sistemas de TI

Los directivos de la compañía garantizarán la aplicación y ejecución de los sistemas y procedimientos de respaldo de todos los sistemas informáticos y de comunicaciones. Estos sistemas de respaldo se establecerán para proteger la compañía en caso de fallo imprevisto o catástrofe. La compañía desarrollará y mantendrá un plan que haga frente al riesgo de que sucedan tales eventos y requerirá la planificación de opciones para sistemas informáticos alternativos (instalaciones, equipos, procedimientos, etc.), con el fin de garantizar que la compañía pueda proporcionar continuidad al negocio. Los requisitos para la continuidad de los sistemas pueden incluir, como mínimo: la identificación de los sistemas críticos de aplicación, la evaluación de instalaciones alternativas de procesamiento, planes documentados de respaldo y de recuperación, procedimientos de prueba, procedimientos de almacenamiento fuera del centro, recuperación de datos y equipos, y una póliza de seguros.

Normas de seguridad

Las normas de seguridad de los sistemas de información definen los criterios mínimos, normas y procedimientos establecidos por los altos directivos de la compañía y ratificados por el Consejo de Administración, necesarios para garantizar el logro de la política corporativa de seguridad de la información. Pueden implantarlos varios miembros del personal (p.ej. el responsable de seguridad, el administrador de seguridad del sistema, los usuarios finales, los gestores de las unidades distribuidas de TI, el personal de desarrollo de sistemas, etc.) bajo una única dirección. Deberían especificar detalladamente cada procedimiento y control que debe implantarse.

Aplicabilidad y cumplimiento

Esta política de seguridad es aplicable a todas las ubicaciones, centros, equipos, instalaciones, sistemas, redes, personal y contratistas externos de la compañía. No está permitida la divulgación de información a partes no autorizadas sin aprobación escrita. El uso para fines no relacionados con el trabajo de estos sistemas, instalaciones, equipo, etc. (como se describe en el párrafo introductorio y en varios apartados de esta política) no está permitido sin la aprobación escrita de una persona con el nivel de autoridad apropiado. Los gestores y directivos de la compañía no deben asumir ningún tipo de compromiso por medios electrónicos o de comunicaciones sin el permiso escrito apropiado. Cualquier infracción de esta política, de los procedimientos asociados, o de las leyes aplicables, ya sea voluntaria o involuntariamente, se tratará con arreglo a la legislación del país en el que se ubique la oficina de la compañía. Todo el personal mantendrá en secreto las contraseñas, procedimientos de acceso y controles relacionados. Los casos que inculpen directa o indirectamente al personal de la compañía pueden ocasionar el despido inmediato y otras acciones legales o disciplinarias, según dicten las leyes nacionales o la normativa de la compañía.

Política de privacidad de la información

Propósito

Su propósito principal es proporcionar directrices en materia de privacidad para las actividades de la información (recogida, uso, divulgación, monitorización, etc.) de la organización.

Recogida de la información

La compañía considera de la máxima importancia la protección de la información de los clientes y está comprometida a proporcionar a todos los clientes un servicio personalizado que satisfaga sus requisitos de un modo que salvaguarde la privacidad. Esta política explica cómo podemos recoger su información y luego utilizarla para satisfacer sus requisitos específicos. También perfila algunas de las medidas de seguridad que adoptamos para proteger su privacidad y proporciona cierta seguridad sobre las cosas que no haremos. Cuando obtenemos su información por primera vez, o cuando usted elige un nuevo servicio nuestro, le daremos la oportunidad de indicar (cuando sea posible elegir) si desea o no recibir información nuestra sobre otros productos o servicios. Esto se hará, normalmente, marcando una casilla en un formulario o contrato. Usted puede, en cualquier momento, cambiar la elección efectuada, notificándonos ese cambio. Parte de la información personal que tenemos sobre usted puede pertenecer a la clase de datos personales confidenciales, según define la Ley de Protección de Datos y otras leyes relevantes. Podemos recoger información personal sobre usted a partir de diversas fuentes, como: (a) usted mismo, cuando acuerda usar uno de nuestros servicios, en cuyo caso puede incluir sus datos de contacto, fecha de nacimiento, modo de pago y tal vez detalles bancarios, (b) usted mismo, cuando contacta con nosotros para hacer una consulta o como respuesta a una comunicación nuestra, con lo que conoceremos alguna de sus preferencias, etc.

Uso de la información

La que usted proporciona o la que tenemos sobre usted (esté o no bajo contratos mutuos con usted), puede usarse para: (a) identificarle cuando usted nos hace alguna consulta, (b) facilitar la administración (y el contacto con usted para mejorar la administración) de cuentas, servicios y productos que le hemos proporcionado anteriormente, ahora o en el futuro, (c) realizar análisis de marketing y caracterización de clientes (incluida información transaccional) y crear información de prueba o estadística, (d) ayudarnos a prevenir y detectar fraudes o pérdidas, y (e) contactar con usted, por cualquier medio (incluido correo postal, correo electrónico, teléfono, mensajes de texto o multimedia) para tratar sobre otros productos y servicios que nosotros, y socios seleccionados, ofrecemos. Sólo contactaremos con usted de este modo si usted lo ha consentido previamente. En algunas circunstancias, podemos hacer comprobaciones de créditos con agencias autorizadas de referencia de créditos, cuando usted solicite un producto o servicio. En este caso, lo indicaremos en nuestras condiciones comerciales.

Revelación de información

Sólo podemos revelar información cuando se haya solicitado por medios legítimos, con propósitos legales o regulatorios, como parte de procesos legales.

Monitorización

Debe tener en cuenta que nuestras comunicaciones con usted (incluidas las telefónicas y los correos electrónicos) pueden monitorizarse o grabarse por motivos de seguridad, garantía de la calidad, leyes, regulaciones o propósitos de formación.

Protección de la información

Mantenemos estrictas medidas de seguridad para proteger la información personal y para garantizar el cumplimiento de todos los requisitos legales aplicables. Esto incluye varios procedimientos: por ejemplo, comprobar su identidad cuando usted contacta con nosotros por teléfono o cifrar toda la información de nuestros sitios web.

Internet

Si usted se comunica con nosotros por medio de Internet, podemos usar el correo electrónico para informarle sobre nuestros productos y servicios. Cuando usted proporcione su información personal por primera vez en nuestro sitio web, le daremos la oportunidad de indicar si prefiere que nos pongamos en contacto con usted o no de ese modo. Sin embargo, puede enviarnos un correo electrónico en cualquier momento para cambiar sus preferencias. Tenga en cuenta que las comunicaciones por medio de Internet, como los correos electrónicos, no son seguras excepto si están cifradas. Sus comunicaciones pueden viajar por varios países antes de ser entregadas. No podemos asumir responsabilidad alguna por el uso no autorizado o la pérdida de información personal que esté fuera de nuestro control. Podemos usar *cookies* para monitorizar los patrones de tráfico y el uso del sitio web. Eso nos ayuda a comprender cómo nuestros clientes reales y potenciales usan nuestros sitios web, y así desarrollar y mejorar el diseño, la estructura y la funcionalidad de los sitios web. Si usted no desea que empleemos *cookies* en su navegador, puede configurar su navegador para que no acepte *cookies* o para que le comunique cuándo un sitio intenta colocar una *cookie* en su ordenador. No obstante, rechazar las *cookies* puede influir en la capacidad de uso de algunos de los productos o servicios de nuestro sitio web.

Política sobre la confidencialidad de la información

El objetivo principal de la política sobre la confidencialidad de la información es establecer directrices para las cuestiones relativas a la clasificación de datos de la información recogida o procesada por las actividades de los sistemas de información de la organización.

Propósito

La política sobre la confidencialidad de la información de la compañía u organización (a partir de ahora, la Compañía) tiene como propósito ayudar a los empleados a determinar qué información puede revelarse a personas externas, así como la confidencialidad relativa de la información que no debe divulgarse fuera de <la Compañía> sin la debida autorización. La información comprendida en estas directrices incluye, pero no está limitada a, la información almacenada o compartida, de cualquier modo. Por ejemplo: información digital, en papel o información compartida oral o visualmente (por ejemplo, por teléfono o videoconferencia).

Definiciones

Toda la información de <la Compañía> está clasificada en dos grandes grupos: información pública para <la Compañía> o información confidencial para <la Compañía>.

La información pública para <la Compañía> es información que se ha declarado de conocimiento público por alguien con autoridad para hacerlo y, por ello, puede darse libremente a cualquiera, sin daño posible para <la Compañía>.

La información confidencial para <la Compañía> comprende toda la información restante. Debe comprenderse que algunas son más confidenciales que otras y deben protegerse de modo más seguro. Esta información incluye: secretos comerciales, programas de desarrollo, posibles objetivos de adquisiciones y cualquier información necesaria para el éxito de <la Compañía>. Dentro de la información confidencial hay alguna que es menos crítica, como listines telefónicos, información general corporativa, información del personal, etc. que no exige un grado tan elevado de protección.

Responsabilidad del personal

Se anima a todo el personal de <la Compañía> a que use su sentido común para garantizar la información confidencial de <la Compañía> hasta el grado necesario. Si un empleado no tiene clara la confidencialidad de un elemento concreto de información, debería contactar con su responsable inmediato.

Directrices sobre el grado de confidencialidad

Las directrices sobre el grado de confidencialidad que se muestran a continuación proporcionan detalles sobre cómo proteger la información según varios niveles de confidencialidad.

Confidencialidad mínima: Información general corporativa:

- Acceso: Empleados de <la Compañía>, contratistas y personas que necesitan dicha información por razones empresariales.
- Distribución dentro de <la Compañía>: Correo interno normal, correo electrónico aprobado y medios de transmisión electrónica aprobada.
- Distribución fuera del correo interno de <la Compañía>: Correo postal y otros transportistas públicos y privados, métodos aprobados de correo electrónico y transmisión electrónica de archivos.
- Distribución electrónica: La única restricción es que debe hacerse exclusivamente a destinatarios aprobados.

- Almacenamiento: Fuera de la vista de personas no autorizadas; borrar pizarras, no dejar a la vista encima de la mesa. Deben administrarse las máquinas pensando en la seguridad. Proteger de pérdidas. La información electrónica debería tener controles individuales de acceso, siempre que sea posible y adecuado.
- Eliminación/destrucción: Triturar y depositar la información obsoleta en papel en las papeleras señaladas para ello en las instalaciones de <la Compañía>. Los datos en formato digital deberían destruirse por medio de dispositivos especiales.
- Sanción por divulgación accidental o deliberada: Puede llegar al despido, acciones civiles y/o penales en la medida que lo permita la ley.

Más confidencial: Información empresarial, técnica y la mayoría de la información del personal:

- Acceso: Empleados de <la Compañía> y personas externas que hayan firmado un acuerdo de no divulgación y que necesitan conocer dicha información por razones empresariales.
- Distribución dentro de <la Compañía>: Correo interno normal, correo electrónico aprobado y medios de transmisión electrónica aprobada.
- Distribución fuera del correo interno de <la Compañía>: Correo postal y transportistas privados aprobados.
- Distribución electrónica: No hay restricciones para su envío a los destinatarios aprobados dentro de <la Compañía>, pero debe enviarse encriptada o por medio de una línea privada a destinatarios aprobados fuera de las instalaciones de <la Compañía>.
- Almacenamiento: Se recomienda que haya controles individuales de acceso a la información digital.

- Eliminación/destrucción: Triturar y depositar la información obsoleta en papel en las papeleras señaladas para ello en las instalaciones de <la Compañía>. Los datos en formato digital deberían destruirse por medio de dispositivos especiales.
- Sanción por divulgación accidental o deliberada: Puede llegar al despido, acciones civiles y/o penales en la medida que lo permita la ley.

Máxima confidencialidad: Los secretos comerciales y la información relativa al marketing, operativa, del personal, financiera, programas e información técnica que forme parte del éxito de <la Compañía>:

- Acceso: Sólo las personas (empleados de <la Compañía> y personas externas) designadas para tener acceso aprobado y que hayan firmado un contrato de no divulgación.
- Distribución dentro de <la Compañía>: Entregado en mano. Se requiere firma, sobre con el sello «Confidencial» o métodos aprobados de transmisión electrónica de archivos.
- Distribución fuera del correo interno de <la Compañía>: Entrega en mano. Se requiere firma. Uso de transportistas aprobados privados.
- Distribución electrónica: Sin restricciones a los destinatarios aprobados dentro de <la Compañía>, pero se recomienda que toda la información se encuentre fuertemente encriptada.
- Almacenamiento: Se recomienda encarecidamente usar controles individuales de acceso, en el caso de la información digital. Normalmente, se emplea seguridad física y la información debe estar almacenada en un ordenador con seguridad física.

- Eliminación/destrucción: Destruir y depositar en las papeleras señaladas especialmente en las instalaciones de <la Compañía>.
- Sanción por divulgación accidental o deliberada: Puede llegar al despido, acciones civiles y/o penales en la medida que lo permita la ley.

Cumplimiento

Cualquier empleado que infrinja esta política puede estar sujeto a acción disciplinaria, que puede llegar al despido.

Conexiones comerciales

El uso de ordenadores de <la Compañía> por competidores y personal no autorizado debe estar restringido de modo que, en caso de intento de acceso indebido a la información corporativa de <la Compañía>, la cantidad de información en riesgo sea mínima. Las conexiones se definirán de modo que sólo se permita que otros negocios vean estrictamente la información que deban ver. Esto implica configurar las aplicaciones y la red para permitir el acceso sólo cuando sea necesario.

Encriptación

Proteja la información confidencial de <la Compañía> de acuerdo con una política de encriptación aceptable. Las cuestiones internacionales sobre la encriptación son complejas. Siga las directrices corporativas sobre controles de la exportación en criptografía y consulte a su gestor o a los servicios legales corporativos para obtener más asesoramiento.

Apéndice 2: Ejemplo de código ético de TI

Este apéndice contiene los mandamientos del Computer Ethics Institute Code (EE. UU), con permiso del citado Instituto.

Estos mandamientos son:

1 NO UTILIZARÁ UN ORDENADOR PARA DAÑAR A OTRA PERSONA.
2 NO INTERFERIRÁ EN EL TRABAJO DEL ORDENADOR DE OTRA PERSONA.
3 NO ESPIARÁ LOS ARCHIVOS DEL ORDENADOR DE OTRA PERSONA.
4 NO UTILIZARÁ UN ORDENADOR PARA ROBAR.
5 NO UTILIZARÁ UN ORDENADOR PARA LEVANTAR FALSO TESTIMONIO.
6 NO UTILIZARÁ NI COPIARÁ SOFTWARE DE TERCEROS QUE NO HAYA PAGADO.
7 NO UTILIZARÁ RECURSOS INFORMÁTICOS DE OTRA PERSONA SIN ESTAR AUTORIZADO O SIN UNA COMPENSACIÓN APROPIADA.
8 NO SE APROPIARÁ DEL TRABAJO INTELECTUAL DE OTRA PERSONA.
9 PENSARÁ EN LAS CONSECUENCIAS QUE TENDRÁ SOBRE LA SOCIEDAD EL PROGRAMA QUE ESCRIBA O EL SISTEMA QUE DISEÑE.
10 SIEMPRE USARÁ UN ORDENADOR DE MODO QUE SE GARANTICE EL RESPETO A SUS CONGÉNERES.

Apéndice 3: Lista de comprobación de la monitorización de los controles de TI

Gestión de la ética de TI

1 ¿Son los directivos ejecutivos un modelo diario de conducta ética y de alta integridad en las cuestiones corporativas y de TI?
2 ¿Se ha elaborado un código ético para todos los empleados?
3 ¿Se refuerza el código ético por medio de la formación, comunicación descendente y definiciones redactadas periódicamente sobre el cumplimiento de los empleados esenciales de TI y usuarios finales?
4 ¿Está claro que no se tolerará la comunicación fraudulenta, en cualquier nivel y de cualquier forma?
5 ¿Está la ética dentro de los criterios usados para evaluar el desempeño individual y del departamento de TI?
6 ¿Reaccionan adecuadamente los directivos cuando reciben malas noticias de sus colaboradores?
7 ¿Existe un proceso para resolver situaciones éticas comprometidas?

Gestión del riesgo de TI

1 ¿Están identificados los riesgos del negocio y de TI y se tratan abiertamente con el Consejo de Administración y los directivos de TI?
2 ¿Se identifica oportunamente la información relevante, fiable, ya sea interna o externa, se compila y se comunica a los que deben actuar?
3 ¿Hay controles para asegurar que las decisiones de gestión de TI se toman adecuadamente?

4 ¿Monitorizan habitualmente los directivos de TI los controles en el proceso de ejecución de las operaciones de la organización?
5 ¿Se hacen evaluaciones periódicas y sistemáticas de los sistemas de control de TI y se documentan?

Gestión estratégica de la TI

1 ¿Hay un plan estratégico de TI?
2 ¿Hay un mecanismo mediante el que la comunidad empresarial estructura los sucesos previstos (transacciones, nuevas localizaciones, etc.) de la TI de modo que se pueda planear adecuadamente?
3 ¿Se han desarrollado, aprobado y mantenido de modo centralizado las políticas y los procedimientos para los procesos esenciales de TI y los sistemas de aplicación?
4 ¿Se revisan y actualizan, al menos anualmente, las políticas y los procedimientos?
5 ¿Se usan las medidas del desempeño de TI (incluido el presupuesto de TI) para monitorizar el desempeño y los resultados?
6 ¿Se usa una política aceptable sobre los recursos de TI de la compañía que deben acatar todos los empleados?
7 ¿Han comprendido completamente todos los empleados de TI las cuestiones sobre el cumplimiento normativo de TI?
8 ¿Se han cubierto adecuadamente con profesionales todas las funciones de TI?
9 ¿Hay un mecanismo para monitorizar la productividad del personal de TI?
10 ¿Se obliga a que el personal de TI que lo necesite obtenga determinadas cualificaciones o formación?

11 ¿Cuál es el tiempo medio de permanencia en el trabajo de los empleados de TI?
12 ¿Hay políticas que prohíban expresamente el uso de programas o datos de la compañía para propósitos distintos al trabajo?
13 ¿Están adecuadamente gestionados y monitorizados todos los servicios proporcionados por terceros?
14 ¿Está adecuadamente gestionado el inventario de recursos de TI y se monitorizan sus elementos?

Gestión de datos

1 ¿Hay un diccionario de datos (habitualmente proporcionado por el paquete de gestión de bases de datos) de los datos críticos?
2 ¿Está claro quién tiene la responsabilidad formal de la integridad de los datos?
3 ¿Se permite únicamente la capacidad de acceso de administrador de datos a las personas autorizadas?
4 ¿Se registra y monitoriza toda la actividad de las bases de datos?
5 ¿Están los datos confidenciales (p.ej. números de tarjetas de crédito, de seguridad social, etc.) encriptados o enmascarados en las bases de datos?
6 ¿Están adecuadamente controlados los datos que se envían al depósito de datos corporativo?
7 ¿Está adecuadamente definida y controlada la propiedad de los datos y el acceso al depósito de datos?
8 ¿Se eliminan apropiadamente todos los datos de los portátiles o puestos de trabajo antes de su retirada o venta?
9 ¿Está adecuadamente documentado el flujo de los informes corporativos críticos (p.ej. financieros,

cumplimiento, producción, clientes, etc.) o de otros datos esenciales críticos, de modo que todos los programas afectados estén adecuadamente identificados?

Operaciones del centro de datos

1 ¿Monitorizan los directivos de TI los niveles del desempeño y la capacidad de los sistemas y de la red interna corporativa?
2 ¿Monitorizan los directivos de TI los procesos de gestión formal de problemas y asistencia técnica?
3 ¿Revisan y monitorizan los directivos de TI el tiempo medio de cierre de los problemas notificados?
4 ¿Están documentados, aprobados formalmente y monitorizados por los directivos de TI los cambios a programas y sistemas?
5 ¿Existe un proceso formal para gestionar solicitudes de emergencia?
6 ¿Están todos los cambios impulsados por necesidades y requisitos empresariales?
7 ¿Está monitorizada la operación y prueba del suministro ininterrumpido de energía para el centro de datos?
8 ¿Se monitoriza el funcionamiento del sistema de eliminación de incendios (sin líquidos) del centro de datos?

Desarrollo corporativo de aplicaciones

1 ¿Hay un ciclo de vida del desarrollo de sistemas (SDLC) que se utilice realmente y se monitorice (p.ej. cascada, Rapid Application Development (RAD), espiral, AGILE, etc.)?

2 ¿Se aprueban y monitorizan los resultados de las pruebas?
3 ¿Hay un comité (de usuarios y TI) que monitorice el progreso de cada proyecto?
4 ¿Está el código fuente protegido por copyright y monitorizado?
5 ¿Está el código fuente depositado en lugar seguro y monitorizado?
6 ¿Monitorizan los directivos de TI la elaboración de un inventario de las aplicaciones y de las bases de datos que respaldan los procesos empresariales y la adecuación del inventario a la ley Sarbanes-Oxley?
7 ¿Hay un proceso formal, que incluya la documentación, con el que se proporcione acceso a la aplicación a los usuarios?
8 ¿Comunica el departamento de RR.HH. inmediatamente los despidos, de forma que se puedan eliminar a tiempo las cuentas de usuario correspondientes?
9 ¿Se tiene en cuenta la seguridad, incluyendo la delimitación de tareas, y se monitoriza durante el ciclo del desarrollo?
10 ¿Están sujetas las interfaces entre sistemas a un ciclo de vida del desarrollo de *software* que incluya la retención de los resultados de las pruebas y aprobaciones?
11 ¿Están separados los entornos de desarrollo, garantía de la calidad y producción, y se monitoriza dicha separación?
12 ¿Está monitorizado el acceso del personal de desarrollo al entorno de producción?
13 ¿Hay un mecanismo de monitorización para rastrear el trabajo del ciclo del desarrollo, de modo que puedan capitalizarse esos costes?

14 ¿Hay un proceso de monitorización continua para gestionar los conflictos de la delimitación de tareas?
15 ¿Se usan y monitorizan las licencias corporativas para los paquetes estándar de *software*?
16 ¿Están al día los parches suministrados por los proveedores y monitorizan las actualizaciones los directivos de TI?
17 ¿Han redactado y aprobado los usuarios especificaciones sobre los nuevos sistemas y modificaciones de los sistemas de aplicación existentes?
18 ¿Se han redactado procedimientos para probar e implantar nuevos sistemas y modificaciones de los sistemas de aplicación existentes?

Desarrollo de aplicaciones por usuarios finales

1 ¿Se mantiene y monitoriza un inventario de las hojas de cálculo relevantes para los informes financieros u otros procesos de alto riesgo?
2 ¿Ha verificado y probado la lógica de todas las hojas alguien distinto a quien las creó?
3 ¿Está restringido el acceso a las hojas de cálculo esenciales por medio de un mecanismo de contraseñas?
4 ¿Se hacen copias de seguridad periódicas de estas hojas y se monitorizan?

Funcionamiento de aplicaciones informáticas

1 ¿Es la función de TI independiente de la contabilidad y de otras funciones operativas (p.ej. administración, producción, ventas, etc.) para las cuales procesa sus datos?

2 ¿Hay controles sobre la preparación y aprobación de los datos de entrada fuera de la función de TI?
3 ¿Tiene prohibida la función de TI iniciar operaciones?
4 ¿Ejecuta el usuario los procedimientos de control de entrada para garantizar que todas las entradas aprobadas se procesan correctamente y sólo una vez en el sistema?
5 ¿Están monitorizados los controles sobre la entrada de datos en sistemas *online* y los que permiten la entrada a los terminales y la entrada de datos sólo a los empleados autorizados?
6 ¿Hay sistemas de control que impidan que los documentos se introduzcan en el sistema más de una vez y que permita rastrear desde la salida del ordenador a los datos origen y viceversa?
7 ¿Hay controles sobre los cambios en los archivos maestros, como exigir la preparación de formularios concretos indicando los datos que se van a modificar, su aprobación por un supervisor en el departamento usuario y la verificación con un listado de los cambios?
8 ¿Hay controles de usuario para las operaciones rechazadas, por medio de un archivo informatizado de operaciones pendientes o rechazadas, o por medio de un sistema auxiliar manual?
9 ¿Cuadra el departamento usuario los totales de salida con los totales de entrada de todos los datos enviados, reconcilia el cuadre general de los archivos y revisa la verosimilitud de las salidas?
10 ¿Hay procedimientos, en la función de procesamiento de datos, que garanticen que los datos están adecuadamente controlados entre el usuario y las funciones de TI?
11 ¿Hay controles sobre la entrada de datos, por ejemplo, que incluyan la adecuada supervisión, instrucciones

actualizadas, la verificación de los campos más importantes y dígitos de autocomprobación?

12 ¿Hay controles programados sobre la entrada de datos en sistemas *online*?

13 ¿Se edita y valida la entrada de datos?

14 ¿Hay controles de procesamiento de las operaciones rechazadas?

15 ¿Hay controles para el cuadre de operaciones y archivos maestros?

16 ¿Hay procedimientos en la función de procesamiento de datos para la revisión y distribución de la salida?

17 ¿Hay controles sobre los cambios en el *software* de sistemas?

18 ¿Hay controles sobre el uso y la retención de archivos en disco y en cinta, incluyendo la retención de los registros adecuados para permitir las capacidades de respaldo?

19 ¿Hay procedimientos de protección contra la pérdida de datos importantes, programas o equipos?

20 ¿Están el equipo informático, los programas de aplicación y los archivos de datos cubiertos por un seguro?

Gestión de la seguridad y de la recuperación de desastres

1 ¿Se monitorizan, revisan y confirman periódicamente los derechos de acceso a las aplicaciones y al sistema operativo?

2 ¿Hay un sistema de detección de intrusiones y se monitorizan todos los incidentes?

3 ¿Se hacen periódicamente exploraciones externas de vulnerabilidad monitorizadas por los directivos?

4 ¿Está adecuadamente restringido, monitorizado y controlado el acceso a los recursos de TI (p.ej. los del centro de datos)?
5 ¿Hay una actividad formalizada del plan de la recuperación de desastres y se monitorizan sus actividades (pruebas, áreas externas a los edificios, ubicaciones alternativas, etc.)?
6 ¿Se ejecutan formalmente y se monitorizan, de acuerdo con un plan, los procedimientos de copias de seguridad de las bases de datos, del *software* de aplicación y de los datos de los usuarios finales?

Software de sistemas operativos y de redes

1 ¿Están monitorizados todos los elementos y actividades de sistemas y redes?
2 ¿Cuentan actualmente los sistemas operativos con el respaldo de su fabricante?
3 ¿Se actualizan los sistemas operativos con los parches suministrados por el fabricante?
4 ¿Hay algún usuario con sistemas operativos no compatibles en sus ordenadores o puestos de trabajo, que transmita datos a la red?
5 ¿Hay un proceso formal, que incluye la documentación, por medio del cual se proporciona a los usuarios el acceso al sistema operativo?
6 ¿Hay un gráfico de la topología de la red?
7 ¿Está encriptado todo el tráfico inalámbrico?
8 ¿Están protegidos todos los puntos de entrada, por medio de un *firewall*?
9 ¿Están protegidos todos los VPN y otros métodos de acceso remoto a la red?

Procedimientos de control de personal de TI

1. ¿Se han delimitado adecuadamente las tareas entre la función de desarrollo de sistemas de TI (diseño y programación), asistencia técnica (mantenimiento del *software* de sistemas) y operaciones informáticas?
2. ¿Contienen las políticas de personal procedimientos con comprobación de referencias, revisiones de seguridad, rotación de tareas y medidas de seguridad para los empleados que abandonan la empresa? ¿Mejoran esos controles la delimitación de tareas y, en caso contrario, está prevista la mejora de los controles?
3. ¿Hay controles monitorizados que eviten que los empleados puedan acceder a los equipos de procesamiento de datos, cintas, discos, soportes digitales, documentación del sistema y documentación de los programas de aplicación?
4. ¿Existe un sistema de contabilidad de trabajos en el ordenador central, usado para garantizar que los programas previstos se procesan, que se siguen los procedimientos adecuados y que permitan que el personal de supervisión sepa que sólo se han procesado los programas que deberían hacerlo?
5. ¿Se supervisan, en todos los turnos, todos los empleados del departamento de TI?
6. ¿Están documentados y monitorizados todos los procedimientos que deben seguir los operadores informáticos?
7. ¿Están documentados todos los sistemas críticos, para que la organización pueda seguir utilizándolos aunque dejen la empresa empleados importantes de TI?

Revisión de servicios externalizados

1 ¿Hay políticas y procedimientos adecuados para obtener servicios de terceros? Tenga en cuenta:

- o objetivos de la externalización de TI
- o aprobación del Consejo
- o definición de responsabilidades
- o estudio de factibilidad autorizado
- o se reevalúan los contratos existentes
- o se exploran las nuevas oportunidades.

2 ¿Tiene la organización políticas y procedimientos para monitorizar el desempeño de los proveedores externos? Tenga en cuenta:

- o evaluación continua del desempeño
- o ciclo de aprobación de pagos
- o análisis de rentabilidad.

3 ¿Están adecuadamente redactados los acuerdos con terceros? Tenga en cuenta:

- o descripción de los bienes o servicios
- o fecha y lugar de entrega (incluidos horarios)
- o penalizaciones por retrasos o fallos
- o prueba de aceptación
- o precios, condiciones de pago y factores del coste de vida
- o duración de los contratos, rescisión y renovación
- o garantías
- o protección contra infracciones de patentes o derechos
- o licencias (uso por otras compañías del grupo)
- o derechos de transferencia (a otras compañías del grupo)
- o responsabilidad del proveedor
- o acciones que debe realizar el cliente

- protección de la confidencialidad y divulgación de la información
- condiciones y términos de seguridad (también para acceso remoto)
- requisitos de cuentas de garantía
- cláusula de «no contratación de personal de la otra parte»
- seguros (responsabilidad profesional, responsabilidad civil, reconstrucción de datos)
- responsabilidad fiscal
- derechos sobre nuevas ideas o inventos
- garantía de la sociedad matriz (sobre todo para distribuidores de *software*)
- procedimiento de litigio
- condiciones y términos de fuerza mayor
- leyes aplicables
- nivel de servicio mínimo
- garantía del desempeño y rendimiento
- revisión por auditores internos o externos
- derechos y responsabilidades de ambas partes
- propiedad de los datos, documentos, programas desarrollados
- descripción de suministros (fuentes, objetos, documentación, disquetes, medios digitales, etc.)
- formación
- documentación
- contingencias de los datos y el *software* desarrollado
- retención de registros de datos
- prioridades de procesamiento en situaciones normales y de emergencia (incluido el tiempo de respuesta)
- el vendedor es responsable las actualizaciones del *software*

- o incorporación de los cambios regulatorios
- o cambios por cancelación, terminación y bancarrota
- o descripción de los procedimientos de recuperación de desastres
- o prohibición de que el proveedor reasigne el contrato a un tercero sin consentimiento del cliente
- o evaluación de la capacidad financiera del cliente
- o capacidad de transferir el sistema a instalaciones alternativas debido a contingencias (p.ej. desastre).

4 ¿Comprende claramente la organización la naturaleza y la extensión de la dependencia respecto a un tercero? Tenga en cuenta:

- o conocimiento del comité de dirección de TI precauciones frente a los límites de exposición
- o estabilidad financiera
- o reputación del proveedor.

5 ¿Cómo garantiza la organización la calidad de los servicios prestados por terceros? Tenga en cuenta:

- o gestión de los costes
- o calidad de los contactos y del personal
- o normas y acreditaciones ISO
- o tamaño del mercado
- o historia
- o copias de seguridad y almacenamiento fuera del centro
- o auditorías de los centros e informe de auditoría.

6 ¿Cuenta la organización con los controles internos apropiados para monitorizar y revisar los controles ejercidos por terceros y recibir compensación por controles omitidos o ineficaces? Tenga en cuenta:

- o controles generales sobre la exactitud e integridad de los datos

- seguridad lógica
- revisión y conciliación de facturas.

Apéndice 4: Ejemplos de formularios de TI

Formulario de registro de recursos informáticos

FORMULARIO DE REGISTRO DE RECURSIS INFORMÁTICOS	
Entidad de información	Nombre y contenido
Nómina	<Nombre de archivo>, <Formato: Word, Excel, papel, base de datos, etc.>, <Aplicación que mantiene esta información>, <Ubicación del archivo>, <Responsable de la calidad de esta información>, <Clasificación de los datos: secreto, público, etc. según la política corporativa>
Contabilidad	Como arriba
Xxx	Como arriba

Formulario de prueba

FORMULARIO DE PRUEBA
Nombre del sistema:
Nº de prueba:
Probador:
Hardware necesario:
Software necesario:
Dependencias con otras pruebas:
Breve descripción de la prueba:
Entradas:
Resultados esperados:

Formulario de escenario de pruebas

FORMULARIO DE ESCENARIO DE PRUEBAS
Nombre del sistema:
Título del escenario de pruebas:
Proyecto:
Paquete de trabajo:
Unidad:
Probador:
Fecha:
Nº:
Pruebas:
Instrucciones de preparación:
Instrucciones para comenzar:
Instrucciones de ejecución:
Medidas del comportamiento:
Instrucciones de parada:

Formulario de registro de ejecución de una prueba

FORMULARIO REGISTRO DE EJECUCIÓN DE PRUEBA
Nombre del sistema:
Número de prueba:
Proyecto:
Probador:
Fecha:
Pasa/Falla:
Resultados reales (en caso de fallo):
Número de registro del error (si falló):
Aprobación:

Formulario de registro de error

FORMULARIO DE REGISTRO DE ERROR
Nombre del sistema:
Nº de Error:
Descripción:

Gravedad:

Formulario de registro de actividades de TI

FORMULARIO DE REGISTRO DE ACTIVIDADES	
<Organización>:	<N° de página>:
<Ubicación del departamento de TI>:	
N° de orden	Datos a registrar
1	<Fecha>, <Hora>, <Procedimiento>, <Nombre de la operación>, <Trabajo realizado>, <Correcto: sí/no>, <Comentarios>, <Nombre del empleado>, <Sistema implicado>
2	Como arriba
…	Como arriba

Formulario de registro de visitantes

Formulario de Registro de Visitantes	
<Organización>:	<N° de página>:
<Ubicación del departamento de TI>:	
N° de orden	Datos a registrar

1	<Fecha de entrada>, <Hora de entrada>, <Fecha de salida>, <Hora de salida>, <Lugar visitado>, <Datos del visitante (nombre, nº de identificación, etc.)>, <Nombre y teléfono del acompañante >, <Firma del visitante>, <Firma del acompañante>
...	Como arriba

Formulario de registro de incidentes de seguridad de TI

FORMULARIO DE REGISTRO DE INCIDENTES DE SEGURIDAD DE TI	
<Organización>: <Nº de página>:	
<Ubicación del departamento de TI>:	
Nº de orden	Datos a registrar
1	<Fecha de notificación>, <Hora>, <Nombre de quien notificó el incidente>, <Detalles del incidente (descripción, ubicación o sistema afectado, etc.)>, <Nombre del responsable de resolver el incidente>, <Acciones efectuadas>, <Fecha y hora de resolución del incidente>
2	Como arriba
...	Como arriba

Formulario de registro de problemas de TI

FORMULARIO DE REGISTRO DE PROBLEMAS DE TI	
<Organización>: <Nº de página>:	
<Ubicación del edificio de TI>:	
Nº de orden	Datos a registrar
1	<Fecha y hora de notificación>, <Nombre de quien notificó el problema, <Datos del problema (descripción, ubicación o sistema afectado, etc.)>, <Nombre del responsable de resolver el problema>, <Acciones efectuadas>, <Fecha y hora de resolución>, <Fecha y hora de resolución del problema notificada a personas/funciones afectadas, etc.>
2	Como arriba
…	Como arriba

Formulario de pequeñas modificaciones para proveedores de software

FORMULARIO DE PEQUEÑAS MODIFICACIONES PARA PROVEEDORES DE SOFTWARE	
Nº	Datos de identificación
1	Nº de modificación
2	Fecha de solicitud de la modificación
3	Peticionario
4	Urgencia
5	Sistema o aplicación afectado
6	Descripción de la modificación
7	Firma del peticionario
8	Impacto de la modificación
9	Firma del responsable de TI

Formulario de modificación para empleados de sistemas

FORMULARIO DE CAMBIO PARA EMPLEADOS DE SISTEMAS	
No	Datos de identificación
1	Nº de modificación
2	Fecha de solicitud de la modificación
3	Peticionario
4	Urgencia
5	Sistema o aplicación afectado
6	Descripción de la modificación
7	Firma del peticionario
8	Impacto de la modificación
9	Firma del responsable de TI
10	Firma del interesado

Formulario de modificaciones importantes en el software de sistemas

FORMULARIO DE GRANDES CAMBIOS A SOFTWARE DE SISTEMAS	
No	Fecha
1	Nº de modificación
2	Fecha de solicitud de la modificación
3	Peticionario
4	Urgencia
5	Sistema o aplicación afectado
6	Descripción de la modificación
7	Firma del peticionario
8	Impacto de la modificación
9	Firma del responsable de TI
10	Firma del interesado
11	Firma del Administrador de Bases de Datos
12	Firma del Responsable de Seguridad

Formulario de solicitud de modificación de una aplicación

FORMULARIO DE SOLICITUD DE MODIFICACIÓN DE UNA APLICACIÓN
Debe registrarse: 1. Número de modificación: 2. Fecha de solicitud de la modificación: 3. Peticionario: 4. Prioridad: (Baja, Media, Alta) 5. Nombre de la aplicación informática afectada: (Indique todas, si hay varias.) 6. Descripción del cambio solicitada: (Breve descripción. Dé una estimación de las personas necesarias y del impacto propuesto en el tiempo, productos nuevos o modificados, plazos, presupuesto, modificación de funciones de negocio, nuevos formularios, nuevas entradas de datos, etc.) 7. Motivo del cambio: (Documente las razones por las cuales se necesita el cambio. Por ejemplo: nuevas leyes, cambios en el marco normativo, nueva función de negocio, petición de cliente, mejorar el desempeño del negocio o del sistema, requisito de auditoría, etc.) 8. Impacto sobre el negocio: (Descripción del impacto esperado, como: nuevo personal y otros recursos técnicos, cambios en la estructura del negocio, nuevos datos e información, función o procedimientos del negocio, etc.) 9. Beneficios esperados: (Descripción. Por ejemplo: menor coste de las operaciones comerciales, mejora del desempeño, mejora de la satisfacción del cliente, cumplir requisitos de auditoría, etc.)

10. Firma del peticionario:
11. Firma del responsable:
LOS DATOS SIGUIENTES LOS DEBE COMPLETAR ÚNICAMENTE LA FUNCIÓN DE TI
12. Impacto sobre la aplicación informática: (Describa el impacto esperado sobre los sistemas existentes: nuevos procedimientos, indisponibilidad temporal de aplicación, dificultades en la implantación o en las pruebas, etc.)
13. Coste del cambio: (Describa los gastos, financieros o no, necesarios: costes del personal de programación, diseño e impresión de formularios nuevos o modificados, coste de las pruebas, etc.)
14. Aprobación del responsable de TI:
15. Firma del propietario de la aplicación informática:
16. Firma del responsable de Seguridad:
17. Fecha y firma de las pruebas:
18. Fecha y firma de aceptación:

Formulario de resumen de reunión

<table>
<tr><th colspan="5">FORMULARIO DE RESUMEN DE REUNIÓN</th></tr>
<tr><td colspan="3">Tema:</td><td colspan="2"></td></tr>
<tr><td colspan="3">Redactor(es)</td><td colspan="2"></td></tr>
<tr><td colspan="3">Fecha:</td><td colspan="2"></td></tr>
<tr><td colspan="3">Lugar:</td><td colspan="2"></td></tr>
<tr><td colspan="3">Asistentes:</td><td colspan="2"></td></tr>
<tr><td colspan="5">TEMAS TRATADOS</td></tr>
<tr><td colspan="2">N°</td><td colspan="3">Descripción y resumen de los puntos</td></tr>
<tr><td colspan="2">1</td><td colspan="3"><Título>, <Resumen de los puntos tratados></td></tr>
<tr><td colspan="2">2</td><td colspan="3"></td></tr>
<tr><td colspan="2">3</td><td colspan="3"></td></tr>
<tr><td colspan="2">…</td><td colspan="3"></td></tr>
<tr><td colspan="5">Acciones</td></tr>
<tr><td>No</td><td>Acción</td><td>Responsable</td><td>Descripción</td><td>Fecha límite</td></tr>
<tr><td>1</td><td></td><td></td><td></td><td></td></tr>
<tr><td>2</td><td></td><td></td><td></td><td></td></tr>
<tr><td>…</td><td></td><td></td><td></td><td></td></tr>
</table>

Formulario de registro de actividades

FORMULARIO DE REGISTRO DE ACTIVIDADES	
<Organización>: <Nº de página>:	
<Departamento/División/Función>:	
Nº de orden	Datos a registrar
1	<Fecha>, <Hora>, <Procedimiento>, <Nombre de operación>, <Trabajo realizado>, <Correcto: sí/no>, <Comentarios>, <Nombre del empleado>, <Sistema informatizado implicado>
…	Como arriba

Formulario de registro de correo de TI

FORMULARIO DE REGISTRO DE CORREO DE TI	
<Organización>: <Nº de página>:	
<Ubicación del departamento de TI:	
Nº de orden	Datos a registrar (para correos entrantes y salientes)
1	<Fecha de llegada>, <Hora de llegada>, <Emisor>, <Destinatario>, <Clase de correo recibido o emitido (libro, informe, medio digital, mensaje electrónico, etc.)>, <Fecha y hora de entrega>, <Clase de servicio de correo> (mensajería, servicio postal, mensajero personal, etc.)

...	Como arriba

Formulario de registro de visitantes

FORMULARIO DE REGISTRO DE VISITANTES	
<Organización>: <Nº de página>:	
<Edificio/Departamento/División/Función>:	
Nº de orden	Datos a registrar
1	<Fecha de entrada>, <Hora de entrada>, <Fecha de salida>, <Hora de salida>, <Lugar visitado>, <Datos del visitante (nombre, nº de identificación, etc.)>, <Nombre y teléfono del acompañante >, <Firma del visitante>, <Firma del acompañante>
...	Como arriba

Formulario de registro de incidentes de seguridad

FORMULARIO DE REGISTRO DE INCIDENTES DE SEGURIDAD	
<Organización>: <Nº de página>:	
<Edificio/Departamento/División/Función>:	
Nº de orden	Datos a registrar

1	<Fecha>, <Hora>, <Nombre de quien notificó el incidente>, <Detalles del incidente (descripción, ubicación o sistema afectado, etc.)>, <Nombre del responsable de resolver el incidente>, <Acciones efectuadas>, <Fecha y hora de resolución del incidente>
...	Como arriba

Formulario de inventario de recursos de TI

FORMULARIO DE INVENTARIO DE RECURSOS DE TI	
<Organización>:	<Nº de página>:
<Departamento/División/Función>:	
Nº de orden	Datos a registrar
1	<Fecha de alta del activo>, <Identificación (número de serie) del recursos>, <Tipo de activo (*hardware*, *software*, etc.)>, <Fecha del último mantenimiento>, <Ubicación>, <Correcto: sí/no>, <Comentarios>, <Nombre del responsable de TI>, <Sistema informático implicado>, <Nombre del proveedor>
2	
...	

Plan estándar de prueba de software

1 INTRODUCCIÓN

Esta sección resume el plan.

2 CONSIDERACIONES DE LAS PRUEBAS

En esta sección se describen las cuestiones que influyen en el plan de prueba y que deben ser tratadas o resueltas antes de la ejecución de las pruebas.

Supuestos: Debe registrarse aquí cualquier supuesto, que no esté incluido en el plan de prueba pero que pueda influir en la comprensión o la ejecución de este plan.

Riesgos: Describa las cuestiones, condiciones o limitaciones relacionadas con el proyecto que puedan interferir con la posibilidad de probar el producto o con los objetivos de las pruebas. Debe haber un plan de contingencia para cada riesgo.

Elementos influyentes: Describa los elementos, propiedades o recursos disponibles que puedan influir positivamente en las pruebas del *software*.

3 ESTRATEGIA DE LAS PRUEBAS

En esta sección se describe la estrategia general y las cuestiones de la gestión del proyecto necesarias para ejecutar apropiada y eficazmente las pruebas.

Características a probar: Describa las características y funciones que deben probarse durante el proyecto. Deberían incluirse requisitos funcionales y no funcionales. En caso necesario, liste qué elementos están en el ámbito de las pruebas. Podría indicar elementos, aplicaciones completas, componentes individuales, archivos fuente, etc.

Características que no deben probarse: Identificar y explicar por qué ciertas características y combinaciones de de características no deben probarse. En caso necesario, liste todos los elementos que no estarán disponibles para el equipo de pruebas. Podría incluir fuentes de terceros, documentos de requisitos de otras empresas, etc.

Procedimiento de prueba: Describa el método de prueba que se usará en el proyecto. Incluye el ciclo de vida de pruebas, tipos, objetivos y criterios de pruebas.

Pruebas unitarias: Describa la estrategia de estas pruebas para subsistemas. Debe indicar qué subsistemas pasarán las pruebas unitarias o los criterios que deben usarse para elegir subsistemas que deben pasar pruebas unitarias. NO se incluyen aquí sus casos de prueba.

Pruebas de integración: Especifique la estrategia de pruebas de integración. Describa qué pruebas deben ejecutarse para verificar las interconexiones entre los subsistemas del sistema de *software*. Contiene una explicación del orden de integración de los subsistemas, pero NO incluye los casos de prueba.

Prueba de aceptación: Se especifica la estrategia de prueba del *software* una vez instalado en la ubicación usuaria que se haya especificado. Esta sección contiene una explicación sobre el orden de aceptación, por funciones *software*. NO contiene los casos de prueba.

4 RECURSOS

Describe los recursos necesarios para ejecutar el plan descrito en las secciones anteriores, como personal, *hardware*, datos, presupuesto, calendario, etc.

Personal: Debe definirse y lograrse la disponibilidad del personal necesario de las áreas de TI y de usuarios, para cada tipo de pruebas (unitaria, integración, aceptación, etc.), El personal normal de pruebas puede incluir: gestor de proyecto de pruebas, diseñador de pruebas, probador, administrador del sistema de pruebas y usuario probador. El director del proyecto de pruebas es la persona con la responsabilidad general de gestionar y organizar las pruebas, la obtención, coordinación y asignación de los recursos necesarios. Suministra directrices técnicas, ejecuta revisiones e inspecciones de la calidad, asume y gestiona los riesgos y mantiene la biblioteca de pruebas. El diseñador de pruebas produce, clasifica y archiva los escenarios de pruebas. El probador ejecuta los escenarios de pruebas, documenta los resultados y cualquier cambio necesario. El administrador del sistema de pruebas establece y mantiene el entorno técnico necesario para la prueba de la aplicación. El usuario probador realiza sus propias pruebas para asegurar que la aplicación se comporta de acuerdo con sus requisitos y expectativas de negocio.

Hardware: Debe definirse y ponerse a disposición del equipo de pruebas, durante toda la duración de esas pruebas, todo el *hardware* y otros elementos necesarios (servidores, redes, cuentas, líneas de comunicaciones, direcciones IP especiales de web, ordenadores personales, dispositivos de lectura de códigos de barras, *firewalls*, *routers*, etc.)

Datos: Deben definirse, localizarse y cargarse los datos necesarios, a veces copias de datos de aplicación de la producción real, en los archivos y bases de datos de pruebas, de modo que puedan usarse para todas las clases de pruebas, sin influir en la producción real.

Presupuesto: Debe elaborarse un presupuesto para pruebas, que debe gestionarse, aprobarse por los directivos, revisarse (cuando sea necesario), cumplirse y notificarse al CIO.

Calendario: Debe establecerse y usarse un calendario concreto, con sus objetivos de prueba, el tiempo asignado para cada fase de pruebas, dependencias, etc.

Otros recursos relacionados: En casos especiales, se deben asignar recursos especializados para las pruebas (por ejemplo, en el caso de *software* de aplicación para el sector químico), donde deberán usarse equipos de la industria (como equipos de carga automatizada de petróleo u otros productos, laboratorios), *software* de simulación, etc.

Apéndice 5: Metodología de auditoría de TI

Alcance de la metodología de auditoría de TI

Su alcance[93] es el preciso para garantizar la organización y realización más eficaz de la auditoría de los sistemas y componentes de infraestructura de TI de cualquier organización. Para ello, la metodología de esta auditoría debe tratar algunas de las siguientes cuestiones:

- Evaluar los riesgos de los sistemas de TI y asegurar que existen los sistemas y procedimientos apropiados para la gestión de esos riesgos.
- Posibilitar el uso óptimo de todos los recursos de TI (equipos, infraestructura operativa y de comunicaciones recursos, sistemas operativos, bases de datos y otro *software* de aplicación, mantenimiento de redes y administración de sistemas, archivos de datos, personal, etc.).
- Garantizar que la mejora de la totalidad de los recursos de información y conocimiento es palpable y que se ejecuta eficazmente en toda la organización.
- Garantizar la existencia de mecanismos de protección y disuasión para todos los recursos de TI de la organización.
- Minimizar (si no se puede evitar) la posibilidad de fraude operativo o fiscal.

---

[93] Esta metodología no se ha verificado por métodos científicos o de otra clase, y se muestra como un ejemplo. Si se considera de interés, debe modificarse, corregirse y adaptarse a las necesidades y requisitos de los auditores que realicen el trabajo de auditoría y de la organización auditada.

- Mejorar la protección de los recursos de TI frente a posibles intrusiones internas y externas.

Enfoque metodológico

Está basado en experiencias reales de auditoría de TI y en algunos de las últimas innovaciones en los métodos de planificación de auditoría, evaluación del riesgo, desarrollo de sistemas y gestión de proyectos, incluyendo la metodología COBIT de ISACA (Information Systems Audit and Control Association). Se centra en evaluar la estructura de las relaciones y procesos utilizados para dirigir y controlar el funcionamiento de la TI de la organización, garantizando el logro de los objetivos estratégicos de la organización y equilibrando los riesgos inherentes con el retorno esperado en todo el marco de referencia de la TI.

El método propuesto comprende las siguientes fases y etapas:

Fase A: Planificación de la auditoría

- Etapa 1: Plan anual de auditoría
- Etapa 2: Revisión de los directivos y usuarios esenciales
- Etapa 3: Planificación de los objetivos de la auditoría de TI
- Etapa 4: Recogida y revisión de los datos
- Etapa 5: Evaluación del riesgo.

Fase B: Ejecución de la auditoría

- Etapa 1: Auditoría de todas las áreas de TI
- Etapa 2: Evaluación y registro de los problemas encontrados

- o Etapa 3: Revisión de los problemas encontrados con el personal auditado.

Fase C: Informe de la auditoría de TI

- o Etapa 1: Publicación del proyecto de informe inicial
- o Etapa 2: Revisión del proyecto de informe
- o Etapa 3: Modificación y repaso del proyecto de informe
- o Etapa 4: Publicación del informe final de la auditoría.

Fase D: Gestión del proyecto de auditoría de TI

- o Etapa 1: Administración del proyecto de auditoría
- o Etapa 2: Documentación de las notas de trabajo de la auditoría.

Fase A: Planificación de la auditoría

Etapa 1: Plan anual de auditoría

Durante esta etapa, los directivos internos de la organización se reunirán de forma intensiva con los altos directivos, miembros del Consejo y el comité de auditoría, para tratar de recoger toda la información necesaria sobre las auditorías que deberán ejecutarse el año siguiente sobre todas las actividades del negocio, incluyendo la TI.

Las actividades primarias de esta etapa son:

1 Realizar entrevistas detalladas con miembros del Consejo.
2 Realizar entrevistas detalladas con miembros del comité de auditoría.
3 Realizar entrevistas detalladas con altos directivos.
4 Realizar entrevistas detalladas con interesados esenciales.
5 Revisar, organizar y evaluar la información.

6 Preparar el plan anual interno de auditoría (que incluye las actividades de auditoría de TI).
7 Obtener la aprobación del plan anual de auditoría.

Etapa 2: Revisión de los directivos y usuarios esenciales

Durante esta etapa, el equipo de auditoría se reunirá de forma intensiva con los directivos de la empresa, realizando entrevistas detalladas y grupos de trabajo para tratar de conseguir toda la información necesaria y obtener la visión de los directivos sobre:

- Visión de los directivos y objetivos de los sistemas de la compañía, frente a los servicios que se pretende ofrecer a los usuarios finales.
- Objetivos estratégicos de los directivos y su correspondencia con los sistemas informáticos, procesos y personal existentes.
- Estrategia de TI, políticas, normas y procedimientos actualmente diseñados e implantados.
- La visión de los directivos sobre los riesgos estratégicos, incluyendo sus perspectivas sobre la importancia y las posibilidades de la TI existente.

El principal objetivo de esta etapa es la identificación de los problemas fundamentales sobre la auditoría de TI, según el punto de vista de los directivos y de las áreas operativas sobre las cuales debería centrarse la auditoría, sin dejar de lado la posibilidad de añadir más puntos de atención, si así lo indica la información recogida en las etapas y actividades siguientes.

Las actividades principales de esta etapa son:

1 Realizar entrevistas detalladas con los directivos de la compañía.

2 Organizar y evaluar la información.
3 Dirigir grupos de trabajo con los usuarios esenciales de los servicios de TI.
4 Organizar y evaluar la información.
5 Establecer las principales áreas de atención.
6 Determinar las necesidades de los directivos de la compañía.

Etapa 3: Plan de los objetivos de la auditoría de TI

La auditoría de TI requerida en el contexto de las actividades de auditoría interna debe tratar de conseguir resultados rápidos y eficaces, a partir de una planificación temporal organizada eficientemente, de la asignación de recursos, y de la planificación del presupuesto y de la implantación. Además, debería centrarse en las funciones críticas del negocio de la compañía y en sus objetivos corporativos. Debería tener como su dimensión más importante la garantía de que los recursos de TI y los datos de la compañía están protegidos y controlados de modo adecuado. Además, debería garantizar la implantación de controles de gestión eficaces y eficientes en toda la organización, para evitar problemas derivados del posible abuso o fraude de los sistemas de TI.

Las principales actividades de esta etapa son:

1 Establecer los objetivos estratégicos de la gestión.
2 Elegir las áreas de TI que serán auditadas (*véase Apéndice 6* para una lista completa).
3 Definir el alcance y los objetivos del proyecto de auditoría de TI.
4 Definir los límites y fronteras del proyecto de auditoría de TI.
5 Organizar y planificar el proyecto de auditoría de TI: cronograma, recursos, entorno de pruebas de TI, datos de

prueba, transacciones de prueba, programas de auditoría, listas de comprobación de auditorías, etc.

Etapa 4: Recogida y revisión de los datos

Durante esta etapa, se recogerá y revisará toda la documentación sobre el diseño, el despliegue y el funcionamiento de los sistemas informáticos de la compañía para identificar los recursos, instalaciones, información, datos, operaciones y entornos de prueba existentes.

Como ejemplo, la información que se deberá recoger incluye:

- Informes: informes corporativos anuales, informes de auditorías internas previas, informes de gestión, informes del Consejo, estudios e informes relevantes sobre la TI, encuestas de satisfacción de clientes y usuarios, comparativas del desempeño, etc.
- Esquemas técnicos: diagramas de sistemas, esquemas de redes, diagramas de flujos de procesos y de flujos de información, etc.
- Transacciones corporativas de nivel operativo: transacciones financieras, contratos de pedidos, acuerdos de mantenimiento, pólizas de seguros, etc.
- Planes estratégicos: corporativos y de TI, planes de explotación y de otras funciones, presupuesto y planes de acción, misión, definiciones de la visión y objetivos a corto y largo plazo, corporativos y de TI, etc.
- Normas, políticas y procedimientos: manual corporativo (condiciones y políticas de trabajo), políticas y procedimientos de seguridad, políticas de la gestión del desempeño, marco y directrices de la gobernanza

corporativa, normas y procedimientos de la auditoría interna, marco de la arquitectura empresarial, normas de desarrollos informáticos, políticas de adquisiciones, normas operativas de sistemas informatizados, etc.

- Recursos: personal disponible para asistencia y ayuda durante el proceso de auditoría, lista de proveedores de TI, disponibilidad del personal de los proveedores, disponibilidad de los directivos corporativos, disponibilidad del personal de TI, etc.

Las principales actividades de esta etapa son:

1 Recoger la información básica
2 Evaluar la información básica.
3 Recoger información adicional.
4 Revisar y evaluar toda la información recogida.
5 Preparar los programas y listas de comprobación finales de auditoría.

Etapa 5: Evaluación del riesgo

Es esencial realizar una evaluación comparativa del riesgo para considerar completa una auditoría informática de los sistemas de la compañía. El método de auditoría se centra en tres elementos concretos:

- Completar el registro analítico de todos los riesgos potenciales, según sus áreas respectivas (sistemas de información y telecomunicación, organización, participación de usuarios finales, documentación, definición y gestión de proyectos) en los aspectos relacionados con el proyecto de auditoría de TI.
- Clasificar todos los riesgos registrados (en una escala de 1 —mínimo— a 10 —máximo—) y asignar la probabilidad de ocurrencia para cada riesgo, en una escala similar.

- Añadir el resultado final para cada peligro identificado, de acuerdo con la escala anterior.

Este método posibilita y facilita una evaluación y clasificación más rápida, objetiva y eficaz de los riesgos inherentes a los sistemas informáticos de la compañía, según su importancia para la organización.

Las principales actividades de esta etapa son:

1 Revisar el registro de riesgo corporativo
2 Registrar cualquier riesgo nuevo o adicional.
3 Asignar importancia al riesgo.
4 Asignar probabilidad al riesgo.
5 Evaluar los riesgos.

Fase B: Ejecución de la auditoría

Etapa 1: Auditoría de todas las áreas de TI

La auditoría de todas las áreas específicas seleccionadas, implicará:

- La identificación de la correspondencia entre las metas estratégicas y los objetivos y procesos de cada área de TI identificada.
- El examen de los riesgos de cada proceso y su impacto sobre la estrategia general de TI de la compañía y la operación general.
- La evaluación de los controles implantados para minimizar o evitar los riesgos.

La elevada carga de trabajo necesaria para completar de modo preciso y efectivo esta etapa requiere la total y oportuna cooperación de todos los miembros de la organización implicados en el proyecto de auditoría de TI (incluidos TI, usuarios finales y directivos).

Las principales actividades de esta etapa son:

1 Preparar una lista de las áreas que se auditarán
2 Comprobar que el entorno de pruebas está preparado para que lo use el equipo de auditoría de TI.
3 Preparar los programas y listas de comprobación finales de auditoría.
4 Preparar las operaciones de prueba.
5 Ejecutar las pruebas de auditoría (manuales e informatizadas).

Etapa 2: Evaluación y registro de los problemas encontrados

Durante esta etapa el equipo de auditoría evaluará, puntuará y documentará todos los problemas encontrados y comentarios iniciales, y emitirá un proyecto de informe.

Las principales actividades de esta etapa son:

1 Completar la recogida de toda la información necesaria como evidencia.
2 Registrar, como notas de trabajo, problemas iniciales encontrados.
3 Evaluar los problemas iniciales encontrados.
4 Preparar el proyecto de informe de auditoría, con los problemas iniciales encontrados.
5 Emitir el proyecto de informe de auditoría, con los problemas iniciales encontrados.

Etapa 3: Revisión de los problemas encontrados con el personal auditado

Durante esta etapa final del proyecto de auditoría, el equipo de auditoría revisará en profundidad los problemas iniciales encontrados con el personal auditado, en sus niveles de gestión correspondientes, asegurando que se obtenga la mejor respuesta posible de todos los niveles operativos y organizativos de la compañía, así como del departamento de TI.

Las principales actividades de esta etapa son:

1 Presentar los problemas encontrados al personal auditado.
2 Revisión de los problemas encontrados con el personal auditado.
3 Revisión de los problemas encontrados con los niveles de gestión y dirección apropiados.
4 Evaluar los comentarios y observaciones.
5 Añadir los comentarios al proyecto de informe de auditoría.
6 Presentar el proyecto de informe a los directivos.
7 Revisar el proyecto de informe de auditoría y las sugerencias de los directivos.

Fase C: Informe de la auditoría de TI

Etapa 1: Publicación del proyecto de informe inicial

Completar el informe, con los puntos de atención apropiados, es crítico para garantizar la máxima eficacia de la auditoría de TI en la organización. Durante esta etapa, el equipo de auditoría, con la ayuda del personal auditado, elaborará el borrador del informe inicial, que incluirá:

- Los principales problemas encontrados por la auditoría, en todos los niveles operativos y estratégicos de la compañía.
- Los procesos principales de la TI, y sus riesgos asociados identificados.

- La lista de los controles implantados y una evaluación inicial de sus respectivas eficacias.
- El posible impacto de los diversos escenarios adversos sobre las operaciones y procesos de la compañía.
- Propuestas para el diseño y la implantación de controles adicionales o la mejora de los existentes.

Las principales actividades de esta etapa son:

1 Preparación del proyecto de informe de auditoría (véase el ejemplo de un informe interno en el *Apéndice 7*) con resúmenes para los directivos.
2 Preparación del proyecto de informe de auditoría, con detalles para el personal auditado.
3 Publicación del proyecto de informe en los niveles de gestión apropiados.

Etapa 2: Revisión proyecto de informe

Durante esta etapa, el equipo de auditoría evaluará la validez de los resultados de sus evaluaciones iniciales:

- presentándolos a los auditados
- discutiendo los resultados en profundidad
- recogiendo comentarios y sugerencias.

El propósito de esta etapa es incorporar las opiniones de las personas auditadas y las sugerencias adicionales en el informe final, ofreciendo así a los directivos una visión más clara y funcional de las operaciones auditadas de la TI.

Las principales actividades de esta etapa son:

1 Presentación del proyecto de informe a la alta dirección.
2 Presentación del proyecto de informe a los auditados.
3 Recopilación de comentarios y sugerencias.

Etapa 3: Modificación y repaso del proyecto de informe

El uso de todos los comentarios, sugerencias y observaciones en el informe final asegura la participación completa de los empleados y directivos esenciales de TI del modo más eficaz para la implantación de la auditoría de TI. Las principales actividades de esta etapa son:

1 Incorporación de los comentarios más constructivos en el informe.
2 Revisión del proyecto de informe inicial de auditoría.
3 Revisión del informe, ya revisado en la actividad 2, esta vez con el comité de auditoría.

Etapa 4: Emisión del informe final de la auditoría

Al concluir todas las revisiones y actualizaciones requeridas, el equipo de auditoría publicará un informe completo para los directivos de la compañía, incorporando, además de los elementos antes citados, la opinión del equipo de auditoría, sobre:

- la idoneidad de los controles de TI implantados
- la eficacia y eficiencia del negocio y del proceso estratégico de TI
- la eficacia de los controles en los sistemas informáticos
- la seguridad de los sistemas y redes
- cualquier otra cuestión relevante identificada durante el proceso de auditoría.

Las principales actividades de esta etapa son:

1 Incorporación de los comentarios del comité de auditoría en el informe final.
2 Incorporación en el informe final de los planes de acción de los directivos como respuesta a los problemas encontrados.
3 Presentación del informe final al comité de auditoría y al Consejo.

4 Publicación del informe final de auditoría a los auditados, al comité de auditoría y a los altos directivos.

Fase D: Gestión del proyecto de auditoría de TI

Etapa 1: Administración del proyecto de auditoría

Esta etapa se llevará a cabo eficazmente durante todo el proyecto de auditoría. Su propósito es garantizar la mejor asignación posible de los auditores internos y de los usuarios esenciales implicados.

Las principales actividades de esta etapa son:

1 Realizar reuniones regulares con los directivos de las personas auditadas.
2 Revisar el progreso del equipo de auditoría y de sus actividades.
3 Establecer y asegurar comunicaciones rápidas y exactas.
4 Resolver las cuestiones y problemas identificados durante el proceso de auditoría.

Etapa 2: Documentación de las notas de trabajo de la auditoría

Para garantizar que el personal interno de auditoría puede continuar desarrollando otros procesos y controles necesarios para mantener el máximo grado de funcionalidad de la auditoría de TI, el equipo del proyecto documentará detalladamente cada fase del proyecto, con sus correspondientes hallazgos y resultados.

Apéndice 6: Áreas de auditoría de TI

1 Organización y administración de TI

- Organización del departamento de TI
- Plan de negocio del CIO y de la empresa
- Presupuestos y costes
- Informes de gestión
- Monitorización del desempeño y planificación de la capacidad
- Gestión del desempeño del servicio de TI
- Control de inventario
- Gestión de proyectos
- Gestión de problemas
- Informes de auditoría
- Adquisiciones de TI
- Acuerdos de servicio con clientes
- Gestión de los vendedores
- Seguros informáticos.

2 Estrategia de TI

- Proceso de estrategia
- Gestión estratégica
- Estrategia EDI (*Electronic Data Interchange*).

3 Seguridad de TI

- Gestión de las cuestiones sobre seguridad de la información
- Política de seguridad de la información
- Seguridad del *hardware*

- Control de soportes magnéticos
- Seguridad de acceso físico
- Gestión de sistemas operativos y bases de datos
- Sistemas de aplicación
- Redes
- Ética del personal (TI, usuarios)
- Controles sobre datos y archivos
- Normas de protección de datos
- Sistema de clasificación de los datos.

4 Plan de contingencia

- Planificación preliminar para las aplicaciones críticas
- Identificación de las diversas alternativas de proceso
- Resultados del plan de contingencia
- Auditoría de acuerdos de custodia
- Revisión de instalaciones alternativas
- Revisión de proveedores informáticos alternativos.

5 Software y datos informatizados – proceso de respaldo

- Revisión de política de respaldo
- Revisión de respaldos en cámaras de seguridad
- Revisión de cámaras de seguridad fuera de las instalaciones
- Revisión del plan de prueba de recuperación
- Revisión de archivos de respaldo y archivo/reciclado de los soportes de información
- Revisión del archivo/reciclado de los soportes de información del *software* de aplicación.

6 Cumplimiento normativo de TI

- Revisión de la legislación
- Revisión de licencias
- Revisión de la privacidad de datos.

7 Controles de salud y seguridad

- Revisión de la política contra incendios
- Revisión de la legislación de salud y seguridad
- Revisión de los controles de salud y seguridad (para el personal, equipos, medios y documentación).

8 Desarrollo y mantenimiento de sistemas

- Revisión de la gestión
- Revisión de las normas y la metodología
- Revisión de las especificaciones del *software*
- Procedimientos de corrección de errores
- Evaluación del paquete de *software*
- Mantenimiento de la biblioteca de programas
- Pruebas de programas y sistemas
- Revisión de la documentación de usuario
- Revisión de la documentación del sistema
- Revisión de los procedimientos de emergencia
- Revisión de la política de retención de datos de aplicaciones
- Revisión del plan de formación
- Revisión de los registros de auditoría
- Revisión de la conversión.

9 Operaciones del centro de datos

- Revisión de las normas de operaciones
- Revisión del registro de operaciones
- Revisión de consumibles
- Impresión de informes masivos o confidenciales
- Control de la librería de soportes de información
- Control de acceso a soportes de información.

10 Mantenimiento del software de sistemas

- Revisión del inventario de recursos de *software*
- Revisión de los contratos de mantenimiento
- Mantenimiento de la librería de programas
- Resolución de problemas
- Revisión de la seguridad
- Revisión de la documentación del sistema
- Evaluación de la delimitación de tareas
- Monitorización del desempeño.

11 Gestión de datos y bases de datos

- Estudio de la gestión de datos (identificación, clasificación, propiedad, distribución, protección, integridad)
- Revisión de controles (gestión, modelo corporativo de datos, metodología dirigida por los datos, normalización de estructuras de bases de datos, sincronización)
- Evaluación (modelación de datos, procedimientos de bases de datos, seguridad, personal de administración de bases de datos, formación de usuarios, monitorización del desempeño, integridad de bases de datos).

12 Ordenadores personales

- Revisión de procedimientos y control de gestión
- Revisión de seguridad
- Auditoría de la asistencia técnica
- Revisión del desarrollo de *software*
- Revisión y soporte de las aplicaciones ofimáticas.

13 Asistencia a usuarios

- Evaluación de la satisfacción de los usuarios
- Asistencia del servicio técnico
- Revisión del respaldo de datos.

14 Redes y telecomunicaciones

- Revisión de la planificación estratégica y del diseño
- Revisión de la seguridad de la red
- Revisión de los contratos de mantenimiento
- Resolución y soporte de problemas
- Gestión de cambios y del desempeño.

15 Controles y prueba de aplicaciones

- Evaluación de los controles de procesamiento
- Revisión de los registros de auditoría de las operaciones
- Revisión de los controles de integridad de datos
- Revisión de controles relativos a la integridad de las aplicaciones (validez de elementos de datos, validez de archivos, registros de auditoría, transmisiones por redes, actualización concurrente, factibilidad, calidad)
- Continuidad del procesamiento de aplicaciones

- Pruebas de operaciones (según hojas de trabajo).

Apéndice 7: Ejemplo de informe de auditoría interna

<LOGO DE LA COMPAÑÍA>
<TITULO DE LA AUDITORÍA>

1. RESUMEN EJECUTIVO
Introducción:
Objetivos:
Alcance:
Opinión general:

2. RECOMENDACIONES DETALLADAS
Recomendación detallada 1
Título del área o riesgo revisado:
Justificación:

Recomendación:
Respuesta de los gestores:

Recomendación detallada 2
Título del área o riesgo revisado:
Justificación:
Recomendación:
Respuesta de gestión:

Recomendación detallada N
Título del área o riesgo revisado:
Justificación:
Recomendación:
Respuesta de gestión:

3. PLAN DE ACCIÓN DE GESTIÓN				
Ref.	Acción acordada	Responsabilida d	Fecha Implant .	Estado

OTROS RECURSOS

Mantén, por medio del estudio, el conocimiento que ya tengas, y por medio de la investigación, el que no tengas aún.

Isócrates, antiguo escritor griego (436–338 a. C.)

Libros y artículos

Abernethy, M.A. and Brownell, P. 'The role of budgets in organisations facing strategic change', *Accounting, Organisations and Society*, 24:3, pp. 189–204 (1999).

Abrams, M., Jajodia, S. y Podell, H. (eds) *Information Security – An Integrated Collection of Essays*, CA, USA: IEEE Computer Society Press (1995).

Ackoff, R.L. *The Art of Problem Solving: Accompanied by Ackoff's Fables*, New York: John Wiley & Sons (1978).

Adams, J.L. *Conceptual Blockbusting. A Guide to Better Ideas*, Reading, Massachusetts: Addison-Wesley Professional (1986).

Adler, M.D. *Cost-Benefit Analysis, Legal, Economic y Philosophical Perspectives*, Chicago: University of Chicago Press (2001).

Adrion W.R., Branstad M.A. y Cherniavsky J.C. *Validation, Verification, and Testing of Computer Software,* USA: NBS Special Publications (1981).

Aghili, S. 'A six sigma approach to internal audits', *Strategic Finance* (February 2009), pp. 38–43.

Albrecht, W.S. y Albrecht, C.O. *Fraud Examination y Prevention,* Tennessee: South-Western Educational Publishing (2004).

Allen, D. 'Take a good look at yourself: how to make IS performance self-examination more thorough', *ComputerWorld* (February 15, 1993), pp. 90–91.

Anderson, R.H.et al *Universal access to electronic mail. Feasibility and Societal Implications,* RAND Corporation Report (No. MR-650-MF) (1995).

Ansoff, I. *Corporate Strategy*, New York: McGraw Hill (1965).

Anthony, R. y Govindarajan, V. *Management Control Systems*, 12th edn, New York: McGraw-Hill (2007).

Applegate, L.M., Austin, R.D. y McFarlan, F.W. *Corporate Information Strategy and Management: Text And Cases*, 6th edn, New York: McGraw-Hill Companies (2003).

Arnold, J.D. *The Complete Problem-Solver. A Total System for Competitive Decision Making*, New York: John Wiley & Sons (1992).

Arredondo, L.A. *Telecommunications Management for Business y Government*, New York: Telecom Library (1980).

Aristotle *Athenian Constitution. Eudemian Ethics. Virtues y Vices*, Cambridge, Mass: The Loeb Classical Library, Harvard University Press (1935).

Aristotle *Nicomachean Ethics,* Cambridge, Mass: The Loeb Classical Library, Harvard University Press (1934).

Aristotle *On Man In The Universe (Metaphysics, Ethics, Politics, Ethics, Poetics*), USA: Walter J. Black (1943).

Avgerou, C. *Information Systems and Global Diversity*, Oxford: Oxford University Press (2002).

Avison, D. and Fitzgerald, G. *Information Systems development*, 3rd edn, Maidenhead: McGraw-Hill (2003).

Bacon, F. *Essays and New Atlantis*, New York: Walter J. Black (1942).

Bancroft, N.H., Henning, S. and Sprengel, A. *Implementing SAP R/3: How to Introduce a Large System into a Large Organization*, 2nd edn, Greenwich, Connecticut: Manning Publications Company (1998).

Banks, I.D. 'Internal control of on-line and real-time computer systems', *Management Accounting* (June 1977), pp. 28–30.

Bass, L., Clements, P. and Kazman, R. *Software Architecture in Practice*, Reading, Massachusetts: Addison-Wesley Professional (1998).

Berners-Lee, T. *Weaving the Web*, USA: Texere Publishing (2000).

Bernus, P., Nemes, L. and Schmidt, G. (eds) *Handbook on Enterprise Architecture*, Heidelberg: Springer Verlag (2003).

Berscheid, E. and Walster, E.H. *Interpersonal Attraction*, Reading, Massachusetts: Addison-Wesley Educational Publishers, Inc. (1969).

Bodnar, G.H. 'Internets and intranets: network accounting', *Journal of Cost Management* (November/December 1999), pp. 33–37.

Bolter, T.D. *Turing's Man: Western Culture in the Computer Age*, Chapel Hill: University of North Carolina Press (1984).

Bristow, N. and Sandberg, S.J. *The Corporate Culture Audit,* Devon: Cambridge Strategy Publications (1998).

Bryson, J.M. *Strategic Planning for Public and Nonprofit Organizations*, San Francisco: Jossey-Bass (1995).

BS 7649:1993 Guide to the Design and Preparation of Documentation for Users of Application Software, London: British Standards Institution (1993).

BS 7799 Code of practice for information security management, London: British Standards Institution (1998).

Burton, R.N. 'Discussion of information technology-related activities of internal auditors', *Journal of Information Systems* (Supplement), pp. 57–60 (2000).

Business Intelligence Unit *Building a Strategic Balanced Scorecard*, (www.business-intelligence.co.uk).

Butler, J. *Contingency Planning and Disaster Recovery Strategies*, USA: Computer Technology Research Corporation (1994).

Canadian Bible Society *The Bible*, London: Collins Clear Type Press (1952).

Carr, N.G. *The Big Switch: Re-wiring the World*, New York: W.W. Norton & Co (2008).

Castells, M. *The Rise of the Networked Society: The Information Age*, Cambridge Mass: Blackwell Publishers (1996).

Chadwick, H. *Saint Augustine Confessions*, Oxford: Oxford University Press (1998).

Chaffee, E. 'Three models of strategy', *Academy of Management Review*, Vol. 10, Nº. 1 (1985).

Chambers, A. and Rand, G. *Auditing the IT Environment*, Spilsby: Management Audit Ltd (1997).

Chao, J.C. 'Interception controls of data communication systems', *Journal of Information Systems* (Spring 1990), pp. 69–80.

Cheney, G. 'Cyberfraud and computer crime', *Strategic Finance* (November 1999), pp. 38–43.

Chorafas, D.N. *Implementing and Auditing the Internal Control System*, Basingstoke, Hampshire: Palgrave Macmillan (2001).

Christansen, J.A. *Building the Innovative Organisation*, Basingstoke, Hampshire: Palgrave MacMillan (2000).

Commission of the European Communities *Information Technology Security Evaluation Criteria (ITSEC), Provisional Harmonised Criteria: Version 1.2*, Luxembourg: Office for Official Publications of the European Communities, Luxembourg, June 1991.

Conti, T. *Building Total Quality*, London: Chapman & Hall (1993).

Cortada, J.W. *EDP Costs and Charges*, Upper Saddle River, New Jersey: Prentice-Hall (1980).

Covey, S.R. *Principle-Centred Leadership*, revised edition, New York: Simon and Schuster, Inc. (1999).

Crosby, P. *Quality is Free*, New York: McGraw Hill (1979).

Currie, W. *The Global Information Society*, Chichester: John Wiley & Sons (2000).

Currie, W. *Management Strategy for IT*, London: Pitman (1995).

Currie, W.L. and Galliers, B. (eds) *Rethinking Management Information Systems*, Oxford: Oxford University Press (1999).

Dale, B.G. *Managing Quality*, Upper Saddle River, New Jersey: Prentice Hall (1994).

David, R. and Brierley, J.E.C. *Major Legal Systems in the World Today*, 3rd edn, London: Stevens and Sons (1985).

Demi, H. *Buddha*, New York: Henry Holt & Company (1996).

Deming, W.E. *Quality, Productivity and Competitive Position*, Massachusetts: MIT Centre for Advanced Engineering Study (1982).

Department of Defense Standard, *Department of Defense Trusted Computer System Evaluation Criteria (TCSEC)*, DOD 5200.28-STD, GPO 1986-623-963, 643 0, December 26, 1985.

Descartes, R. *Meditations on First Philosophy*, tr. Laurence J. LaFleur, Indiana: Bobbs-Merril (1960).

Donaldson, G. and Lorsch, J,. *Decision Making at The Top: The Shaping of Strategic Direction*, New York: Basic Books (1983).

Doty, E.A., Sen, A. and Wang, S.C. 'Effect of internal controls in database design', *Journal of Information Systems* (Spring 1989), pp. 70–91.

Douglas, I.J. *Audit and Control of Mini- and Microcomputers*, Manchester: NCC Publications (1983).

Douglas, I.J. *Audit and Control of Systems Software*, Manchester: NCC Publications (1983).

Douglas, I.J. *Security and Audit of Database Systems*, Manchester: NCC Publications (1980).

Dudik, E.M. *Strategic Renaissance*, USA: AMACOM (2000).

Duncan, W.J. *Great Ideas in Management*, San Francisco: Jossey-Bass (1990).

Dunn, C.L., Gerard, G.J. and Worrell, J.L. 'Evaluation of network operating system security controls', *Issues in Accounting Education* (August 2003), pp. 291–306.

Earl, M.J. *Management Strategies for Information Technology*, London: Prentice-Hall (1989).

Ehrmann, H.W. *Comparative Legal Cultures*, Englewood Cliffs, NJ: Prentice Hall (1976).

EU Directive on Electronic Commerce, *European Law Journal*, p. 363 (2000).

EU Guidelines on Cyberspace Issues (86/361, 87/372, 88/301, 90/387, 90/388, 90/544, 91/250, 92/100, 93/98, 94/820, 200/1999, etc.).

Feigenbaum, A.V. *Total Quality Control*, New York: McGraw-Hill (1991).

Fields, K.T., Sami, H. and Summers, G.E. 'Quantification of the auditor's evaluation of internal control in database systems', *Journal of Information Systems* (Fall 1986), pp. 24–47.

FitzGerald, J. and Eason, T.S. *Fundamentals of Data Communications*, New York: John Wiley & Sons (1978).

Fitzsimmons, J.A. and Fitzsimmons, M.J. *Service Management, Operations, Strategy, and Information Technology*, New York: McGraw-Hill (2001).

Galbraith, J. and Kazanjian, R. *Strategy Implementation: Structure, Systems y Process*, 2nd edn, St. Paul, Minnesota: West Publishing Company (1986).

Galliers, R.D. yandBaker, B.S.H. *Strategic Information Management*, Oxford: Butterworth Heinemann (1994).

Gelinas, U.J., Sutton, S.G. and Otam, A.E. *Accounting Information Systems*, Cincinnati, Ohio: South-Western College Publishing (1988).

Gilb, T. *Software Metrics*, Cambridge, Massachusetts: Winthrop Publishers (1977).

Gluck, F.W., Kaufman, S.P. and Wallek, A.S. 'Strategic management for competitive advantage', *Harvard Business Review*, (July–December 1980), pp. 154–161.

Grindley, K. *Managing IT at the Board Level*, 2nd edn, London: FT Pitman Publishing (1995).

Groomer, S.M. and Murthy, U.S. 'Continuous auditing of database applications: an embedded audit module approach', *Journal of Information Systems* (Spring 1989), pp. 53–69.

Groomer, S.M. and Murthy, U.S. 'Monitoring high-volume on-line transaction processing systems using a continuous sampling approach', *International Journal of Auditing* (Spring 2003) 7, pp. 3–19.

Hall, J.A. *Information Systems Auditing and Assurance*, Cincinnati: South-Western Publishing (2000),

Harper, R.M. Jr 'Internal control of microcomputers in local area networks', *Journal of Information Systems* (Fall 1986), pp. 67–80.

Harrington, H.J. *Business Process Improvement*, New York: McGraw-Hill (1991).

Hill C.W.L. and Jones G.R. *Strategic Management*, 5th edn, Orlando: Houghton Mifflin (2001).

Hindle, J. *Guide to Management Ideas*, London: Profile Books (2000).

Howard, W.J. *The Cost of Quality Audit*, Cambridge: Cambridge Strategy Publications (1998).

Hoyle, D. *ISO 9000 Quality Systems Handbook*, Oxford: Butterworth-Heinemann (1994).

Humphrey, W.S. *The Software Process*, Reading, Massachusetts: Addison-Wesley (1990).

Humphrey, W.S. *A Discipline for Software Engineering*, Reading, Massachusetts: Addison-Wesley (1995).

IBM *A Management System for the Information Business*, USA: IBM (1981).

IBM Managememnt *Planning Guide for a Manual of Data Processing Standards*, USA: IBM (1980).

ISACA *CoBIT Methodology on IT Auditing*, USA: Information Systems Audit and Control Association (2000).

Juran, J.M. *Juran on Planning for Quality*, New York: The Free Press (1988).

Juran, J.M. *Juran on Quality*, New York: The Free Press, (1992).

Juran, J.M. 'The Quality Trilogy', *Quality Progress*, 9:8 (August 1986), pp. 19–24.

Kaplan, R.S. and Norton, D.P. 'Linking the Balanced Scorecard to Strategy', *California Management Review*, Vol. 39, Nº. 1, pp. 53–79 (1996).

Kaplan, R.S. and Norton, D.P. 'Putting the Balanced Scorecard to Work', *Harvard Business Review*, September–October 1993, pp. 134–147.

Kaplan, R.S. and Norton, D.P. 'The Balanced Scorecard – Measures That Drive Performance', *Harvard Business Review*, January–February 1992, pp. 71–79.

Kaplan R.S. and Norton, D.P. 'Using the Balanced Scorecard as a Strategic Management System', *Harvard Business Review*, January–February 1996, pp. 75–85.

Kelly, C., Kocourek, P., McGaw, N. and Samuelson, J. 'Deriving values from corporate values', The Aspen Institute and Booz Allen Hamilton Inc, USA (2005).

Kennedy, A.J. *The Rough Guide to the Internet*, London: Rough Guides (2001).

Kyriazoglou, J. 'Methodology on systems testing of database information systems', 1st Panhellenic Computer Congress & Conference Proceedings, Greece, April 1984.

Kyriazoglou, J. 'Dictionary – Directory of information systems', 1st Panhellenic Computer Congress & Conference Proceedings, Greece, April 1984.

Kyriazoglou, J. 'Why use a Dictionary – Directory', European GUIDE, England, June 1984.

Kyriazoglou, J. 'Information quality standards in computerised systems', *Information Management Journal*, UK: IDPM Society (1995).

Kyriazoglou, J. 'Management information systems and network', COPISEE Conference, Greece (1980).

Laudon, K.C. and Laudon, J.P. *Management Information Systems: Managing the Digital Firm*, 7th edn, New Jersey: Prentice Hall (2002).

Lessig, L. *The Future of Ideas: The Fate of the Commons in a Connected World*, New York: Random House (2001).

Li, D.H. *Controls in a Computer Environment: Objectives, Guidelines, and Audit Procedures*, USA: EDP Auditors Foundation (1983).

Lindsay, J. *The Technology Management Audit*, Cambridge: Cambridge Strategy Publications (1998).

March, J.G. *The Pursuit of Organisational Intelligence*, Massachusetts: Wiley-Blackwell (1999).

Martin, J. *Principles of Data-Base Management*, Englewood Cliffs, New Jersey: Prentice-Hall (1976).

Matthews, D.Q. *The Design of the Management Information System*, New York: Auerbach Publishers (1971).

McLuhan, M. *The Man and his Message*, Colorado: Fulcrum, Inc. (1989).

Mintzberg, H. and Quinn, J.B. *The Strategy Process*, Harlow: Prentice-Hall (1988).

Mintzberg, H., Ahlstrand, B. and Lampel, J. *Strategy Safari: A Guided Tour Through the Wilds of Strategic Management*, New York: The Free Press (1998).

National Computer Security Centre *Trusted Network, Glossary of Computer Security Terms*, NCSC-TG-004, October 1988.

Negreponte, N. *Being Digital*, New York: Alfred A. Knopf (1995).

Naughton, J. *A Brief History of the Future*, 2nd revised edn, London: Phoenix Press (2000).

NCC *Guidelines for Computer Managers*, UK: NCC (1981).

Neumann, P.G. *Computer-Related Risks*, New York: ACM Press (1995).

OECD *OECD Principles of Corporate Governance* www.oecd.org (2007).

Olins, W. and Selame, E. *The Corporate Identity Audit*, Cambridge, Cambridge Strategy Publishers. (1995).

Page, S.B. *Establishing a System of Policies and Procedures*, Mansfield, Ohio: Bookmasters (1998).

Pearson, A.E. (1989). 'six Basics for General Managers', *Harvard Business Review*, July–August 1989.

Perks, C. and Beveridge, T. *Guide to Enterprise IT Architecture*, New York: Springer (2003).

Pfleeger, C. *Security in Computing*, 4th edn, New Jersey: Prentice Hall (1996).

Plato *Five Great Dialogues (Apology, Crito, Phaedo, Symposium, Republic)*, tr. B. Jowett, New York: Walter J. Black (1942).

Plato *Charmides*; *Timaeus and Critias*; *Laches*; *Laws*; *Phaedrus*; *Protagoras*; *Republic*; *Theaetetus*, The Loeb

Classical Library, Cambridge, Mass: Harvard University Press.

Purvis, R.L. and McCray, G.E. 'Project assessment: a tool for improving project management', *Information Systems Management*, Vol. 16, Nº. 1, Winter 1999.

Putman, J. *Architecting with RM-ODP*, New Jersey: Prentice Hall (2001).

Rae, K., Subramaniam, N. and Sands, J. 'Risk management and ethical environment: Effects on internal audit and accounting control procedures', *Journal of Applied Management Accounting Research* (Winter 2008), pp. 11–30.

Ruthberg, Z.G. and McKenzie, R.G. *Audit and Evaluation of Computer Security*, Washington: NBS Special Publication (1977).

Sahlman, W.A. 'How to write a great business plan', *Harvard Business Review*, July–August 1997.

Sarbanes, P. and Oxley, M.G. *The Sarbanes-Oxley Act of 2002*, USA: Publication of the Library of Congress (2002).

Sarker, S. and Lee, A.S. 'IT-enabled organisational transformation: a case study of BPR failure at TELECO', *The Journal of Strategic Information Systems*, March 1999, Vol. 8, Nº. 1, pp. 83–103.

Sauders, C.S. and Williams Jones, J. 'Measuring performance of the information systems function', *Journal of Management Information Systems* 8, Nº.4, pp. 63–82 (1992).

Scheer, A-W. *ARIS – Business Process Frameworks,* Berlin: Springer (1998).

Schwartau, W. *Information Warfare*, New York: Thunder's Mouth Press (1994).

Scott Morton, M.S. *The Corporation of the 1990s: Information Technology and Organisational Transformation*, Oxford: Oxford University Press (1991).

Shapiro, C. and Varian, H. *Information Rules*, Boston: Harvard Business School Press (1999).

Singh, I. et al *Designing Enterprise Applications with the J2EETM Platform*, New York: Addison-Wesley (2002).

Singh, J. *Great Ideas in Information Theory, Language and Cybernetics*, New York: Dover Publications (1962).

Sommerville, I. *Software Engineering*, New York: Addison-Wesley (1998).

Spewak, S.H. *Enterprise Architecture Planning. Developing a Blueprint for Data, Applications and Technology*, New York: John Wiley & Sons (2000).

Thomas, R.R. *Telecommunications for the Executive*, New York: Petrocelli Books (1984).

Thomas, A.J. and Douglas, I.J. *Audit of Computer Systems*, Manchester: NCC Publications (1981).

Toffler, A. *The Third Wave*, New York: Bantam Books (1980).

Walsham, G. *Interpreting Information Systems in Organizations*, Chichester: Wiley (1993).

Walsham, G. *Making a World of Difference: IT in a Global Context*, Chichester: Wiley (2001).

Ward, J. and Griffiths, P. *Strategic Planning for Information Systems*, 2nd edn, Chichester: Wiley (1996).

Ward, J. and Peppard, J. *Strategic Planning for Information Systems*, 3rd edn, New York: John Wiley & Sons Ltd. (2002).

Watad, M.M. and Herlihy, M. 'Implementing distributed solutions', *Information Systems Management*, Vol. 16, Nº. 1, Winter 1999.

Weber, R. *Information Systems Control and Audit*, New York: Prentice Hall (1998).

Weil, P. and Broadbent, M. *Leveraging the New Infrastructure: How Market Leaders Capitalize on Information Technology*, Boston: Harvard Business School Press (1998).

Weiss, I.R. 'Auditability of software: a survey of techniques and costs', *Management Information Systems Quarterly*, Vol. 4, Nº. 4, 12/1980, p. 39.

Wigmore, J.H. *Panorama of the World Legal Systems*, 2nd edn, Florida: WM. W.Gaunt & Sons, Inc. (reprint 1992) (1928).

Woolf, E. *Auditing Today*, London: Prentice-Hall (1994).

Zachman, J.A. 'A framework for information systems architecture', *IBM Systems Journal*, Vol. 26, Nº. 3, pp. 276–292 (1987).

Zachman, J.A. 'Enteprise Architecture: the issue of the century', available at the Zachman International website www.zachmaninternational.com.

Zuboff, S. *In the Age of the Smart Machine*, New York: Basic Books (1988).

Zwass, V. *Foundations of Information Systems*, New York: McGraw-Hill (1998).

Otros recursos

Association for Operations Management.

Balanced Scorecard Collaborative: www.thepalladiumgroup.com/pages/welcome.aspx.

Balanced Scorecard Institute: *www.balancedscorecard.org*.

British Standards Institute: *www.bsi-global.com*.

Canada/Alberta Province Performance Measurement: *www.finance.gov.ab.ca*.

Conference Board, Canada: *www.conferenceboard.ca*.

Canadian Institute of Chartered Accountants, Canada: *www.cica.ca*.

Center for Democracy & Technology: *www.cdt.org*.

Center for Ethics (University of Tampa, Florida, USA): *www.ut.edu*.

Centre for Business Performance: *www.cranfield.ac.uk*.

Contingency Planning & Recovery Institute, USA.

COSO/Treadway Commission: *www.coso.org*.

Electronic Commerce Europe: *ec.europa.eu/internal_market/e-commerce/index_en.htm*, *www.semper.org*.

European Corporate Governance Institute: *www.ecgi.org*.

European Court of Auditors: *http://eca.europa.eu*.

European Management Association: *www.europeanmanagement.org*.

European Operations Management Association.

Federal Computer Incident Response Capability, USA: *http://csrc.nist.gov*.

Forrester Research: *www.forrester.com*.

Foundation for Performance Measurement: *www.fpm.com*.

Gartner Group: *www.gartner.com*.

Information Systems Audit and Control Association: *www.isaca.org*.

Institute of Operations Management (UK).

Institute of Supply Management: *www.ism.ws*.

Institute of Value Management: *www.ivm.org.uk*.

International Auditing and Assurance Standards Board: *www.ifac.org/IAASB*.

International Data Corp: *www.idc.com*.

International Organization for Standardization (ISO).

Management Centre Europe: *www.mce-ama.com*.

MIT Technology Review: *www.technologyreview.com*.

National Institute of Standards and Technology, USA: *www.nist.gov*.

Performance Measurement Association: *www.performanceportal.org*.

Production and Operations Management Society.

RAND Corporation: *www.rand.org*.

SANS: *www.sans.org*.

Society for Human Resource Management: *www.shrm.org*.

Society of Competitive Intelligence Professionals: *www.scip.org*.

University of Cambridge, Institute for Manufacturing, Centre for Strategy and Performance: *www.ifm.eng.cam.ac.uk*.

Yankee Group: *http://yankeegroup.com*.

Zachman International: *www.zachmaninternational.com*.

RECURSOS DE ITG

IT Governance Ltd. proporciona, crea y distribuye productos y servicios para satisfacer las necesidades reales y en continuo desarrollo de la gobernanza de la TI de las organizaciones actuales, sus directores, gestores y profesionales. El sitio web de ITG (*www.itgovernance.co.uk*) es la tienda definitiva internacional para obtener información, consejos, directrices, libros, herramientas, formación, entrenamiento y consultoría sobre la gobernanza corporativa y de la TI.

www.itgovernance.co.uk/it_governance.aspx es la página de información de los recursos de gobernanza de la TI en nuestro sitio web.

Otros sitios web

Los libros y herramientas publicados por IT Governance Publishing (ITGP) están disponibles en todas las tiendas especializadas en libros de negocios y también en los siguientes sitios web:

www.itgovernanceusa.com es un sitio web basado en dólares norteamericanos que distribuye todos los productos de gobernanza de la TI a Norteamérica y vende dentro de la parte continental de EE. UU.

www.itgovernance.in distribuye una gama seleccionada de productos de ITGP específicos para clientes del sur de Asia.

www.27001.com es el sitio web de IT Governance Ltd sobre gestión de la seguridad de la información y envía los productos desde la parte continental de EE. UU.

Guías de bolsillo

Para ver los detalles completos de toda la gama de guías de bolsillo, siga los enlaces de:

www.itgovernance.co.uk/shop/c-170-pocket-guides.aspx.

Herramientas

La exclusiva gama de herramientas de ITG incluye las herramientas del Marco de Gobernanza de la TI, que contiene todas las herramientas y directrices que necesita para desarrollar e implantar un marco de gobernanza de la TI adecuado en su organización. Puede ver los detalles completos en *www.itgovernance.co.uk/it_governance.aspx*.

Disponemos también de un amplio abanico de herramientas para simplificar la implantación de sistemas de gestión, como ISO/IEC 27001 ISMS o ISO22301 BCMS, que pueden consultarse y comprarse en línea en:

www.itgovernance.co.uk/shop/c-129-toolkits.aspx.

Formación y consultoría

IT Governance también ofrece servicios de formación y consultoría a lo largo del amplio espectro de disciplinas del campo de la gobernanza de la información. Puede consultar más información sobre la consultoría y cursos de formación en *www.itgovernance.co.uk/consulting.aspx*.

¿Por qué no se pone en contacto con nosotros para descubrir cómo podríamos ayudarle a usted y a su organización?

Boletín de noticias

La gobernanza de la TI es actualmente uno de los temas más candentes en el mundo de los negocios, entre otras razones, por su rápida evolución. Por ello, ¿qué mejor modo de mantenerse al día que suscribirse a nuestro boletín gratuito?

Suscríbase para recibir su copia gratuita en

www.itgovernance.co.uk/newsletter.aspx.